Monika Can-Weber

Richtig einsteigen: Excel 2010 VBA-Programmierung

Micros
Pre

Monika Can-Weber: Richtig einsteigen: Excel 2010 VBA-Programmierung

Kommentare und Fragen können Sie gerne an uns richten:
Microsoft Press Deutschland
Konrad-Zuse-Straße 1
85716 Unterschleißheim
E-Mail: *mspressde@oreilly.de*

15 14 13 12 11 10 9 8 7 6 5 4 3 2
12

ISBN 978-3-86645-214-5

hlaggestaltung: Hommer Design GmbH, Haar (www.HommerDesign.com)
ktorat, Layout und Satz: Rainer G. Haselier, Haselier IT Services Aachen/Amsterdam
torat: Frauke Wilkens, München
herstellung: Kösel, Krugzell (www.KoeselBuch.de)

Inhaltsübersicht

Inhaltsverzeichnis

Teil III
Praktisches Arbeiten

Kapitel 1

Einleitung

In diesem Kapitel erfahren Sie

- an welche Zielgruppe sich dieses Buch wendet
- welche Themen in diesem Buch vermittelt werden
- wie dieses Buch aufgebaut ist
- was Sie auf der Website zum Buch finden

1.1 Vorwort

Liebe Leserin, lieber Leser,

herzlich willkommen zu *Richtig einsteigen: Excel 2010 VBA-Programmierung*. Der Einstieg in VBA und die Programmierung erfordern Geduld und Ausdauer. Um von Anfang an Spaß an einer Programmiersprache zu haben, ist es wichtig, den richtigen Einstieg zu wählen. In diesem Buch erlernen Sie zielsicher und Schritt für Schritt den Einsatz von *Microsoft Excel 2010 Visual Basic for Applications*. Bevor Sie in die Welt der Office-Programmierung abtauchen, möchte ich Ihnen einiges über den Aufbau dieses Buches sowie die idealen Voraussetzungen zum Erlernen von Excel VBA erzählen. Zudem möchte ich die wichtigsten Fragen beantworten, die Ihnen womöglich schon auf den Nägeln brennen.

Ich wünsche Ihnen jetzt schon viel Freude und Erfolg mit diesem Buch!

Monika Can-Weber

Danksagung

Wenn Sie dieses Buch nun in den Händen halten, können Sie davon ausgehen, dass es nicht in einem Atemzug entstanden ist. Es steckt sehr viel Recherche, Geduld, Ausdauer, Liebe zur Materie und zum Schreiben dahinter.

Seit fast 25 Jahren bin ich in der Informatikbranche tätig und habe schon viele Firmen und Etagen durchlaufen. Mein letzter Arbeitgeber, ein international tätiges Unternehmen, hat mich fast zehn Jahre lang als IT-Projektleiterin in den Bann gezogen. Mittlerweile konnte ich diese Nabelschnur trennen und bin seit zwei Jahren der Faszination des schweizerischen Strommarktes erlegen, der sich mitten in der ersten Stufe der Liberalisierung befindet. In diesem neuen Umfeld bin ich für die IT-Geschäftssysteme verantwortlich – eine wunderbare Herausforderung! Alle meine Bücher entstehen ausschließlich in meiner Freizeit, was bedeutet, dass ich von sehr verständnisvollen und geduldigen Leuten umgeben bin.

Meinem Ehemann Zülfü möchte ich dafür danken, dass er mir bei diesem nun schon elften Buchprojekt mit Geduld und Verständnis zur Seite gestanden hat.

Meiner Lektorin Sandra Michel möchte ich dafür danken, dass sie mir dieses Buchprojekt anvertraut hat. Weiterer Dank gilt Rainer G. Haselier, der das Buch gestaltet und das fachliche Lektorat übernommen hat.

1.2 Die Zielgruppe dieses Buches

Dieses Buch richtet sich an all jene, die bereits wissen, dass sich hinter *Excel 2010* noch viel mehr verbirgt als »nur« die Standardfunktionen: nämlich eine richtige, ausgewachsene Programmiersprache. Diese nennt sich kurz VBA. Hinter diesen drei Buchstaben verbirgt sich ausgeschrieben die englische Bezeichnung *Visual Basic for Applications*. Visual Basic ist die Programmiersprache an sich. Das »*for Applications*« ist ein Hinweis darauf, dass die Programmiersprache nur in Zusammenhang mit einer Applikation, in unserem Falle Excel, verwendet werden kann. Visual Basic ist eine sehr mächtige Programmiersprache, mit der im Grunde genommen auch eigenständige Programme erzeugt werden können. Wir benutzen hier also nur einen Extrakt davon, der mit den Objekten respektive Bibliotheken von Excel angereichert wurde.

Um den Inhalt dieses Buches zu verstehen, sind keinerlei Erfahrungen mit VBA erforderlich. Für Sie darf der Begriff VBA sozusagen noch ein Fremdwort sein, denn Sie werden hier von Grund auf in diese Programmiersprache eingeführt.

Sollten Sie bereits mit VBA vertraut sein und suchen ein Buch für Fortgeschrittene, so empfehle ich Ihnen erst im umfassenden »Excel 2010 Programmierung – Das Handbuch« (ISBN: 978-3-86645-460-6) zu blättern und sich dann für eines der beiden Bücher zu entscheiden.

Welche Vorkenntnisse Sie mitbringen müssen

Es sind keinerlei Vorkenntnisse in VBA oder einer anderen Programmiersprache erforderlich. Sie müssen noch nicht einmal wissen, was ein Makro ist, denn auch dies werden Sie hier erfahren.

Ich möchte Sie jedoch darauf hinweisen, dass Sie über fundierte Kenntnisse in Excel verfügen sollten, denn Excel ist in diesem Buch die Basis, auf der alles aufbaut. Bevor Sie beispielsweise ein Diagramm oder eine Pivot-Tabelle per VBA erzeugen können, müssen Sie wissen, wie diese Standardfunktionalitäten manuell genutzt werden.

Mit guten Excel-Vorkenntnissen können Sie viel Zeit sparen, denn nur so können Sie abschätzen, ob es wirklich erforderlich ist, eine bestimmte Anforderung zu programmieren, oder ob sie bereits von Excel als Basisfunktion zur Verfügung gestellt wird.

Nehmen Sie sich Zeit

Hier möchte ich Sie gleich vorweg jeglicher Illusion berauben. Sie können auf dem Markt Bücher erwerben, die auf dem Buchdeckel vorgaukeln, dass VBA in wenigen Tagen erlernbar ist. Mit einer solchen Einstellung zu starten, erzeugt nur Ungeduld und Frust, was womöglich darin endet, dass man den

Glauben an sich selbst verliert. Eine grobe, realistische Schätzung besagt, dass rund zwei Jahre erforderlich sind, bis die wichtigsten Techniken verstanden sind und sinnvoll genutzt werden können. Das hängt natürlich davon ab, wie viel Zeit Sie investieren können. So oder so gibt es nur eins: üben, üben, üben.

Es geht hier darum, eine richtige Sprache zu lernen. Haben Sie schon jemals den Versuch unternommen, eine Fremdsprache zu lernen? Wenn ja, dann wissen Sie, dass es allein mehrere Monate dauert, bis der grundlegende Wortschatz und die Grammatik eingepaukt sind. Genauso verhält es sich beim Erlernen einer Programmiersprache.

Es liegt mir fern, Sie nun abzuschrecken. Ganz im Gegenteil: Sie sollten es als Herausforderung sehen. Sie werden mit diesem Buch wundervolle Erfolgserlebnisse erzielen und werden stolz auf sich sein, wenn Sie das erste Programm fertiggestellt haben.

1.3 Der Umgang mit diesem Buch

Dieses Buch umfasst fünf Hauptkategorien. Da die Kapitel aufeinander aufbauen, empfehle ich Ihnen, das Buch von Anfang an durchzuarbeiten.

Der Aufbau des Buches

Teil I, Erste Schritte, enthält eine grundlegende Einführung in dieses Buch. Sie erfahren hier, welche Vorkenntnisse vonnöten sind, um Excel VBA zu erlernen und welche Installationen auf Ihrem PC erforderlich sind. Ihnen wird zudem vermittelt, wie Sie die richtigen Sicherheitsvorkehrungen treffen. Des Weiteren wird aufgezeigt, wie Sie die Entwicklertools in Excel einblenden können und welche Komponenten darin enthalten sind.

Teil II, VBA-Grundlagen, beginnt mit der Erläuterung des Makro-Rekorders, der Ihnen den Einstieg erleichtern soll. Sie lernen später, wie der aufgezeichnete Code gelesen und verändert werden kann. Die Programme werden an Schaltflächen gebunden, sodass sie schnell gestartet werden können. In einem weiteren Schritt tasten Sie sich an die VBA-Umgebung heran. Sie lernen die einzelnen Elemente der Entwicklungsumgebung kennen. Sobald Sie mit dem neuen Umfeld vertraut sind, werden Ihnen die theoretischen Grundkenntnisse von VBA vermittelt. Sie sind dann in der Lage, Ihre ersten Dialoge zu programmieren und können bereits Ihre ersten Erfolge feiern. Danach sind Sie fit und motiviert, um sich in die Objekthierarchie von Excel einführen zu lassen.

Teil III, Praktisches Arbeiten, beinhaltet die wichtigsten praktischen Basisfunktionen. Hier lernen Sie das korrekte Ansprechen und Verändern der Excel-Objekte. Sie arbeiten zudem mit bekannten Größen wie dem AutoFilter, Kommentaren etc. und können anschließend selbst über den Sinn und Unsinn gewisser selbst gestrickter Excel-Programme philosophieren. Einen besonderen Schwerpunkt legen wir auf Entscheidungen, Schleifen, Zusammenfassungen und Arrays. Erst mit diesen Grundfunktionen ist die Programmierung wirklich wertvoll. Sie lernen, Fehlern in Programmen auf die Schliche zu kommen, erzeugen benutzerdefinierte Formeln und wissen am Ende dieses Teils, was es bedeutet, ereignisorientiert zu programmieren.

Teil IV, Sichtbare Objekte verwenden, arbeitet mit Objekten, die sich auf der Excel-Oberfläche befinden. Sei es nun, um eine Grafik automatisch einzufügen, ein Diagramm per VBA anzusprechen oder eine Pivot-Tabelle zu manipulieren. Sie lernen sogenannte UserForms (Formulare) zu entwerfen und machen einen kleinen Ausflug in die Welt von XML, der Sprache, mit der Sie das Menüband nach Ihren Wünschen verändern können.

Teil V, Wissenswertes, zeigt den Umhang mit Hyperlinks und E-Mails. Sie erfahren, dass außer der Excel VBA-Bibliothek noch andere Befehlssätze eingebunden und verwendet werden können. Dies ist erforderlich, wenn Sie beispielsweise in Windows 7 einen Ordner erstellen möchten oder eine Datei löschen. Zum Abschluss des Buches kombinieren wir einige der erlernten Codeelemente und vereinen sie in ausgewachsenen Prozeduren.

Die einzelnen Kapitel des Buches sind folgendermaßen aufgebaut:

- Sie finden am Anfang jedes Kapitels eine Übersicht zu den Lernzielen und Themen des Kapitels.
- Jedes Kapitel enthält ein oder mehrere Beispielprojekte, an denen die Lerninhalte des Kapitels praxisnah erläutert werden. Die Anleitungen für das Erstellen der Projekte sind als Schrittfolgen dargestellt. Auch wenn Sie alle Beispielprojekte von der Website zum Buch herunterladen können, empfehlen wir Ihnen, alle Beispiele selbst zu erstellen und den Programmcode einzutippen. Sie werden auf diese Art und Weise schneller mit der Syntax von VBA vertraut und lernen so auch den VBA-Editor mit all seinen nützlichen Features rascher kennen.
- Text, den Sie in den Schrittfolgen eintippen müssen, wird in fett gedruckten Buchstaben dargestellt.
- Am Ende jedes Kapitels finden Sie einen Abschnitt mit Übungen zu dem jeweiligen Kapitel. Manchmal handelt es sich dabei um einfache Fragen, manchmal enthält eine Übung eine Aufgabe, um das im Kapitel vorgestellte Projekt weiter zu verbessern. Alle Antworten finden Sie auf der Website zu diesem Buch. Versuchen Sie, die Übungen selbstständig durchzuführen, und schauen Sie sich erst dann die Lösungen an. So werden Sie schneller in der Lage sein, eigene Programmierprojekte zu realisieren.

Die Symbole in diesem Buch

Der nachfolgenden Auflistung können Sie die Symbole dieses Buches entnehmen und erfahren deren Bedeutung.

	Wichtig	Wichtige Informationen, auf die Sie unbedingt achten sollten.
	Hinweis	Weiterführende Informationen, die Sie im Hinterkopf behalten sollten.
	Tipp	Hier finden Sie Informationen, wie Sie Dinge besonders einfach und zeitsparend erledigen können.
	Hintergrund	Wichtige Hintergrundinformationen. Die Informationen sind nicht erforderlich, um eine Schrittfolge durchzuführen. Sie vertiefen jedoch Ihr Wissen über bestimmte Zusammenhänge.
	Internet-Links	Links zu weiterführenden Kapiteln aus anderen Microsoft Press-Büchern, die Sie kostenlos herunterladen können. Sie können dort Themen vertiefen, die in diesem Buch nur angerissen werden können.

Die Website zu diesem Buch

Auf der Website *www.richtig-einsteigen.de* finden Sie neben Beispieldateien zusätzliche Downloads, die in den jeweiligen Kapiteln beschrieben sind. Dies sind u.a. weitere Beispielprojekte und Probekapitel aus anderen Microsoft Press-Büchern, mit denen Themen, die in diesem Buch aus Platzgründen nur einführend erläutert werden können, vertieft werden.

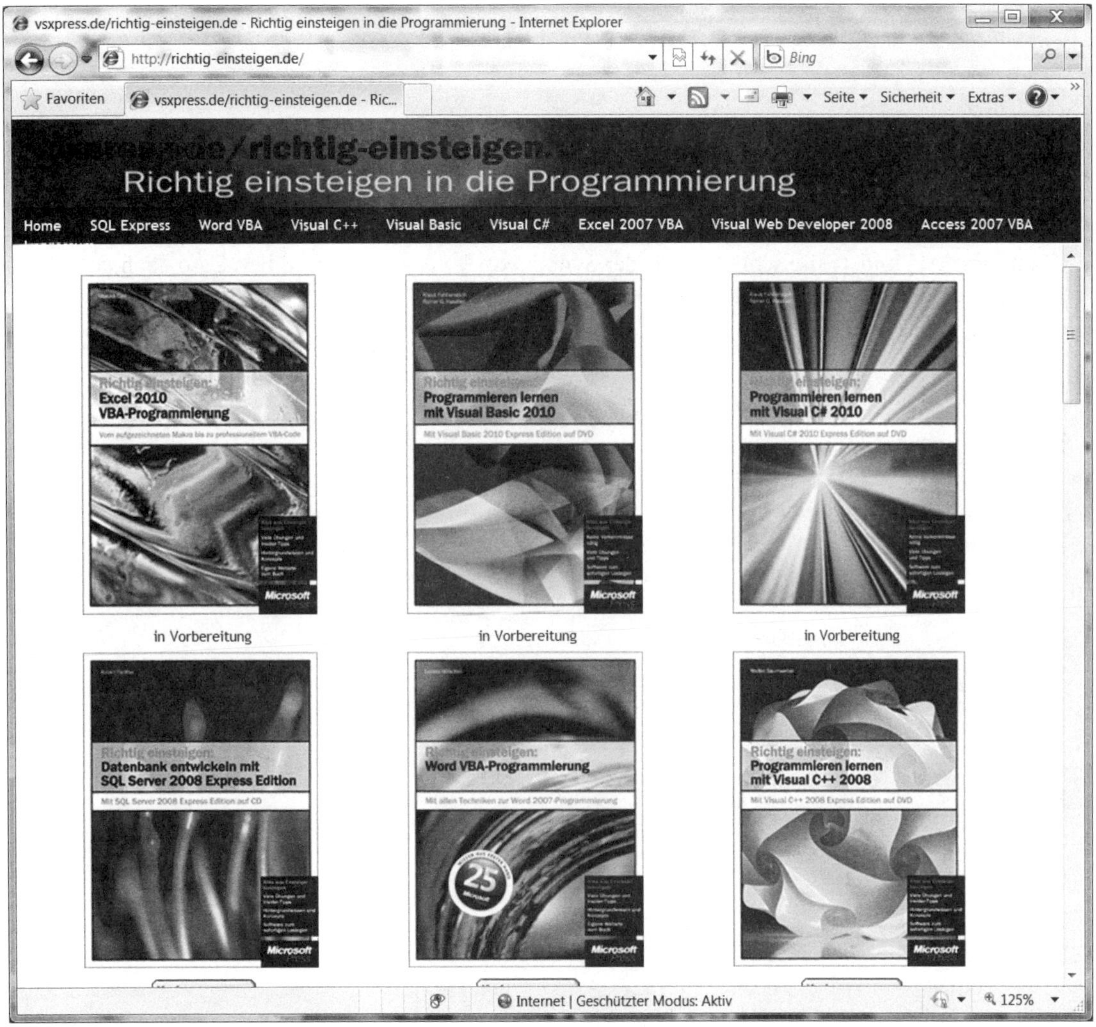

Abbildung 1.1: Die Website zur Buchreihe »Richtig einsteigen«

Unterstützung für dieses Buch

Wir haben selbstverständlich alles unternommen, um die Richtigkeit des Buchinhalts und des Bonusmaterials sicherzustellen. Etwaige Korrekturen und Änderungen finden Sie unter folgender Adresse:

http://www.microsoft-press.de/support.asp

Wenn Sie Kommentare, Fragen oder Anregungen zum Inhalt dieses Buches oder des Begleitmaterials bzw. Fragen haben, die Sie auf den oben angegebenen Websites nicht klären konnten, senden Sie eine E-Mail an folgende Adresse bei Microsoft Press:

presscd@microsoft.com

oder per Post an

Microsoft Press
Konrad-Zuse-Str. 1
85716 Unterschleißheim

Beachten Sie, dass Microsoft unter diesen Adressen keinen Support für Softwareprodukte leistet.

Kapitel 2

Vorbereitungen und Einstellungen

In diesem Kapitel erfahren Sie

- welche Installationen erforderlich sind
- die richtigen Sicherheitsvorkehrungen zu treffen
- die nötigen Entwicklerwerkzeuge in Excel 2010 einzublenden

2.1 Erforderliche Installationen

Wenn Sie auf Ihrem Personal Computer das Betriebssystem *Microsoft Windows* installiert haben und danach *Microsoft Excel*, oder eins der *Microsoft Office*-Pakete, so steht Ihnen automatisch VBA zur Verfügung. Es sind somit keine weiteren Installationen erforderlich.

2.2 Einblenden der Entwicklertools

In *Office 2010* steht Ihnen das Menüband (in Office 2007 Multifunktionsleiste genannt) zur Verfügung. Die Registerkarte *Entwicklertools* ist standardmäßig ausgeblendet. Der Grund liegt wohl darin, dass sich verhältnismäßig wenig Excel-Benutzer mit der VBA-Programmierung auseinandersetzen. Da Sie sich entschlossen haben, die Welt von VBA zu erforschen, sollten Sie die Registerkarte *Entwicklertools* unbedingt einblenden. Sie wird Sie beim Auffinden von Einstellungen, Aufzeichnen von Makros und vielem mehr unterstützen. Sie wird schlicht unentbehrlich sein.

Um die Registerkarte *Entwicklertools* einzublenden, gehen Sie wie folgt vor:

1. Klicken Sie in Excel 2010 auf die Registerkarte *Datei* und dann auf die Schaltfläche *Optionen*.

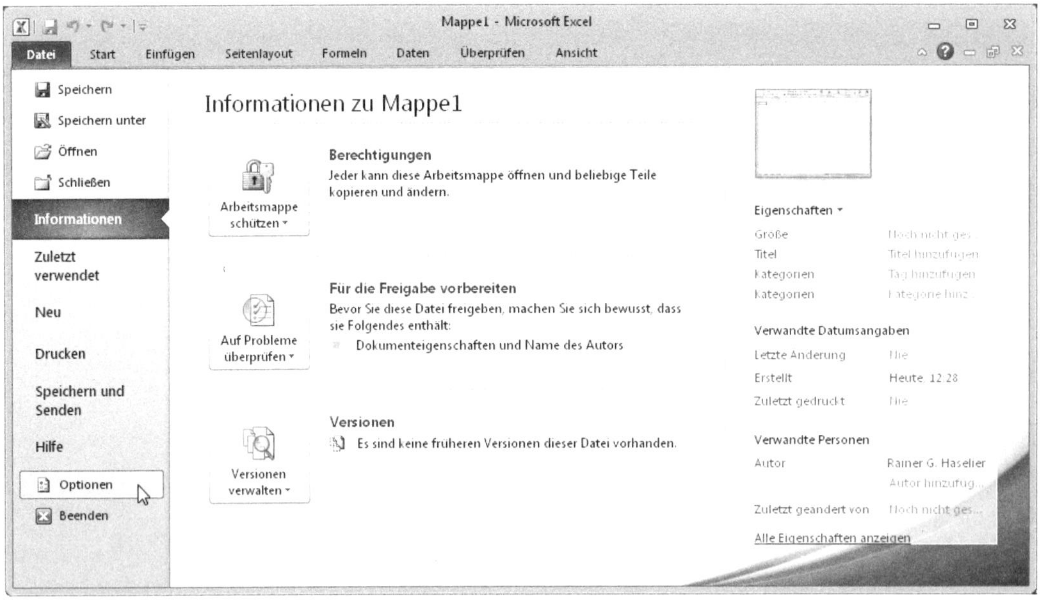

Abbildung 2.1: Zu den *Optionen* von Excel gelangen

2. Aktivieren Sie in der Kategorie *Menüband anpassen* das Kontrollkästchen vor *Entwicklertools*.

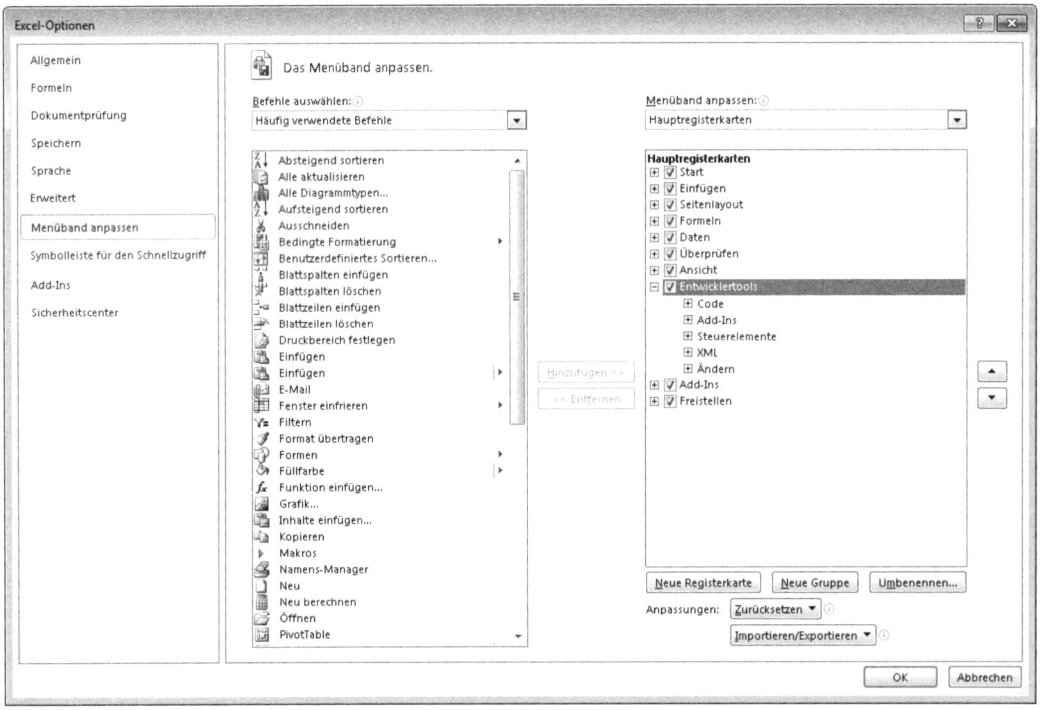

Abbildung 2.2: Die *Entwicklertools* aktivieren

3. Bestätigen Sie die Auswahl, indem Sie auf die Schaltfläche *OK* klicken.
4. Die Registerkarte *Entwicklertools* wird nun im Menüband angezeigt.

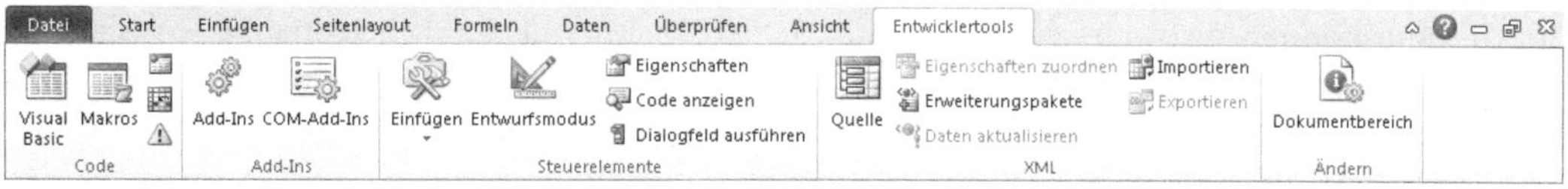

Abbildung 2.3: Die Registerkarte *Entwicklertools* ist nun verfügbar

Sie werden im Verlauf des Buches an einzelne Befehle der *Entwicklertools* herangeführt. Machen Sie sich also vorerst noch nicht zu viele Gedanken darüber.

2.3 Die Sicherheitseinstellungen

Wenn Sie in Excel mit Makros arbeiten, sollten Sie sich unbedingt mit dem Thema Sicherheit auseinandersetzen. Nach der Installation von Excel 2010 sind VBA-Codes bzw. Makros automatisch deaktiviert. Wenn Sie ein Makro ausführen möchten, müssen Sie zuerst die Sicherheitsstufe lockern. Führen Sie dazu folgende Schritte aus:

1. Aktivieren Sie die Registerkarte *Entwicklertools*.
2. Klicken Sie in der Gruppe *Code* auf die Schaltfläche *Makrosicherheit*.
3. Das Dialogfeld *Sicherheitscenter* wird geöffnet.
4. Wählen Sie die Kategorie *Einstellungen für Makros* aus.
5. Es stehen hier vier unterschiedliche Sicherheitsstufen zur Auswahl.

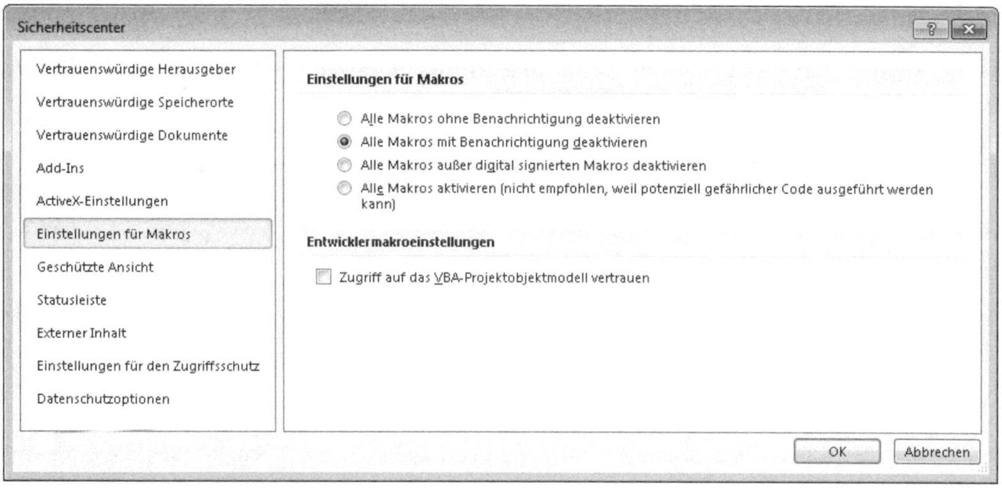

Abbildung 2.4: Die Sicherheitseinstellungen für Makros auswählen

Auf den nachfolgenden Buchseiten finden Sie eine Erläuterung zu den verschiedenen Sicherheitseinstellungen in Excel 2010.

Alle Makros ohne Benachrichtigung deaktivieren

Hierbei handelt es sich um die höchste Sicherheitsstufe. Sämtliche Makros respektive VBA-Codes sind inaktiv und können nicht ausgeführt werden. Sollten Makros in der Arbeitsmappe enthalten sein, so können diese nicht ausgeführt werden. Sie sollten sich nur für diese Einstellung entscheiden, wenn Sie nicht die Absicht haben, zu programmieren oder Dateien aus unbekannter Quelle nicht vertrauen und somit den ungewollten Start einer Prozedur verhindern möchten.

Möglicherweise fragen Sie sich nun, wie denn ein VBA-Code automatisch ausgeführt werden kann. Eine berechtigte Frage. Detaillierte Informationen dazu können Sie in Kapitel 11 nachlesen. Um etwas vorzugreifen: Es gibt sogenannte *Ereignisprozeduren*. Diese werden ausgeführt, sobald ein bestimmtes Ereignis eintritt. Ein solches Ereignis könnte das *Speichern*, das *Schließen* oder das *Öffnen* einer Arbeitsmappe sein.

Stellen Sie sich vor, dass unmittelbar nach dem Öffnen einer Arbeitsmappe unaufgefordert und unbemerkt ein VBA-Code ausgeführt wird. Ihrer Excel-Datei könnte erheblicher Schaden zugefügt werden, der womöglich erst nach Tagen bemerkt wird! Die Rede ist hier von sogenannten *Makroviren*.

Um nur ein simples Beispiel zu nennen: Das Makro verdreht ganz simpel und fies einzelne Zahlen. Stellen Sie sich vor, jede Zahl 1 in Ihrer Arbeitsmappe wird durch die Zahl 9 ersetzt und Sie würden das »Missgeschick« erst nach ein paar Tagen bemerken. Je nachdem, wie geschäftsrelevant die Arbeitsmappe ist, werden Sie etliche Stunden oder gar Tage benötigen, um die manipulierten Daten richtigzustellen.

Tatsache ist nun leider einmal, dass es auf dieser Welt viel zu viele frustrierte, ambitionierte, kriminelle oder aus welchen Motiven auch immer verdrehte Programmierer gibt, die das Bedürfnis haben, Schaden anzurichten. Es liegt in der Verantwortung jedes einzelnen Excel-Benutzers, solchen Individuen Einhalt zu gebieten, indem die Sicherheitsmaßnahmen, die Excel zur Verfügung stellt, eingesetzt werden.

Alle Makros mit Benachrichtigung deaktivieren

Bei dieser Option handelt es sich um die Standardeinstellung. Das heißt, wenn Sie Excel 2010 frisch installiert haben und starten, kommt diese Einstellung zum Tragen. Diese Einstellung ist empfehlenswert, denn sie stellt eine Alternative zur vorher genannten dar, weil sie Makros grundsätzlich zulässt, jedoch muss vorher der Ausführung zugestimmt werden. Die Sicherheitseinstellung ist gelockert, da Sie eine Arbeitsmappe öffnen können, ohne dass ungewollt ein gefährliches Makro ausgeführt wird. Die VBA-Codes sind zunächst inaktiv. Bei Bedarf können Sie diese manuell aktivieren. Zu diesem Zweck wird unterhalb des Menübands eine Sicherheitswarnung eingeblendet.

Abbildung 2.5: Die Sicherheitswarnung unterhalb des Menübands

Wenn Sie dem VBA-Code, der in der Arbeitsmappe enthalten ist, vertrauen, können Sie ihn aktivieren, indem Sie die Schaltfläche *Inhalt aktivieren* anklicken.

Alle Makros außer digital signierten deaktivieren

In Excel 2010 (und auch in anderen Office-Anwendungen) haben Sie die Möglichkeit, die Arbeitsmappe mit einem digitalen Zertifikat zu versehen; dieser Vorgang wird auch Signieren genannt. Die digitale Signatur enthält Informationen darüber, wer die Arbeitsmappe signiert hat. Sie können somit einsehen, wer das Zertifikat erstellt hat, und entscheiden, ob Sie dieser Person vertrauen. Außerdem bleibt die digitale Signatur gültig, solange die Arbeitsmappe nach dem Signieren nicht verändert wurde.

Digitale Zertifikate können von einer kommerziellen Zertifizierungsstelle bezogen werden. Sie haben aber auch die Möglichkeit, ein eigenes Zertifikat zu erstellen.

1. Klicken Sie unter Windows 7 auf *Start/Alle Programme/Microsoft Office/Microsoft Office Tools/ Digitales Zertifikat für VBA-Projekte*. Das Dialogfeld *Digitales Zertifikat erstellen* wird geöffnet.
2. Geben Sie einen Namen für das Zertifikat ein und bestätigen Sie die Eingabe mit *OK*.

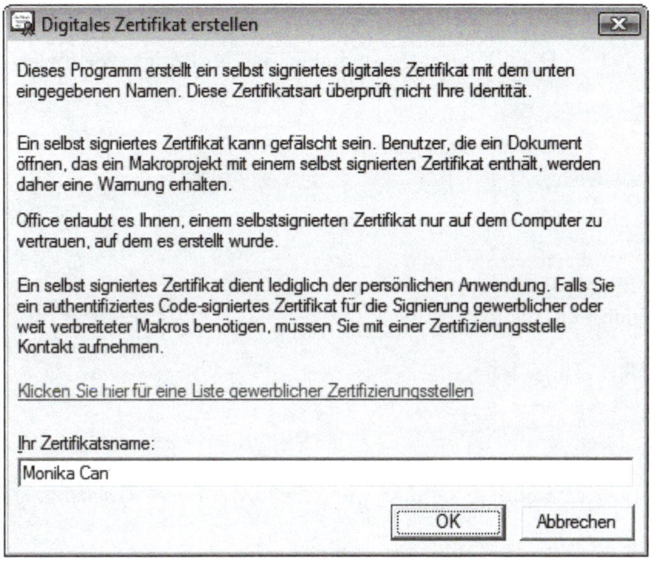

Abbildung 2.6: Ein eigenes digitales Zertifikat

Das Zertifikat ist nun verfügbar und kann in einem VBA-Projekt verwendet werden.

Um ein selbst signiertes Zertifikat zu verwenden, führen Sie folgende Aktionen aus:

1. Wechseln Sie in die VBA-Umgebung, indem Sie die Tastenkombination Alt+F11 drücken.
2. In der VBA-Umgebung klicken Sie auf *Extras/Digitale Signatur*. Das gleichnamige Dialogfeld wird geöffnet.
3. Klicken Sie im geöffneten Dialogfeld auf die Schaltfläche *Wählen*.

Abbildung 2.7: Eine digitale Signatur einfügen

4. Das zuvor erstellte Zertifikat kann nun ausgewählt werden.
5. Nachdem Sie die offenen Dialogfelder mittels *OK* geschlossen haben, ist das Projekt zertifiziert.

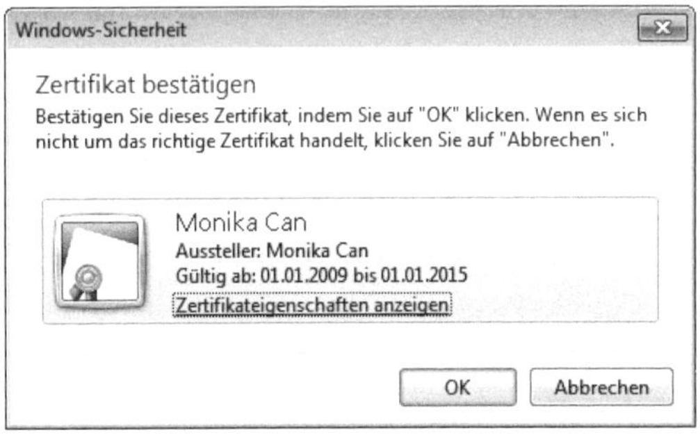

Abbildung 2.8: Ein Zertifikat bestätigen

6. Speichern Sie die Arbeitsmappe und verwenden Sie dabei den Dateityp *Excel-Arbeitsmappe mit Makros*.

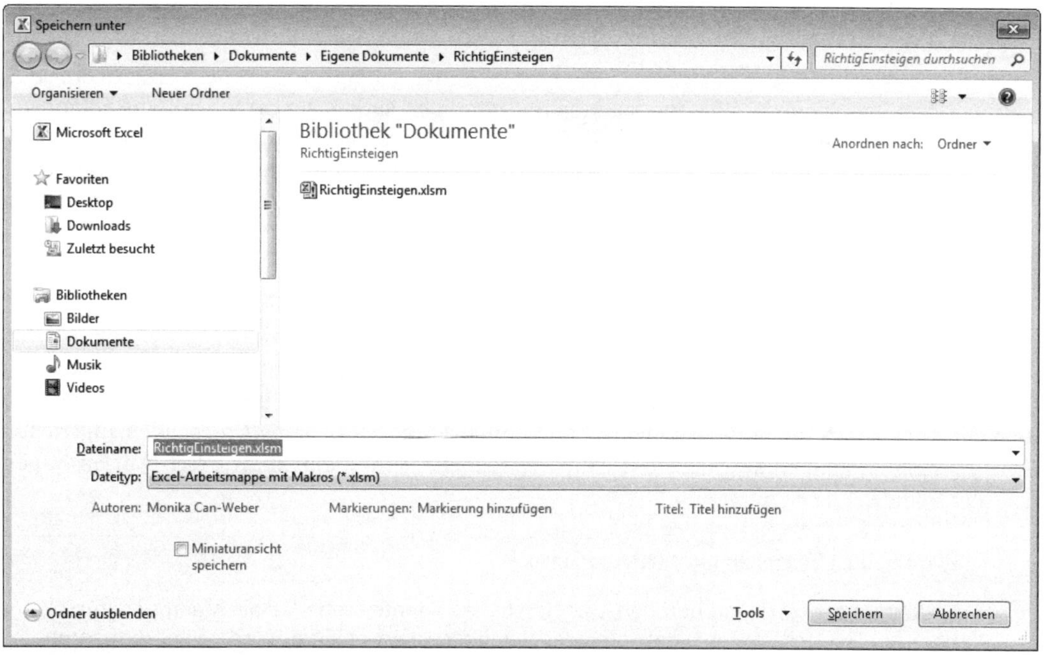

Abbildung 2.9: Arbeitsmappe mit Makros speichern

Schließen Sie die Arbeitsmappe und öffnen Sie sie erneut. Unterhalb des Menübands wird nun eine Sicherheitswarnung angezeigt. Klicken Sie auf *Aktivieren*, um dem Zertifikat zu vertrauen und die Makros zu aktivieren.

Wenn es sich um ein neues Zertifikat handelt, so wird der *Sicherheitshinweis für Microsoft Excel* geöffnet. Klicken Sie in dem Dialogfeld auf die Schaltfläche *Gesamtem Inhalt des Herausgebers vertrauen*, wenn Sie das Zertifikat akzeptieren möchten.

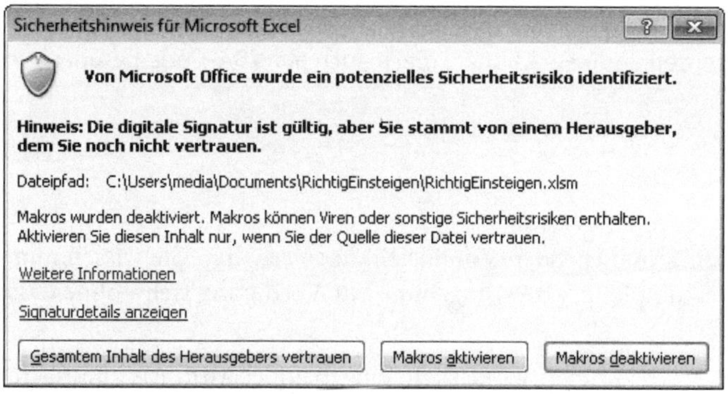

Abbildung 2.10: Einem Herausgeber vertrauen

Tipp: Ein Zertifikat entfernen oder löschen

Um ein Zertifikat aus einer Arbeitsmappe zu entfernen, öffnen Sie erneut das Dialogfeld *Digitale Signatur* in der VBA-Umgebung über *Extras* und klicken auf die Schaltfläche *Entfernen.*

Um ein Zertifikat komplett zu entfernen, klicken Sie im Internet Explorer auf *Extras/Internetoptionen*, aktivieren die Registerkarte *Inhalte* und klicken auf die Schaltfläche *Zertifikate.*

Alle Makros aktivieren

Sehen wir uns nun die letzte Option, *Alle Makros aktivieren*, an. Von dieser Einstellung ist dringend abzuraten. Beim Öffnen einer Arbeitsmappe erhalten Sie keine Rückfrage. Das bedeutet, dass jeglicher darin enthaltener VBA-Code unaufgefordert ausgeführt werden könnte. Im schlimmsten Falle merken Sie nicht einmal, dass im Hintergrund etwas ausgeführt wurde, das womöglich Schaden angerichtet hat. Diese Einstellung können Sie höchstens dann verwenden, wenn Sie niemals Excel-Dateien öffnen, die aus einer fremden Quelle stammen.

Wichtig: Die Virengefahr nicht unterschätzen

Ich kann nicht oft genug betonen, was geschehen könnte, wenn Sie die Makrosicherheit zu niedrig einstellen. Jede Excel-Datei, die nicht durch Sie selbst erzeugt wurde, könnte theoretisch gefährliche Makros enthalten. Ganz egal woher die Datei stammt, seien Sie sich der Gefahr immer bewusst. Die Makrowarnungen gänzlich auszuschalten, ist nur auf den ersten Blick die bequemste Einstellung.

Empfehlenswert ist die Sicherheitseinstellung *Alle Makros mit Benachrichtigung deaktivieren.* Bei dieser Einstellung sind Makros nach dem Öffnen der Arbeitsmappe zunächst inaktiv. Sie haben dann die Möglichkeit, den VBA-Code zu analysieren. Wenn Sie ihn als sicher einstufen, können Sie die Schaltfläche *Optionen* anklicken und im Dialogfeld *Microsoft Office-Sicherheitsoptionen* das Optionsfeld *Diesen Inhalt aktivieren* wählen. Sobald Sie die Auswahl mit *OK* bestätigt haben, können Sie den verfügbaren VBA-Code ausführen.

Das Deaktivieren von Makros kann zur Folge haben, dass auch andere Funktionalitäten eingeschränkt sind, beispielsweise benutzerdefinierte Funktionen, die ja auch auf VBA-Code beruhen.

2.4 Zusammenfassung

In diesem Kapitel haben Sie Anweisungen zu grundlegenden Voreinstellungen erhalten. Sie wissen nun, dass nach der Office-Installation bereits die komplette VBA-Umgebung zur Verfügung steht, ohne dass Sie zusätzliche Tools installieren müssen.

Des Weiteren haben Sie erfahren, wie die Registerkarte *Entwicklertools* eingeblendet wird. Als künftigem VBA-Programmierer wird Sie diese Registerkarte in vielen Belangen unterstützen. Sie ermöglicht Ihnen den schnellen Zugriff auf die wichtigsten Elemente in Bezug auf Makros und weitere VBA-Elemente.

Sie wurden zudem auf Makroviren hingewiesen und wissen nun, welche Sicherheitseinstellungen Sie vornehmen können. Sie kennen alle vier Sicherheitsstufen und deren Vor- und Nachteile.

Kapitel 3

Den Makrorekorder verwenden

In diesem Kapitel lernen Sie

- wie Sie den Makrorekorder verwenden können
- den Unterschied zwischen relativer und absoluter Aufzeichnung kennen
- den aufgezeichneten Code zu interpretieren
- wie Makros per Mausklick gestartet werden können

3.1 Ein paar Worte zu VBA

VBA ist die Abkürzung für *Visual Basic for Applications*. Das bedeutet *Programmierung für eine Applikation* wie beispielsweise Excel. VBA basiert auf der Programmiersprache Visual Basic (abgekürzt VB), wobei mittels VB eigenständige Programme entwickelt werden können (**.exe*). Eine VBA-Prozedur hingegen kann nur ausgeführt werden, wenn die damit verbundene Applikation installiert und geöffnet ist. Die Programmiersprache darf keineswegs unterschätzt werden. Nicht umsonst nennt man sie »Sprache« und jede Sprache will zuerst gelernt sein.

VBA ist eine typische objektorientierte Programmiersprache. Während der gesamten Programmierung werden bestehende Objekte erzeugt, und dann auf sie zugegriffen und so verändert. Was genau Objekte sind und welche es gibt, erfahren Sie in Kapitel 6.

VBA gibt es nicht nur in Excel, sondern mittlerweile in nahezu allen Office-Programmen. Sie können VBA somit auch in Word, Access usw. verwenden. Dabei möchte ich Sie jedoch gleich der Illusion berauben, dass ein in Excel erstellter Programmcode ohne Weiteres auch in Word verwendet werden kann. Word verfügt über andere Objekte, Eigenschaften und Methoden, die wiederum zuerst gelernt sein wollen.

Damit vorerst genug an Theorie.

3.2 Den Makrorekorder verwenden

Auf den nachfolgenden Seiten lernen Sie, was ein Makrorekorder ist und wie er verwendet werden kann.

Was ist ein Makrorekorder?

Wer sich heutzutage noch an den guten alten Kassettenrekorder erinnert, kann diesen im weitesten Sinne mit dem Makrorekorder vergleichen. Mit Ersterem lassen sich hörbare Töne aufnehmen, mit dem Makrorekorder hingegen Arbeitsschritte. Der Makrorekorder ist das geeignete Hilfsmittel, um ohne vorherige Kenntnisse der Programmiersprache VBA VBA-Programmcode zu erzeugen. Während der Makrorekorder eingeschaltet ist, wird jeder Mausklick und das Drücken der Tasten bzw. die hierdurch ausgelösten Befehle aufgezeichnet. Im Hintergrund wird dabei automatisch ein VBA-Code erzeugt. Später können die aufgezeichneten Schritte jederzeit wieder ausgeführt oder bearbeitet und angepasst werden.

Ein Makro aufzeichnen

Bevor Sie mit der Aufzeichnung eines Makros beginnen, sollten Sie sich genau überlegen, was Sie tun möchten. Je weniger Schritte und Korrekturen Sie während der Aufzeichnung ausführen müssen, desto weniger Code wird erzeugt. Entsprechend schneller ist das Makro, wenn Sie es später wieder ausführen. Der Code ist zudem besser überschaubar und kann somit einfacher analysiert und nachbearbeitet werden.

In unserem Beispiel verfügen wir über eine Tabelle, deren Zahlen wir formatieren möchten.

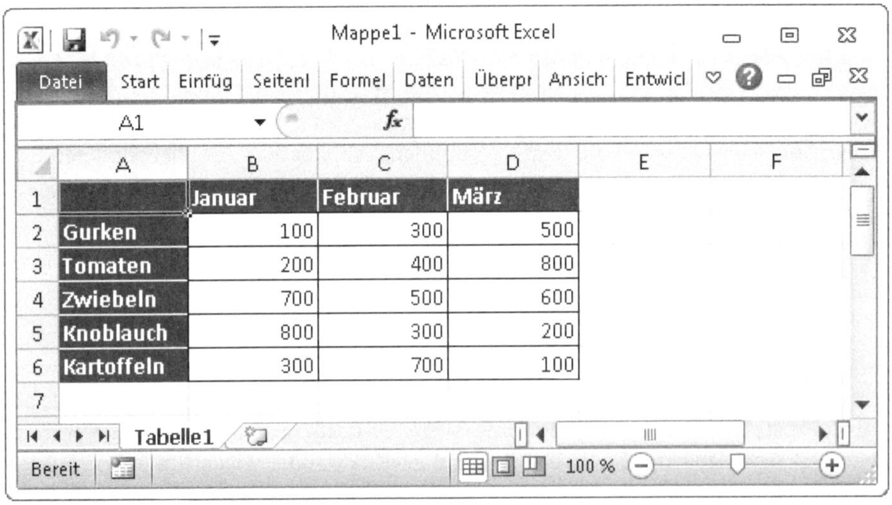

Abbildung 3.1: Die Ausgangslage für unser Makro

Der Bereich *B2:D6* soll formatiert werden. Wir überlegen uns also, welche Arbeitsschritte dazu erforderlich sind.

1. Der Zellbereich (*B2:D6*) muss markiert werden.
2. Ein Zahlenformat muss zugewiesen werden.
3. Die Zahlen werden fett und kursiv formatiert.

Nachdem Sie die genauen Arbeitsschritte kennen, die Sie mittels Makrorekorder aufzeichnen wollen, können Sie mit der Aufzeichnung des Makros beginnen. Die Arbeitsschritte setzen sich wie folgt zusammen:

1. Rufen Sie den Makrorekorder auf. Klicken Sie hierzu auf der Registerkarte *Entwicklertools* in der Gruppe *Code* auf *Makro aufzeichnen*.

Abbildung 3.2: Die Makroaufzeichnung starten

2. Geben Sie in das Textfeld *Makroname* einen aussagekräftigen Namen ein. Beachten Sie hierbei, dass dieser mit einem Buchstaben beginnen muss und keine Leerzeichen enthalten darf. Sonderzeichen, Punkte, Kommas usw. sind ebenfalls nicht erlaubt.

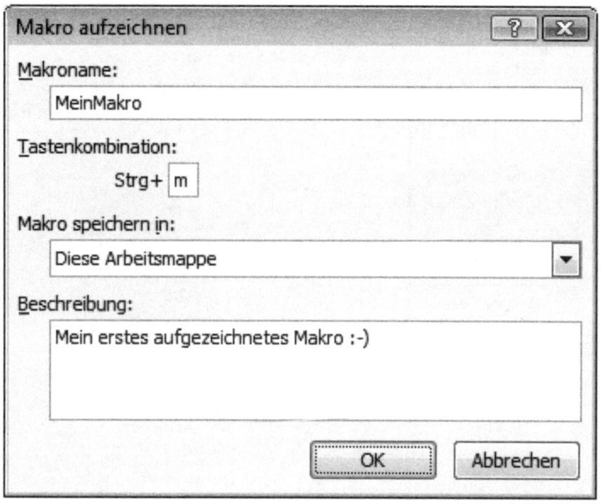

Abbildung 3.3: Das Dialogfeld *Makro aufzeichnen*

3. Legen Sie, falls gewünscht, bei *Tastenkombination* eine Taste fest, um das Makro später über diese Tastenkombination aufrufen zu können. Bedenken Sie hierbei, dass dadurch vordefinierte Excel-Tastenkombinationen überschrieben werden.
4. Im Feld *Beschreibung* können Sie, wenn gewünscht, einen Text eingeben.
5. Klicken Sie auf die Schaltfläche *OK*, um die Aufzeichnung zu starten.
6. Führen Sie nun die zuvor geplanten Arbeitsschritte aus. Sobald Sie damit fertig sind, können Sie die Aufzeichnung beenden. Klicken Sie dazu auf der Registerkarte *Entwicklertools* in der Gruppe *Code* auf die Schaltfläche *Aufzeichnung beenden*.

Abbildung 3.4: Die Makroaufzeichnung beenden

Ein Makro ausführen

Das zuvor aufgezeichnete Makro können Sie nun jederzeit wieder ausführen. Wenn Sie dem Makro eine Tastenkombination zugewiesen haben, können Sie es durch Drücken dieser Tastenkombination starten. Anderenfalls führen Sie folgende Schritte aus:

1. Klicken Sie auf der Registerkarte *Entwicklertools* in der Gruppe *Code* auf die Schaltfläche *Makros* oder verwenden Sie alternativ die Tastenkombination Alt+F8.

   Das Dialogfeld *Makro* wird geöffnet. Im Listenfeld *Makroname* werden alle vorhandenen Makros angezeigt.

Abbildung 3.5: Das aufgezeichnete Makro auswählen

2. Wählen Sie das Makro aus, das Sie ausführen möchten.
3. Klicken Sie abschließend auf die Schaltfläche *Ausführen*, um den Vorgang zu starten. Das Makro führt nun die aufgezeichneten Schritte aus. Je nach Rechnergeschwindigkeit geschieht dies blitzschnell, sodass die einzelnen Arbeitsschritte kaum wahrnehmbar sind.

Es gibt kein Zurück

Wenn Sie mit Makros arbeiten, müssen Sie unbedingt wissen, dass es für einmal ausgeführte Prozeduren kein Zurück gibt. Die Funktion *Rückgängig* wird nach dem Ausführen eines Makros automatisch zurückgestellt. Wenn Sie sicherstellen möchten, dass ein Makro keine vorhandenen Daten überschreibt, gibt es zwei Möglichkeiten:

- Speichern Sie die Mappe vor dem Ausführen eines Makros unter einem anderen Namen ab, damit Sie eine Sicherheitskopie haben.
- Speichern Sie die Mappe vor dem Ausführen des Makros ab. Wenn tatsächlich unerwünschte Veränderungen vorgenommen wurden, schließen Sie die Mappe, ohne sie zuvor noch einmal zu speichern, und öffnen sie dann erneut.

Eine Tastenkombination nachträglich anpassen

Sie können die Tastenkombination auch erst im Nachhinein zuweisen oder löschen oder ändern.

1. Rufen Sie dazu erneut das Dialogfeld *Makro* auf.
2. Wählen Sie in dem Listenfeld das Makro aus, dessen Tastenkombination Sie ändern möchten.
3. Klicken Sie auf die Schaltfläche *Optionen,* um das Dialogfeld *Makrooptionen* zu öffnen.

Abbildung 3.6: Die Tastenkombination anpassen

4. Geben Sie die gewünschte Tastenkombination ein und schließen Sie die beiden geöffneten Dialogfelder.

Ein Makro löschen

Sollten Sie ein Makro nicht mehr benötigen, können Sie es selbstverständlich löschen.

1. Klicken Sie auf der Registerkarte *Entwicklertools* in der Gruppe *Code* auf die Schaltfläche *Makros.*

   Das Dialogfeld *Makro* wird geöffnet.

2. Wählen Sie das zu löschende Makro aus und klicken Sie dann auf die Schaltfläche *Löschen.*
3. Bestätigen Sie die Sicherheitsabfrage, indem Sie die Schaltfläche *Ja* anklicken.

Die persönliche Makroarbeitsmappe (PERSONAL.XLSB)

Wenden wir uns nun dem Speicherort für Ihre Makros bzw. Ihren VBA-Code zu.

Wenn Sie ein Makro aufzeichnen, wird dieses automatisch in der aktuell geöffneten Arbeitsmappe gespeichert, sofern Sie vor der Aufzeichnung keinen anderen Speicherort ausgewählt haben. Im Dialogfeld *Makro aufzeichnen*, das Sie über *Entwicklertools/Code/Makro aufzeichnen* aufrufen, kann der Speicherort geändert werden. Im Dropdown-Listenfeld *Makro speichern in* stehen drei Speicherorte zur Auswahl:

- Persönliche Makroarbeitsmappe
- Neue Arbeitsmappe
- Diese Arbeitsmappe

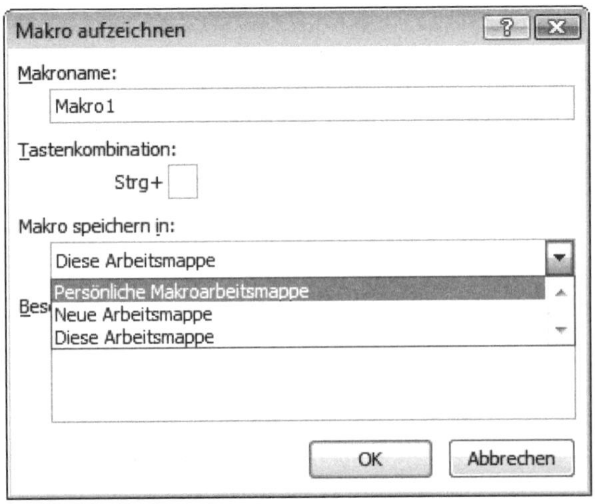

Abbildung 3.7: Ein Makro in der Arbeitsmappe *PERSONAL.XLSB* abspeichern

Wenn Sie *Diese Arbeitsmappe* wählen, steht das Makro ausschließlich in der Arbeitsmappe zur Verfügung, aus der heraus Sie die Aufzeichnung starten.

Sie können die aktive Arbeitsmappe auch unberührt lassen und das Makro in einer neuen Arbeitsmappe erstellen. Wählen Sie dazu den Eintrag *Neue Arbeitsmappe* aus. Die neue Arbeitsmappe wird automatisch erzeugt, sobald Sie die *OK*-Schaltfläche anklicken.

Sie können ein Makro auch für sämtliche Arbeitsmappen, sprich für die gesamte Excel-Anwendung, zur Verfügung stellen. Wählen Sie dazu den Speicherort *Persönliche Makroarbeitsmappe* aus. Dabei wird das Makro in einer Datei namens *PERSONAL.XLSB* gespeichert.

Wichtig: Wo befindet sich die PERSONAL.XLSB?

Die Datei *PERSONAL.XLSB* steht nach der Installation von Excel bzw. Office nicht automatisch zur Verfügung. Sie wird erst dann erstellt, wenn ein Makro mit dem Speicherort *Persönliche Makroarbeitsmappe* aufgezeichnet wurde. Die Datei *PERSONAL.XLSB* wird im Office-Unterordner *XLSTART* angelegt. In Windows 7 und Windows Vista lautet der Pfad in der Regel:

C:\Benutzer\[Benutzername]\AppData\Roaming\Microsoft\Excel\XLSTART\PERSONAL.XLSB

In älteren Windows-Versionen lautete der Pfad:

C:\Dokumente und Einstellungen\[Benutzername]\Anwendungsdaten\Microsoft\Excel\XLSTART\PERSONAL.XLSB

Anstelle von *Benutzer* steht oft auch *Users* und anstelle von *[Benutzername]* steht Ihr Windows-Anmeldename.

Wenn Sie die *PERSONAL.XLSB* löschen möchten, öffnen Sie im Windows-Explorer den oben genannten Pfad und entfernen die Datei.

Bitte beachten Sie: Der Ordner *AppData* bzw. *Anwendungsdaten* ist standardmäßig versteckt und erst verfügbar, wenn er sichtbar gemacht wird.

In Windows 7 und Windows Vista finden Sie die Einstellung, um Systemordner bzw. Dateien einzublenden, im Windows-Explorer unter *Organisieren/Ordner- und Suchoptionen* auf der Registerkarte *Ansicht* unter *Versteckte Dateien und Ordner*, Option *Alle Dateien und Ordner anzeigen*.

In älteren Windows-Versionen finden Sie die Einstellung im Windows-Explorer unter *Extras/Ordneroptionen*, Registerkarte *Ansicht*, Option *Alle Dateien und Ordner anzeigen*.

Wenn Sie die Datei *PERSONAL.XLSB* einmal erzeugt haben, ist sie im Projekt-Explorer des VBA-Editors verfügbar. Die darin enthaltenen Makros können eingesehen und bearbeitet werden.

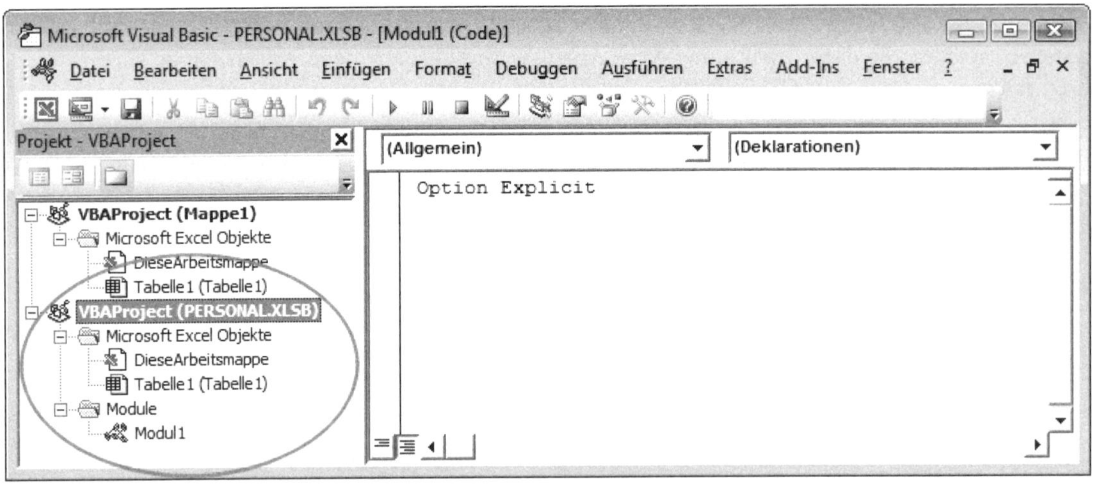

Abbildung 3.8: Das VBA-Projekt *PERSONAL.XLSB*

Die Makroarbeitsmappe *PERSONAL.XLSB* wird beim Start von Excel automatisch im Hintergrund geladen. Die Arbeitsmappe ist, zum Schutz vor versehentlichen Änderungen, nicht sichtbar.

Wenn Sie ein Makro in der persönlichen Makroarbeitsmappe erstellt haben, erscheint beim Schließen der Applikation eine Meldung mit der Abfrage, ob Sie die Änderungen in der persönlichen Makroarbeitsmappe speichern möchten. Klicken Sie auf *Ja*, wenn Sie die Makros speichern möchten. Nur so stehen sie Ihnen später, beim erneuten Start von Excel, wieder zur Verfügung.

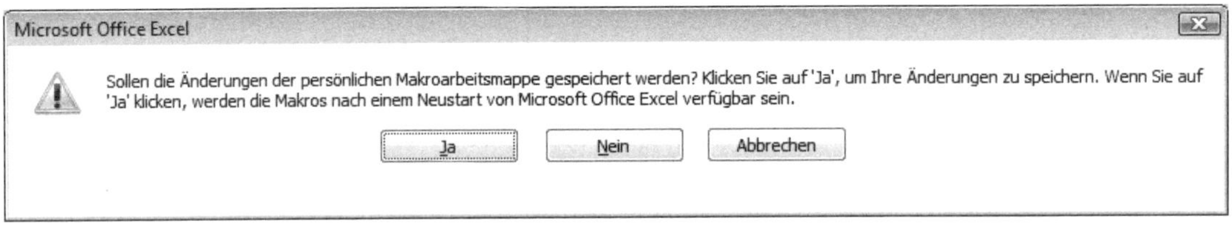

Abbildung 3.9: Speicherabfrage bezüglich *PERSONAL.XLSB*

3.3 Relative und absolute Aufzeichnung

Bei dem Makro, das wir weiter oben aufgezeichnet haben, wurden alle Zellbezüge als absolute Angaben im Makro gespeichert. Woran ist das zu erkennen? Beim Ausführen des Makros wird immer auf die festgelegten Zellen Bezug genommen. Wenn Sie bei der Aufzeichnung die Zellen *B2:D6* markiert haben, werden die Formatierungen immer diesem Bereich zugewiesen.

Nun könnte es jedoch auch vorkommen, dass sich die zu formatierende Tabelle an einer anderen Stelle im Tabellenblatt befindet. Dann würde uns das Makro mit den absoluten Zellbezügen nichts mehr nutzen. Microsoft hat das bedacht und ermöglicht auch eine relative Aufzeichnung. Wie müssen Sie dabei vorgehen?

1. Starten Sie die Makroaufzeichnung, indem Sie *Entwicklertools/Code/Makro aufzeichnen* wählen.
2. Bevor Sie Ihre Arbeitsschritte ausführen, klicken Sie die Schaltfläche *Relative Aufzeichnung* an; sie wird dann hervorgehoben dargestellt.

Abbildung 3.10: Die relative Aufzeichnung aktivieren

3. Führen Sie Ihre Arbeitsschritte wie gewohnt aus und beenden Sie danach die Aufzeichnung.

Wenn Sie das Makro später ausführen, werden die Formatierungen der Zellen relativ von der Zelle aus vorgenommen, aus der heraus das Makro gestartet wird.

Tipp: Aufzeichnung in nur einer Zelle

Sie können sowohl bei der absoluten als auch bei der relativen Aufzeichnung vor dem Aufzeichnen nur eine Zelle aktivieren und nur dieser die gewünschten Formate zuweisen.

Wenn Sie die Formatierungen später auf mehrere Zellen anwenden möchten, markieren Sie diese und führen das Makro aus. Damit werden alle Zellen innerhalb der Markierung entsprechend formatiert.

3.4 Den aufgezeichneten Makrocode analysieren

Da Sie VBA lernen möchten, interessiert es Sie bestimmt, was während der Aufzeichnung eines Makros geschehen ist bzw. welcher Code im Hintergrund mitgeschrieben wurde. Wenn Sie sich den Code anschauen möchten, müssen Sie zur Entwicklungsumgebung wechseln. Es gibt verschiedene Wege, um zum *Visual Basic-Editor* zu gelangen.

- Der schnellste Weg führt über die Tastenkombination Alt+F11.
- Sie können auch den Weg über *Entwicklertools/Code/Visual Basic* wählen.
- Eine weitere Alternative stellt das Kontextmenü der Blattregisterkarte dar. Sie finden darin den Befehl *Code anzeigen*.

Egal welchen Weg Sie gewählt haben, Sie sollten sich nun im VBA-Editor befinden. Die folgenden Schritte zeigen, wie Sie das aufgezeichnete Makro finden.

1. Um den Makrocode zu finden, muss der Projekt-Explorer eingeblendet sein. Sollte dies nicht der Fall sein, blenden Sie ihn über die Tastenkombination Strg+R ein.

   Wenn die VBA-Umgebung seit der Installation von Office nicht verändert wurde, finden Sie den Projekt-Explorer an der linken Seite des Fensters (weitere Erläuterungen zur Entwicklungsumgebung finden Sie in Kapitel 4).

2. Öffnen Sie den Ordner *Module* und doppelklicken Sie dort auf *Modul1*. Im Editor wird nun der gesuchte Code angezeigt.

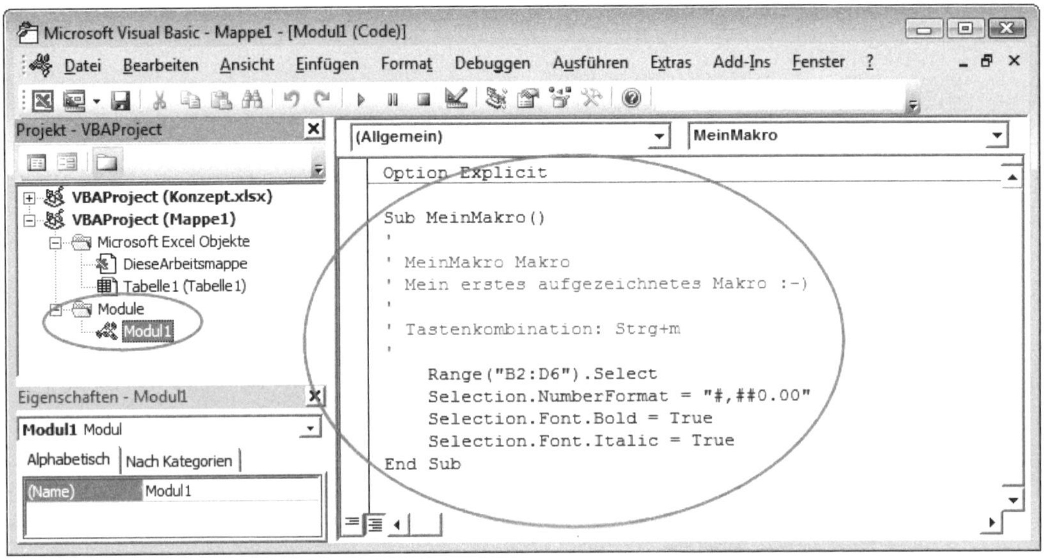

Abbildung 3.11: Der aufgezeichnete VBA-Code

Wie setzt sich der Code zusammen?

Wenn Sie sich bei der Aufzeichnung des absoluten Makros an die Anweisungen gehalten haben, dürfte sich nun ungefähr folgender Code im VBA-Editor präsentieren:

```
Sub MeinMakro()
'
' MeinMakro Makro
' Mein erstes aufgezeichnetes Makro :-)
' Tastenkombination: Strg+m
'
    Range("B2:D6").Select
    Selection.NumberFormat = "#,##0.00"
    Selection.Font.Bold = True
    Selection.Font.Italic = True
End Sub
```

Der Code besteht aus folgenden Elementen:

- `Sub … ()` ist die Einleitung, sozusagen der Titel des Codes.
- Danach folgen einige Zeilen, denen ein einfaches Anführungszeichen (') vorangestellt ist. Dabei handelt es sich um reine Informationen. Man nennt solche Zeilen Kommentarzeilen. Diese Zeilen haben keinen Einfluss auf den eigentlichen Code. Es sind Informationen, die Sie im Dialogfeld *Makro aufzeichnen* mitgeliefert haben: der *Makroname*, die *Beschreibung* und eventuell die *Tastenkombination*.

- Etwas eingerückt finden Sie den eigentlichen Code. Dies sind Ihre ausgeführten Arbeitsschritte und somit der Kern des Geschehens.
- Der Code wird mit einem `End Sub` abgeschlossen. Diese Zeile kennzeichnet das Ende der Prozedur.

Den Makrocode bereinigen

Der Makrorekorder ist zwar eine wunderbare Sache und wird Sie sicherlich noch lange begleiten, auch wenn Sie bereits etwas mehr Erfahrung mit VBA haben. Dennoch hat er seine Tücken. Viele der Codezeilen sind überflüssig und lassen sich vermeiden. Das Ganze wirkt noch recht unprofessionell.

In unserem kleinen Beispiel wird dies noch nicht so deutlich. Nichtsdestotrotz ist dies ein guter Anfang, um einen einfachen Code zu optimieren. Wir wollen dies in zwei Schritten tun. Um das Ganze hier etwas übersichtlicher zu gestalten, lassen wir die Kommentarzeilen weg.

1. Wenn ein Befehl zu Beginn einer Zeile mehrmals auftritt, hier das `Selection`, kann dies mittels einer `With`-Anweisung zusammengefasst werden. Der Code sieht folgendermaßen aus:

```
Sub MeinMakro()
    Range("B2:D6").Select
    With Selection
        .NumberFormat = "#,##0.00"
        .Font.Bold = True
        .Font.Italic = True
    End With
End Sub
```

2. Wenn Sie genau hinschauen, fällt Ihnen auf, dass immer noch `Select` und `Selection` verwendet wird. Beides ist überflüssig und lässt sich wie folgt reduzieren (nähere Informationen dazu erhalten Sie später in diesem Buch):

```
Sub MeinMakro()
   With Range("B2:D6")
      .NumberFormat = "#,##0.00"
      .Font.Bold = True
      .Font.Italic = True
   End With
End Sub
```

Ein VBA-Programmierer versucht immer, seinen Code möglichst kurz und übersichtlich zu halten, da hierdurch einiges an Tipparbeit gespart werden kann. Dies dient nicht nur der Bequemlichkeit, sondern vor allem auch der besseren Übersicht in komplexeren Projekten und, in erster Linie, dem Erreichen einer möglichst kurzen Ausführungszeit.

Tipp: Lernen mit dem Makrorekorder

Benutzen Sie den Makrorekorder zu Beginn sehr häufig und versuchen Sie, den Code, der aufgezeichnet wird, zu verstehen. Gute Lerneffekte erzielen Sie in der Regel, wenn Sie versuchen, den Code zu optimieren und zu verkürzen. Verwenden Sie zu Beginn einfache Beispiele wie das Formatieren von Zellen.

3.5 Schnellstart für Makros

Einen Weg zum schnellen Starten eines Makros kennen Sie ja bereits. Er führt über die Zuweisung einer Tastenkombination zu einem Makro. Wenn Sie das Makro jedoch vielen Benutzern zur Verfügung stellen möchten, kennen diese unter Umständen die Tastenkombination nicht. Um den Benutzern dennoch einen komfortablen Start des Makros zu ermöglichen, gibt es verschiedene Möglichkeiten, wie Sie gleich erfahren werden.

Eine Formularschaltfläche einfügen

Bei einer Formularschaltfläche handelt es sich um ein rechteckiges Element, das auf dem Tabellenblatt platziert werden kann. Mit diesem Rechteck wird ein Makro verknüpft, das später durch Anklicken der Formularschaltfläche ausgeführt werden kann.

1. Die Formularschaltfläche finden Sie im Menü der Schaltfläche *Einfügen* (Registerkarte *Entwicklertools,* Gruppe *Steuerelemente).* Klicken Sie im Bereich *Formularsteuerelemente* auf *Schaltfläche (Formularsteuerelement).*

Abbildung 3.12: Eine Formularschaltfläche einfügen

2. Der Mauszeiger sollte nun die Form eines Kreuzes aufweisen. Ziehen Sie mit gedrückter linker Maustaste einen Rahmen auf Ihrem Tabellenblatt auf.

   Sobald Sie die Maustaste loslassen, öffnet sich das Dialogfeld *Makro zuweisen.*

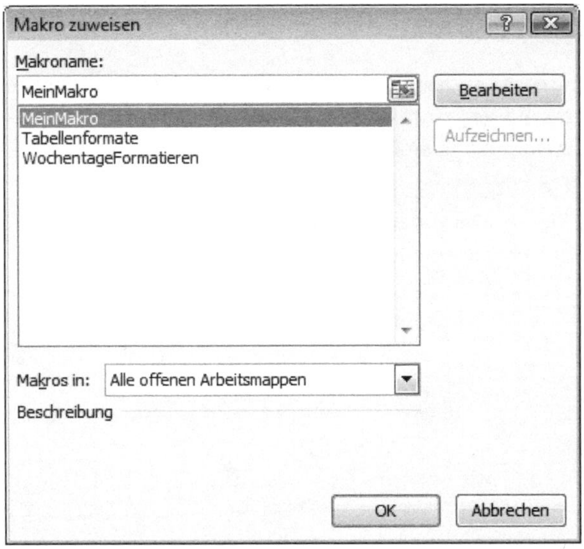

Abbildung 3.13: Das gewünschte Makro mit der Formularschaltfläche verknüpfen

3. Wählen Sie im Listenfeld *Makroname* das Makro aus, das Sie der Formularschaltfläche zuweisen möchten, und beenden Sie den Vorgang, indem Sie die Schaltfläche *OK* anklicken.
4. Die Schaltfläche befindet sich nun im Entwurfsmodus. Um den Entwurfsmodus zu verlassen, klicken Sie auf eine beliebige Zelle auf dem Tabellenblatt oder drücken die Esc-Taste.
5. Das Makro lässt sich nun per Klick auf die Formularschaltfläche auf bequeme Weise ausführen.

Eine Formularschaltfläche umbenennen

Die Schaltfläche erhält standardmäßig die Beschriftung *Schaltfläche 1*. Wenn sich mehrere Schaltflächen auf dem Tabellenblatt befinden, sind diese fortlaufend nummeriert. Um die gesamte Beschriftung inklusive der Nummer zu sehen, muss die Schaltfläche eine entsprechende Größe haben.

Auf Wunsch können Sie den Text, der auf der Schaltfläche angezeigt wird, ändern:

1. Klicken Sie mit der rechten Maustaste auf die Schaltfläche.
2. Wählen Sie im Kontextmenü den Befehl *Text bearbeiten*.
3. Der darauf angezeigte Text kann jetzt überschrieben werden.

Viel mehr Formatierungsmöglichkeiten gibt es bei Formularschaltflächen leider nicht. Sie suchen vergeblich, wenn Sie die Hintergrundfarbe oder die Schrift verändern möchten. Wenn Ihnen das Formatieren der Schaltfläche wichtig ist, müssen Sie mit einer ActiveX-Schaltfläche arbeiten. Wie das funktioniert, wird gleich erläutert.

ActiveX-Befehlsschaltflächen verwenden

ActiveX-Befehlsschaltflächen verhalten sich insofern anders, als dass sie einerseits bis zu einem gewissen Grad formatiert werden können und andererseits das Anbinden des Makros durch einen VBA-Code erfolgt. Sehen wir uns zuerst an, wo Sie die ActiveX-Befehlsschaltfläche finden und wie Sie ihr ein Makro zuordnen können.

1. Die ActiveX-Befehlsschaltfläche finden Sie im Menü der Schaltfläche *Einfügen* (Registerkarte *Entwicklertools,* Gruppe *Steuerelemente).* Klicken Sie im Bereich *ActiveX-Steuerelemente* auf *Befehlsschaltfläche (ActiveX-Steuerelement).*

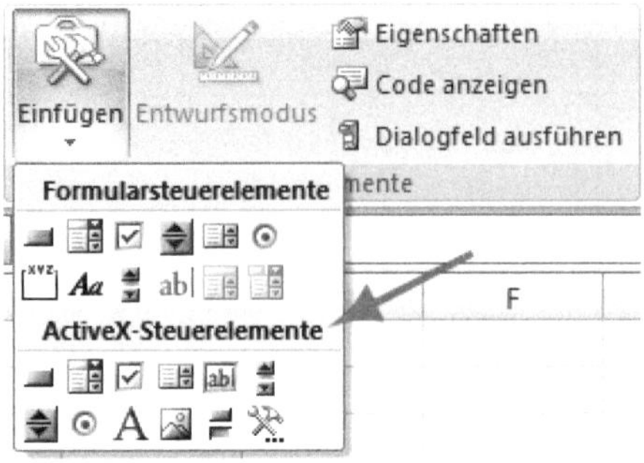

Abbildung 3.14: Eine ActiveX-Befehlsschaltfläche einfügen

2. Der Mauszeiger sollte nun die Form eines Kreuzes aufweisen. Ziehen Sie mit gedrückter linker Maustaste einen Rahmen auf Ihrem Tabellenblatt auf. Die Befehlsschaltfläche trägt den Namen *CommandButton1.*
3. Beachten Sie, dass hierdurch auf der Registerkarte *Entwicklertools* die Schaltfläche *Entwurfsmodus* aktiviert wurde. Dieser Modus ist notwendig, wenn Sie die Schaltfläche formatieren oder ihr einen Befehl zuweisen möchten. Letzteres tun wir nun, um unser Makro mit der Befehlsschaltfläche zu verknüpfen. Doppelklicken Sie auf die Befehlsschaltfläche. Sie werden direkt in den VBA-Editor geleitet.
4. Das Codefragment für die Befehlsschaltfläche steht bereits zur Verfügung. Es handelt sich um ein *Click-Ereignis.* Mehr zu Ereignisprozeduren erfahren Sie in Kapitel 11. Schreiben Sie zwischen die beiden bereits vorhandenen Zeilen den Befehl `Call`, gefolgt vom Namen des Makros.

```
Private Sub CommandButton1_Click()
   Call MeinMakro
End Sub
```

5. Verlassen Sie nun den VBA-Editor. Um das Makro ausführen zu können, müssen Sie zudem den Entwurfsmodus für Steuerelemente deaktivieren. Klicken Sie hierzu auf der Registerkarte *Entwicklertools* in der Gruppe *Steuerelemente* auf die Schaltfläche *Entwurfsmodus.*

Wie bereits erwähnt, lassen sich ActiveX-Befehlsschaltflächen gestalterisch verändern. Sie können der Schaltfläche beispielsweise eine rote Hintergrundfarbe zuweisen und die Schriftart verändern.

1. Am einfachsten ist das, wenn Sie das Eigenschaftenfenster einblenden. Hierzu klicken Sie auf der Registerkarte *Entwicklertools* in der Gruppe *Steuerelemente* die Schaltfläche *Eigenschaften* an.

2. Damit die Eigenschaften der Befehlsschaltfläche bearbeitet werden können, müssen Sie den Entwurfsmodus mit der Schaltfläche *Entwurfsmodus* (Registerkarte *Entwicklertools,* Gruppe *Steuerelemente)* aktivieren.
3. Wenn Sie nun die Befehlsschaltfläche anklicken, verändert sich der Inhalt des Eigenschaftenfensters. Es werden die Eigenschaften der Schaltfläche angezeigt.
4. Die Hintergrundfarbe kann mittels *BackColor* verändert werden. Klicken Sie auf den Pfeil neben dem Eintrag *BackColor*. Eine Farbauswahl mit zwei Registerkarten wird angezeigt.

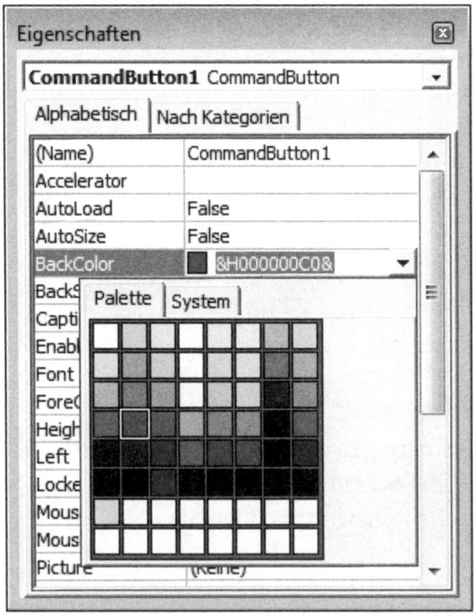

Abbildung 3.15: Die Farbpalette im Eigenschaftenfenster

5. Aktivieren Sie die Registerkarte *Palette*, wenn Sie die Schaltfläche farbig gestalten möchten. Wählen Sie per Mausklick die gewünschte Farbe aus.
6. Die Farbpalette enthält im unteren Bereich 16 leere Felder. Es handelt sich dabei um frei belegbare Felder. Klicken Sie mit der rechten Maustaste auf eines der leeren Felder. Das Dialogfeld *Farbe definieren* wird geöffnet.
7. Wählen Sie die gewünschte Farbe aus. Die Farbe wird nun auf das ehemals leere Feld übertragen und kann jederzeit wieder verwendet werden.

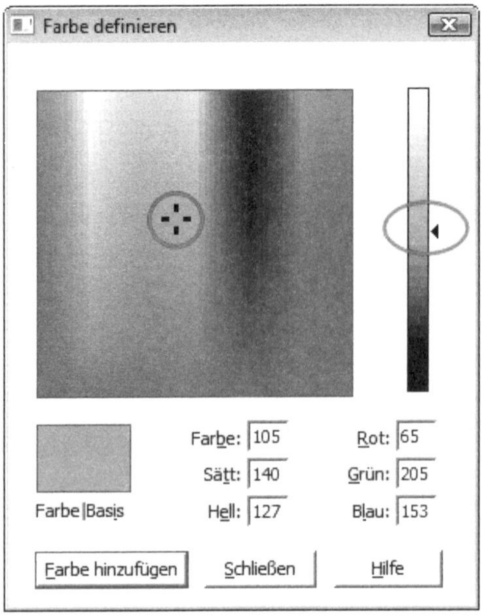

Abbildung 3.16: Eigene Farben in die Farbpalette aufnehmen

Mit dem Eigenschaftenfenster können verschiedenste Einstellungen vorgenommen werden. In Bezug auf ActiveX-Befehlsschaltflächen tritt oft der Wunsch auf, die Schriftart oder deren Farbe anzupassen. Die Eigenschaft für die Schriftart nennt sich *Font*. Für die Schriftfarbe verwenden Sie *FontColor*.

Ein Makro in die Symbolleiste für den Schnellzugriff aufnehmen

Leider können seit der Excel-Version 2007 Makros nicht mehr so flexibel außerhalb des Tabellenblatts angesiedelt werden, wie das noch zu Zeiten der Symbolleisten der Fall war. Ein kleines Hintertürchen hat Microsoft allerdings mit der sogenannten *Symbolleiste für den Schnellzugriff* offen gelassen.

Sie können nach Belieben interne Befehle oder eigene Makros in der unscheinbaren Symbolleiste für den Schnellzugriff zur Verfügung stellen.

Um Ihr Makro in die Symbolleiste für den Schnellzugriff zu integrieren, gehen Sie wie folgt vor:

1. Klicken Sie mit der rechten Maustaste auf den Bereich des Menübands. Wählen Sie im Kontextmenü den Befehl *Symbolleiste für den Schnellzugriff anpassen*. Das Dialogfeld *Excel-Optionen* wird geöffnet.
2. Wählen Sie im linken Dropdown-Listenfeld *Befehle auswählen* den Eintrag *Makros* aus. Die verfügbaren Makros werden nun im Listenfeld darunter angezeigt.

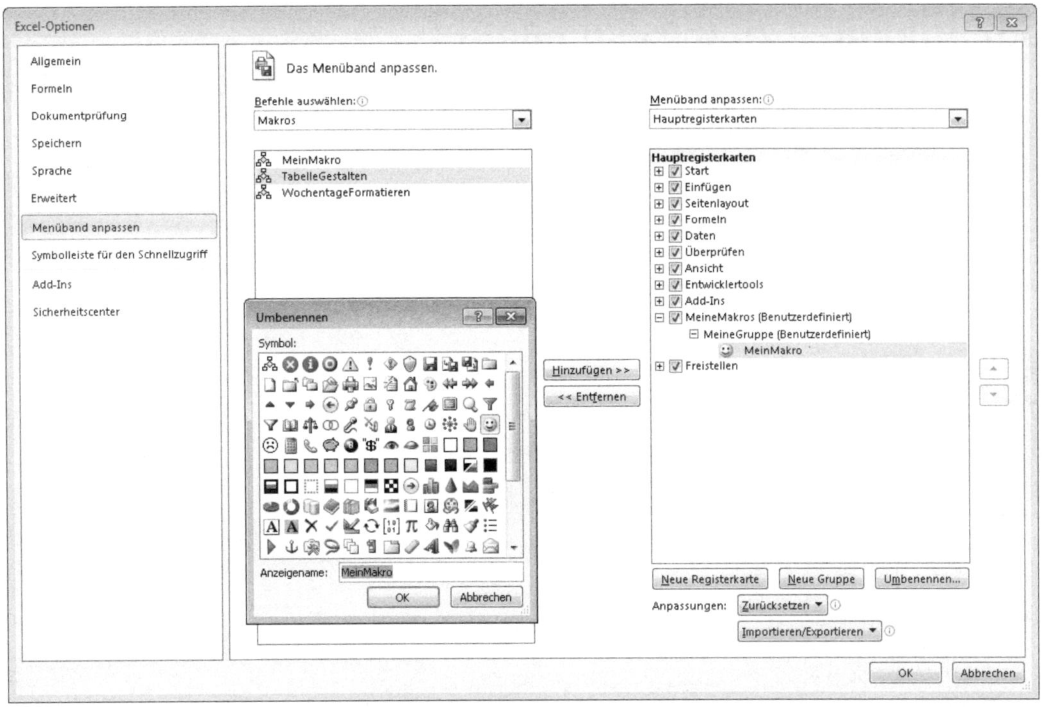

Abbildung 3.17: Das Makro auswählen und sein Symbol anpassen

3. Doppelklicken Sie auf das Makro, das in die Symbolleiste für den Schnellzugriff aufgenommen werden soll. Es wird ins rechte Listenfeld übertragen.
4. Links neben dem ausgewählten Makro wird das Standardmakrosymbol angezeigt. Dieses wird nach Abschluss der Aktion in der Symbolleiste für den Schnellzugriff sichtbar. Auf Wunsch können Sie das Symbol ersetzen. Klicken Sie dazu auf die Schaltfläche *Ändern*. Das Dialogfeld *Schaltfläche 'Ändern'* wird angezeigt. Wählen Sie hier das gewünschte Symbol aus.
5. Schließen Sie nun alle noch offenen Dialogfelder. Das Makro steht nun mit dem gewählten Symbol in der Symbolleiste für den Schnellzugriff zur Verfügung.

Hinweis: Schaltflächen nur in bestimmter Mappe verfügbar machen

Sie haben die Möglichkeit, die Schaltfläche in der Symbolleiste für den Schnellzugriff nur in einer bestimmten Arbeitsmappe einzublenden.

Wählen Sie dazu im Dialogfeld *Excel-Optionen* im rechten Dropdown-Listenfeld den Eintrag *Für 'Mappe x'* aus. Die Makros, die Sie nun vom linken in das rechte Listenfeld kopieren, werden nur für die entsprechende Arbeitsmappe in der Symbolleiste für den Schnellzugriff angezeigt.

3.6 Übungen zu diesem Kapitel

In diesem Abschnitt finden Sie einige Übungen zu diesem Kapitel. Die Antworten und Lösungen finden Sie auf der Website *www.richtig-einsteigen.de.*

Übung 3.1

Wie müssen Sie vorgehen, um die Registerkarte *Entwicklertools* einzublenden?

Übung 3.2

Sie haben ein Makro aufgezeichnet, das folgendermaßen aussieht:

```
Sub Makro1()
    Range("A1:C12").Select
    Selection.Font.Bold = True
    Selection.NumberFormat = "0.0"
    Selection.NumberFormat = "0.00"
    With Selection.Font
        .Color = -16776961
        .TintAndShade = 0
    End With
End Sub
```

Versuchen Sie, den Code so gut wie möglich zu optimieren.

Übung 3.3

Welche Schaltfläche müssen Sie aktivieren, bevor Sie einen Code aufzeichnen, damit dieser später auf beliebige Bereiche im Tabellenblatt angewendet werden kann?

Übung 3.4

Welche Möglichkeiten zum schnellen Starten eines Makros haben Sie in diesem Kapitel kennengelernt?

3.7 Zusammenfassung

In diesem Kapitel haben Sie Ihre ersten Schritte in Richtung VBA-Programmierung unternommen.

- Sie haben erfahren, wofür der Makrorekorder da ist und wissen nun, wie dieser bedient werden kann.

- Sie sind nun in der Lage, ein aufgezeichnetes Makro im VBA-Editor zu finden und den aufgezeichneten Code zu optimieren.
- Sie können Makros schneller starten, indem Sie ihnen eine Tastenkombination zuweisen, eine Schaltfläche auf dem Tabellenblatt einfügen oder eine Schaltfläche für das Makro in die Symbolleiste für den Schnellzugriff aufnehmen.

Kapitel 4

Die Entwicklungsumgebung kennen lernen

In diesem Kapitel lernen Sie

- wie man sich in der Entwicklungsumgebung bewegt
- welches die wichtigsten Elemente der Entwicklungsumgebung sind
- wie Sie die Entwicklungsumgebung an Ihre Erfordernisse anpassen können
- wie Sie die Hilfe sinnvoll einsetzen
- was ein Modul ist, welche Typen es gibt und wie sie gehandhabt werden

4.1 Die Entwicklungsumgebung

Wenn Sie noch nie mit dem Visual Basic-Editor gearbeitet haben, werden Sie sich zuerst daran gewöhnen müssen. Sobald Sie in Excel die Tastenkombination Alt+F11 drücken, befinden Sie sich in einer komplett anderen Umgebung.

Wir werden uns in diesem Kapitel Schritt für Schritt an das neue Umfeld herantasten. Viele der unbekannten Symbole und Schaltflächen in der Entwicklungsumgebung können Sie vorerst unbeachtet lassen. Bei Bedarf werden die Elemente an entsprechender Stelle in diesem Buch beschrieben, um so das VBA-Editor-Puzzle Stück für Stück zusammenzusetzen.

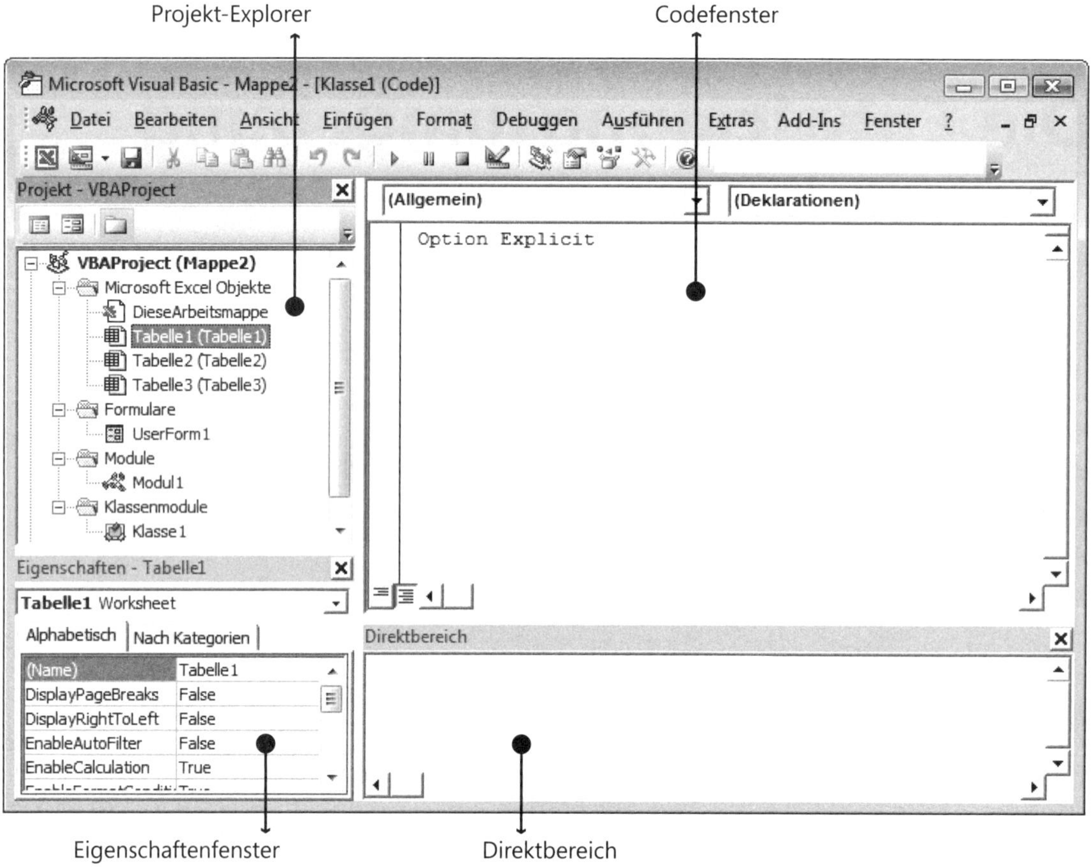

Abbildung 4.1: Die VBA-Entwicklungsumgebung (VBE)

Der Projekt-Explorer

Der Projekt-Explorer ist der Dreh- und Angelpunkt für Ihre VBA-Codes. Alles, was in VBA erstellt wird, ist darin abgelegt. Daher auch der Name *Explorer*. Sie werden also einiges mit dem Projekt-Explorer zu tun haben. Sollte er bei Ihnen nicht eingeblendet sein, sollten Sie das auf jeden Fall nachholen.

Es gibt verschiedene Wege, um den Projekt-Explorer anzeigen zu lassen:

- Rufen Sie den Menübefehl *Ansicht/Projekt-Explorer* auf.
- Wenn Sie gerne mit Tastenkombinationen arbeiten, dann verwenden Sie Strg+R.
- Eine weitere Möglichkeit besteht darin, in der Symbolleiste *Voreinstellung* die Schaltfläche *Projekt-Explorer* anzuklicken.

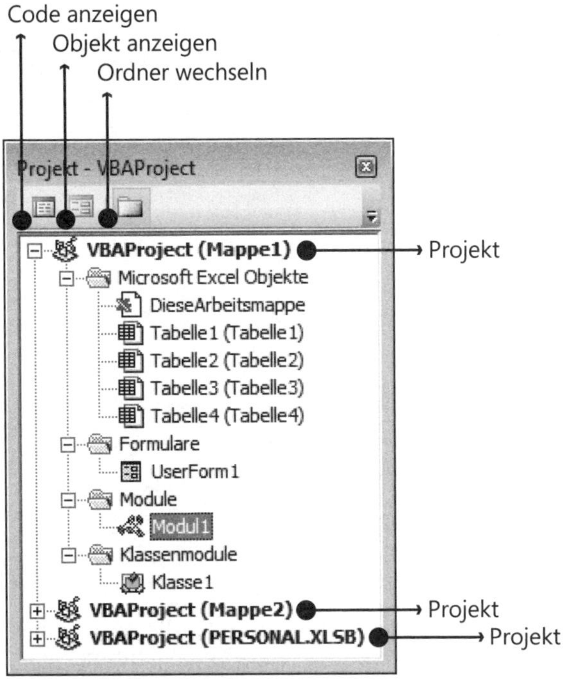

Abbildung 4.2: Der Projekt-Explorer

Im Projekt-Explorer sind in der Regel ein oder mehrere Projekte enthalten. Ein Projekt stellt immer eine Mappe dar und in einer Mappe können unterschiedliche Modultypen enthalten sein. Welche Typen es gibt, erfahren Sie später in diesem Kapitel.

Das Eigenschaftenfenster

Das Eigenschaftenfenster zeigt die Einstellungen des derzeit aktiven Objekts an. Dabei kann es sich um ein Modul handeln, eine Schaltfläche oder ein beliebiges anderes VBA-Objekt. Je nach Objekt zeigt das Eigenschaftenfenster unterschiedliche Eigenschaften an. Die Länge der Liste kann somit variieren.

Es gibt verschiedene Wege, um das Eigenschaftenfenster einzublenden:

- Rufen Sie den Menübefehl *Ansicht/Eigenschaftenfenster* auf.
- Drücken Sie die Taste F4.
- Eine weitere Möglichkeit besteht darin, in der Symbolleiste *Voreinstellung* die Schaltfläche *Eigenschaftenfenster* anzuklicken.

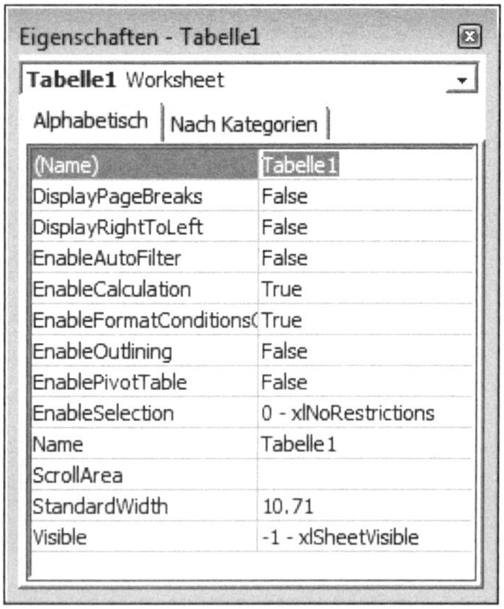

Abbildung 4.3: Das Eigenschaftenfenster

Beachten Sie, dass das Eigenschaftenfenster zwei Registerkarten aufweist, mit denen Sie die darin enthaltenen Eigenschaften entweder *Alphabetisch* oder *Nach Kategorien* anzeigen lassen können. Bis Sie mehr mit VBA vertraut sind, sollten Sie die Registerkarte *Alphabetisch* verwenden.

Sie müssen dem Eigenschaftenfenster vorerst keine weitere Beachtung schenken. Sobald wir in diesem Buch Eigenschaften verändern müssen, werden Sie entsprechend darauf hingewiesen.

Das Codefenster

Das Codefenster haben Sie bereits im vorangegangenen Kapitel kennengelernt. Es enthält die Codezeilen, die der Makrorekorder aufzeichnet, also den VBA-Code. Der Code ist natürlich nur dann sichtbar, wenn das entsprechende Modul zuvor geöffnet wurde.

Mit etwas mehr Erfahrung werden Sie im Codefenster Ihre eigenen Prozeduren von Grund auf selbst erstellen. Wir werden das Fenster also noch sehr oft benutzen.

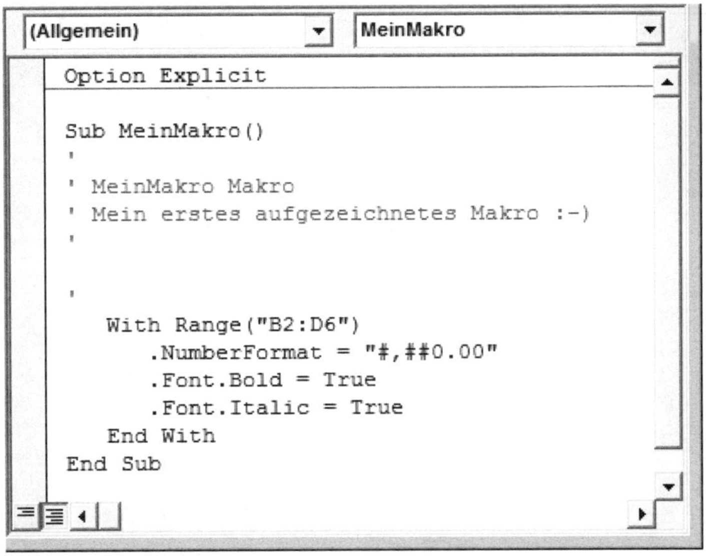


```
Option Explicit

Sub MeinMakro()
'
' MeinMakro Makro
' Mein erstes aufgezeichnetes Makro :-)
'

'
    With Range("B2:D6")
        .NumberFormat = "#,##0.00"
        .Font.Bold = True
        .Font.Italic = True
    End With
End Sub
```

Abbildung 4.4: Das Codefenster

In der unteren linken Ecke des Codefensters befinden sich zwei Schaltflächen.

Tabelle 4.1: Wechseln zwischen Prozedur- und Modulansicht

Schaltfläche	Bedeutung
	Prozeduransicht. Nehmen wir an, in Ihrem Modul sind mehrere Prozeduren enthalten. Sie möchten aber nur eine davon bearbeiten. Setzen Sie den Cursor in diese Prozedur und klicken Sie auf die nebenstehend abgebildete Schaltfläche. Es werden alle Codes, bis auf den aktiven, ausgeblendet.
	Vollständige Modulansicht. Mit dieser Schaltfläche können Sie wieder sämtlichen im Modul enthaltenen Code einblenden.

4.2 Einstellungen in der Entwicklungsumgebung

Im VBA-Editor können verschiedene Einstellungen vorgenommen werden. Nachfolgend werden einige davon beschrieben. Ein Klick auf die *Hilfe*-Schaltfläche im Dialogfeld *Extras/Optionen* zeigt eine vollständige Beschreibung aller möglichen Einstellungen an.

Elemente des Editors ein- oder ausblenden

Das Verhalten des Editors kann angepasst werden.

1. Rufen Sie den Menübefehl *Extras/Optionen* auf. Das Dialogfeld *Optionen* wird geöffnet.
2. Aktivieren Sie die Registerkarte *Editor*.

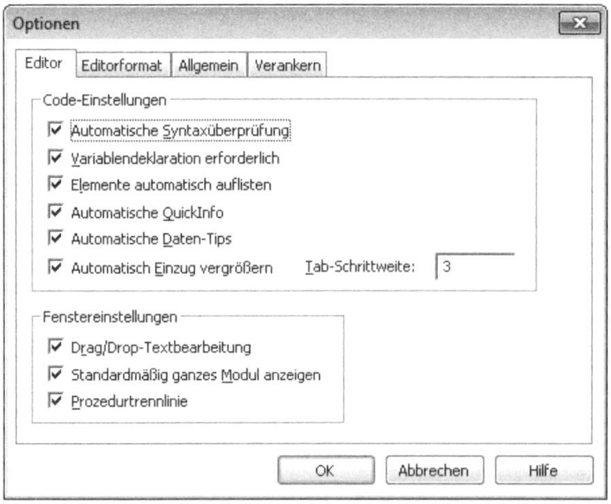

Abbildung 4.5: Die Optionen des Editors

Nachfolgend finden Sie eine Beschreibung zu den wichtigsten Einstellungen der Registerkarte *Editor*.

Tabelle 4.2: Ausgewählte Editoreinstellungen

Option	Bedeutung
Automatische Syntaxprüfung	Nachdem Sie eine Codezeile vollständig eingegeben haben, wird automatisch geprüft, ob darin ein Fehler enthalten ist, beispielsweise ein Tippfehler in einer VBA-Anweisung.
Variablendeklaration erforderlich	Wenn aktiviert, muss jede Variable vor ihrer Verwendung explizit deklariert werden. Diesem Thema wenden wir uns in Kapitel 5 im Detail zu.
Elemente automatisch auflisten	Damit ist die IntelliSense-Funktion gemeint, eine Funktion des Editors, die beim Tippen Schlüsselwörter vorschlägt oder ergänzt. Diese Funktion können Sie auf Wunsch deaktivieren.
Automatisch Einzug vergrößern	Ein Code wird in der Regel strukturiert dargestellt. Das bedeutet, dass die Codezeilen nach einer gewissen Logik eingerückt werden, um die Lesbarkeit zu erhöhen. Eine Codezeile wird eingerückt, indem die ⇆-Taste gedrückt wird. Die Standardeinstellung ist vier Leerzeichen. Diese Schrittweite können Sie erhöhen oder reduzieren. Diese Einstellung hat allerdings keinen Einfluss auf den Makrorekorder. Er behält die Schrittweite von vier Leerzeichen auch weiterhin bei.
Prozedurtrennlinie	Wenn mehrere Prozeduren in einem Modul enthalten sind, werden diese durch eine Trennlinie voneinander getrennt.

Formate des Editors ändern

Nicht jedes Zeichen im Editor wird schwarz dargestellt. Kommentarzeilen erscheinen automatisch in grüner Farbe, VBA-Schlüsselwörter werden blau dargestellt usw. Auch die Schriftart kann verändert werden.

1. Rufen Sie den Menübefehl *Extras/Optionen* auf und aktivieren Sie die Registerkarte *Editorformat.*
2. Aktivieren Sie im Listenfeld *Code-Farben* den Texttyp, dessen Einstellungen Sie ändern möchten.
3. Nehmen Sie die gewünschten Schrift- und Farbeinstellungen vor.

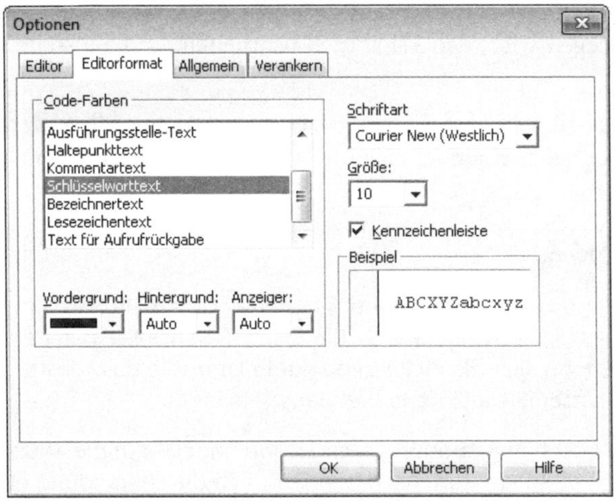

Abbildung 4.6: Editorformate ändern

4.3 Elemente anordnen

Fenster, die im VBA-Editor eingeblendet sind, können verschoben werden. Sie können beispielsweise den Projekt-Explorer an einer anderen Stelle platzieren.

Mein persönlicher Rat ist, dies nicht zu tun, denn es erweist sich als ziemliches Gebastel, den Originalzustand wiederherzustellen. Dennoch will ich Ihnen nicht vorenthalten, wie Sie die Anordnung der Elemente verändern können.

Elemente verankern

Die meisten Elemente des VBA-Editors sind verankert. Das bedeutet, dass für sie ein fester Platz (oder mehrere) reserviert ist. Der Projekt-Explorer und das Eigenschaftenfenster beispielsweise sind am linken Rand des VBA-Editors verankert.

Die Verankerung kann über den Menübefehl *Extras/Optionen*, Registerkarte *Verankern* aufgehoben werden. Das ist jedoch wenig sinnvoll, denn dadurch überlagert das losgelöste Fenster das Codefenster. Nur wenn Sie beispielsweise in einer geringen Bildschirmauflösung arbeiten, werden Sie es unter Umständen mögen. Ansonsten lassen Sie besser die Finger davon.

Elemente platzieren

Wenn Sie dennoch eines der verankerten Fenster, z.B. das Eigenschaftenfenster, an eine andere Position gezogen haben, steht es möglicherweise über dem Codefenster. Sie werden bald feststellen, dass das keine gute Idee war, denn Sie werden häufig damit beschäftigt sein, das Fenster zu verschieben, weil es nämlich früher oder später über dem Code liegen wird, den Sie aktuell bearbeiten, und Sie so bei Ihrer Arbeit behindert werden.

Wie bereits erwähnt, kann es recht umständlich sein, die Ausgangslage wiederherzustellen, denn die Fenster haben die leidige Angewohnheit, lieber nebeneinander als untereinander liegen zu wollen.

Tipp: Losgelöste Elemente wieder andocken

Wenn Sie das Eigenschaftenfenster losgelöst haben und es wieder unterhalb des Projekt-Explorers platzieren möchten, ziehen Sie es ungefähr in die Mitte (eher links) des Projekt-Explorers und dann ganz nach unten, bis sich die dicke gepunktete Linie, die das Fenster umgibt, in eine feine Linie verwandelt. Lassen Sie erst dann die Maustaste los.

Wenn Sie den Projekt-Explorer losgelöst haben, positionieren Sie ihn ungefähr in die Mitte des Eigenschaftenfensters und ziehen ihn dann langsam nach oben, bis sich die Umrandung ebenfalls von fett nach fein wandelt.

4.4 Wie man sich Hilfe holt

Wie in allen Office-Paketen wurde auch in VBA die Hilfe laufend erweitert. Nicht zuletzt, weil mit jeder Version neue Objekte, Eigenschaften oder Methoden hinzugekommen sind.

Womöglich tun Sie sich mit der VBA-Hilfe zu Beginn etwas schwer. In Excel ist das ja nicht anders. Das liegt jedoch nur daran, dass Ihnen die VBA-Begriffe noch nicht vertraut sind. Mit etwas Erfahrung werden Sie die Hilfe durchaus zu schätzen wissen, denn sie enthält unter anderem zahlreiche Beispiele.

Die Visual Basic-Hilfe

Genau wie in Excel gibt es auch in VBA verschiedene Wege, um zur Hilfe zu gelangen. Nachfolgend einige Tipps, wie Sie die Hilfe verwenden können.

1. Rufen Sie den Menübefehl *?/Microsoft Visual Basic-Hilfe* auf.
2. Geben Sie ins Eingabefeld den Suchbegriff ein und drücken Sie dann die [↵]-Taste.

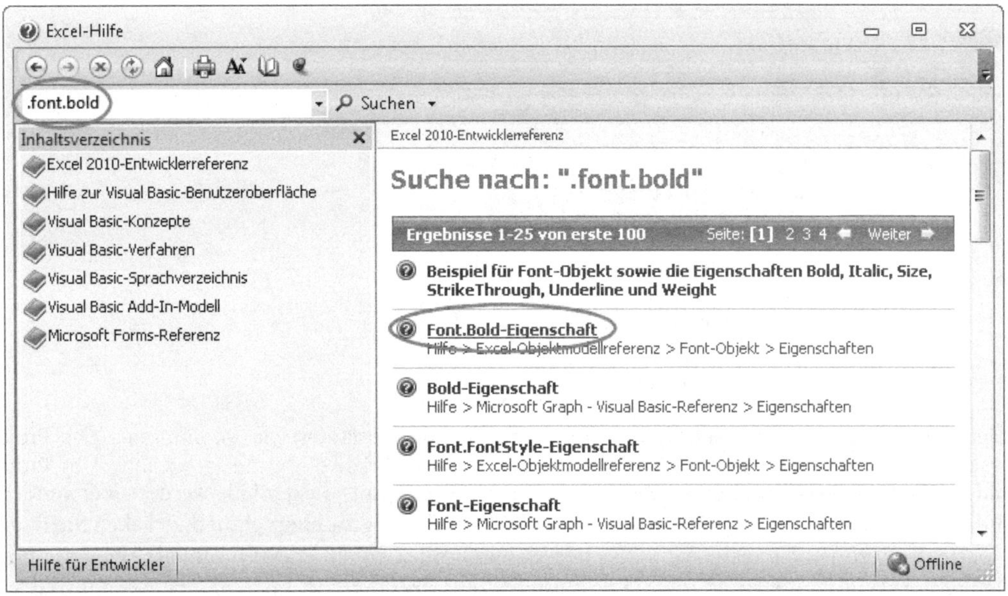

Abbildung 4.7: Hilfe via Menübefehl anfordern

3. Die gefundenen Hilfethemen werden als Hyperlinks angezeigt. Sie brauchen diesen nur zu folgen, um das gewünschte Hilfethema zu öffnen.

Es gibt einen weiteren Weg, um Hilfethemen aufzurufen. Dieser Weg ist so unscheinbar, dass er oft gar nicht bemerkt wird.

1. Geben Sie in der rechten oberen Ecke des VBA-Editors in das Eingabefeld *Frage hier eingeben* den Suchbegriff ein und drücken Sie die [↵]-Taste.

Abbildung 4.8: Eingabefeld, das das Excel-Hilfe-Fenster öffnet

2. Wiederum präsentieren sich, genau wie zuvor, innerhalb des Excel-Hilfe-Fensters die Hilfethemen in Form von Hyperlinks.

Intelligente Erkennung (IntelliSense)

Als IntelliSense wird das Listenfeld bezeichnet, das sich automatisch öffnet, sobald beispielsweise der Name eines Objekts gefolgt von einem Punkt eingegeben wird. Die IntelliSense-Liste enthält z.B. die zu dem Objekt verfügbaren Eigenschaften und Methoden. Von daher ist IntelliSense ein sehr nützliches Feature.

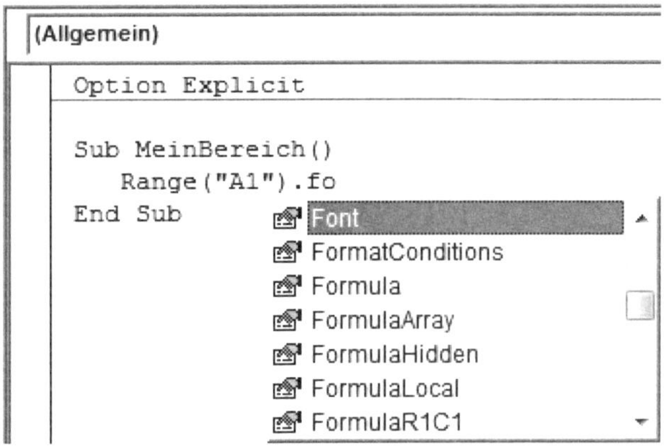

Abbildung 4.9: Die IntelliSense-Liste wird automatisch bei der Befehlseingabe angezeigt

Sobald die Liste geöffnet ist, kann der gewünschte Eintrag daraus ausgewählt werden. Verwenden Sie dazu die Pfeiltasten ↑ oder ↓. Um den ausgewählten Eintrag zu übernehmen, drücken Sie dann die ⇆-Taste. Verwenden Sie nicht die ↵-Taste, denn damit wird eine neue Codezeile erzeugt, ohne die vorherige zu vervollständigen. Wenn Sie das Listenfeld ausblenden möchten, ohne einen Eintrag ausgewählt zu haben, drücken Sie die Esc-Taste.

4.5 Module und Modultypen kennen lernen

Das Thema Module ist sehr wichtig in VBA, denn jeder Code, der erzeugt wird, steht in einem Modul. Es gibt verschiedene Modultypen und es ist entscheidend, den Code im richtigen Modul unterzubringen.

Ein Modul ist ein Container, der eine oder mehrere Prozeduren aufnehmen kann. Die Module wiederum sind immer in einem Projekt untergebracht. Ein Projekt entspricht einer Excel-Arbeitsmappe.

Welche Modultypen gibt es?

Wenn Sie ein Makro aufzeichnen, wird automatisch ein Standardmodul erzeugt, was auch völlig korrekt ist. Jeder gewöhnliche VBA-Code wird in einem Standardmodul gespeichert. Alle anderen Modultypen sind für besondere Arten von Prozeduren gedacht, wie Sie gleich erfahren werden.

Tabelle 4.3: Die Modultypen im Überblick

Modultyp	Bedeutung
Dokumentmodul	Dokumentmodule werden häufig auch als Objekt- oder Klassenmodule bezeichnet. Letzteres ist nicht falsch, jedoch etwas verwirrend, da herkömmliche Klassenmodule in einem separaten Ordner untergebracht sind. Ein Dokumentmodul umfasst immer *DieseArbeitsmappe* sowie einige Tabellenblätter. Die Anzahl der Tabellenblätter hängt davon ab, wie viele sich in der Mappe befinden. Wenn ein weiteres Tabellenblatt eingefügt wird, steht automatisch auch ein weiteres Dokumentmodul zur Verfügung. ▸

Modultyp	Bedeutung
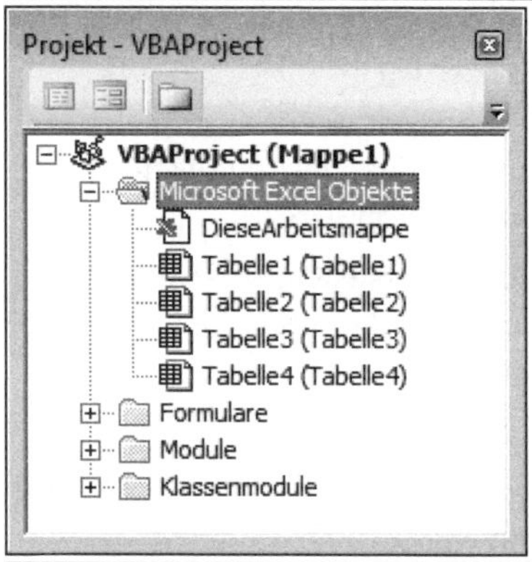	Ein Dokumentmodul ist in der Regel ausschließlich für Ereignisprozeduren vorgesehen. Mehr dazu erfahren Sie in Kapitel 11.
Formularmodul	
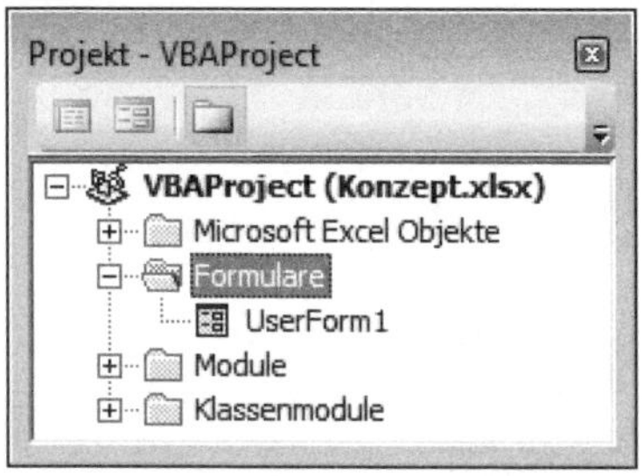	Formularmodule werden auch UserForm-Module genannt. Beide Begriffe sind richtig. Beim Erstellen eines Formularmoduls wird automatisch ein UserForm angelegt. Damit können Formulare zur Eingabe von Daten erstellt werden. Mehr dazu erfahren Sie in Kapitel 15.
Standardmodul	
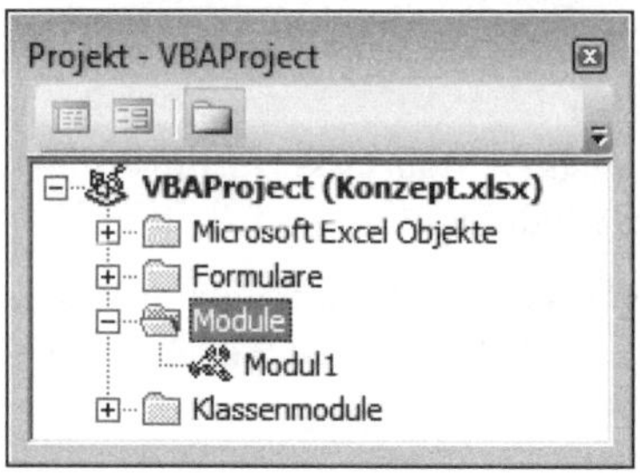	Standardmodule, oder einfach Module genannt, sind wohl diejenigen, die am häufigsten im Einsatz sind. Wie bereits erwähnt, werden auch Codes, die durch den Makrorekorder erzeugt werden, darin abgespeichert. Wir werden im Verlauf dieses Buches hauptsächlich mit Standardmodulen arbeiten.
Klassenmodul	
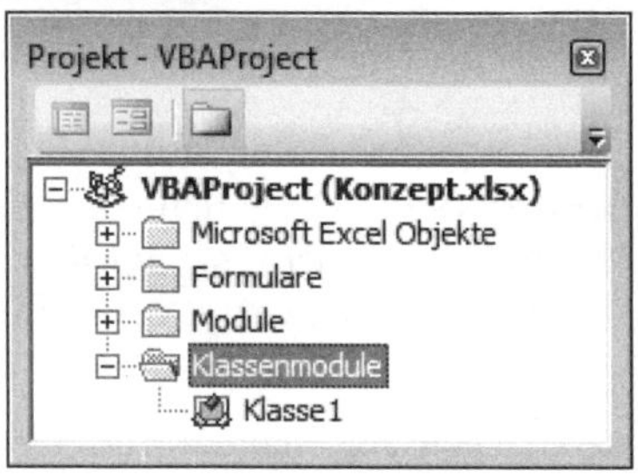	Klassenmodule sind eine ganz besondere Art von Modulen. In ihnen können unter anderem Prozeduren untergebracht sein, die neue Eigenschaften oder Methoden erzeugen. Wir werden in diesem Buch nicht näher darauf eingehen, da dieses Thema zu fortgeschritten für ein Einsteigerbuch ist.

Ein Modul einfügen

Nachdem Sie nun die verschiedenen Modultypen kennen, möchten Sie sicherlich erfahren, wie diese manuell erzeugt werden können (der Makrorekorder tut dies ja automatisch).

Sie können lediglich Standardmodule, Formularmodule und Klassenmodule manuell einfügen. Dokumentmodule werden automatisch erzeugt, sobald ein neues Tabellenblatt angelegt wird.

Ein Modul einzufügen ist denkbar einfach. Wichtig ist, dass Sie zuvor sicherstellen, dass Sie sich im richtigen Projekt befinden. Wie so oft führen viele Wege zum Ziel. Nachfolgend werden die verschiedenen Wege aufgezeigt. Sie können für sich selbst entscheiden, welcher für Sie der einfachste ist.

- Der erste Weg führt über das Menü *Einfügen*. Rufen Sie darin den gewünschten Modultyp aus.
- Der zweite Weg führt über die Symbolleiste *Voreinstellung*. Klicken Sie dort auf die Schaltfläche *Modul einfügen* (der Name variiert je nach Voreinstellung) und wählen Sie einen Modultyp aus.

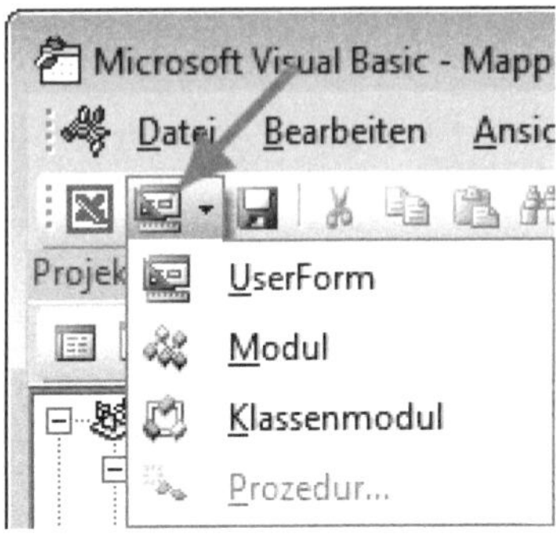

Abbildung 4.10: Ein Modul einfügen

- Der dritte Weg führt über das Kontextmenü. Klicken Sie mit der rechten Maustaste auf Ihr Projekt und wählen Sie im Kontextmenü den Befehl *Einfügen*, gefolgt vom Modultyp.
- Alternativ zu den genannten Möglichkeiten können Sie auch mit Tastenkombinationen arbeiten. Drücken Sie Alt+E+M, um ein Standardmodul einzufügen. Alt+E+U fügt ein Formularmodul ein und Alt+E+K ein Klassenmodul.

Ein Modul umbenennen

Standardmodule tragen automatisch den Namen *Modul1*, *Modul2*, *Modul3* usw. Jedes Standardmodul, das hinzugefügt wird, wird entsprechend fortlaufend nummeriert. Ein Formularmodul trägt den Namen *UserForm1*, ein Klassenmodul den Namen *Klasse1* und ein Dokumentmodul den Namen *Tabelle1* usw. Einzig das Dokumentmodul *DieseArbeitsmappe* kann pro Projekt nur einmal vorhanden sein, denn ein Projekt entspricht, wie Sie wissen, einer einzelnen Mappe.

Diese Namen sind nicht besonders aussagekräftig. Nehmen wir an, Sie erstellen drei Standardmodule mit verschiedenen Prozeduren darin. Ein Jahr vergeht und Sie möchten die Prozeduren verwenden oder anpassen. Es ist nicht auszuschließen, dass Sie sich dann nicht mehr daran erinnern können, welches Modul zu welchem Zweck erstellt wurde. Die Module sollten deshalb sprechende Namen tragen.

Tipp: Verwenden Sie Präfixe

Bevor Sie damit beginnen, Ihre Module umzubenennen, sollten Sie sich mit dem Gedanken vertraut machen, Präfixe zu verwenden. Präfixe bestehen in der Regel aus einem Kürzel aus drei Buchstaben, die dem Namen vorangestellt werden.

Sie fragen sich nun bestimmt, wozu das gut ist. Sie erreichen damit eine bessere Übersicht. Erfahrene Programmierer verwenden Präfixe nicht nur in Bezug auf Module, sondern für nahezu alle VBA-Objekte. Besonders bei der Arbeit mit UserForms ist dies sehr nützlich, denn Sie erkennen dann innerhalb eines Codes sofort, auf welchen Elementtyp zugegriffen wird. Es mag Ihnen zu diesem frühen Zeitpunkt umständlich und überflüssig erscheinen, aber Sie werden sich bestimmt später wieder daran erinnern.

Es gibt keine wirklichen Konventionen für Präfixe, aber in der Regel sind sich die Programmierer stillschweigend darüber einig. Als »roten Faden« verwenden viele Programmierer die Vorschläge von Gregory Reddick. Seine Webseite deckt die meisten Konventionen ab:

http://www.xoc.net/standards/default.asp (die Webseite ist in Englisch)

Es gibt eine Vielzahl von Präfixen. Es wäre sinnlos, diese hier alle aufzulisten.

Deshalb nachfolgend erst einmal eine Liste für die Modul-Präfixe. Weitere Präfix-Vorschläge werden folgen.

Präfix	Bedeutung
sht	Dokumentmodul
frm	Formularmodul
mdl	Standardmodul
cls	Klassenmodul

Sehen wir uns nun also an, wie einem Modul ein neuer Name zugewiesen werden kann. Bestimmt können Sie sich noch an das Eigenschaftenfenster erinnern. Genau dort wird ein neuer Name zugewiesen.

1. Aktivieren Sie das Modul, das Sie umbenennen möchten.
2. Klicken Sie im Eigenschaftenfenster auf das Eingabefeld neben dem Eintrag *(Name)* und geben Sie dort den neuen Namen ein.
3. Beenden Sie die Eingabe, indem Sie die ↵-Taste drücken. Das Modul trägt nun den neuen Namen.

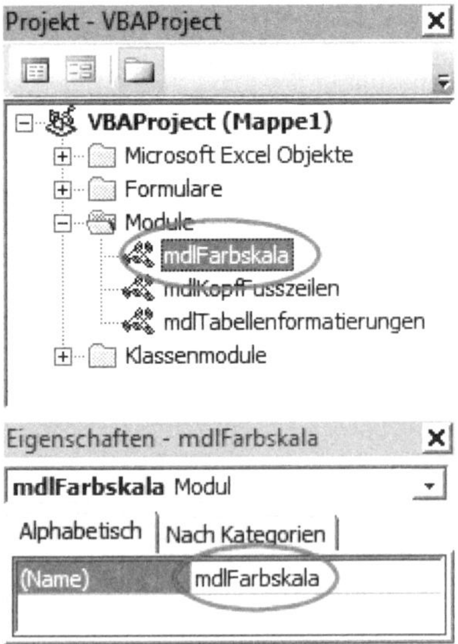

Abbildung 4.11: Ein Modul umbenennen

Ein Modul exportieren

Sie können Module exportieren. Dies ist unter anderem nützlich, wenn Sie eine Sicherheitskopie erstellen möchten. Sie können Module später auch wieder in eine beliebige Mappe importieren.

Um ein Modul zu exportieren, gehen Sie wie folgt vor:

1. Klicken Sie im Projekt-Explorer mit der rechten Maustaste auf das Modul, das Sie exportieren möchten, und wählen Sie im Kontextmenü den Befehl *Datei exportieren*. Das gleichnamige Dialogfeld wird geöffnet.

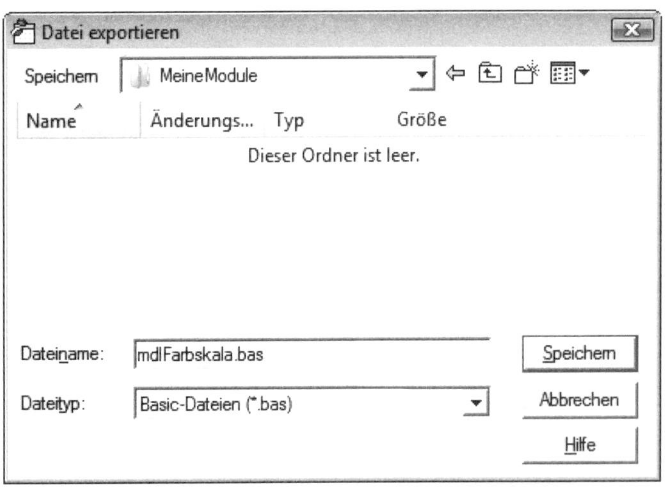

Abbildung 4.12: Ein Modul exportieren

2. Wählen Sie einen Speicherort aus und klicken Sie dann auf die Schaltfläche *Speichern*, um den Vorgang auszuführen.

   Je nach Modultyp, der exportiert wird, wird eine andere Dateierweiterung vergeben. Standardmodule erhalten die Erweiterung *.bas*, Formularmodule *.frm* und Dokument- und Klassenmodule *.cls*.

Ein Modul importieren

Ein zuvor exportiertes Modul kann in ein beliebiges Projekt wieder importiert werden.

1. Klicken Sie mit der rechten Maustaste auf das Projekt, in das Sie das Modul importieren möchten, und wählen Sie im Kontextmenü den Befehl *Datei importieren*. Das gleichnamige Dialogfeld wird geöffnet.
2. Wählen Sie die Datei aus und klicken Sie dann auf die Schaltfläche *Öffnen*. Das Modul wird importiert.

Ein Modul löschen

Wenn Sie ein Modul nicht mehr benötigen, können Sie es löschen.

1. Klicken Sie mit der rechten Maustaste auf das zu löschende Modul und wählen Sie im Kontextmenü den Befehl *Entfernen von (Name des Moduls)*. Es folgt eine Abfrage, ob das Modul vor dem Löschen zuerst exportiert werden soll.

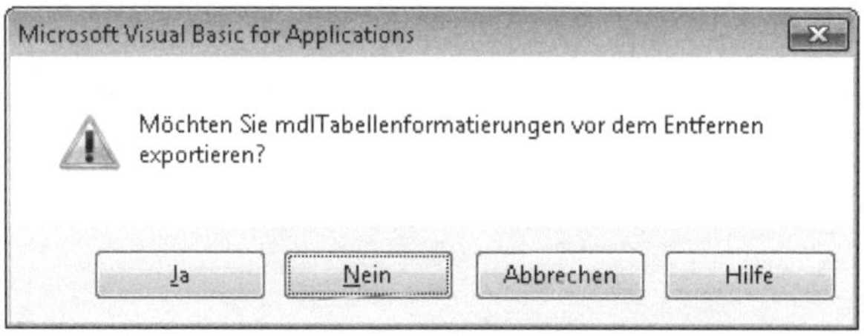

Abbildung 4.13: Abfrage beim Versuch, ein Modul zu entfernen

2. Wenn Sie dies nicht tun, sondern den Löschvorgang fortsetzen möchten, klicken Sie auf die Schaltfläche *Nein*. Dies ist zunächst etwas verwirrend, denn wenn eine Datei gelöscht werden soll, muss die Abfrage in der Regel mit *Ja* beantwortet werden.
3. Wenn Sie das Modul vor dem Löschen sichern möchten, bestätigen Sie die Abfrage mit *Ja*.
4. Wählen Sie einen Speicherort für das Modul aus.
5. Klicken Sie dann auf die Schaltfläche *Speichern*. Das Modul ist nun einerseits gesichert und wird andererseits aus dem Projekt entfernt.

4.6 Übungen zu diesem Kapitel

In diesem Abschnitt finden Sie einige Übungen zu diesem Kapitel. Die Antworten und Lösungen finden Sie wie immer auf der Website *www.richtig-einsteigen.de.*

Übung 4.1

Zeichnen Sie ein kleines Makro auf. Exportieren Sie anschließend das erzeugte Modul. Welche Schritte müssen Sie durchführen, um ein Modul zu exportieren?

Übung 4.2

Öffnen Sie eine andere Arbeitsmappe oder legen Sie eine neue an. Importieren Sie das zuvor exportierte Modul. Welche Schritte müssen Sie für den Import ausführen?

Übung 4.3

Löschen Sie das importierte Modul und zeigen Sie die dazu nötigen Schritte auf.

Übung 4.4

Zählen Sie auf, welche Modultypen es gibt.

4.7 Zusammenfassung

In diesem Kapitel haben Sie einen ersten Blick hinter die Kulissen von Excel-VBA geworfen.

- Sie haben sich mit der VBA-Umgebung auseinandergesetzt und haben die wichtigsten Elemente wie den Projekt-Explorer, das Eigenschaftenfenster und das Codefenster kennengelernt.
- Sie wissen nun, wie die verschiedenen Fenster ein- und ausgeblendet werden können, und sind in der Lage, den VBA-Editor an Ihre Erfordernisse anzupassen.
- Sie haben gelernt, welche Möglichkeiten es gibt, Hilfe anzufordern, und können diese nun sinnvoll einsetzen.
- Sie haben einen ersten Eindruck erhalten, welche Modultypen es gibt, und können diese voneinander unterscheiden.

Kapitel 5

Theoretische Grundlagen

In diesem Kapitel lernen Sie

- wozu Präfixe verwendet werden und welche Namenskonventionen es gibt
- wie Sie Kommentare per VBA einfügen können
- die wichtigsten Datentypen und Operatoren und deren Bedeutung kennen
- den Unterschied zwischen Variablen und Konstanten kennen
- wie Sie spielerisch die ersten VBA-Erfolge erzielen können

5.1 Namenskonventionen

Bevor Sie mit dem Programmieren beginnen, sollten Sie mit einigen wichtigen Grundlagen von VBA vertraut sein.

In nahezu jeder VBA-Prozedur wird unter anderem mit Variablen oder Konstanten gearbeitet. Was genau das ist, werden Sie in diesem Kapitel noch erfahren. Zuvor müssen Sie jedoch wissen, dass in VBA alle Namen bzw. Bezeichner gewissen Regeln unterliegen. Nachfolgend finden Sie die wichtigsten Hinweise dazu.

- Verwenden Sie in Bezeichnern keine VBA-Schlüsselwörter (also keine VBA-Befehle, Objektnamen, Eigenschaften usw.). Auch Begriffe, die bereits durch Excel verwendet werden, sollten nicht benutzt werden. Um dies auszuschließen, tun Sie gut daran, mit Präfixen zu arbeiten (siehe Seite 72). Es ist unwahrscheinlich, dass diese Abkürzungen in Kombination mit einem beliebigen Wort bereits durch die Applikation reserviert sind.
- Ein Name darf niemals mit einer Zahl oder einem Sonderzeichen beginnen. Auch Zeichen wie Punkt (.), Komma (,), Semikolon (;), Ausrufezeichen (!), Fragezeichen (?) usw. sind weder zu Beginn eines Namens noch innerhalb erlaubt.
- Innerhalb eines Namens dürfen Buchstaben und Zahlen verwendet werden. Das einzig erlaubte Sonderzeichen ist der Unterstrich (_). Auch Umlaute können verwendet werden. Davon ist jedoch abzuraten, besonders wenn Sie sicherstellen möchten, dass Ihre Prozeduren auch auf fremdsprachigen Systemen funktionstüchtig sind.
- Ein Name darf maximal 255 Zeichen enthalten. Es ist kaum anzunehmen, dass dies in der vollen Länge ausgenutzt wird, zumal die Übersichtlichkeit mit so langen Namen erschwert werden könnte. Ein Name sollte jedoch auf jeden Fall möglichst aussagekräftig sein.

- Verwenden Sie für Variablen, Konstanten usw. nicht denselben Namen, den die Prozedur trägt. Das könnte zu Verwirrungen oder Konflikten führen. Dasselbe gilt für Modulnamen und Prozedurnamen. Achten Sie darauf, dass alle Namen durch VBA eindeutig unterschieden werden können.

5.2 Code kommentieren

Sie sollten sich bereits zu Beginn angewöhnen, Ihren VBA-Code zu kommentieren. Kommentare sind Informationen und Bemerkungen, die in die Prozedur eingefügt werden und den Code beschreiben.

Wenn Sie den Code zu einem späteren Zeitpunkt überarbeiten oder anpassen möchten, finden Sie sich dank der Kommentare schneller wieder zurecht.

Kommentare werden durch ein einfaches Anführungszeichen (') eingeleitet. Daran erkennt der Compiler, dass es sich lediglich um einen Kommentar und nicht um eine ausführbare Codezeile handelt. Somit werden solche Zeilen während der Laufzeit, also während der Ausführung des Makros, ignoriert.

Im Normalfall wird nicht jede einzelne Codezeile kommentiert. Der Kommentar steht vielmehr meistens über einem Codeblock und beschreibt diesen.

Kommentare im Code

Sie können Kommentare auf verschiedene Weise einfügen – entweder in einer separaten Zeile oder im Anschluss an eine Codezeile.

Die Kommentare im nachfolgenden Code sind kursiv formatiert.

```
Sub MeinMakro()
   ' Im Bereich "B2:D6" werden
   ' Formatierungen vorgenommen
   With Range("B2:D6")
      .NumberFormat = "#,##0.00"  ' Ein Zahlenformat
      .Font.Bold = True           ' Schriftschnitt: Fett
      .Font.Italic = True         ' Schriftschnitt: Kursiv
   End With
End Sub
```

Lange Kommentare umbrechen

Im VBA-Editor können Sie einen Kommentar in einer einzelnen Zeile unterbringen. Bei langen Kommentaren ist es jedoch nicht besonders leserfreundlich, wenn ständig nach links oder rechts gescrollt werden muss.

Sie haben zwei Möglichkeiten, einen Block leserlich zu gestalten. Sie können einen langen Kommentar über mehrere Zeilen verteilen und jeder Zeile ein einfaches Anführungszeichen voranstellen.

```
' Das folgende Makro weist dem Bereich
' "B2:D6" ein Zahlenformat zu. Zudem
' wird die Schrift Fett und Kursiv formatiert.
```

Sie können Kommentarzeilen jedoch auch umbrechen. Damit ersparen Sie sich das einfache Anführungszeichen zu Beginn jeder Zeile. Damit der Compiler die Fortsetzung des Kommentars erkennt, muss allerdings am Ende einer unvollständigen Zeile ein Unterstrich (_) eingefügt werden.

```
' Das folgende Makro weist dem Bereich _
  "B2:D6" ein Zahlenformat zu. Zudem _
  wird die Schrift Fett und Kursiv formatiert.
```

Die meisten Programmierer bevorzugen es, jeder Zeile ein einfaches Anführungszeichen voranzustellen. Bei dieser Technik ist auf den ersten Blick besser zu erkennen, bei welcher Zeile es sich um Code und bei welcher es sich um einen Kommentar handelt.

Lange Codezeilen umbrechen

Sie können nicht nur Kommentare, sondern auch lange Codezeilen mit einem Unterstrich (_) umbrechen. Der nicht umbrochene Code könnte wie folgt aussehen.

```
Range("B2:D6").NumberFormat = "#,##0.00"
```

Sie können den Code beispielsweise nach der Bereichsangabe umbrechen:

```
Range("B2:D6") _
   .NumberFormat = "#,##0.00"
```

5.3 Datentypen

Genauso wie in Excel werden in VBA in der Regel Daten verarbeitet. Diese Daten können unterschiedlichen Typs sein. Um solche Daten innerhalb eines VBA-Codes zu speichern, verwenden Sie eine Variable, der Sie jeweils einen geeigneten Datentyp zuweisen.

Die unterschiedlichen Datentypen

Die erste Frage, die Sie sich nun stellen mögen, ist wohl, was ein Datentyp ist. Datentypen werden bei der Dimensionierung von Variablen und Konstanten verwendet. Am besten lässt sich das Ganze mit Zellen eines Tabellenblatts vergleichen. Eine Zelle stellt eine Variable dar. Wenn sie gefüllt ist, enthält sie Daten. Diesen Daten können Sie unterschiedliche Formate zuweisen: eine Zahl ohne Nachkommastelle, eine Zahl mit Nachkommastelle(n), eine Zahl mit Tausendertrennzeichen, Datumsformate, Textformate (wenn nicht gerechnet werden muss) usw. Genauso verhält es sich in VBA. Hier ist es, wie beim Zellenformat in Excel, sehr wichtig, das richtige Format zu verwenden, um das gewünschte Ergebnis zu erhalten.

In VBA werden solche Formatierungen in der Regel vorgenommen, bevor die Variablen mit Daten gefüllt werden. Die einzelnen Datentypen unterscheiden sich insbesondere in ihrem Speicherbedarf. Wenn Sie zu Beginn eines Codes wissen, dass Sie mit einer Zahl im Bereich von 0 bis 255 arbeiten, verwenden Sie für diese Zahl den Datentyp *Byte* und nicht *Double,* denn *Byte* beansprucht nur 1 Byte, *Double* hingegen 8 Bytes.

Der nachfolgenden Tabelle können Sie die am häufigsten in Excel verwendeten Datentypen, deren Speicherbedarf und Wertebereich entnehmen. Solche Typkennzeichen können alternativ zu den ausgeschriebenen Namen von Datentypen verwendet werden. Von einer Verwendung ist jedoch abzuraten, da sie nicht aussagekräftig genug sind und somit nicht durch jedermann »entschlüsselt« werden können. Eine Variable vom Typ *Integer* würde unter Angabe des Typnamens so deklariert: `Dim intMyValue as Integer`. Mit dem Typkennzeichen würde die Anweisung folgendermaßen aussehen: `Dim intMyValue%`.

Vermutlich werden Sie diese Tabelle während Ihrer Laufbahn als VBA-Programmierer immer wieder zur Hand nehmen. Es wird auf keinen Fall erwartet, dass Sie diese Informationen auswendig lernen.

Tabelle 5.1: Datentypen und ihr Speicherbedarf

Datentyp	Speicherbedarf	Wertebereich
Byte	1 Byte	0 bis 255
Boolean	2 Bytes	True oder False
Integer	2 Bytes	–32.768 bis 32.767
Long (lange Ganzzahl)	4 Bytes	–2.147.483.648 bis 2.147.483.647
Single (Gleitkommazahl mit einfacher Genauigkeit)	4 Bytes	Negative Werte: –3,402823E38 bis –1,401298E–45 Positive Werte: 1,401298E-45 bis 3,402823E38
Double (Gleitkommazahl mit doppelter Genauigkeit)	8 Bytes	Negative Werte: –1,79769313486231E308 bis –4,94065645841247E-324 Positive Werte: 4,94065645841247E-324 bis 1,79769313486232E308
Currency (skalierte Ganzzahl)	8 Bytes	–922.337.203.685.477,5808 bis 922.337.203.685.477,5807
Decimal	14 Bytes	Ohne Dezimalzeichen: +/–79.228.162.514.264.337.593.543.950.335 Mit 28 Nachkommastellen: +/–7,9228162514264337593543950335 Die kleinste Zahl ungleich null ist: +/–0,0000000000000000000000000001
Date	8 Bytes	1. Januar 100 bis 31. Dezember 9999
Object	4 Bytes	Beliebiger Verweis auf ein Objekt
String (variable Länge)	10 Bytes plus Zeichenfolgenlänge	0 bis ca. 2 Milliarden
String (feste Länge)	Zeichenfolgenlänge	1 bis ca. 65.400
Variant (mit Zeichen)	22 Bytes	Wie bei String mit variabler Länge

Der Datentyp *Variant*

Der Datentyp, der mit 22 Bytes am meisten Speicherplatz für sich beansprucht, nennt sich *Variant*. Ihm ist es egal, ob eine Zahl oder ein Buchstabe vorliegt. Er kann beides verarbeiten.

Er wird jedoch aufgrund seines großen Speicherbedarfs nur sehr selten verwendet.

Datentypen konvertieren

Es kann vorkommen, dass Datentypen innerhalb von VBA-Prozeduren in einen anderen Typ konvertiert werden müssen, da sonst beispielsweise eine Berechnung nicht möglich wäre.

Tabelle 5.2: Funktionen zum Konvertieren von Datentypen

Funktion	Rückgabewert
CBool	Boolean
CByte	Byte
CCur	Currency
CDate	Date
CDbl	Double
CDec	Decimal
CInt	Integer
CLng	Long
CSng	Single
CVar	Variant
CStr	String

Die Abbildung auf der folgenden Seite zeigt, wie die Zahl 2.345 in drei verschiedene Typen umgewandelt wird. Der VBA-Code ist dem oberen Teil der Abbildung zu entnehmen und das Ergebnis dem unteren Teil, dem *Direktfenster*. Mehr zum Direktfenster erfahren Sie in Kapitel 9.

Hinweis: Punkt als Dezimaltrennzeichen im VBA-Code

Im VBA-Code muss als Dezimaltrennzeichen der Punkt (.) verwendet werden. VBA verwendet intern die Ländereinstellungen der Vereinigten Staaten (USA) und bezieht diese nicht aus den Regions- und Sprachoptionen von Windows, wie das sonst üblich ist.

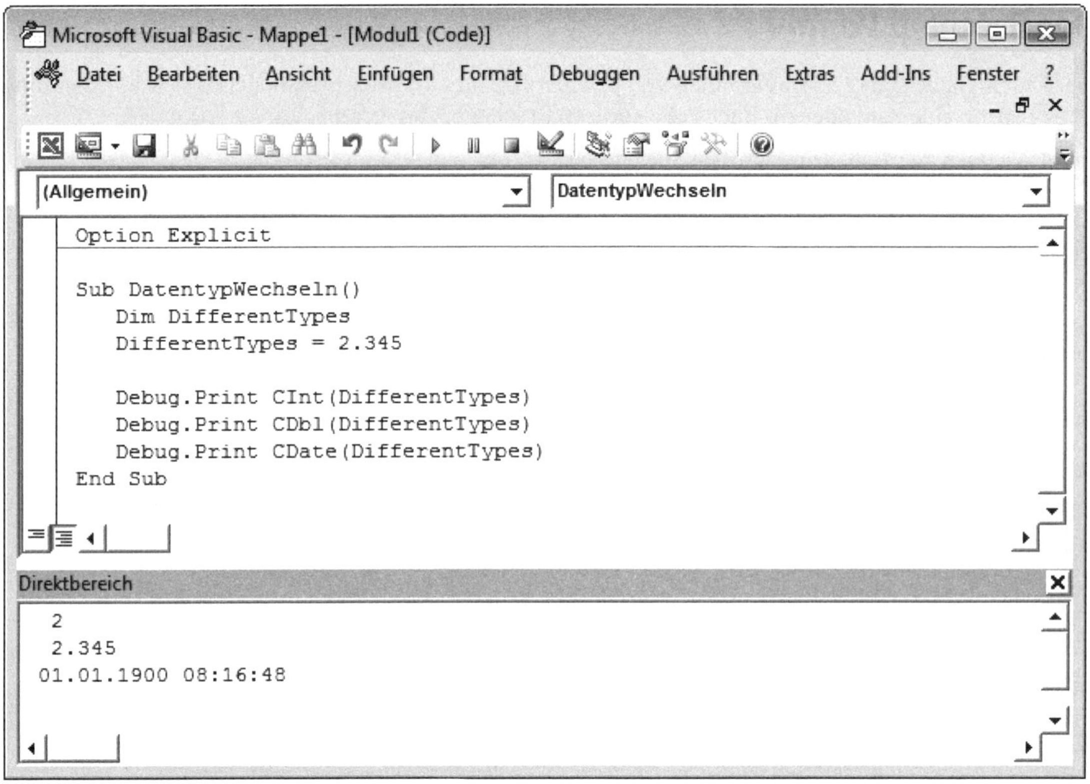

Abbildung 5.1: Datentypumwandlung

Zuerst wird die Zahl in den Datentyp *Integer* umgewandelt. Da dieser Datentyp keine Kommastellen zulässt, wird entsprechend auf- oder abgerundet. Danach wird die Zahl in den Typ *Double* umgewandelt, der Kommastellen unterstützt. Die dritte und letzte Umwandlung erfolgt über *CDate* in Datum und Uhrzeit.

Hintergrund: Inkompatibilität

Es ist nicht möglich, einen Wert in einen Typ umzuwandeln, der diesen Wert nicht zulässt. Der Datentyp *Byte* lässt nur Werte zwischen 0 und 255 zu. Die Zahl 827 könnte somit nicht in *Byte* umgewandelt werden.

Es stehen vier weitere Funktionen zum Umwandeln von Daten zur Verfügung.

Tabelle 5.3: Umwandlungsfunktionen

Funktion	Beschreibung	Beispiel
Var(Zeichenfolge)	Wandelt eine Zeichenfolge in eine Zahl um	Ausgangslage: Val("8000 Zürich") Ergebnis: 8000 ▸

Funktion	Beschreibung	Beispiel
Str(Zahl)	Wandelt eine Zahl in eine Zeichenfolge um	Ausgangslage: Str(8000) Ergebnis: »8000«
Hex(Zahl)	Wandelt eine Zahl in einen Hexadezimalwert um	Ausgangslage: Hex(8000) Ergebnis: 1F40
Oct(Zahl)	Wandelt eine Zahl in einen Oktalwert um	Ausgangslage: Oct(8000) Ergebnis: 17500

Datentypen prüfen

Es kann überprüft werden, ob eine Variable den gewünschten Datentyp enthält. Dabei wird ein Wert vom Typ *Boolean,* also *Wahr* oder *Falsch,* zurückgegeben.

In der folgenden Prozedur wird geprüft, ob der Variablen `datBirthday` ein gültiges Datum übergeben wurde. Eine entsprechende Ausgabe, ob die Datumsangabe wahr oder falsch ist, erfolgt in einem Meldungsfeld mit der Prozedur `MsgBox`. Mehr zum Thema `MsgBox` erfahren Sie später in diesem Kapitel.

```
Sub CheckType()
   Dim datBirthday

   datBirthday = "05.09.1968"

   If IsDate(datBirthday) Then
      MsgBox IsDate(datBirthday)
   Else
      MsgBox IsDate(datBirthday)
   End If
End Sub
```

Tabelle 5.4: Datentypen prüfen

Funktion	Beschreibung
`IsArray(VarName)`	Prüft, ob ein Array vorliegt
`IsDate(Ausdruck)`	Prüft, ob ein Datum vorliegt
`IsEmpty(Ausdruck)`	Prüft, ob eine Variable initialisiert wurde
`IsError(Ausdruck)`	Prüft, ob ein Fehlerwert vorliegt
`IsMissing(ArgName)`	Prüft, ob ein optionales Argument des Typs *Variant* übergeben wurde
`IsNull(Ausdruck)`	Prüft, ob die Variable einen gültigen Wert enthält
`IsNumeric(Ausdruck)`	Prüft, ob der Ausdruck als Zahl ausgewertet werden kann
`IsObject(Bezeichner)`	Prüft, ob ein Bezeichner eine Objektvariable darstellt

Präfixe für Datentypen verwenden

Präfixe sind Abkürzungen, die am Anfang von Variablennamen verwendet werden und darüber Auskunft geben sollen, welcher Datentyp einer Variablen zugewiesen wurde. Der nachfolgenden Tabelle können Sie die Präfixe für Datentypen entnehmen. In der Regel besteht ein Präfix aus drei Zeichen, gefolgt von einem aussagekräftigen Namen für die Variable. Es gibt noch weitere Präfixe, z.B. für Steuerelemente, Diagrammelemente usw. Auf diese Präfixe werden Sie jeweils an der entsprechenden Stelle in diesem Buch hingewiesen.

Der Vorteil beim Verwenden von Präfixen besteht darin, dass innerhalb einer Prozedur jederzeit zu erkennen ist, welcher Datentyp der Variablen zugewiesen wurde, sofern ein korrektes Präfix verwendet wurde. Bei der Suche nach einem Fehler in einer Prozedur kann dies hilfreich sein.

Tabelle 5.5: Präfixe für Datentypen

Präfix	Datentyp
byt	Byte
bln	Boolean
int	Integer
lng	Long
sng	Single
dbl	Double
cur	Currency
dec	Decimal
dtm	Date
obj	Object
str	String
stf	String mit fester Länge
var	Variant

5.4 Variablen und Konstanten

Variablen und Konstanten sind wesentliche Bestandteile einer VBA-Prozedur. Beides sind Speicherplätze, die während der Dauer einer Prozedur mit Werten befüllt werden.

Was sind Variablen?

Variablen sind dynamische Speicherplätze. Sie nehmen innerhalb eines VBA-Codes einen Wert an. Dieser Wert kann sich während der Dauer der Prozedur ein- oder mehrmals ändern.

Sie können eine Variable beispielsweise mit einer Zelle vergleichen. Nehmen wir an, die Zelle *A3* enthält eine Summe, die sich aus der Berechnung 100+100 zusammensetzt. Die Zelle *A3* enthält somit den Wert

200. Wenn sich nun einer der Werte der Addition verändert, z.B. 100+300, ändert sich automatisch auch das Ergebnis in Zelle *A3* von 200 in 400. Genauso wie der Inhalt einer Zelle kann sich auch der Inhalt einer Variablen ändern.

Variablen korrekt deklarieren

Variablen werden in der Regel zu Beginn einer Prozedur deklariert und mit einem geeigneten Datentyp versehen. Auch wenn die Deklaration nicht unbedingt erforderlich ist, sollten Sie sie vornehmen. Sie können damit die Lesbarkeit des Codes erhöhen und sich die Suche nach Tippfehlern in Variablennamen ersparen.

Eine Variablendeklaration wird immer mit dem Schlüsselwort `Dim` eingeleitet. Im nachfolgenden Beispiel wird die Variable `intSumme` deklariert. Sie erhält den Datentyp *Integer*. Wenn Sie den Datentyp weglassen, wird automatisch *Variant* angenommen. Dieser nimmt bekanntlich am meisten Speicherplatz in Anspruch.

Nach der Variablendeklaration wird die Variable `intSumme` mit der Berechnung 100+100 befüllt. Sie nimmt somit den Wert 200 an.

Die Codezeile `Debug.Print intSumme` bewirkt, dass der Inhalt der Variablen im Direktfenster angezeigt wird.

```
Sub MeineErsteBerechnung()
   Dim intSumme As Integer

   intSumme = 100 + 100
   Debug.Print intSumme
End Sub
```

Tipp: Den Code ausführen und das Ergebnis ansehen

Um den Code am schnellsten im VBA-Editor auszuführen, stellen Sie zuerst sicher, dass sich der Cursor innerhalb der Prozedur befindet, und drücken dann die Taste F5. Blenden Sie das *Direktfenster* ein, um das Ergebnis zu sehen (verwenden Sie hierzu den Menübefehl *Ansicht/Direktfenster*).

Mehrere Variablen in einer Zeile deklarieren

Wenn Sie mehrere Variablen verwenden, können Sie jede Variable in einer eigenen Zeile deklarieren. Dabei wird jeder Zeile das Schlüsselwort `Dim` vorangestellt. Im folgenden Beispiel wird dasselbe erreicht wie im vorangegangenen. Diesmal werden allerdings nur die Werte, die die Addition darstellen, an Variablen übergeben. Das Ergebnis der Berechnung wird im Direktfenster ausgegeben.

```
Sub MeineZweiteBerechnung()
   Dim intWert1 As Integer
   Dim intWert2 As Integer

   intWert1 = 100
   intWert2 = 100

    Debug.Print intWert1 + intWert2
End Sub
```

Damit nicht jede Variablendeklaration eine eigene Zeile beansprucht, können Sie mehrere in einer Zeile unterbringen. Das Schlüsselwort `Dim` muss dabei nur einmal, nämlich am Anfang der Zeile, verwendet werden.

```
Dim intWert1 As Integer, intWert2 As Integer
```

Wichtig ist, dass jeder Variablen ein Datentyp zugewiesen wird. Wenn dies nicht geschieht, nimmt die Variable ohne Datentyp automatisch *Variant* an.

Bei der folgenden Deklaration würde die Variable `intWert2` den Datentyp *Variant* erhalten.

```
Dim intWert1 As Integer, intWert2
```

Tipp: Groß- und Kleinschreibung von VBA-Anweisungen

Die meisten VBA-Schlüsselwörter beginnen mit einem Großbuchstaben oder beinhalten zumindest einen. Sie brauchen sich um die Groß- und Kleinschreibung jedoch nicht zu kümmern. Sie können die Anweisungen in reinen Kleinbuchstaben eingeben. Wenn Sie am Ende einer Zeile die [↵]-Taste drücken, wird die Umwandlung automatisch vorgenommen.

Es kann sogar von Vorteil sein, wenn Sie alles in Kleinbuchstaben eingeben, denn wenn Sie die [↵]-Taste drücken und ein VBA-Schlüsselwort nicht umgewandelt wird, können Sie davon ausgehen, dass ein Tippfehler vorliegt.

Variablendeklaration erzwingen

Um sicherzustellen, dass Sie nicht vergessen haben, eine Variable zu deklarieren, können Sie die Variablendeklaration erzwingen. Es ist dringend angeraten, dies zu tun. Sie können damit unter anderem vermeiden, dass falsche Ergebnisse aufgrund von Tippfehlern hervorgerufen werden.

Den Beweis liefert das nachfolgende Beispiel. Es wird bei der zweiten Zuweisung der Werte versehentlich die Variable `intWert3` statt `intWert2` verwendet. Die Variable `intWert3` wurde jedoch überhaupt nicht deklariert und wird bei der Berechnung auch nicht verwendet.

Das Ergebnis, das im Direktfenster ausgegeben wird, ist 100 und somit falsch. Warum wird 100 ausgegeben? Der Variablen `intWert1` wurde der Wert 100 zugewiesen. Der Variablen `intWert2` wurde gar kein Wert zugewiesen. Damit ergibt sich die Addition von 100 + 0.

```
Sub MeineDritteBerechnung()
   Dim intWert1 As Integer, intWert2 As Integer

   intWert1 = 100
   intWert3 = 100

   Debug.Print intWert1 + intWert2
End Sub
```

Um genau solche Fehler zu vermeiden, sollten Sie die Variablendeklaration erzwingen. Dies geschieht wie folgt:

1. Rufen Sie im VBA-Editor den Befehl *Extras/Optionen* auf. Das Dialogfeld *Optionen* wird geöffnet.
2. Wechseln Sie zur Registerkarte *Editor.*
3. Schalten Sie das Kontrollkästchen *Variablendeklaration erforderlich* ein.

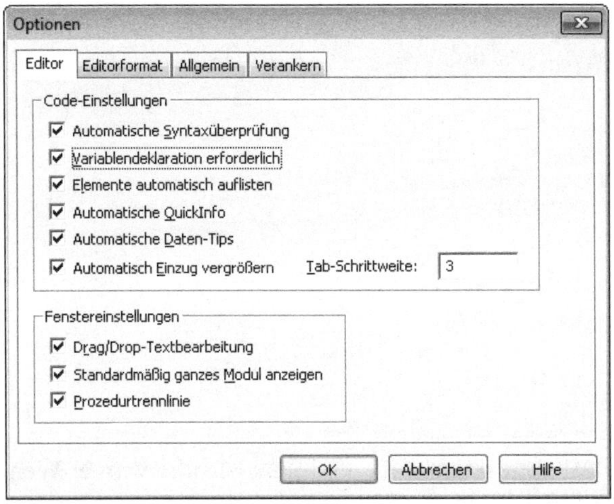

Abbildung 5.2: Die Optionen des Editors bearbeiten

4. Schließen Sie das Dialogfeld *Optionen,* indem Sie die Schaltfläche *OK* anklicken.

   Wenn Sie nun ein beliebiges Projekt einfügen, wird die Anweisung *Option Explicit* automatisch am Anfang des Codes eingefügt.

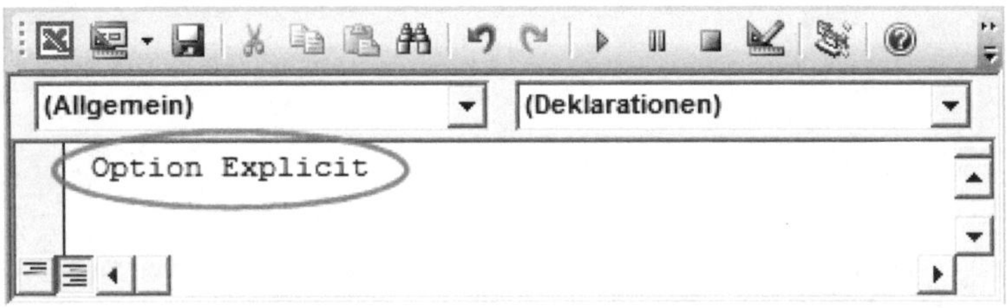

Abbildung 5.3: Variablendeklaration erzwingen

Erstellen Sie ein neues Modul, das die Anweisung `Option Explicit` enthält, und führen Sie den folgenden Code erneut aus.

```
Option Explicit

Sub MeineVierteBerechnung()
   Dim intWert1 As Integer, intWert2 As Integer

   intWert1 = 100
   intWert3 = 100

   Debug.Print intWert1 + intWert2
End Sub
```

Der Compiler erkennt nun durch das `Option Explicit` automatisch, dass etwas nicht stimmt. Er markiert im Codefenster die Variable, die nicht erkannt wird, und zeigt außerdem folgende Fehlermeldung an:

Abbildung 5.4: Fehlermeldung aufgrund einer nicht deklarierten Variablen

Statische Variablen *(Static)*

Als `Dim` deklarierte Variablen verlieren ihren Inhalt, nachdem die Prozedur beendet wurde. Wenn der Wert einer Variablen erhalten bleiben soll, verwenden Sie anstelle von `Dim` das Schlüsselwort `Static`. Die Prozedur kann mehrmals ausgeführt und die Variable immer weiterverwendet werden. Eine statische Variable kann allerdings nur innerhalb der Prozedur verwendet werden, in der sie deklariert wurde. In anderen Prozeduren oder Modulen steht sie nicht zur Verfügung.

Im folgenden Beispiel wird der Inhalt der Variablen `intValue` bei jedem Ausführen der Prozedur um den Wert 1 erhöht.

```
Sub StatischerWert()
   Static intValue As Integer

   intValue = intValue + 1
   MsgBox intValue
End Sub
```

Öffentliche Variablen *(Public)*

Wenn Sie Variablen innerhalb einer Prozedur deklarieren, können Sie diese auch nur innerhalb dieser Prozedur verwenden. Oftmals wäre es jedoch wünschenswert, die Variable würde den Inhalt beibehalten und könnte auch aus einer anderen Prozedur heraus aufgerufen werden.

Um dies umzusetzen, muss die Variable im sogenannten *allgemeinen Deklarationsteil* hinterlegt werden. Wenn Sie die Variablendeklaration erzwungen haben, befindet sich dort bereits die Anweisung `Option Explicit`

Um eine Variable als öffentlich zu deklarieren, muss außerdem statt `Dim` das Schlüsselwort `Public` verwendet werden.

Im nachfolgenden Beispiel wird die Variable `intSumme` als öffentlich deklariert. Im ersten Code wird die Variable mit einer Berechnung befüllt. Im zweiten Code wird die Berechnung im Direktfenster ausgegeben. Es muss zuerst der erste Code ausgeführt werden, der die öffentliche Variable befüllt. Danach kann der zweite Code ausgeführt werden, der das Ergebnis anzeigt.

```
Option Explicit

Public intSumme As Integer
```

```
Sub OeffentlicherWert()
   Dim intWert1 As Integer
   Dim intWert2 As Integer

   intWert1 = 100
   intWert2 = 100

   intSumme = intWert1 + intWert2
End Sub

Sub MeineSummePruefen()
   Debug.Print intSumme
End Sub
```


Variablen versus Konstanten

Konstanten sind statische Platzhalter. Das bedeutet, dass sich ihr Wert während der Dauer einer Prozedur nie ändert. Genauso wie Variablen werden Konstanten in der Regel zu Beginn einer Prozedur deklariert. Ihnen geht, anstelle von `Dim`, das Schlüsselwort `Const` voraus. Nach der Angabe des Datentyps wird direkt der Wert zugewiesen.

Konstanten werden häufig für Mehrwertsteuersätze oder Datei- und Pfadangaben verwendet.

```
Sub Mwst()
   Const sngMwst As Single = 0.19
   Dim dblWert As Double

   dblWert = 120.5
   Debug.Print dblWert + (dblWert * sngMwst)
End Sub
```

Der Vorteil bei der Verwendung von Konstanten liegt darin, dass, wenn sich zu einem späteren Zeitpunkt eine Änderung des konstanten Wertes ergibt, nur die eine Codezeile zu Beginn der Prozedur angepasst werden muss. Nehmen wir an, der Mehrwertsteuersatz in Deutschland würde von 19% auf 15% reduziert. Sie müssten dann nur die Zahl 0.19 in 0.15 ändern.

5.5 Einfache Ausgabedialogfelder verwenden

Um uns von der trockenen Theorie etwas zu entfernen, wenden wir uns nun der Praxis zu.

Es gibt verschiedene Dialogfelder, die in VBA verwendet werden können. Zum einen gibt es die einfachen Meldungsfelder, mit denen eine Meldung auf dem Bildschirm angezeigt werden kann. Diese haben wir im Verlaufe dieses Kapitels bereits mehrfach verwendet. Zum anderen gibt es aber auch Dialogfelder, die eine Eingabe erwarten und die Prozedur so lange unterbrechen, bis diese Eingabe erfolgt ist. Darüber hinaus stellt Excel Dutzende fertiger Dialogfelder zur Verfügung, die auch per VBA geöffnet werden können.

Weit mehr Möglichkeiten bieten sogenannte UserForms. Dabei handelt es sich ebenfalls um Dialogfelder. Diesen werden wir uns in Kapitel 15 zuwenden.

Ein einfaches Meldungsfeld *(MsgBox)*

Der einfachste Weg, um eine Meldung auf dem Bildschirm auszugeben, erfolgt über ein Meldungsfeld, das Sie mit der Funktion `MsgBox` erstellen können. Als Parameter kann ein in Anführungszeichen eingeschlossener Text oder eine Variable übergeben werden.

Im folgenden Beispiel wird der Text »Hallo Welt« auf dem Bildschirm angezeigt, sobald der Code ausgeführt wird.

```
Sub HalloWelt()
   MsgBox "Hallo Welt"
End Sub
```

Abbildung 5.5: Eine einfache *MsgBox*

Wichtig: Die MsgBox muss geschlossen werden

Solange die *MsgBox* geöffnet ist, kann weder in der Excel-Arbeitsmappe noch in der VBA-Umgebung gearbeitet werden. Es ist zwingend notwendig, zuerst das Meldungsfeld zu schließen.

Längere Texte können umbrochen werden. Dass eine Codezeile mittels Unterstrich umbrochen werden kann, haben Sie ja bereits gelernt. Wenn Sie einen Text in einer `MsgBox` umbrechen möchten, müssen Sie das Sonderzeichen & verwenden, um die beiden Textpassagen zu verbinden. Zudem müssen Sie beachten, dass der Text am Ende der Zeile durch ein Anführungszeichen abgeschlossen werden muss. Die neue Zeile müssen Sie wiederum mit einem Anführungszeichen beginnen.

Wenn Sie das Sonderzeichen & innerhalb der Anführungszeichen verwenden, wird es als Text und nicht als Anweisung für den Code erkannt.

```
Sub MeineLangeNachricht()
   MsgBox "Hallo Leser! Sie sind dabei, das Buch " & _
   "Richtig einsteigen: Excel 2010 VBA-Programmierung zu lesen. " & _
         "Ich wünsche Ihnen viel Erfolg dabei."
End Sub
```

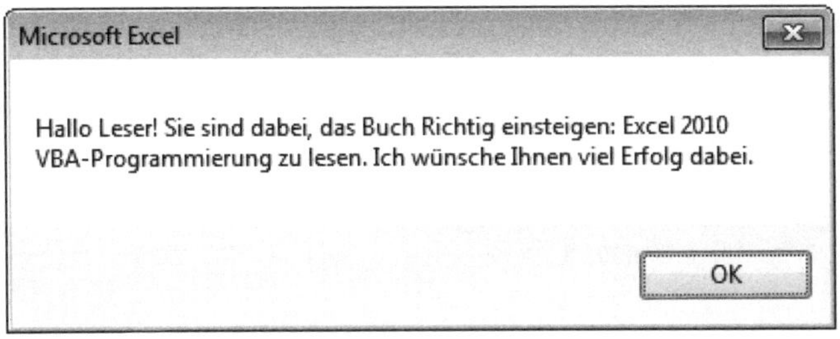

Abbildung 5.6: Eine lange Nachricht

Hinweis: Die Anzahl Zeichen sind begrenzt

Beachten Sie, dass in einer MsgBox maximal 1023 Zeichen ausgegeben werden können. Weitere Zeichen werden ohne Warnung einfach abgeschnitten.

Meldungsfelder mit Zeilenumbrüchen

Es gibt nicht viele Formatierungsmöglichkeiten für Meldungsfelder. Sie können weder die Farben verändern noch die Schrift formatieren. Sie können jedoch Zeilenvorschübe herbeiführen und Tabulatoren verwenden. Wie Letzteres geschieht, erfahren Sie direkt im Anschluss.

Um einen Zeilenvorschub einzufügen, verwenden Sie die Funktion `Chr(10)`.

```
Sub MeineLangeNachrichtUmgebrochen()
   MsgBox "Hallo Leser! Sie sind dabei, das Buch " & Chr(10) & _
          "Richtig einsteigen: Excel 2010 VBA-Progammierung zu lesen. " & Chr(10) & Chr(10) & _
          "Ich wünsche Ihnen viel Erfolg dabei."
End Sub
```

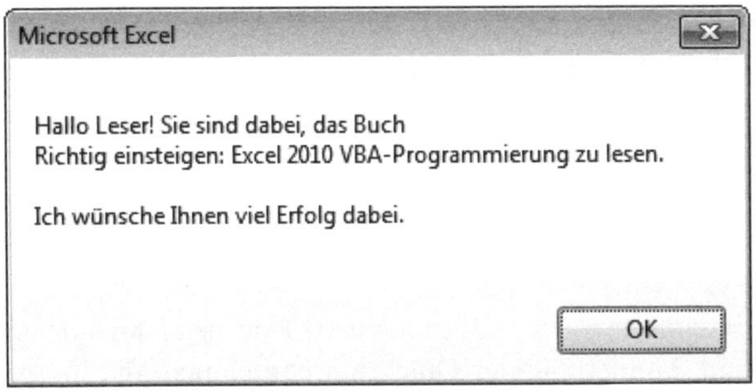

Abbildung 5.7: Eine Nachricht mit Zeilenumbrüchen

Meldungsfelder mit Tabulatoren und Anführungszeichen

Eine weitere Formatierung, die Sie verwenden können, ist das Tabulatorzeichen. Dieses verbirgt sich hinter der Funktion `Chr(9)`.

Beachten Sie zudem, dass Anführungszeichen, die als Text im Meldungsfeld angezeigt werden sollen, im Code doppelt verwendet werden müssen.

```
Sub MeineNachrichtMitTabulator()
   MsgBox "Hallo Leser!" & Chr(10) & Chr(10) & _
         "Sie sind dabei, das Buch ""Richtig einsteigen: " & _
         "Excel 2010 VBA-Programmierung"" zu lesen. " & Chr(10) & Chr(10) & _
         "Ich wünsche Ihnen viel Erfolg dabei." & Chr(10) & Chr(10) & _
         Chr(9) & "Monika Can-Weber" & Chr(10) & _
         Chr(9) & "Schweiz" & Chr(10) & _
         Chr(9) & "http://www.richtig-einsteigen.de"
End Sub
```

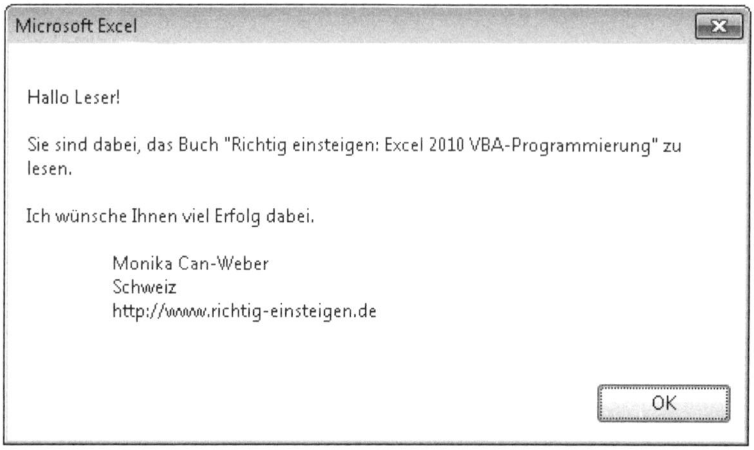

Abbildung 5.8: Ein Meldungsfeld mit Tabulatoren und Anführungszeichen

Verschiedene Schaltflächen im Meldungsfeld verwenden

In einem Meldungsfeld wird standardmäßig nur die Schaltfläche *OK* angezeigt. Bei Bedarf können Sie jedoch auch andere oder weitere Schaltflächen einfügen.

Mit der Kombination aus *Ja* und *Nein* können Sie z.B. erreichen, dass der Benutzer dazu aufgefordert wird, eine Entscheidung zu treffen.

Was Ihnen bis jetzt vorenthalten wurde, ist, dass einer `MsgBox` ein oder mehrere Parameter übergeben werden können. Welche Parameter verfügbar sind, können Sie der QuickInfo entnehmen, die in der folgenden Abbildung zu sehen ist.

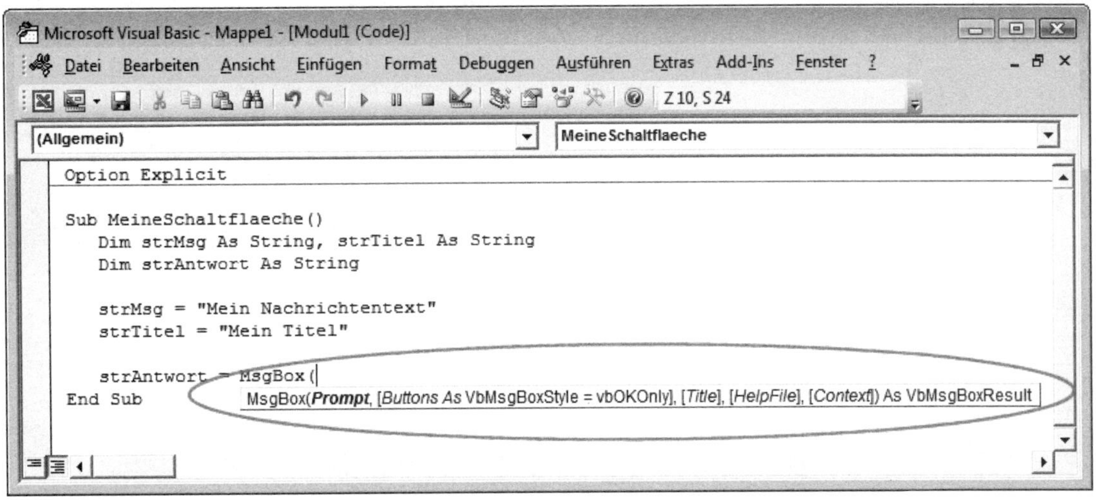

Abbildung 5.9: IntelliSense-Anzeige der möglichen Übergabeparameter

Wir werden im nächsten VBA-Code drei der Parameter verwenden:

Tabelle 5.6: Übergabeparameter für eine MsgBox

Parameter	Bedeutung
Prompt	Der Text, der im Meldungsfeld angezeigt wird
Buttons	Konstanten oder Werte für Schaltflächen
Title	Der Text für die Titelleiste des Meldungsfeldes

Im folgenden Beispiel wird zum einen ein Text in der `MsgBox` angezeigt. Zum anderen werden wir den Text der Titelleiste festlegen. Beide Texte bereiten wir diesmal in Variablen auf (`strMsg` und `strTitel`).

```
Sub MeineSchaltflaechen()
   Dim strMeldung As String, strTitel As String
   Dim strAntwort As Integer

   strMeldung = "Mein Nachrichtentext"
   strTitel = "Meine Nachricht"

   strAntwort = MsgBox(strMeldung, vbYesNo, strTitel)

   If strAntwort = vbYes Then
      MsgBox "Ja = Wert " & strAntwort
   Else
      MsgBox "Nein = Wert " & strAntwort
   End If
End Sub
```

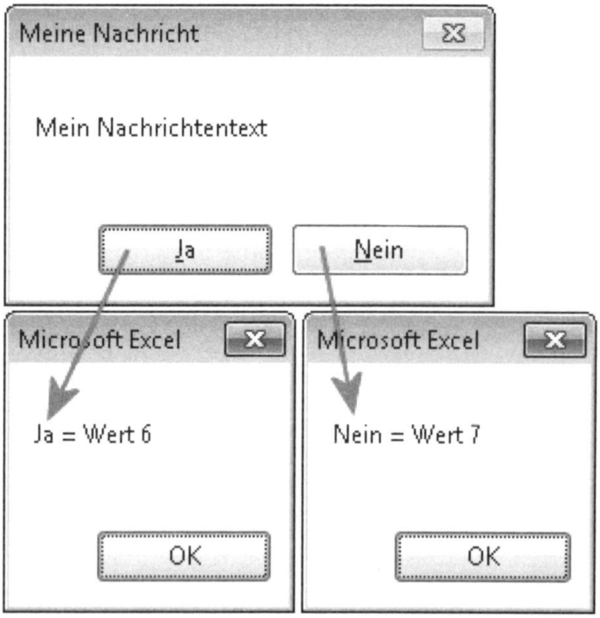

Abbildung 5.10: Ein Meldungsfeld mit zwei Schaltflächen (Entscheidung)

Eine weitere Variable `strAntwort` ist erforderlich, um abzufragen, ob die Schaltfläche *Ja* oder *Nein* angeklickt wurde. Beachten Sie, dass die Variable mit dem Datentyp *Integer* deklariert wurde. Der Grund liegt darin, dass die Schaltfläche *Ja* im Hintergrund den Rückgabewert 6 hat, die Schaltfläche *Nein* den Rückgabewert 7. Die VB-Konstante `vbYesNo` dient dazu, die Schaltflächen *Ja* und *Nein* anzuzeigen. Sie trägt den Wert 4. Somit könnten Sie anstelle der VB-Konstanten auch den Wert 4 im Code verwenden.

```
strAntwort = MsgBox(strMeldung, 4, strTitel)
```

Die verfügbaren Argumente für Schaltflächen und ihre Werte finden Sie in der folgenden Tabelle.

Tabelle 5.7: Mögliche Argumente für den Parameter *Buttons* der Funktion *MsgBox*

VB-Konstante	Wert	Angezeigte Schaltfläche(n)
vbOKOnly	0	Standardeinstellung. *OK.*
vbOKCancel	1	*OK* und *Abbrechen*
vbAbortRetryIgnore	2	*Abbrechen, Wiederholen* und *Ignorieren*
vbYesNoCancel	3	*Ja, Nein* und *Abbrechen*
vbYesNo	4	*Ja* und *Nein*
vbRetryCancel	5	*Wiederholen* und *Abbrechen*

Die Tabelle auf der folgenden Seite listet die möglichen Rückgabewerte der Funktion `MsgBox` auf.

Tabelle 5.8: *MsgBox*-Rückgabewerte

VB-Konstante	Wert	Bedeutung
vbOK	1	*OK* wurde angeklickt
vbCancel	2	*Abbrechen* wurde angeklickt
vbAbort	3	*Abbrechen* wurde angeklickt
vbRetry	4	*Wiederholen* wurde angeklickt
vbIgnore	5	*Ignorieren* wurde angeklickt
vbYes	6	*Ja* wurde angeklickt
vbNo	7	*Nein* wurde angeklickt

Mit der Anweisung `If … Then … Else` haben wir hier etwas vorgegriffen. Es handelt sich dabei um eine Entscheidung. Näheres dazu erfahren Sie in Kapitel 8.

Symbole im Meldungsfeld einblenden

Neben den Schaltflächen haben Sie die Möglichkeit, ein Symbol in einem Meldungsfeld einzublenden. Um ein Symbol anzeigen zu lassen, müssen Sie eine entsprechende VB-Konstante verwenden. Welche es gibt, können Sie der Tabelle auf der folgenden Seite entnehmen.

```
strAntwort = MsgBox(strMeldung, vbInformation, strTitel)
```

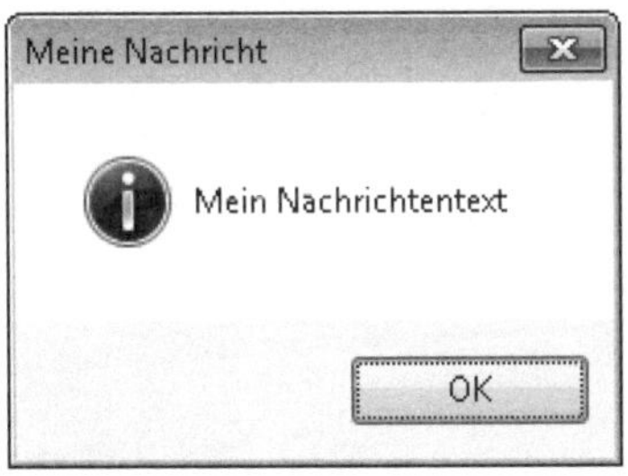

Abbildung 5.11: Symbol im Meldungsfeld

Wenn Sie sowohl die Schaltflächen *Ja* und *Nein* als auch das Symbol verwenden möchten, können Sie zwei VB-Konstanten mit einem Pluszeichen (+) verbinden.

```
strAntwort = MsgBox(strMeldung, vbYesNo + vbInformation, strTitel)
```

Anstelle von VB-Konstanten können Sie auch hier mit Werten arbeiten. Wie Sie wissen, hat `vbYesNo` den Wert 4. Die VB-Konstante `vbInformation` hat den Wert 64. Beide Werte addiert (4 + 64) ergeben 68. Somit können Sie statt der beiden VB-Konstanten den Wert 68 in die Codezeile eintragen.

```
strAntwort = MsgBox(strMeldung, 68, strTitel)
```

Es ist Ansichtssache, ob Werte oder VB-Konstanten verwendet werden sollten. Der Vorteil der VB-Konstanten liegt sicherlich darin, dass sie aussagekräftiger sind, wohingegen eine Zahl wie 68 wenig aussagt.

Tabelle 5.9: VB-Konstanten für Symbole

VB-Konstante	Wert	Bedeutung
vbCritical	16	Warnung; roter Kreis mit weißem Kreuz.
vbQuestion	32	Fragezeichen in weißer Sprechblase
vbExclamation	48	Gelbes Dreieck mit schwarzem Ausrufezeichen
vbInformation	64	Der Buchstabe »i« in weißer Sprechblase

5.6 Eingabedialogfelder erzeugen

Ein Eingabedialogfeld hat große Ähnlichkeiten mit einem Meldungsfeld. Der Hauptunterschied besteht darin, dass sich in dem Eingabedialogfeld ein Textfeld befindet, in dem der Benutzer eine Eingabe vornehmen kann. Sobald dies geschehen ist, kann die Schaltfläche *OK* angeklickt werden. Die Prozedur wird daraufhin fortgesetzt.

- Oberhalb des Eingabetextfeldes kann eine Meldung angezeigt werden.
- Die Titelleiste kann ebenfalls verändert werden.
- Des Weiteren besteht die Möglichkeit, einen Defaultwert für das Eingabetextfeld zu hinterlegen. Wenn Sie dies tun, wird beim Aufruf des Eingabedialogs bereits der vordefinierte Text angezeigt.

```
Sub MeineEingabe()
   Dim strMeldung As String, strTitel As String
   Dim strVorschlag As String, strAntwort As String

   strMeldung = "Geben Sie etwas ein."
   strTitel = "Mein Eingabedialog"
   strVorschlag = "Hallo Leser"

   strAntwort = InputBox(strMeldung, strTitel, strVorschlag)

   MsgBox strAntwort
End Sub
```

Nachdem Sie den VBA-Code aufgerufen haben, wird das Eingabedialogfeld angezeigt. Sobald Sie eine Eingabe vorgenommen und die Schaltfläche *OK* angeklickt haben, wird eine `MsgBox` angezeigt. Diese zeigt den Text an, den Sie zuvor in das Eingabetextfeld eingetippt haben.

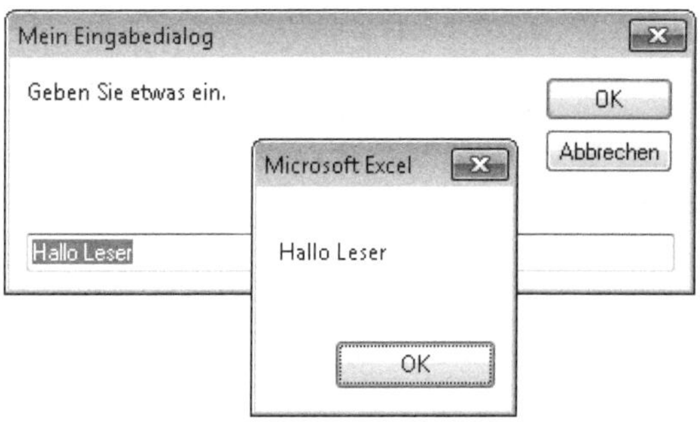

Abbildung 5.12: Ein Eingabedialogfeld mit Rückgabewert

Der Code funktioniert so weit einwandfrei. Der einzige Nachteil besteht darin, dass, wenn Sie die Schaltfläche *Abbrechen* anklicken, ein leeres Meldungsfeld angezeigt wird.

Die Schaltfläche *Abbrechen* kann nicht wie in einer `MsgBox` über einen Wert oder eine VB-Konstante abgefragt werden. Was Sie allerdings tun können, ist zu prüfen, ob ein Leerstring "" vorliegt. Dieser tritt einerseits auf, wenn Sie auf die Schaltfläche *Abbrechen* klicken, und andererseits, wenn kein Wert in das Eingabetextfeld eingegeben wurde.

Um dies zu programmieren, können Sie eine `If ... Then ... Else`-Anweisung verwenden. Wenn tatsächlich ein Leerstring gefunden wird, wird die Prozedur verlassen: `Exit Sub`.

```
Sub MeineZweiteEingabe()
   Dim strMeldung As String, strTitel As String
   Dim strVorschlag As String, strAntwort As String

   strMeldung = "Geben Sie etwas ein."
   strTitel = "Mein Eingabedialog"
   strVorschlag = "Hallo Leser"

   strAntwort = InputBox(strMeldung, strTitel, strVorschlag)

   If strAntwort = "" Then
      Exit Sub
   End If
   MsgBox strAntwort
End Sub
```


Eine *Application.InputBox* verwenden

Die `Application.InputBox` ist, salopp ausgedrückt, die erweiterte Form der einfachen `InputBox`. Die Erweiterung besteht darin, dass Sie die Möglichkeit haben, den als Eingabe erlaubten Datentyp festzulegen. Sie können beispielsweise bestimmen, dass nur die Eingabe von Zahlen erlaubt ist. Dazu wird der `Type 1` verwendet. Welche Typen es gibt, erfahren Sie in Tabelle 5.10 auf der folgenden Seite.

```
Sub MeineErweiterteEingabe()
   Dim strMeldung As String, strTitel As String
   Dim strVorschlag As String, strAntwort As String

   strMeldung = "Geben Sie eine Zahl ein."
   strTitel = "Mein Eingabedialog"
   strVorschlag = "123"

   strAntwort = Application.InputBox(strMeldung, strTitel, _
                                     strVorschlag, Type:=1)

   If strAntwort = False Then
      Exit Sub
   End If

   MsgBox strAntwort
End Sub
```

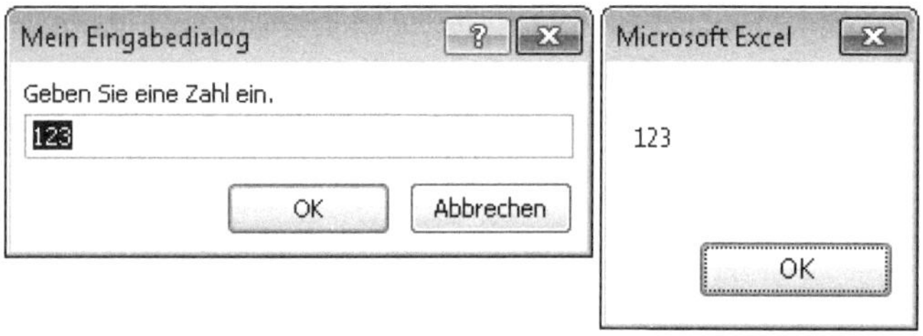

Abbildung 5.13: Eine *Application.InputBox*

Hinweis: Die *Abbrechen*-Schaltfläche

Vielleicht ist Ihnen aufgefallen, dass wir diesmal in der `If ... Then ...Else`-Anweisung nicht einen Leerstring, sondern `False` abgefragt haben.

Der Grund liegt schlicht darin, dass sich die *Abbrechen*-Schaltfläche der `Application.InputBox` anders verhält als die der einfachen `InputBox`. Beim Anklicken der Schaltfläche wird der Wert *False* und nicht ein Leerstring zurückgegeben. Dementsprechend mussten wir die Entscheidung umprogrammieren.

Der folgenden Tabelle können Sie die verfügbaren `Type`-Werte für die `Application.InputBox` entnehmen:

Tabelle 5.10: Zulässige Werte für das Argument *Type*

Wert	Bedeutung
0	Formel
1	Zahl
2	Text (Zeichenfolge)
4	Logischer Wert (*True* oder *False*)
8	Zellbezug, z.B. ein *Range*-Objekt
16	Fehlerwert, z.B. *#N/A*
64	Wertematrix

5.7 Integrierte Dialogfelder aufrufen

Excel bietet eine Vielzahl an integrierten Dialogfeldern an, beispielsweise die Dialogfelder *Öffnen, Speichern unter, Zellen formatieren* usw. Diese können Sie, selbst mittels VBA, nicht verändern. Sie haben lediglich die Möglichkeit, integrierte Dialogfelder aufzurufen.

Es wird dazu die Anweisung `Application.Dialogs` verwendet. In den runden Klammern wird die Excel-Konstante für das gewünschte Dialogfeld übergeben. Es gibt eine Vielzahl davon. Welche es sind, wird deutlich, sobald Sie die öffnende runde Klammer eingeben und sich die IntelliSense-Liste öffnet.

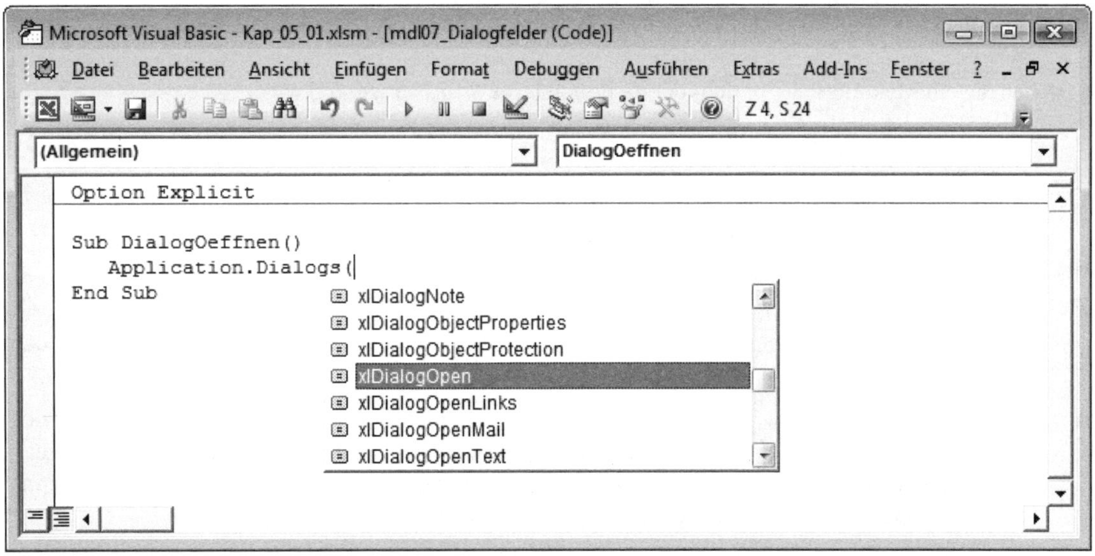

Abbildung 5.14: Ein integriertes Dialogfeld aufrufen

Die Methode `Show` veranlasst, dass das Dialogfeld geöffnet wird.

Das nachfolgende Beispiel zeigt, wie das integrierte Dialogfeld *Öffnen* angezeigt werden kann.

```
Sub DialogOeffnen()
   Application.Dialogs(xlDialogOpen).Show
End Sub
```

5.8 Übungen zu diesem Kapitel

In diesem Abschnitt finden Sie einige Übungen zu diesem Kapitel. Die Antworten und Lösungen finden Sie wie immer auf der Website *www.richtig-einsteigen.de.*

Übung 5.1

Mit welchem Zeichen kann eine Kommentar- oder Codezeile umbrochen werden?

Übung 5.2

Welchen Datentyp verwenden Sie für den Wertebereich –32.768 bis 32.767?

Übung 5.3

Was ist der Unterschied zwischen einer Variablen und einer Konstanten?

Übung 5.4

Erstellen Sie ein Meldungsfeld, in dem der Text »Ich lerne VBA!« angezeigt wird.

5.9 Zusammenfassung

In diesem Kapitel haben Sie die wichtigsten theoretischen Grundlagen von VBA kennengelernt.

- Sie kennen sich mit Namenskonventionen aus und können Ihren VBA-Code so kommentieren, dass auch ein Kollege damit zurechtkommt. Außerdem können Sie lange Kommentar- oder Codezeilen umbrechen.
- Ein sehr wichtiges Thema, nämlich die Datentypen, wurden behandelt. Sie kennen nun die wichtigsten oder wissen auch, dass Sie in diesem Kapitel bei Bedarf die benötigten Informationen nachschlagen können. Sie sind außerdem in der Lage, einen Datentyp zu konvertieren oder zu überprüfen.
- Einen weiteren wesentlichen Bestandteil jeder Programmiersprache bilden die Variablen und Konstanten. Sie können diese voneinander unterscheiden und wissen über die jeweiligen Vorzüge Bescheid.
- Sie haben Ihren ersten VBA-Code von Hand geschrieben und konnten das Ergebnis in Form eines Meldungsfeldes oder Eingabedialogfeldes betrachten und verwenden.

Kapitel 6

Die Objekthierarchie von Excel

In diesem Kapitel lernen Sie

- die wichtigsten Excel-Objekte kennen
- was Methoden sind und wo diese eingesetzt werden
- wie Eigenschaften verwendet werden
- wie man Objekte referenzieren kann
- wie der Objektkatalog interpretiert werden muss

6.1 Hierarchisches Denken lernen

In diesem Kapitel lernen Sie, was es bedeutet, objektorientiert zu programmieren. Sie erfahren, welches die grundlegenden Objekte von Excel sind. Sie lernen zudem, was Eigenschaften und Methoden sind und wie diese angewendet werden.

Excel ist ein richtiger Urwald an Objekten. Es dauert seine Zeit, bis man sich in diesem Dschungel zurechtfindet. Wichtige Helfer bei der Erforschung der Objekte sind einerseits die VBA-Hilfe und andererseits der Makrorekorder. Den Makrorekorder können Sie jederzeit sehr einfach benutzen, um den VBA-Namen eines Objekts zu ermitteln. Starten Sie den Rekorder und klicken Sie das gesuchte Objekt an. Schauen Sie dann, wie in Kapitel 3 beschrieben, in den so erzeugten VBA-Code und suchen Sie nach dem gewünschten VBA-Objekt.

Was sind denn nun Objekte? Am besten versuchen Sie sich das bildlich vorzustellen. Wir bleiben deshalb vorerst in der Natur, d.h. beim Wald.

Der Wald selbst stellt, von außen betrachtet, das oberste Objekt der Hierarchie dar und somit die Excel-Applikation. Wenn Sie den Wald betreten, befinden Sie sich sozusagen eine Ebene tiefer. Sie sehen nicht mehr den Wald an sich, sondern die einzelnen Bäume. Diese vergleichen wir mit Arbeitsmappen. Wenn Sie auf einen der Bäume klettern, befinden Sie sich wiederum eine Ebene tiefer in der Hierarchie. Wenn Sie sich umschauen, sehen Sie Äste. Die Äste stellen wir uns als Tabellenblätter vor. An den Ästen hängen Blätter. Diese sind in der Hierarchie wiederum eine Ebene tiefer und können mit Zellen verglichen werden.

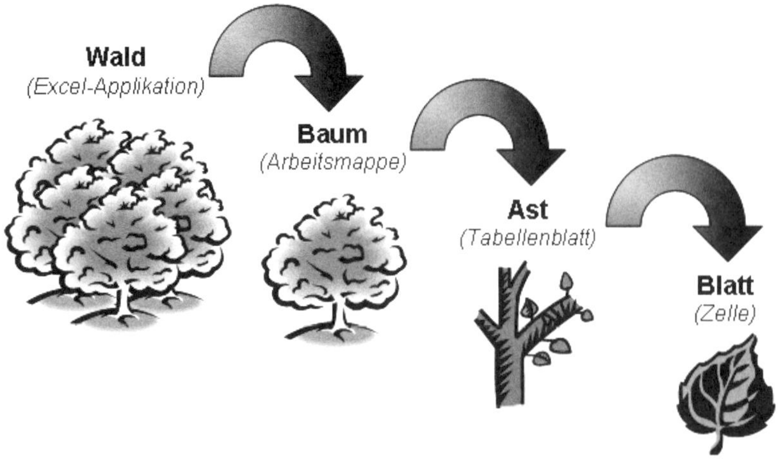

Abbildung 6.1: Die Objekthierarchie bildlich dargestellt

Kehren wir der Natur den Rücken und betrachten wir das Ganze etwas nüchterner anhand einer Grafik. Die nachfolgende Darstellung zeigt einen kleinen Auszug der wichtigsten Excel-Objekte, mit denen wir uns in den nächsten Kapiteln befassen werden.

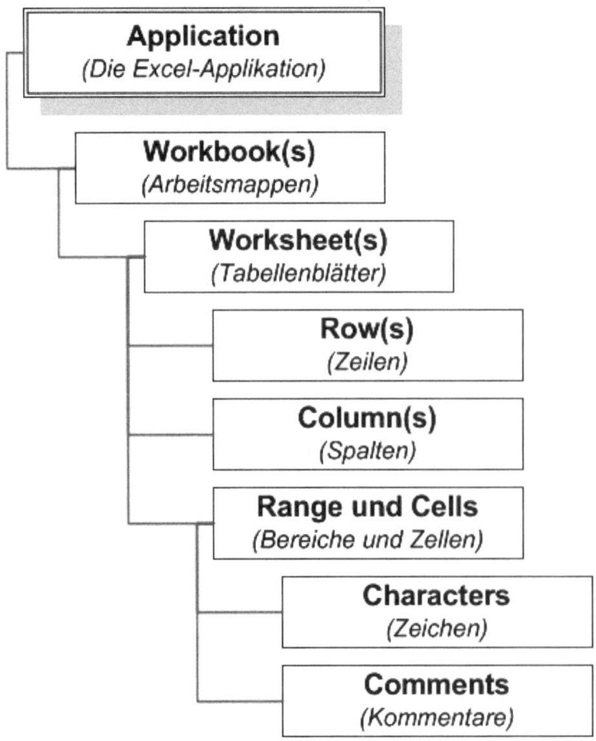

Abbildung 6.2: Die Objekthierarchie grafisch dargestellt

6.2 Mit Methoden Aktionen auslösen

Nachdem Sie nun wissen, was Objekte sind, gehen wir einen Schritt weiter. Objekte lassen sich ansprechen, indem man eine Methode verwendet. Als Methoden werden VBA-Anweisungen bezeichnet, die eine Aktion auslösen. Sie können ein Objekt beispielsweise *selektieren, aktivieren, speichern, löschen, drucken* usw. Je nach Objekt stehen unterschiedliche Methoden zur Verfügung.

Gehen wir mit den Gedanken zurück in unseren Wald. Wenn Sie einen Baum darin fällen, haben Sie sinnbildlich ein Objekt gelöscht. Um ein Objekt zu löschen, wird die Methode `Delete` verwendet.

Abbildung 6.3: Eine Methode ausführen

Methoden für Arbeitsmappen

Arbeitsmappen müssen in der Regel nur explizit angesprochen werden, wenn mehrere geöffnet sind und nur eine bestimmte dieser Mappen etwas ausführen soll.

Nehmen wir als Beispiel die Methode `Activate`. Mit ihr kann eine der offenen Arbeitsmappen aktiviert werden. Wir müssen lediglich wissen, welche Arbeitsmappe aktiviert werden soll. Dazu können Sie entweder deren *Index* oder den *Namen* der Arbeitsmappe verwenden.

Der Index entspricht der Nummer bzw. der Position der geöffneten Arbeitsmappe. Nehmen wir an, Sie haben drei Arbeitsmappen in genau der folgenden Reihenfolge geöffnet: *Mappe1.xlsx*, *Mappe2.xlsx* und *Mappe3.xlsx*. Sie möchten nun die *Mappe2.xlsx* aktivieren; verwenden Sie dazu den Index 2. `Workbooks` ist der Objektname für die Arbeitsmappe. Der Punktoperator trennt das Objekt von der Methode.

```
Sub MappeAktivierenIndex()
   Workbooks(2).Activate
End Sub
```

Die Tücke beim Arbeiten mit dem Index ist, dass, wenn die Arbeitsmappen nicht genau in der Reihenfolge geöffnet sind, die *Mappe2.xlsx* unter Umständen den Index 3 trägt: *Mappe1.xlsx*, *Mappe3.xlsx* und *Mappe2.xlsx*. Wenn solche Situationen eintreten könnten, sollten Sie besser mit dem Namen der Arbeitsmappe arbeiten. Namen müssen immer in Anführungszeichen eingeschlossen werden.

```
Sub MappeAktivierenName()
   Workbooks("Mappe2.xlsx").Activate
End Sub
```

Hinweis: Nicht gespeicherte Arbeitsmappe

Wenn Sie eine neue Arbeitsmappe erzeugt haben und Sie diese noch nie gespeichert haben, ist die Dateierweiterung *.xlsx* noch nicht verfügbar. Dementsprechend müssen Sie im VBA-Code das *.xlsx* weglassen:

```
Workbooks("Mappe2").Activate
```

Wenn eine Arbeitsmappe bereits aktiv ist, können Sie das Objekt `ActiveWorkbook` verwenden. Dabei müssen Sie weder einen Index noch einen Namen benutzen.

```
Sub AktiveMappeDrucken()
   ActiveWorkbook.PrintOut
End Sub
```

Die wichtigsten Methoden in Bezug auf Arbeitsmappen können Sie der folgenden Tabelle entnehmen:

Tabelle 6.1: Wichtige Methoden in Bezug auf Arbeitsmappen

Methode	Bedeutung
Activate	Arbeitsmappe aktivieren
Close	Arbeitsmappe schließen
PrintOut	Arbeitsmappe drucken
Save	Arbeitsmappe unter aktuellem Namen speichern
SaveAs	Arbeitsmappe unter neuem Namen speichern. Bei dieser Methode muss ein Parameter übergeben werden, wenn die Arbeitsmappe einen neuen Namen erhalten soll: `Workbooks("Mappe1.xlsx").SaveAs("C:\MeineMappe.xlsx")`

Methoden für Tabellenblätter

Genauso wie für Arbeitsmappen gibt es auch für Tabellenblätter eine Vielzahl an Methoden. Auf Tabellenblätter wird über das Objekt `Worksheets` zugegriffen. Ihm folgt, nach einem Punkt, die gewünschte Methode. Die wichtigsten finden Sie in der nachfolgenden Tabelle.

Tabelle 6.2: Wichtige Methoden in Bezug auf Tabellenblätter

Methode	Bedeutung
Activate	Tabellenblatt aktivieren
Copy	Tabellenblatt kopieren
Delete	Tabellenblatt löschen
Move	Tabellenblatt verschieben
PrintOut	Tabellenblatt drucken
Protect/Unprotect	Blattschutz vergeben oder aufheben
Select	Tabellenblatt selektieren

Hinweis: Vorbereitung auf das folgende Kapitel

Dieses Kapitel dient hauptsächlich der Vorbereitung auf das Kapitel 7 und die weiteren Kapitel. Beispiele zu den Methoden und Eigenschaften, die hier aufgeführt werden, werden somit größtenteils erst später im Detail erläutert.

Sie können innerhalb einer Arbeitsmappe ein bestimmtes Tabellenblatt aktivieren. Auch hierbei können Sie mit dem Index oder dem Namen arbeiten.

So greifen Sie auf ein Tabellenblatt über den Index zu:

```
Sub TabellenblattAktivierenIndex()
   Worksheets(2).Activate
End Sub
```

So greifen Sie auf ein Tabellenblatt über den Namen zu:

```
Sub TabellenblattAktivierenName()
   Worksheets("Tabelle2").Activate
End Sub
```

Wenn Sie auf das derzeit aktive Tabellenblatt zugreifen möchten, können Sie das Objekt `ActiveSheet` verwenden.

Tipp: Objekte kombinieren

Objekte wie Arbeitsmappen und Tabellenblätter können kombiniert werden. Wenn Sie das Tabellenblatt *Tabelle2* der Arbeitsmappe *Mappe2.xlsx* aktivieren möchten, lautet die Codezeile wie folgt:

```
Workbooks("Mappe2.xlsx").Worksheets("Tabelle2").Activate
```

Methoden für Bereiche und Zellen

Auf Bereiche und Zellen greifen Sie über das Objekt `Range` zu. Dem Objekt folgt ein Paar runder Klammern, in denen in Anführungszeichen die Zelle oder der Bereich angegeben wird, die bzw. der verwendet werden soll.

```
Sub ZelleAktivieren()
   Range("B5").Activate
End Sub

Sub BereichAktivieren()
   Range("A1:B5").Activate
End Sub
```

Der nachfolgenden Tabelle können Sie die wichtigsten Methoden für Bereiche entnehmen.

Tabelle 6.3: Wichtige Methoden für Bereiche

Methode	Bedeutung
AddComment ClearComment	Kommentar in Zelle einfügen Kommentar aus Zelle entfernen
AutoFilter	AutoFilter aktivieren oder deaktivieren
Clear	Zelleninhalt und Zellenformatierung entfernen
ClearContents	Zelleninhalt entfernen
ClearFormats	Zellenformatierung entfernen
Copy	Zellen kopieren
Delete	Zellen löschen
PasteSpecial	Spezielles Einfügen (z.B. nur Formate oder nur Werte übertragen)
Select	Zellen selektieren

6.3 Mit Eigenschaften Objekte verändern

Neben Methoden sind Eigenschaften ein wichtiger Bestandteil von VBA. Eigenschaften sind Merkmale von Objekten. Ein Objekt kann z.B. rot sein, es kann eine bestimmte Schriftart haben oder es kann einen Namen tragen usw.

Denken Sie zurück an unseren Wald. Bäume sind braun und ihre Blätter grün. Beide Farben sind somit Eigenschaften von unterschiedlichen Objekten. Ein Blatt, das im Herbst die Farbe von Grün nach Rot und nach Gelb ändert, ändert somit jeweils die Eigenschaft `Color`.

Abbildung 6.4: Die Eigenschaften eines Objekts

Der Applikation einen Namen zuweisen

Die Excel-Applikation trägt standardmäßig in der Titelleiste den Text *Microsoft Excel*. Diese Beschriftung können Sie per VBA ändern.

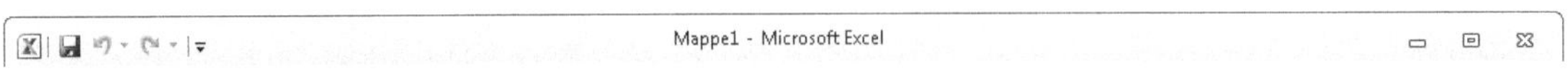

Abbildung 6.5: Der ursprüngliche Text in der Titelleiste (hier der Name der Anwendung)

Verwenden Sie dazu die Eigenschaft `Caption`:

```
Sub ExcelBezeichnungAendern()
   Application.Caption = "Monika Can-Weber"
End Sub
```

Abbildung 6.6: Ein eigens zugewiesener Name

Wenn Sie die Beschriftung wieder zurücksetzen möchten, übergeben Sie einfach einen Leerstring:

```
Sub ExcelBezeichnungZuruecksetzen()
   Application.Caption = ""
End Sub
```


Den Namen der aktiven Mappe ermitteln

Wenn Sie mehrere Arbeitsmappen geöffnet haben, können Sie herausfinden, welche gerade die aktive ist. Sie verwenden hierzu das Objekt `ActiveWorkbook` und rufen den Wert der Eigenschaft `Name` ab. Im folgenden Beispiel wird der Name in einem Meldungsfeld angezeigt:

```
Sub NameDerAktivenMappe()
   MsgBox ActiveWorkbook.Name
End Sub
```

Abbildung 6.7: Den Mappennamen ausgeben

Ein Tabellenblatt umbenennen

Sie haben die Möglichkeit, Tabellenblätter per VBA umzubenennen. Dazu wird ebenfalls die Eigenschaft `Name`, aber diesmal des Objekts `Worksheets` verwendet.

Im folgenden Beispiel wird das zweite Tabellenblatt umbenannt.

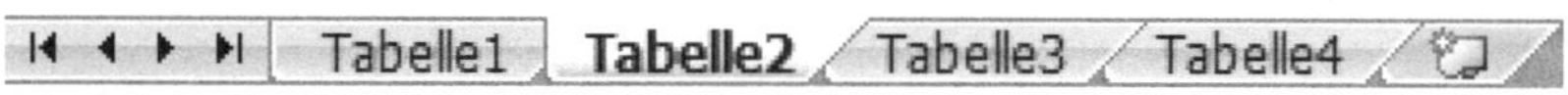

Abbildung 6.8: Das zweite Tabellenblatt vor dem Umbenennen

```
Sub Blatt2NameAendern()
   Worksheets(2).Name = "Der neue Name"
End Sub
```

Abbildung 6.9: Das zweite Tabellenblatt mit neuem Namen

Farbige Zellen und Bereiche

Eigenschaften von Zellen und Bereichen können beispielsweise Hintergrundfarben sein.

Um Bereiche einzufärben, werden zwei Eigenschaften benötigt. Zum einen die Eigenschaft `Interior`; Interior bedeutet zu Deutsch Innenbereich. Zum anderen muss, um dem Innenbereich eine Farbe zuzuweisen, die Eigenschaft `Color` verwendet werden. Den beiden kombinierten Eigenschaften wird schließlich die gewünschte Farbkonstante übergeben. In unserem Beispiel ist es die VB-Konstante `vbRed`. Sie steht für die Farbe Rot. Das Ganze wenden wir auf den Bereich *A1:B5* an.

```
Sub FarbigerBereich()
   Range("A1:B5").Interior.Color = vbRed
End Sub
```

Um die Farbe wieder zu entfernen, verwenden Sie die Eigenschaft `ColorIndex`, gefolgt von der Excel-Konstanten `xlNone`.

```
Sub FarbigenBereichZuruecksetzen()
   Range("A1:B5").Interior.ColorIndex = xlNone
End Sub
```

Der nachfolgenden Tabelle können Sie entnehmen, welche VB-Konstanten für Farben verwendet werden können.

Tabelle 6.4: Farbkonstanten

VB-Konstante	Farbe
vbBlack	Schwarz
vbBlue	Blau
vbCyan	Cyan (Türkis)
vbGreen	Grün
vbMagenta	Magenta (Rosarot)
vbRed	Rot
vbWhite	Weiß
vbYellow	Gelb

6.4 Objekte referenzieren

Objekte können referenziert werden. Das bedeutet, sie werden an eine Variable übergeben. Die Variable wird dabei zuerst mit `Dim` deklariert. Dabei muss der korrekte Datentyp verwendet werden. Danach erfolgt die Referenzierung. Dies geschieht über das Schlüsselwort `Set`.

Das Referenzieren kann verschiedene Vorteile mit sich bringen. Zum einen können Sie sich damit die Schreibarbeit verkürzen und die Übersichtlichkeit erhöhen. Zum anderen steht Ihnen dadurch die IntelliSense-Liste für Objekte zur Verfügung, die ohne Referenzierung nicht eingeblendet wird.

Nehmen wir als Beispiel das Objekt `Worksheets`. Normalerweise öffnet sich die IntelliSense-Liste, nachdem der Punkt hinter einem Objektnamen eingegeben wurde. Dem ist jedoch nicht so bei der folgenden Codezeile:

```
Worksheets(2).Activate
```

Wenn wir das Objekt jedoch an eine Variable übergeben, wie das in der folgenden Darstellung der Fall ist, steht die IntelliSense-Liste zur Verfügung.

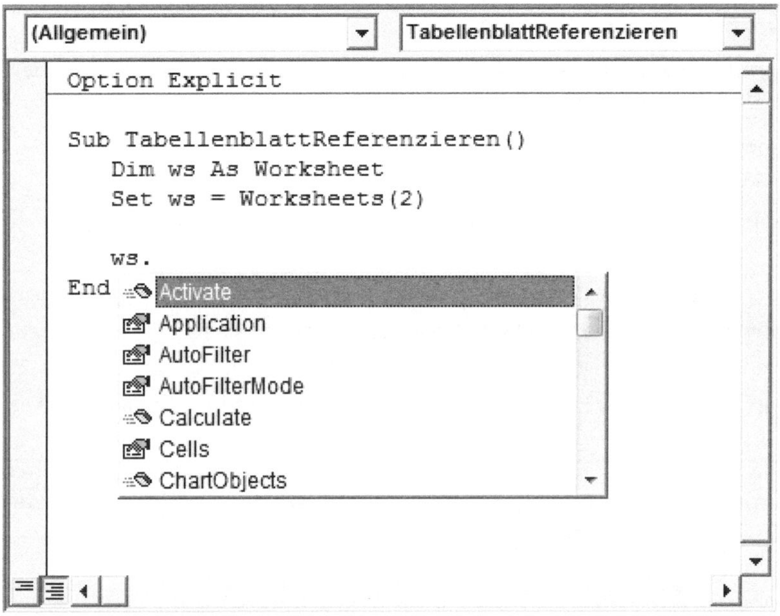

Abbildung 6.10: Die IntelliSense-Liste benutzen

So referenzieren Sie eine Arbeitsmappe:

```
Sub MappeReferenzieren()
   Dim wb As Workbook
   Set wb = Workbooks("Mappe2.xlsx")

   wb.Activate
End Sub
```

So referenzieren Sie ein Tabellenblatt:

```
Sub TabellenblattReferenzieren()
   Dim ws As Worksheet
   Set ws = Worksheets("Tabelle2")

   ws.Activate
End Sub
```

So referenzieren Sie einen Berech:

```
Sub BereichReferenzieren()
   Dim rng As Range
   Set rng = Range("A1:B5")

   rng.Select
End Sub
```

Hinweis: Worksheet und Worksheets

Beachten Sie, dass die Variable `ws` in der Abbildung auf der vorigen Seite als `Worksheet` deklariert wurde. Also in Einzahl. Bei der Referenzierung mit `Set` hingegen wurde `Worksheets`, also die Mehrzahl, verwendet. Woran liegt das?

VBA enthält sogenannte *Sammlungen*, auch *Auflistungen* genannt. Eine Sammlung ist eine Gruppe von Objekten derselben Klasse. Die Sammlung selbst stellt wiederum ein Objekt dar.

`Workbooks` ist eine Sammlung aller `Workbook`-Objekte. `Worksheets` ist eine Sammlung aller `Worksheet`-Objekte, die in einem bestimmten `Workbook`-Objekt enthalten sind.

Sie können mit einer ganzen Sammlung an Objekten oder mit nur einem Objekt einer Sammlung arbeiten.

Um auf ein bestimmtes Objekt einer Sammlung zuzugreifen, muss es mit seinem Namen oder dem Positionsindex identifiziert werden: `Worksheets("Tabelle1")` oder `Worksheets(1)`.

In der Regel werden Referenzierungen auf Objekte nach Ablauf der Prozedur automatisch aufgehoben. Es kann jedoch in Einzelfällen erforderlich sein, dass dies manuell durchgeführt wird. Verwenden Sie in einem solchen Fall die Anweisung `Set wb = Nothing`, um das Objekt freizugeben. Viele Programmierer benutzen das Zurücksetzen routinemäßig, um generell Sonderfällen vorzubeugen und Problemen von Anfang an aus dem Weg zu gehen.

6.5 Der Objektkatalog

Der Objektkatalog ist eine Sammlung aller zur Verfügung stehender Objekte, Eigenschaften, Methoden, Konstanten, Klassen usw.

Der Objektkatalog kann über verschiedene Wege aufgerufen werden:

- Verwenden Sie den Menübefehl *Ansicht/Objektkatalog*.
- Drücken Sie die Taste F2.
- Klicken Sie in der Symbolleiste *Voreinstellung* auf die Schaltfläche *Objektkatalog*.

In allen drei Fällen wird daraufhin der Objektkatalog eingeblendet.

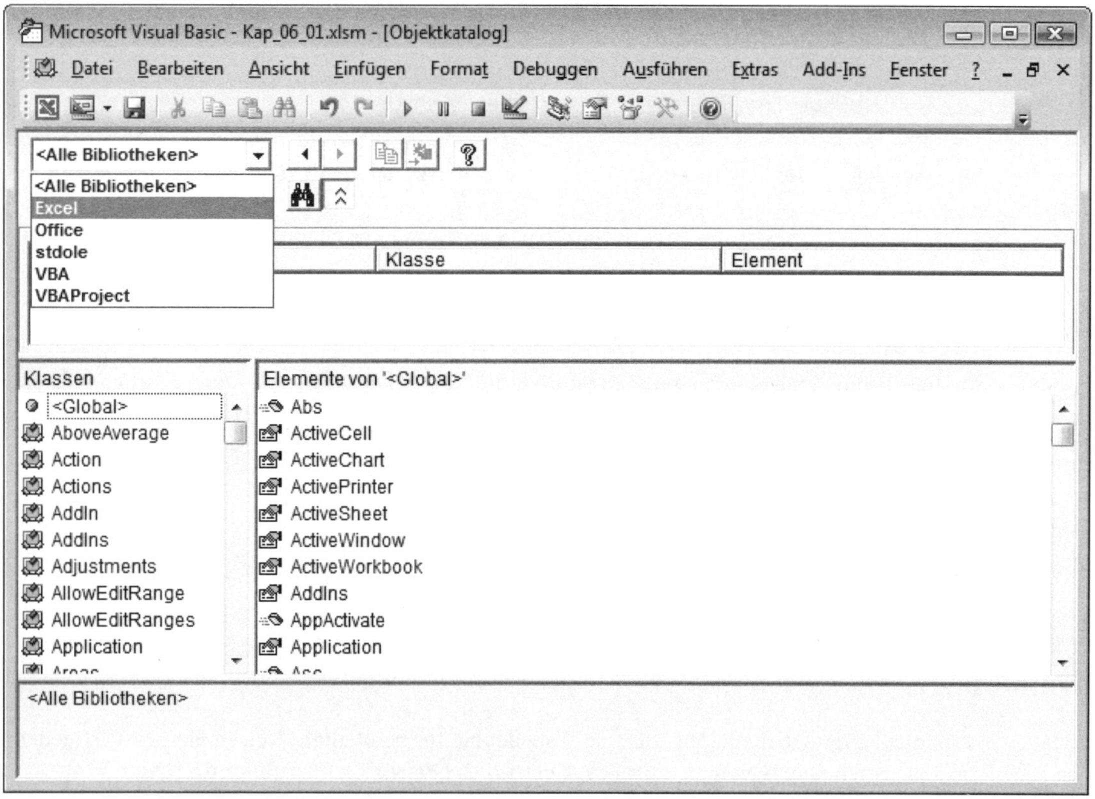

Abbildung 6.11: Der Objektkatalog

Im Objektkatalog steht ein Dropdown-Listenfeld zur Verfügung. Standardmäßig zeigt dieses den Eintrag *<Alle Bibliotheken>* an. Wenn Sie die angezeigten Objekte einschränken möchten, wählen Sie den gewünschten Eintrag aus, z.B. *VBAProject*.

Im linken Listenfeld werden dann die entsprechenden Objekte angezeigt. Wählen Sie eines der Objekte aus, indem Sie es anklicken. Im rechten Listenfeld werden die zugehörigen Methoden und Eigenschaften angezeigt.

Jedem Eintrag ist ein Symbol vorangestellt. Die Bedeutung der einzelnen Symbole können Sie der nachfolgenden Tabelle entnehmen.

Tabelle 6.5: Symbole des Objektkatalogs

Symbol	Farbe
	Methode oder Funktion
	Eigenschaft
	Ereignis
	VBA-Konstante
	Auflistung von VBA-Konstanten
	Modul

Symbol	Farbe
	Klasse
	Global. Enthält sämtliche Eigenschaften, Methoden usw.

Um den Objektkatalog zu schließen, klicken Sie auf die Schaltfläche mit dem Kreuz in der rechten oberen Ecke.

6.6 Übungen zu diesem Kapitel

In diesem Abschnitt finden Sie einige Übungen zu diesem Kapitel. Die Antworten und Lösungen finden Sie wie immer auf der Website *www.richtig-einsteigen.de.*

Übung 6.1

Erstellen Sie einen VBA-Code, der dem Bereich *C5:D7* eine blaue Hintergrundfarbe zuordnet.

Übung 6.2

Erstellen Sie manuell eine Arbeitsmappe, die vier Tabellenblätter beinhaltet. Weisen Sie per VBA jedem der Tabellenblätter einen neuen Namen zu, z.B. *1. Quartal, 2. Quartal, 3. Quartal* und *4. Quartal.*

6.7 Zusammenfassung

Mittlerweile haben Sie schon eine ganze Menge an Informationen in Bezug auf VBA sammeln können. Fassen wir kurz zusammen, welches die Schwerpunkte in diesem sechsten Kapitel waren:

- Sie haben sich mit der Hierarchie von Excel vertraut gemacht und sehen die Objekt nun mit den Augen eines objektorientierten Programmierers.
- Die Begriffe Methoden und Eigenschaften sind für Sie keine Fremdwörter mehr. Sie können beides gezielt an den wichtigsten Objekten anwenden.
- Sie haben erfahren, wozu Objekte referenziert werden, und wissen, wie eine Referenzierung erfolgt.
- Zu guter Letzt haben Sie den Objektkatalog erforscht und können ihn als Hilfsinstrument einsetzen.

Kapitel 7

Tabellenobjekte per VBA steuern

In diesem Kapitel lernen Sie

- die wichtigsten Grundlagen der sauberen VBA-Programmierung
- wie korrekt auf Objekte zugegriffen werden kann
- wie Zellkommentare automatisiert werden
- auf welche Weise man den AutoFilter aktivieren kann
- benannte Bereiche fernzusteuern
- wie Codefragmente kombiniert werden können

7.1 Auf Zellen korrekt zugreifen

Dieser Abschnitt zeigt, wie korrekt auf Zellen zugegriffen wird. Des Weiteren behandeln wir das Einfügen, Entfernen, Verschieben und Kopieren von Zellen. Zudem lernen Sie den Umgang mit dem AutoFilter, Kommentaren sowie benannten Bereichen via VBA kennen. Sie erfahren, wie Zeilen und Spalten manipuliert werden können, und lernen die Objekte zu kombinieren. Zu guter Letzt wenden wir uns dem Objekt Tabellenblatt zu.

Zellen ohne Selektion verändern

Wenn Sie mit dem Makrorekorder Ihre Arbeitsschritte aufzeichnen und dann den VBA-Code betrachten, treffen Sie sehr oft auf die Methoden `Select` oder `Activate`. Diese dienen dazu, Objekte zu markieren. Den Unterschied zwischen `Select` und `Activate` lernen Sie im Anschluss im Detail kennen.

Beide Methoden genießen unter VBA-Programmierern einen schlechten Ruf, denn die Relikte des Makrorekorders bremsen die Geschwindigkeit von Prozeduren enorm ab. Besonders wenn es sich um umfangreiche Programme handelt. In fast allen Fällen können Sie auf `Select` oder `Activate` verzichten.

In der Regel markieren Sie eine Zelle, damit Sie sie mit einem Wert befüllen können oder um sie zu formatieren. Manuell ist das in Excel durchaus erforderlich, wie die folgende Auflistung zeigt.

- Sie klicken die Zelle *G5* an.
- Sie geben einen Wert ein.
- Sie drücken die [↵]-Taste und gelangen damit zur Zelle *G6*.

Wenn Sie diese Schritte mit dem Makrorekorder aufzeichnen, entsteht folgender VBA-Code:

```
Sub ZelleSelektieren()
   Range("G5").Select
   ActiveCell.FormulaR1C1 = "Richtig einsteigen"
   Range("G6").Select
End Sub
```

In VBA reicht jedoch eine einzige Codezeile aus, um eine Zelle mit einem Wert zu befüllen. Ein `Select` ist dabei komplett überflüssig. Der folgende Code demonstriert dies:

```
Sub ZelleKorrektSelektieren()
   Range("G7").Value = "Richtig einsteigen"
End Sub
```

Da es sich bei dem Text, den wir der Zelle übergeben, nicht um eine Formel handelt, ersetzen wir `FormulaR1C1` durch `Value`. Dies ist nicht unbedingt erforderlich, macht aber Sinn, denn hinter `FormulaR1C1` wird nun mal eine Formel erwartet.

Die Standardeigenschaft von `Range` ist `Value`. Das bedeutet, dass im Grunde genommen auch auf die Verwendung von `Value` verzichtet werden kann:

```
Range("G7") = "Richtig einsteigen"
```

Zellenbezug oder Index *(Range* oder *Cells)*

Bis jetzt haben wir immer mit dem Objekt `Range` gearbeitet. Damit kann Bezug auf eine bestimmte Zelle genommen werden. Sie können alternativ auch `Cells` verwenden. Ihm folgt ein Paar runde Klammern. Innerhalb der Klammern werden zwei Koordinaten angegeben. Bei der ersten Zahl handelt es sich um den *Zeilenindex* und bei der zweiten um den *Spaltenindex*.

Um Zelle *G9* einen Wert zuzuweisen, verwenden Sie folgenden VBA-Code:

```
Sub CellsVerwenden()
   Cells(9, 7).Value = "Richtig einsteigen"
End Sub
```

Die Anweisung `Cells(9, 7)` bedeutet somit, dass die Zelle, die den Wert erhalten soll, sich in der neunten Zeile und der siebten Spalte (Spalte *G*) befindet.

Das Ganze ist etwas gewöhnungsbedürftig, denn die Angaben in den runden Klammern scheinen verdreht zu sein. Der Grund hierfür ist, dass Sie an Bezüge wie *G7* gewöhnt sind. Bei *G7* ist die erste Angabe der Bezug auf die Spalte, also *G*. Erst die zweite Angabe, die 9, gibt die Zeile an.

Arbeiten mit Offset

Die Eigenschaft `Offset` wird verwendet, um von einer bestimmten Position aus eine Zelle anzusprechen. `Offset` agiert nach einem ähnlichen Prinzip wie `Cells`. Der Eigenschaft folgt ebenfalls ein Paar runde Klammern, in denen die Koordinaten angegeben werden. Mit der ersten Zahl legen Sie fest, wie viele Zeilen ab der aktuellen Position nach unten (positive Zahl) oder oben (negative Zahl) »gesprungen« werden sollen. Es ist somit wiederum ein *Zeilenbezug*. Mit der zweiten Zahl legen Sie fest, wie viele Spalten ab der aktuellen Position nach links (negative Zahl) oder rechts (positive Zahl) »gesprungen« werden soll. Dies ist der Spaltenbezug.

Nehmen wir an, Sie befinden sich in Zelle *G9*. Die Zelle *G9* ist somit die `ActiveCell`, also die aktive Zelle. Sie möchten nun von hier aus der Zelle *I9* den Text »Richtig« und der Zelle *F6* den Text »einsteigen« zuweisen.

```
Sub OffsetVerwenden()
   ' Sie befinden sich in der Zelle G9
   ActiveCell.Offset(0, 2).Value = "Richtig"    ' Zelle I9
   ActiveCell.Offset(-3, -1).Value = "einsteigen"  ' Zelle F6
End Sub
```

Hinweis: Fehler vermeiden

Wenn Sie sich beim Ausführen des Codes beispielsweise in Zelle *A1* befinden, wird ein Fehler erzeugt. Dies liegt daran, dass `ActiveCell.Offset(-3, -1).Value = "einsteigen"` versucht, nach oben und links zu gelangen. Dies ist aber ab der Zelle *A1* nicht möglich.

Sie können bei der Verwendung von `Offset` auch das `Range`-Objekt verwenden und dabei die Startzelle angeben:

```
Sub OffsetVerwenden()
   Range("G9").Offset(0, 2).Value = "Richtig"
   Range("G9").Offset(-3, -1).Value = "einsteigen"
End Sub
```


Zellen einfügen *(Insert)*

Wenn Sie manuell eine Zelle in einen Tabellenbereich einfügen, benutzen Sie beispielsweise das Zellenkontextmenü und wählen daraus den Befehl *Zellen einfügen*. Dabei wird das gleichnamige Dialogfeld geöffnet.

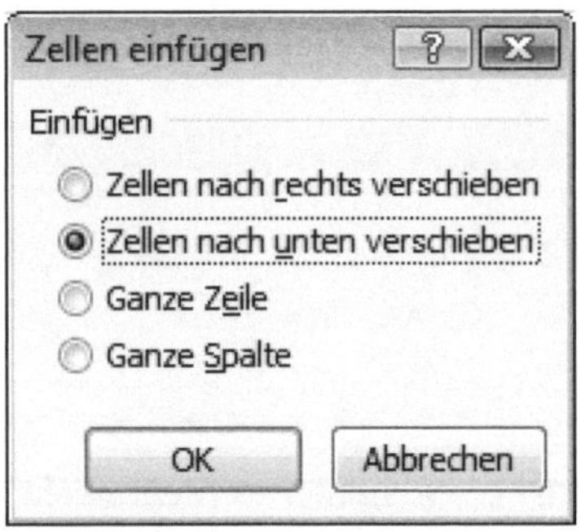

Abbildung 7.1: Das Dialogfeld *Zellen einfügen*

Es stehen Ihnen vier Optionsfelder zur Verfügung. Um eine Zelle einzufügen, können Sie wählen, ob die aktive Zelle nach rechts oder nach unten verschoben werden soll. In VBA wird dazu die Methode `Insert` verwendet. Ihr folgt die Excel-Konstante `xlShiftToRight` oder `xlShiftDown`.

```
Sub ZellenEinfuegen()
   ' Zellen nach rechts verschieben
   Range("B10").Insert xlShiftToRight

   ' Zellen nach unten verschieben
   Range("B10").Insert xlShiftDown
End Sub
```

Sie können auch oberhalb der aktiven Zelle eine ganze Zeile (`EntireRow`) oder links von ihr eine ganze Spalte (`EntireColumn`) einfügen.

```
Sub ZeileSpalteEinfuegen()
   ' Ganze Zeile einfügen
   Range("B10").EntireRow.Insert

   ' Ganze Spalte einfügen
   Range("B10").EntireColumn.Insert
End Sub
```

Zellen löschen *(Delete)*

Sehr ähnlich wie beim Einfügen verhält es sich beim Löschen. Sie müssen dabei lediglich die Methode `Insert` durch die Methode `Delete` austauschen. Die Konstanten, die dazu verwendet werden können, lauten `xlShiftToLeft` und `xlShiftToUp`.

```
Sub ZellenLoeschen()
   ' Zellen nach oben verschieben
   Range("B10").Delete xlShiftUp

   ' Zellen nach links verschieben
   Range("B10").Delete xlShiftToLeft

End Sub
```

Um ganze Zeilen oder Spalten zu löschen, gehen Sie wie folgt vor:

```
Sub ZeileSpalteLoeschen()
   ' Ganze Zeile löschen
   Range("B10").EntireRow.Delete

   ' Ganze Spalte löschen
   Range("B10").EntireColumn.Delete
End Sub
```

Inhalt von Zelle löschen *(Clear)*

Wenn Sie Zellen löschen, bedingt dies immer, dass nebenstehende Zellen verschoben werden. Nicht immer ist dies erwünscht. Sie können deshalb auch lediglich den Inhalt einer Zelle entfernen. Verwenden Sie dazu die Methode `Clear`. Sie entfernt *Formate*, *Inhalte* und *Kommentare*.

```
Sub ZellinhaltLoeschen()
   Range("B9").Clear
End Sub
```

Wert in Zelle löschen *(ClearContents)*

Wenn Sie nur die Werte einer Zelle entfernen möchten, die Formatierungen und Kommentare jedoch erhalten bleiben sollen, verwenden Sie die Methode `ClearContents`.

```
Sub NurWerteLoeschen()
   Range("B10").ClearContents
End Sub
```

Zellenformate löschen *(ClearFormats)*

Wenn Sie die Werte und Kommentare einer Zelle beibehalten möchten und nur die Formatierungen entfernen wollen, benutzen Sie die Methode `ClearFormats`.

```
Sub NurFormateLoeschen()
   Range("B11").ClearFormats
End Sub
```

Zellen verschieben *(Cut)*

Wenn Sie eine Zelle mit ihrem Inhalt an eine andere Stelle verschieben möchten, verwenden Sie die Methode `Cut`. Nach `Cut` folgt der Wert `Destination` sowie die Angabe der Zielzelle.

```
Sub ZelleVerschieben()
   Range("B9").Cut Destination:=Range("E9")
End Sub
```

Zellen kopieren *(Copy)*

Das Kopieren einer Zelle ist dem Verschieben sehr ähnlich. Es muss lediglich die Methode `Cut` durch `Copy` ausgetauscht werden:

```
Sub ZelleKopieren()
   Range("B10").Copy Destination:=Range("E10")
End Sub
```

Nur Werte oder nur Formate kopieren *(PasteSpecial)*

Mittels der Methode `PasteSpecial` können Sie festlegen, ob nur *Formate, Formeln, Kommentare* usw. kopiert werden sollen. Im folgenden Beispiel wird gezeigt, wie nur Werte kopiert werden. Dazu wird die Excel-Konstante `xlPasteValues` verwendet.

Die Codezeile `Application.CutCopyMode = False` bewirkt, dass der Kopiermodus (Laufrahmen) deaktiviert wird.

```
Sub NurInhaltKopieren()
   Range("B11").Copy
   Range("E11").PasteSpecial xlPasteValues
   Application.CutCopyMode = False
End Sub
```

Mittels der Methode `PasteSpecial` können noch weitere Aktionen ausgeführt werden; die wichtigsten finden Sie in der nachfolgenden Tabelle.

Tabelle 7.1: Excel-Konstanten für die Methode *PasteSpecial*

Excel-Konstante	Bedeutung
xlPasteAll	Standardeinstellung, es wird alles kopiert
xlPasteAllExceptBorders	alles außer Rahmenlinien
xlPasteColumnWidths	Spaltenbreite kopieren
xlPasteComments	Kommentare kopieren
xlPasteFormats	Formate kopieren
xlPasteFormulas	Formeln kopieren
xlPasteFormulasAndNumberFormats	Formeln und Zahlenformate kopieren
xlPasteValidation	Gültigkeit kopieren
xlPasteValues	Werte kopieren
xlPasteValuesAndNumberFormats	Werte und Zahlenformate kopieren

7.2 Arbeiten mit Kommentaren

Kommentare sind eine Standardfunktionalität in Excel. Wir wollen deshalb nur kurz auf dieses Thema eingehen, indem wir mit den wichtigsten Objekten, Eigenschaften und Methoden arbeiten.

Kommentar einfügen *(AddComment)*

Sie können per VBA sehr einfach einen Kommentar in eine Zelle einfügen. Verwenden Sie dazu die Methode `AddComment` gefolgt vom Text, der in dem Kommentarfeld angezeigt werden soll.

```
Sub KommentarEinfuegen()
   Range("B5").AddComment "Mein Kommentar in der Zelle ""B5"""
End Sub
```

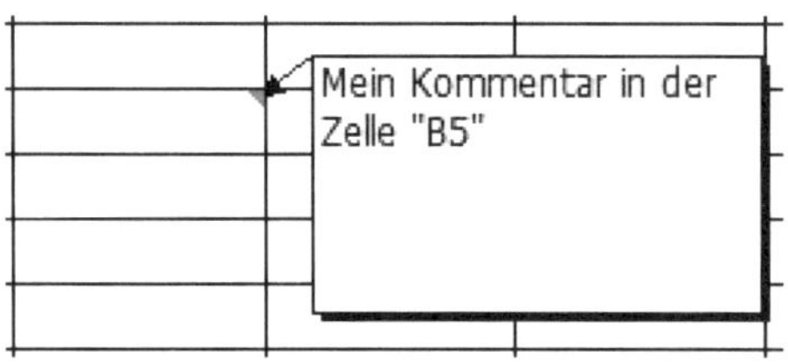

Abbildung 7.2: Der eingefügte Kommentar

Kommentar entfernen *(ClearComments)*

Bei dem vorangegangenen Code werden Sie eine Fehlermeldung erhalten, wenn Sie versuchen, den Code ein zweites Mal auszuführen. Dies liegt daran, dass Sie versuchen, in eine Zelle, in der schon ein Kommentar vorhanden ist, einen weiteren Kommentar einzufügen.

Sie können das Problem elegant lösen, indem Sie zuerst aus den betreffenden Zellen die Kommentare entfernen. Verwenden Sie dazu die Methode `ClearComments`:

```
Sub KommentarEntfernenEinfuegen()
   Range("B5").ClearComments
   Range("B5").AddComment "Mein Kommentar in der Zelle ""B5"""
End Sub
```

Kommentar mit Benutzername *(Application.UserName)*

Wenn Sie dem Kommentar noch den Benutzernamen voranstellen möchten, verwenden Sie die Anweisung `Application.UserName`:

```
Sub KommentarMitName()
   Range("B6").ClearComments
   Range("B6").AddComment Application.UserName & Chr(10) & _
                          "Mein Kommentar"
End Sub
```

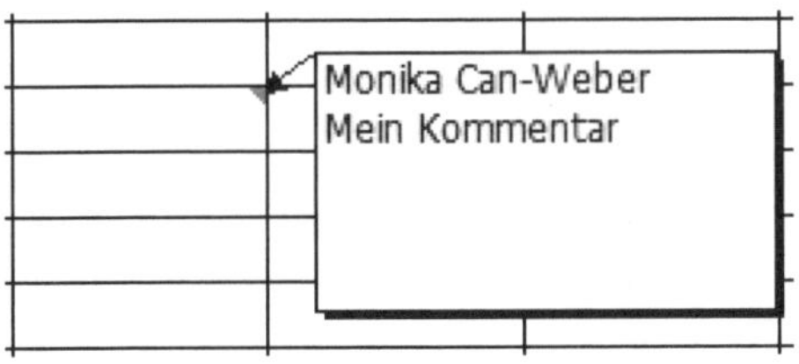

Abbildung 7.3: Benutzernamen hinzufügen

Hinweis: Woher stammt der Name?

Der Name, den `Application.UserName` ausgibt, stammt aus dem Dialogfeld *Excel-Optionen*, Kategorie *Allgemein*, Feld *Benutzername*. (Dieses Dialogfeld öffnen Sie, indem Sie die Registerkarte *Datei* und dann die Schaltfläche *Optionen* anklicken.)

Wenn beim Ausführen des Codes kein Name eingefügt wird, liegt es daran, dass das Feld *Benutzername* in den *Optionen* leer ist.

Kommentar um Datum und Uhrzeit erweitern

Sie können sogar noch einen Schritt weiter gehen und das aktuelle Datum und die Uhrzeit mitliefern. Verwenden Sie dazu die Funktion `Now`.

```
Sub KommentarMitDatum()
   Range("B7").ClearComments
   Range("B7").AddComment Application.UserName & Chr(10) & _
                          Now & Chr(10) & _
                          "Mein Kommentar"
End Sub
```

Tipp: Das Datum formatieren

Wenn das Datum anders formatiert ausgegeben werden soll, verwenden Sie zusätzlich die Funktion `Format`. In den runden Klammern nach `Now` folgen ein Komma sowie die Formatierungsanweisungen für das Datum:

```
Format(Now, "dd/ mmm yy hh:mm") & Chr(10) & _
```

VBA basiert auf dem amerikanischen Format. Das muss bei Datumsformatierungen beachtet werden:

- d = Day (Tag)
- m = month (Monat)
- y = year (Jahr)
- h = hour (Stunde)
- m = minute (Minute)
- / = Erzeugt einen Punkt

7.3 Den AutoFilter verwenden

Mit dem AutoFilter können Sie Daten ein- oder ausblenden. Bestimmt kennen Sie diese beliebte Excel-Funktion bereits. Doch wie kann man den AutoFilter per VBA steuern?

Den AutoFilter aktivieren und deaktivieren

Mittels der Methode `AutoFilter` können Sie den AutoFilter sowohl aktivieren als auch deaktivieren. Wenn beim Ausführen der Prozedur der AutoFilter noch nicht vorhanden ist, wird er eingeblendet. Wenn der VBA-Code erneut ausgeführt wird, wird er ausgeblendet.

```
Sub AutoFilterEinAus()
   Range("A1").AutoFilter
End Sub
```

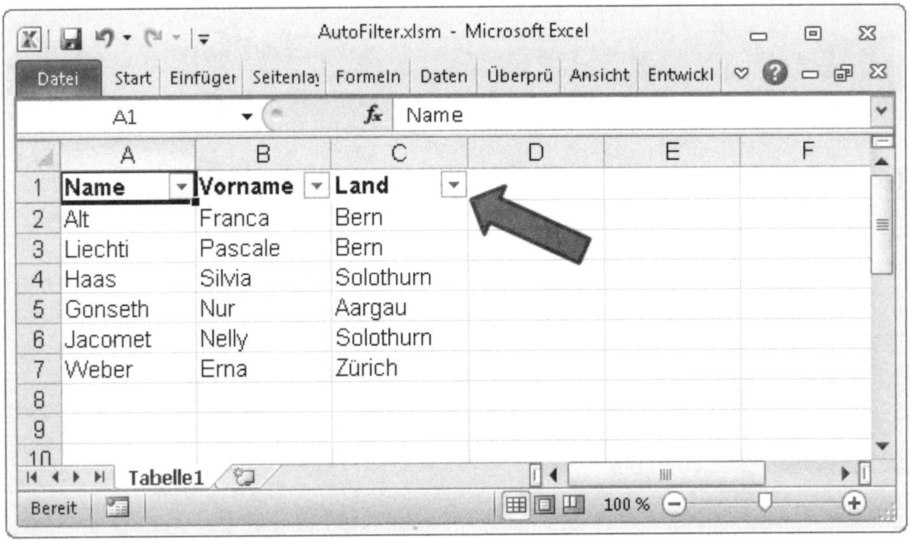

Abbildung 7.4: Der eingeblendete AutoFilter

AutoFilter-Kriterien

Sie können den AutoFilter so programmieren, dass er gleich ein gefiltertes Ergebnis liefert.

- Dazu können Sie ein oder zwei Kriterien (`Criteria1` und `Criteria2`) verwenden.
- Sie müssen zudem angeben, welches AutoFilter-Feld (`Field`) benutzt werden soll. In unserem Beispiel ist es das Feld 3, somit die Zelle *C1*.
- Wenn Sie mit zwei Kriterien arbeiten, müssen Sie die Excel-Konstante `xlOr` oder `xlAnd` verwenden. Diese entsprechen den Operatoren Oder bzw. Und.

```
Sub AutoFilterKriterien()
    Range("A1").AutoFilter Field:=3, _
                           Criteria1:="=Solothurn", _
                           Operator:=xlOr, _
                           Criteria2:="=Zürich"
End Sub
```

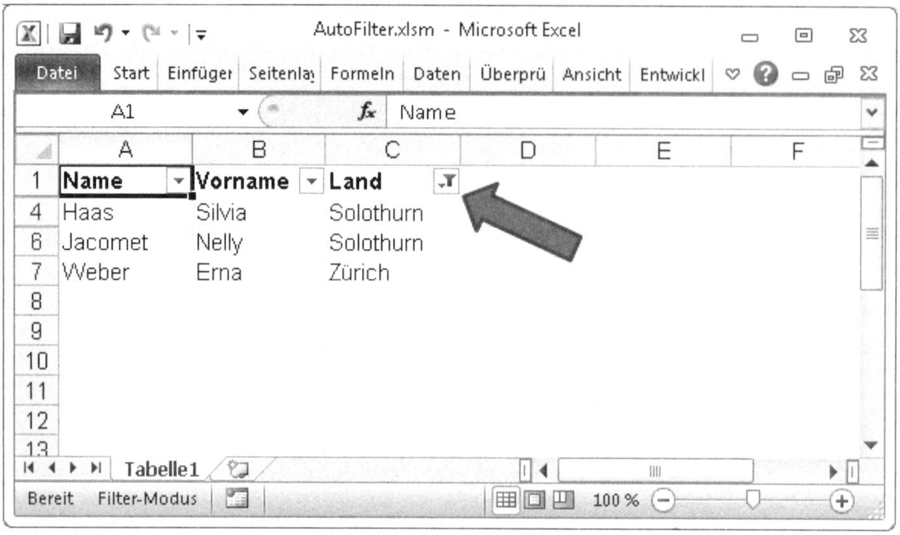

Abbildung 7.5: Gefilterte Daten

7.4 Bereiche fernsteuern

In diesem Abschnitt lernen Sie den Unterschied zwischen `Activate` und `Select` kennen und erfahren, wie per VBA benannte Bereiche erzeugt werden können.

Der Unterschied zwischen Selektieren und Aktivieren

Eine Zelle kann aktiviert oder selektiert werden. Beide Male geschieht anscheinend dasselbe.

```
Sub Aktivieren()
   Range("A1:C5").Activate
End Sub

Sub Selektieren()
   Range("A1:C5").Select
End Sub
```

Wenn Sie nun fragen, wo denn der Unterschied liegt, ist die Frage durchaus berechtigt. Wenn man etwas selektiert, heißt das noch lange nicht, dass es auch aktiv ist. Am besten lässt sich dies an einem kleinen Beispiel demonstrieren.

In der folgenden Prozedur wird der Bereich *A1:C5* selektiert. Innerhalb der Selektion wird die Zelle *B3* aktiviert.

```
Sub SelektierenUndAktivieren()
   Range("A1:C5").Select
   Range("B3").Activate
End Sub
```

Nach dem Ausführen des Codes ist der Bereich *A1:C5* selektiert und die Zelle *B3* aktiviert.

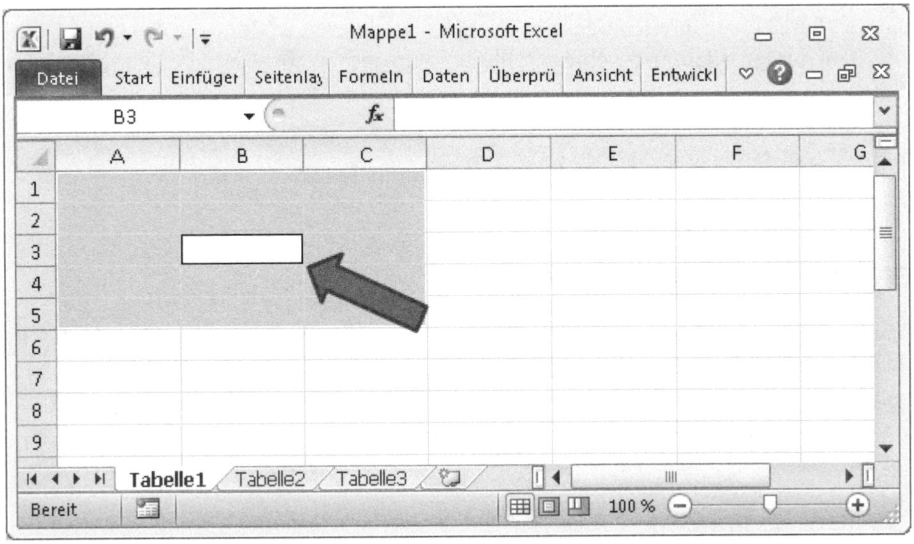

Abbildung 7.6: Selektierter Bereich mit aktiver Zelle

In Excel können Sie immer nur eine Zelle auf einmal bearbeiten, deshalb kann auch immer nur eine Zelle aktiviert sein.

Benannte Bereiche erstellen

Wenn Sie einen benannten Bereich mittels VBA erstellen möchten, verwenden Sie die Eigenschaft `Names` in Kombination mit der Methode `Add`. Danach geben Sie das Argument `Name` an. Dieses steht für den Namen, dem Sie dem Bereich zuweisen möchten. Des Weiteren müssen Sie angeben, auf welchen Bereich Bezug genommen werden soll. Dies geschieht mit dem Argument `RefersTo`.

In unserem Beispiel wird dem Bereich, den wir benennen, eine gelbe Hintergrundfarbe zugewiesen. Um das Ansprechen des Bereichs, den wir zweimal verwenden müssen, zu verkürzen, werden wir ihn referenzieren (`Set`).

```
Sub BereichBenennen()
   Dim rng As Range
   Set rng = Range("A1:B5")

   ActiveWorkbook.Names.Add _
      Name:="RichtigEinsteigen", _
      RefersTo:=rng

   rng.Interior.Color = vbYellow
End Sub
```

Benannte Bereiche markieren

Um auf einen benannten Bereich zuzugreifen oder um diesen zu selektieren, können Sie das Objekt `Range` benutzen. Anstatt in den runden Klammern einen Zellbezug einzugeben, so wie Sie es gewohnt sind, können Sie den Namen verwenden:

```
Sub BenanntenBereichMarkieren()
   Range("RichtigEinsteigen").Select
End Sub
```

Benannte Bereiche berechnen

Wenn Sie den benannten Bereich summieren möchten, verwenden Sie die Eigenschaft `Formula` gefolgt von der Formel. Diese wird in Anführungszeichen geschrieben.

```
Sub BenanntenBereichBerechnen()
   Range("A6").Formula = "=SUM(RichtigEinsteigen)"
End Sub
```

Benannte Bereiche löschen

Um den benannten Bereich zu löschen, verwenden Sie erneut die Eigenschaft `Names`. Ihr folgen der Name des Bereichs, den Sie löschen möchten, sowie die Methode `Delete`.

In unserem Beispiel entfernen wir zudem die zuvor verliehene Farbe:

```
Sub BenanntenBereichLoeschen()
   Range("RichtigEinsteigen").Interior.ColorIndex = xlNone
   ActiveWorkbook.Names("RichtigEinsteigen").Delete
End Sub
```

Nur benutzten Bereich ansprechen *(UsedRange)*

Mittels der Eigenschaft `UsedRange` können Sie auf den benutzten Bereich einer Tabelle zugreifen. Dabei werden sämtliche Zellen berücksichtigt, die einen Wert enthalten. Nicht beachtet bleiben Objekte wie Grafiken, Schaltflächen usw., die ebenfalls auf dem Tabellenblatt zu finden sind.

Das folgende Beispiel zeigt, wie der benutzte Bereich mit einer roten Hintergrundfarbe belegt werden kann:

```
Sub BenutztenBereichEinfaerben()
   ActiveSheet.UsedRange.Interior.Color = vbRed
End Sub
```

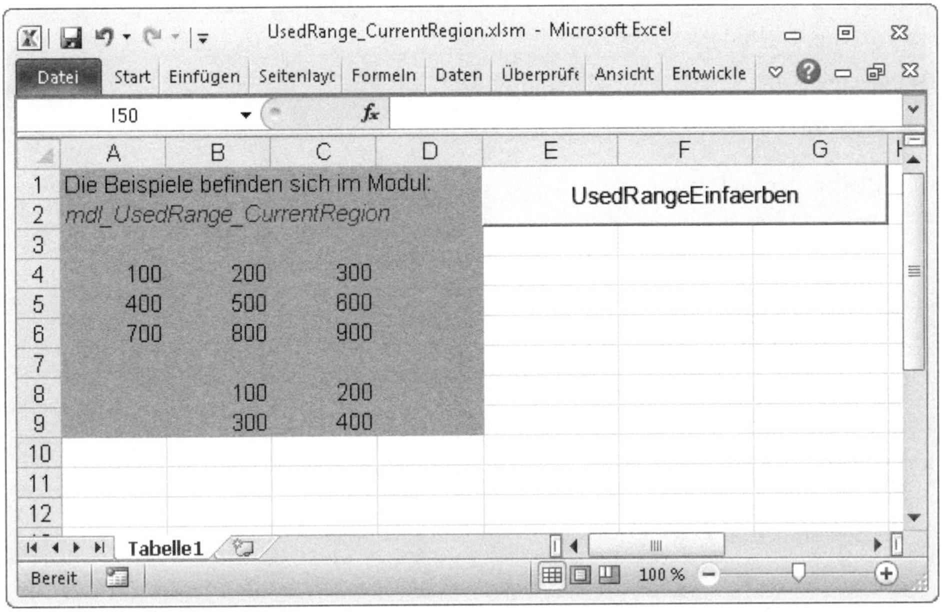

Abbildung 7.7: Rot eingefärbter Bereich

Rund um die aktive Zelle *(CurrentRegion)*

Wenn Sie nur auf den Bereich rund um eine bestimmte Zelle zugreifen wollen, verwenden Sie die Eigenschaft `CurrentRegion`.

Der folgende Code zeigt, wie der Bereich rund um die Zelle *B5* grün hinterlegt wird:

```
Sub CurrentRegionEinfaerben()
   Range("B5").CurrentRegion.Interior.Color = vbGreen
End Sub
```

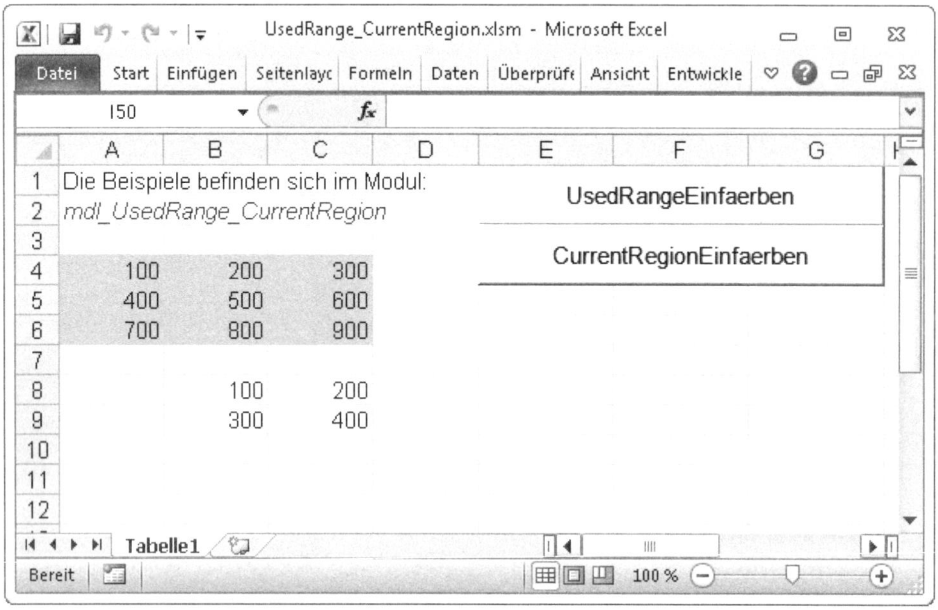

Abbildung 7.8: Grün eingefärbte Region

7.5 Arbeiten mit Zeilen und Spalten

In diesem Abschnitt lernen Sie alles rund um den Gebrauch von Zeilen und Spalten.

Auf Zeilen oder Spalten zugreifen

Um auf Zeilen zuzugreifen, verwenden Sie das Objekt `Rows`. Das Objekt für Spalten lautet `Columns`. Sie können bei beiden Objekten sowohl mit dem Index als auch mit dem Namen arbeiten.

Wenn Sie den Namen verwenden, setzen Sie diesen in Anführungszeichen. Da die Zeilenüberschriften Zahlen sind, werden diese, genau wie Namen, in Anführungszeichen geschrieben.

```
Sub ZeileSelektieren()
   Rows(4).Select
   Rows("4").Select
End Sub

Sub SpalteSelektieren()
   Columns(4).Select
   Columns("D").Select
End Sub
```

Wenn Sie gleichzeitig auf mehrere Zeilen oder Spalten zugreifen möchten, können Sie den Index nicht benutzen, sondern müssen den Namen verwenden.

```
Rows("7:9").Select
Columns("C:E").Select
```

Sie können auch Zeilen und Spalten gleichzeitig markieren. Hierzu ist dann allerdings das `Range`-Objekt erforderlich.

```
Sub ZeilenUndSpalten()
   Range("C:E,3:5").Select
End Sub
```

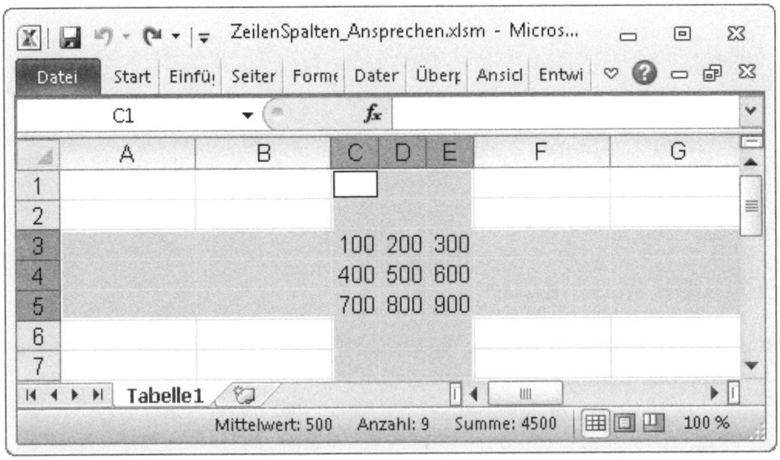

Abbildung 7.9: Selektierte Zeilen und Spalten

Zeilen oder Spalten einfügen

Um eine Zeile oder eine Spalte in Ihr Tabellenblatt einzufügen, verwenden Sie die Methode `Insert`.

```
Sub ZeileEinfuegen()
   Rows(8).Insert
End Sub
```

```
Sub SpalteEinfuegen()
   Columns(4).Insert
End Sub
```

Zeilen oder Spalten löschen

Die Methode `Delete` ist das Pendant zur Methode `Insert`. Sie veranlasst, dass Zeilen oder Spalten gelöscht werden.

```
Sub ZeileLoeschen()
   Rows(8).Delete
End Sub
```

```
Sub SpalteLoeschen()
   Columns(4).Delete
End Sub
```

Zeilen oder Spalten kopieren

Um eine Zeile oder eine Spalte zu kopieren, verwenden Sie die Methode `Copy` gefolgt von der `Destination`, also dem Ziel.

So kopieren Sie den Inhalt der Zeile *8* und fügen ihn in Zeile *14* ein:

```
Sub ZeileKopieren()
   Rows(8).Copy Destination:=Rows(14)
End Sub
```

So kopieren Sie den Inhalt der Spalte *4* und fügen ihn in Spalte *7* ein:

```
Sub SpalteKopieren()
   Columns(4).Copy Destination:=Columns(7)
End Sub
```

Zeilen oder Spalten ein- und ausblenden

Wenn Sie Zeilen ausblenden möchten, verwenden Sie die Eigenschaft `Hidden` gefolgt vom booleschen Wert *True*. Um die Zeilen wieder einzublenden, ändern Sie lediglich den booleschen Wert von *True* auf *False* ab.

Die beiden nachfolgenden Beispiele blenden gleich mehrere Zeilen bzw. Spalten aus.

```
Sub ZeilenAusblenden()
   Rows("7:9").Hidden = True
End Sub
Sub SpaltenAusblenden()
   Columns("C:E").Hidden = True
End Sub
```

Höhe von Zeilen oder Breite von Spalten festlegen

Um die Höhe einer Zeile festzulegen, verwenden Sie die Eigenschaft `RowHeight` gefolgt von der Angabe in Punkt; Sie können den Wert für die Zeilenhöhe bzw. Spaltenbreite nicht in Millimetern und Zentimetern angeben.

```
Sub ZeilenHoehe()
   Rows("7:9").RowHeight = 30
End Sub
```

Wenn Sie die Breite einer Spalte verändern möchten, benutzen Sie die Eigenschaft `ColumnWidth`.

```
Sub SpaltenBreite()
   Columns("C:E").ColumnWidth = 15
End Sub
```

Automatische Anpassung der Höhe oder Breite *(AutoFit)*

Wenn Sie in Excel eine Spalte automatisch an den längsten Eintrag anpassen wollen, doppelklicken Sie auf die Trennlinie zwischen den Spaltenüberschriften. Diesen Effekt können Sie auch mittels VBA herbeiführen. Die Methode dazu lautet `AutoFit`. Sie kann sowohl für Spalten als auch für Zeilen verwendet werden.

```
Sub AutomatischeAnpassung()
   Rows("7:9").AutoFit
   Columns("C:E").AutoFit
End Sub
```

7.6 Objekte kombinieren

Mit den Zellen-, Zeilen- und Spaltenobjekten sind Sie ja nun vertraut. Sie wissen zudem, dass Objekte kombiniert werden können. Bei einigen Konstellationen ist das allerdings nicht ganz einfach und somit eine richtige Herausforderung.

Die letzte belegte Zelle einer Zeile oder Spalte finden

Wenn Sie die letzte belegte Zelle einer Spalte finden möchten, verwenden Sie das Objekt `Cells`. Zur Erinnerung: Bei diesem Objekt wird in Klammern immer an erster Stelle der Zeilenindex und an zweiter Stelle der Spaltenindex eingetragen.

Um die letzte Zelle zu finden, geben wir als Zeilenindex die letzte Zelle überhaupt an. Hierfür zählen Sie entweder alle Zeilen (`Rows.Count`) oder tragen direkt den Wert 1048576 ein. Damit wären wir also bei der letzten Zeile einer Spalte angelangt.

Nun müssen wir uns noch nach oben bewegen. Dies geschieht mittels der Eigenschaft `End`. Innerhalb der runden Klammern dieser Eigenschaft muss die Richtung angegeben werden. Dazu benutzen wir die *xlDirection*-Konstante `xlUp`. Weitere *xlDirection*-Konstanten sind `xlDown`, `xlToRight` und `xlToLeft`.

```
Sub LetzteBelegteZelleSpalte()
   Cells(Rows.Count, 1).End(xlUp) _
      .Interior.Color = vbRed
   Cells(1048576, 2).End(xlUp) _
      .Interior.Color = vbBlue
End Sub
```

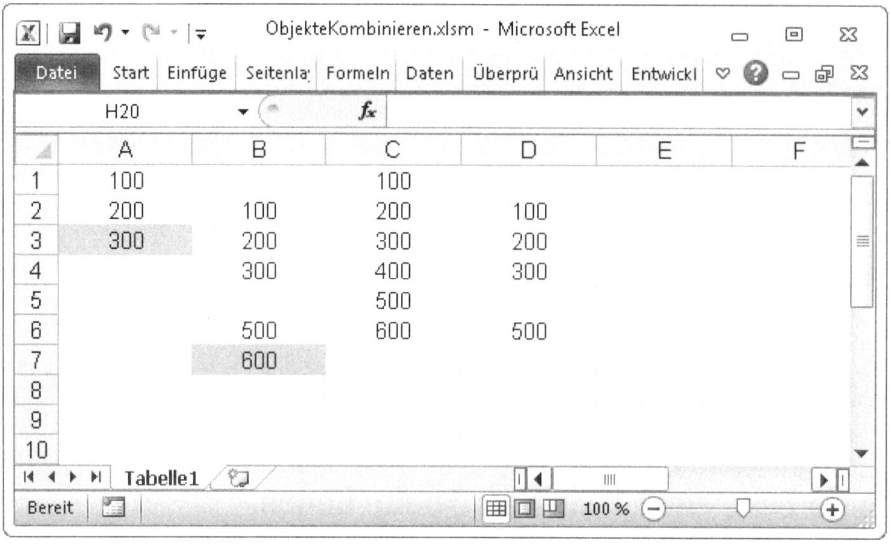

Abbildung 7.10: Die jeweils letzte belegte Zelle in Spalte *A* und *B* wurde eingefärbt

Wenn Sie die letzte belegte Zelle einer Zeile finden möchten, verwenden Sie ein ähnliches Prinzip. Diesmal müssen wir im Objekt `Cells` die Anzahl an Spalten übergeben. Sie können auch hier wahlweise die Spalten zählen oder gleich die maximale Spaltenanzahl eintragen.

In den runden Klammern der Eigenschaft `End` verwenden wir die *xlDirection*-Konstante `xlToLeft`. Damit bewegen wir uns von der letzten Spalte nach links zurück, bis ein Eintrag gefunden wird.

```
Sub LetzteBelegteZelleZeile()
   Cells(1, Columns.Count).End(xlToLeft). _
      Interior.Color = vbGreen
   Cells(2, 16384).End(xlToLeft). _
      Interior.Color = vbYellow
End Sub
```

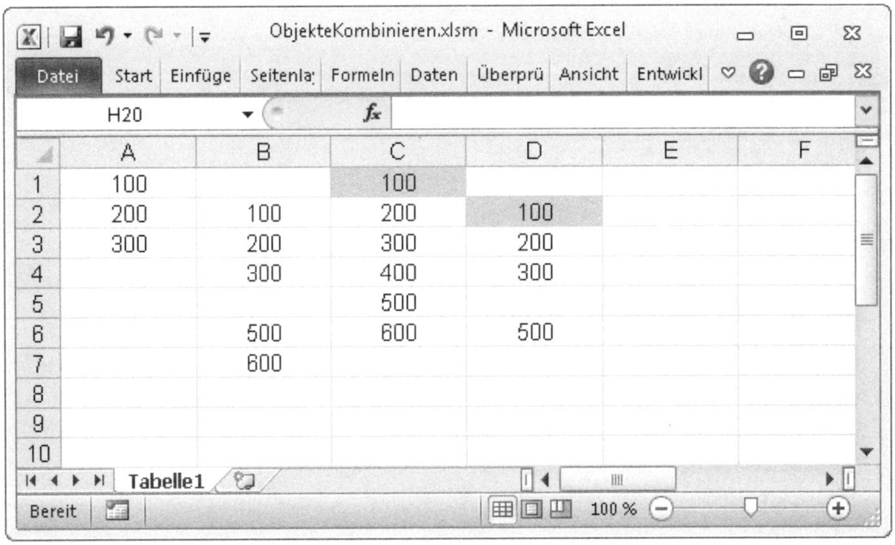

Abbildung 7.11: In den Zeilen *1* und *2* wurde die letzte befüllte Zelle eingefärbt

Die erste freie Zelle einer Spalte finden

Nachdem Sie wissen, wie die letzte belegte Zelle gefunden werden kann, gehen wir einen Schritt weiter. In der Regel sucht man ja die erste leere Zelle, damit dort ein Eintrag ergänzt werden kann.

Um dies umzusetzen, muss der vorangegangene Code lediglich um das Objekt `Offset` erweitert werden. Damit wird eine Zeile nach unten oder rechts gesprungen:

```
Sub ErsteFreieZelleSpalte()
   Cells(Rows.Count, 1).End(xlUp).Offset(1, 0). _
      Interior.Color = vbRed
   Cells(1048576, 2).End(xlUp).Offset(1, 0). _
      Interior.Color = vbBlue
End Sub
```

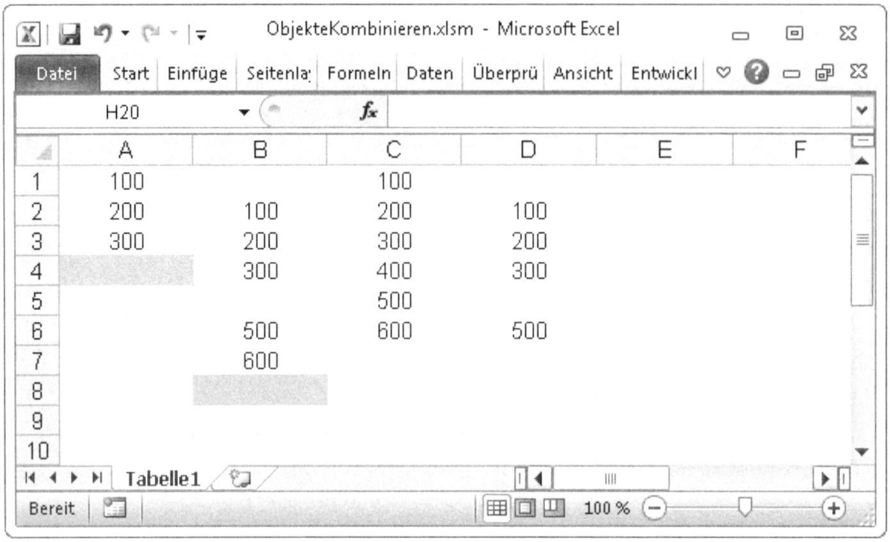

Abbildung 7.12: In den Spalten *A* und *B* wurde jeweils die erste Zelle eingefärbt, nach der keine Zellinhalte mehr vorhanden sind

```
Sub ErsteFreieZelleZeile()
   Cells(1, Columns.Count).End(xlToLeft).Offset(0, 1). _
      Interior.Color = vbGreen
   Cells(2, 16384).End(xlToLeft).Offset(0, 1). _
      Interior.Color = vbYellow
End Sub
```

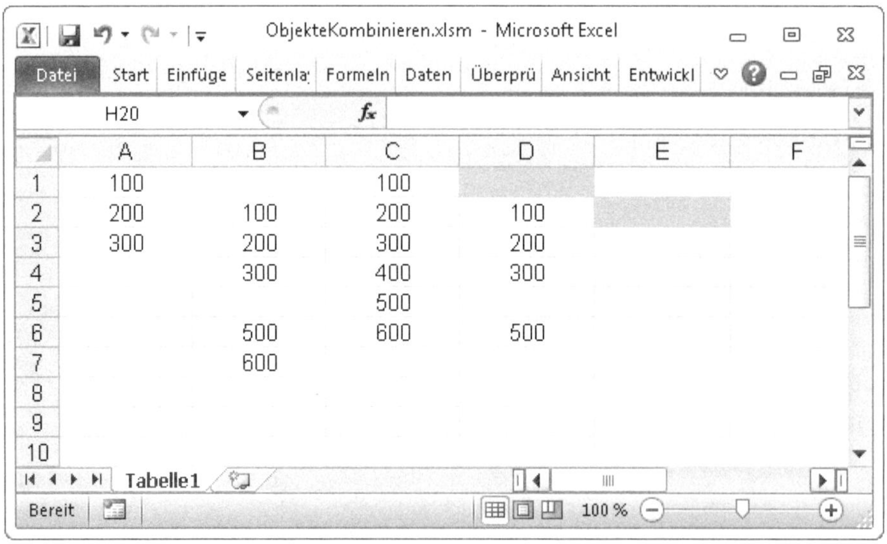

Abbildung 7.13: In den Zeilen *1* und *2* wurde jeweils die erste Zelle eingefärbt, nach der keine Zellinhalte mehr vorhanden sind

7.7 Tabellenblätter und andere Blattarten

In diesem Abschnitt lernen Sie den Unterschied zwischen `Sheet` und `Worksheet` kennen. Sie lernen zudem die wichtigsten Grundlagen rund um die Verwendung von Tabellenblättern mittels VBA.

Sheets oder Worksheets?

Wenn Sie mit dem Makrorekorder Aufzeichnungen vornehmen, treffen Sie oft auf das Objekt `Sheets` anstelle von `Worksheets`. Sie mögen sich bereits gefragt haben, worin der Unterschied besteht.

Wenn Sie in Excel mit der rechten Maustaste auf die Blattregisterkarten klicken und aus dem Kontextmenü den Befehl *Einfügen* wählen, öffnet sich das gleichnamige Dialogfeld. Dieses präsentiert bereits die Antwort.

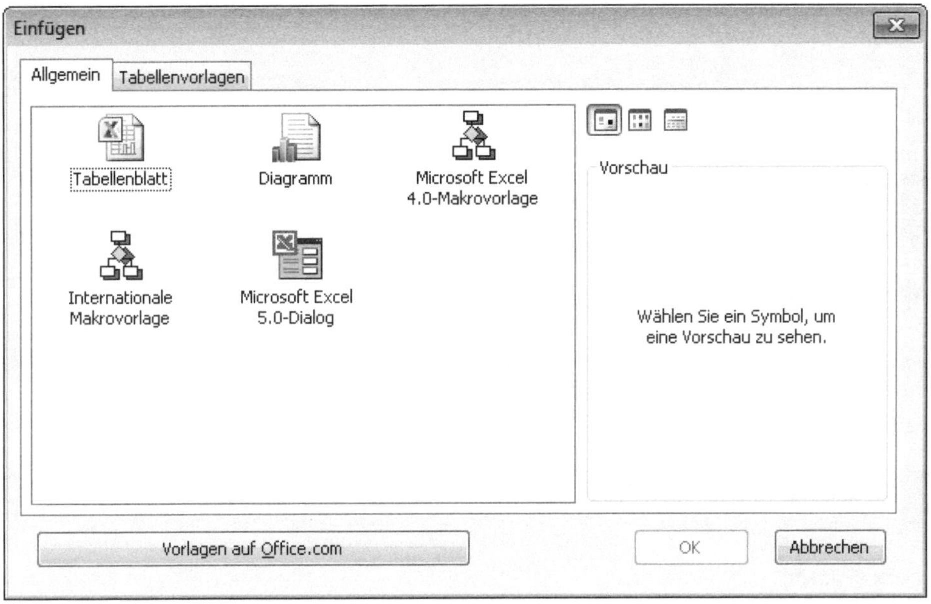

Abbildung 7.14: Die verschiedenen Blattarten

Auf der Registerkarte *Allgemein* stehen insgesamt fünf Tabellenblattarten zur Verfügung. Die meisten sind Überbleibsel aus der Version Excel 95. Sie dienten damals, als VBA noch in Deutsch verfügbar war, zur Unterstützung in der Programmierung. Heute, mit den modernen Mitteln, werden sie kaum noch gebraucht. Einzig das *Tabellen-* und das *Diagrammblatt* sind noch aktuell und werden es auch bleiben.

Bei den angebotenen Blättern handelt es sich um unterschiedliche Blattarten. Nur das *Tabellenblatt* kann mittels des Objekts `Worksheets` angesprochen werden. Die anderen Blätter sind lediglich `Sheets`. Um es anders auszudrücken: Auf sämtliche Blätter, einschließlich des Tabellenblatts, können Sie über das Objekt `Sheets` zugreifen. Programmierer bevorzugen die Trennung von `Worksheets` und `Sheets`, weil daraus hervorgeht, wann ein Tabellenblatt und wann eine andere Blattart angesprochen wird.

Ein Tabellenblatt können Sie somit über `Sheets` oder `Worksheets` erreichen.

```
Sub Tabellenblatt2Aktivieren()
  Worksheets("Tabelle2").Activate
End Sub
```

Wenn Sie versuchen, auf ein Diagrammblatt über `Worksheets` zuzugreifen, würde dies fehlschlagen. Bei Diagrammblättern ist nur das Objekt `Sheets` zugelassen:

```
Sub DiagrammblattAktivieren()
  Sheets("Diagramm1").Activate
End Sub
```

Zellen eines bestimmten Tabellenblatts ändern

Bis jetzt haben Sie lediglich gelernt, wie Sie die Zellen des aktiven Tabellenblatts ändern können. Dabei haben wir einfach das Objekt `Range` verwendet. Wenn Sie jedoch direkt die Zellen eines anderen Tabellenblatts ändern möchten, ohne diese vorher zu selektieren, kombinieren Sie die Objekte `Worksheets` und `Range`.

Sie können auf das Tabellenblatt über seinen Index oder seinen Namen zugreifen:

```
Sub ZellenFarbeDesBlatts2Aendern()
  Worksheets(2).Range("B6:C10").Interior.Color = vbYellow
End Sub
```

Ein Tabellenblatt einfügen

Mittels der Methode `Add` können Sie ein neues Tabellenblatt in Ihre Mappe einfügen. Ohne Argumente wird das neue Tabellenblatt vor dem aktiven Tabellenblatt eingefügt.

```
Worksheets.Add
```

Mittels des Arguments `Before` können Sie festlegen, vor welchem bestehenden Tabellenblatt das neue eingefügt werden soll. Die folgende Codezeile fügt das neue Tabellenblatt vor dem ersten Tabellenblatt ein:

```
Worksheets.Add Before:=Worksheets(1)
```

Mit dem Argument `After` können Sie veranlassen, dass das neue Tabellenblatt hinter einem bestehenden eingefügt wird. Die nächste Beispielzeile zeigt, wie ein neues Tabellenblatt hinter dem letzten vorhandenen Tabellenblatt eingefügt wird:

```
Worksheets.Add After:=Worksheets(Worksheets.Count)
```

Sie können auch gleich mehrere Tabellenblätter einfügen. Verwenden Sie dazu zusätzlich das Argument `Count`.

```
Worksheets.Add After:=Worksheets(Worksheets.Count), Count:=3
```

Hinweis: Alle Blattarten berücksichtigen

Bedenken Sie, dass mit dem Objekt `Worksheets` nur Tabellenblätter berücksichtigt werden. Falls auch Diagrammblätter in Ihrer Arbeitsmappe vorhanden sind, müssen Sie unter Umständen mit dem Objekt `Sheets` arbeiten.

Ein Tabellenblatt verschieben

Das Verschieben eines Tabellenblatts ist dem Einfügen sehr ähnlich. Verwenden Sie dazu die Methode `Move` sowie das Argument `Before` oder das Argument `After`.

Die folgende Prozedur zeigt, wie das Tabellenblatt mit dem Namen *Tabelle3* an die letzte Stelle innerhalb der Arbeitsmappe verschoben wird.

```
Sub TabellenblattVerschieben()
   Worksheets("Tabelle3").Move After:=Sheets(Sheets.Count)
End Sub
```

Ein Tabellenblatt kopieren

Wenn Sie ein bestehendes Tabellenblatt kopieren möchten, verwenden Sie die Methode `Copy`. Auch hier können Sie wieder die Argumente `Before` und `After` einsetzen.

Das folgende Beispiel kopiert das Tabellenblatt mit dem Namen *Tabelle1*. Das neue Tabellenblatt wird an letzter Stelle in der Arbeitsmappe eingefügt. Durch das Kopieren ist das neue Tabellenblatt das aktive. Diesem geben wir gleich einen neuen Namen:

```
Sub TabellenblattKopieren()
   Worksheets("Tabelle1").Copy After:=Sheets(Sheets.Count)
   ActiveSheet.Name = "MeinNeuesTabellenblatt"
End Sub
```


Ein Tabellenblatt löschen

Um ein Tabellenblatt oder einen anderen Blatttyp aus der Arbeitsmappe zu entfernen, verwenden Sie die Methode `Delete`.

```
Sub TabellenblattLoeschen()
   Sheets(Sheets.Count).Delete
End Sub
```

Sobald die Löschanweisung erfolgt ist, fragt Excel, ob das Arbeitsblatt wirklich gelöscht werden soll.

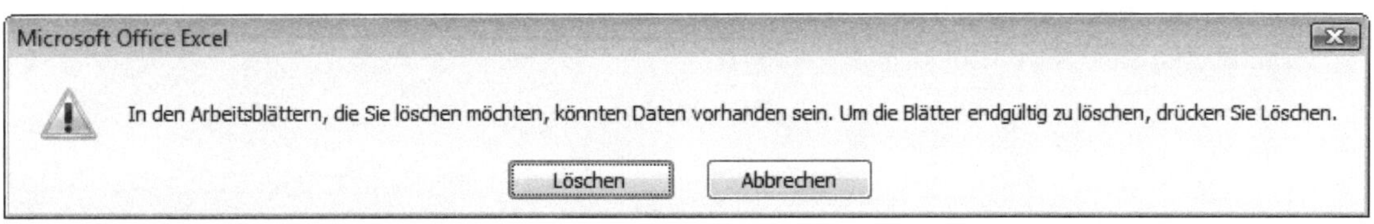

Abbildung 7.15: Sicherheitsabfrage beim Versuch, Tabellenblätter zu löschen

Sie können diese Abfrage unterdrücken, indem Sie vor der Löschanweisung die Anweisung `Application.DisplayAlerts`, gefolgt vom booleschen Wert `False`, einfügen. Beachten Sie, dass die Eigenschaft `DisplayAlerts` direkt dem `Application`-Objekt zugewiesen wird. Sie befinden sich somit auf der höchsten Hierarchiestufe von Excel. Sämtliche Eingabeaufforderungen und Warnmeldungen der Applikation werden damit dauerhaft ausgeschaltet. Es ist daher dringend zu empfehlen, die Meldung am Ende der Prozedur wieder zu aktivieren, indem ihr der boolesche Wert `True` zugewiesen wird.

```
Sub TabellenblattLoeschenOhneRueckfrage()
   Application.DisplayAlerts = False
   Sheets(Sheets.Count).Delete
   Application.DisplayAlerts = True
End Sub
```

Ein Tabellenblatt schützen

Wenn Sie ein Tabellenblatt per VBA mit einem Blattschutz versehen möchten, verwenden Sie die Methode `Protect`. Der nachfolgende Code tut dies und zeigt zudem ein Meldungsfeld an, das darüber informiert, dass das Blatt nun geschützt ist.

```
Sub BlattSchuetzen()
   Worksheets(1).Protect
   MsgBox "Das Tabellenblatt ist nun geschützt."
End Sub
```

Sobald Sie die obige Prozedur ausgeführt haben, können am Tabellenblatt so lange keine Änderungen mehr vorgenommen werden, bis der Blattschutz wieder aufgehoben wurde. Beim Versuch, einen Wert in eine Zelle einzutragen, erscheint die folgende Warnmeldung:

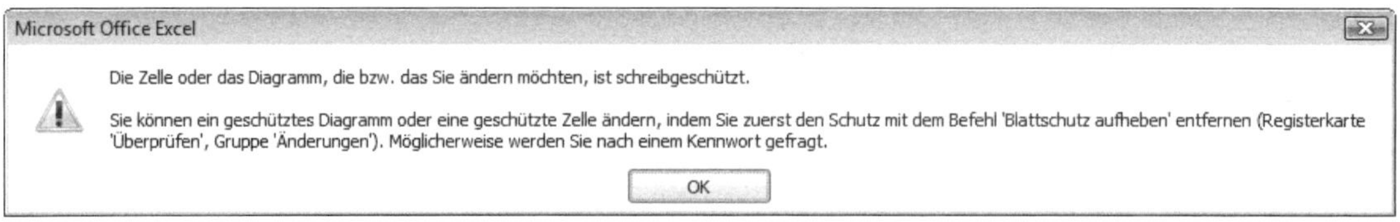

Abbildung 7.16: Der Blattschutz ist aktiv, Zellen können nicht verändert werden

Wenn Sie Zellen zur Bearbeitung freigeben möchten, müssen Sie deren Sperre aufheben, noch bevor Sie den Blattschutz aktivieren.

1. Markieren Sie die Zellen, in denen eine Eingabe möglich sein soll.
2. Klicken Sie im Menüband auf der Registerkarte *Start* in der Gruppe *Zahl* auf das Startprogramm für ein Dialogfeld. Das Dialogfeld *Zellen formatieren* wird geöffnet.
3. Wechseln Sie zur Registerkarte *Schutz*.
4. Deaktivieren Sie das Kontrollkästchen *Gesperrt*.
5. Schließen Sie das Dialogfeld, indem Sie auf *OK* klicken.

Wenn Sie den Blattschutz aufheben möchten, verwenden Sie die `Unprotect`-Methode.

```
Sub BlattschutzAufheben()
   Worksheets(1).Unprotect
   MsgBox "Der Blattschutz wurde aufgehoben."
End Sub
```

Blattschutz mit Kennwort

Wenn Sie einen Blattschutz mit Kennwort vornehmen möchten, benutzen Sie zusätzlich zur Methode `Protect` das Argument `Password`:

```
Sub BlattSchuetzenPasswort()
   Worksheets(1).Protect Password:="RichtigEinsteigen"
End Sub
```

Sollte nun ein Benutzer des Tabellenblatts versuchen, den Blattschutz manuell aufzuheben, wird er aufgefordert, das Kennwort einzugeben.

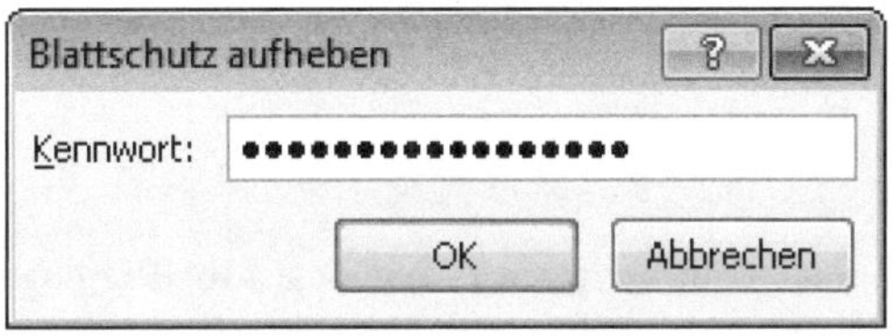

Abbildung 7.17: Der Blattschutz kann nur durch die Eingabe des Kennworts aufgehoben werden

Gehen Sie wie folgt vor, um den kennwortgeschützten Blattschutz per VBA aufzuheben:

```
Sub PasswortSchutzAufheben()
   Worksheets(1).Unprotect Password:="RichtigEinsteigen"
End Sub
```


Drucken (Blatt oder Bereich)

Um ein Tabellenblatt auszudrucken, verwenden Sie die Methode `PrintOut`. Sie können die Anzahl der Kopien, die gedruckt werden sollen, gleich mit angeben. Verwenden Sie dazu das Argument `Copies`.

```
Sub TabellenblattZweimalAusdrucken()
   Worksheets(1).PrintOut Copies:=2
End Sub
```

Falls Sie nur einen bestimmten Bereich des Tabellenblatts ausdrucken möchten, verwenden Sie anstelle des Objekts `Worksheets` das Objekt `Range`:

```
Sub NurBereichAusdrucken()
   Range("C4:E6").PrintOut Copies:=1
End Sub
```

7.8 Übungen zu diesem Kapitel

In diesem Abschnitt finden Sie einige Übungen zu diesem Kapitel. Die Antworten und Lösungen finden Sie wie immer auf der Website *www.richtig-einsteigen.de.*

Übung 7.1

Fügen Sie per VBA in die Zelle *C5* den Text »Excel-VBA« ein, ohne die Zelle zuvor zu selektieren. Hinweis: Dies lässt sich mit nur einer einzigen Codezeile ausführen.

Übung 7.2

Geben Sie manuell in Zelle *D8* einen Wert ein und nehmen Sie einige Formatierungen vor. Löschen Sie dann per VBA die Zellenformate von *D8*. Der darin enthaltene Wert soll erhalten bleiben.

Übung 7.3

Fügen Sie per VBA in die Zelle *B3* einen Kommentar ein. Der Kommentar soll den Text »Richtig einsteigen« anzeigen.

Übung 7.4

Weisen Sie den Zeilen *3* bis *5* eine gelbe Hintergrundfarbe zu. Hinweis: Dies ist mit nur einer Codezeile möglich.

7.9 Zusammenfassung

In diesem Kapitel haben Sie ziemlich viel gelernt. Umso besser ist es, wenn wir an dieser Stelle einen kleinen Zwischenstopp einlegen und rekapitulieren, was es alles zu verdauen gibt.

- Zu Beginn des Kapitels haben wir uns vorwiegend mit Zellen befasst. Sie können nun auf saubere Weise und ohne Performanceverluste auf Zellen zugreifen. Sie wissen, wie Zellen eingefügt und wieder gelöscht werden können. Sie können Zellinhalte löschen, verschieben oder kopieren.
- Ein weiteres Thema waren die Zellkommentare. Sie sind jetzt in der Lage, Kommentare in Ihrem Tabellenblatt einzufügen und bei Bedarf wieder zu entfernen. Sie können sogar den Inhalt eines Kommentars per VBA erstellen.
- Dann haben wir einen kurzen Ausflug in die Thematik des AutoFilters unternommen. Sie können den AutoFilter nun per VBA aktivieren bzw. die Filterpfeile ein- oder ausblenden.
- Sie haben gelernt, was Bereiche, Zeilen und Spalten sind und wie diese in VBA gehandhabt werden. Sie können nun Bereiche erstellen, markieren, berechnen und löschen.

- Nachdem zuerst der Zugriff auf einzelne Objekte beschrieben wurde, haben Sie anschließend gelernt, wie diese miteinander kombiniert werden können. Dieses Wissen ist unerlässlich für eine erfolgreiche Programmierung mit Excel-VBA.
- Am Ende des Kapitels haben Sie alles zum Thema Tabellenblätter erfahren. Sie kennen nun auch den Unterschied zwischen `Worksheets` und `Sheets`.

Kapitel 8

Strukturiertes Programmieren

In diesem Kapitel lernen Sie

- welche Entscheidungstypen es gibt und wie sie aufgebaut sind
- alles über Schleifen
- wie Codeblöcke mittels *With* zusammengefasst werden können
- wozu Arrays verwendet werden

8.1 Entscheidungen

Entscheidungen, auch Verzweigungen genannt, sind dazu da, je nach Zutreffen die eine oder andere Aktion auszuführen. Wenn Sie mit der Tabellenfunktion *WENN* vertraut sind, sollte Ihnen das Prinzip nicht ganz fremd sein.

Die folgende Abbildung zeigt eine Situation, die Ihnen vermutlich bekannt sein dürfte.

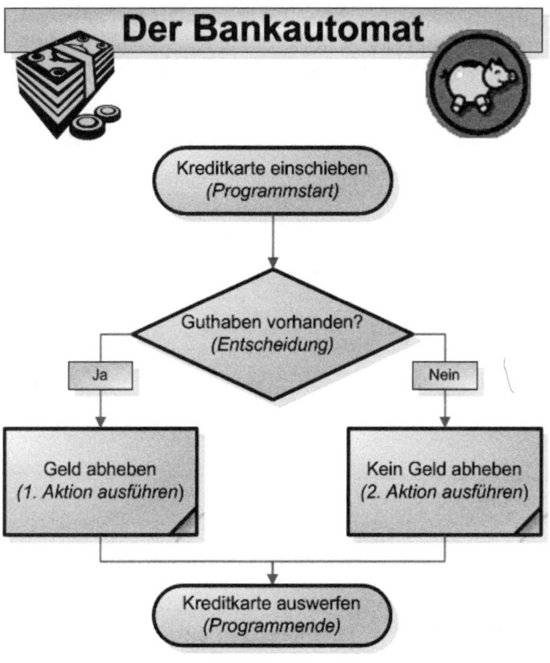

Abbildung 8.1: Die bildliche Darstellung einer einfachen Entscheidung

Sie stehen vor einem Bankautomaten und möchten Geld abheben. Sie schieben die Kreditkarte ein. Das System prüft Ihre Kreditwürdigkeit. Wenn das Ergebnis positiv ist, können Sie Geld abheben, ansonsten nicht. So oder so erhalten Sie (in der Regel) Ihre Kreditkarte zurück. Der Bankautomat hat somit seine *Entscheidung* getroffen.

In VBA können im Wesentlichen drei Entscheidungsformen genutzt werden. Welche das sind, werden Sie gleich erfahren.

If ... Then ... Else

Die folgende Prozedur zeigt eine einfache `If … Then … Else`-Entscheidung.

1. In der Entscheidung wird geprüft, ob die Zelle *B4* eine grüne Hintergrundfarbe hat.

   ```
   If rng.Interior.Color = vbGreen Then
   ```

2. Wenn dies zutrifft, wird die Farbe auf Rot umgestellt; hat die Zelle keinen grünen Hintergrund, wird dem Hintergrund die Farbe Grün zugewiesen.

   ```
   Sub IfThenElse()
      Dim rng As Range
      Set rng = Range("B4")

      If rng.Interior.Color = vbGreen Then
         rng.Interior.Color = vbRed
      Else
         rng.Interior.Color = vbGreen
      End If
   End Sub
   ```

Bei jedem Ausführen des Codes wechselt somit die Zellhintergrundfarbe.

Wir haben in unserem Beispiel den Vergleichsoperator = (gleich) benutzt. Die nachfolgende Tabelle zeigt, welche Vergleichsoperatoren sonst noch zur Verfügung stehen:

Tabelle 8.1: Vergleichsoperatoren

Operator	Bedeutung
=	Gleich (entspricht)
<>	Ungleich (entspricht nicht)
>	Größer als
>=	Größer oder gleich
<	Kleiner als
<=	Kleiner oder gleich

If ... Then ... ElseIf

Im vorigen Beispiel haben wir lediglich zwei Möglichkeiten abgefragt. Mit der Tabellenfunktion *WENN* können Sie bis zu sieben Verzweigungen erreichen. In VBA sind da keine Grenzen gesetzt. Die Fortsetzung erfolgt jeweils durch ein `ElseIf`.

Das folgende Beispiel fragt in Hunderterschritten den Wert der Zelle *B4* ab. Je nach Größe des Wertes erhält die Zelle eine andere Hintergrundfarbe:

```
Sub IfThenElseIf()
   Dim rng As Range
   Set rng = Range("B4")

   If rng <= 100 Then
      rng.Interior.Color = vbGreen
   ElseIf rng > 500 Then
      rng.Interior.Color = vbRed
   ElseIf rng > 400 Then
      rng.Interior.Color = vbMagenta
   ElseIf rng > 300 Then
      rng.Interior.Color = vbCyan
   ElseIf rng > 200 Then
      rng.Interior.Color = vbBlue
   Else
      rng.Interior.Color = vbYellow
   End If
End Sub
```

If ... Then

Nicht jede Entscheidung erfordert zwangsläufig ein `Else`. Es kann durchaus auch vorkommen, dass nur eine Abfrage erfolgt.

Die Schritte der nachfolgenden Prozedur lauten:

1. Mittels der Funktion `IsNumeric` wird geprüft, ob in der Zelle *B4* eine Zahl oder ein anderer Wert enthalten ist.

   ```
   If IsNumeric(rng) = False Then
   ```

2. Wenn keine Zahl vorliegt, wird ein Meldungsfeld angezeigt. Die Prozedur wird zudem vorzeitig verlassen: `Exit Sub`.

3. Wenn in der Zelle eine Zahl vorhanden ist, wird diese um den Wert 1 erhöht (`rng = rng + 1`).

   ```
   Sub IfThen()
      Dim rng As Range
      Set rng = Range("B4")

      If IsNumeric(rng) = False Then
         MsgBox "In der Zelle ""B4"" ist keine Zahl enthalten."
         Exit Sub
      End If

      rng = rng + 1
   End Sub
   ```

III – Praktisches Arbeiten

Verschachtelte Entscheidungen

Entscheidungen können auch ineinander verschachtelt sein. Im nachfolgenden Beispiel prüfen wir in der äußeren Entscheidung, ob in Zelle *B4* eine Zahl enthalten ist. Wenn dies zutrifft, wird nach dem `Else` eine weitere `If`-Abfrage ausgeführt.

```
Sub IfVerschachtelt()
   Dim rng As Range
   Set rng = Range("B4")

   If IsNumeric(rng) = False Then
      MsgBox "In der Zelle ""B4"" ist keine Zahl enthalten."
      Exit Sub
   Else
      rng = rng + 1
      If rng <= 5 Then
         rng.Interior.Color = vbGreen
      ElseIf rng > 10 Then
         rng.Interior.Color = vbRed
      Else
         rng.Interior.Color = vbYellow
      End If
   End If
End Sub
```

Entscheidung mit logischen Operatoren

Innerhalb einer `If`-Abfrage können Sie logische Operatoren verwenden. Wir werden nun anhand von zwei Beispielen den Unterschied zwischen `And` (Und) und `Or` (Oder) erforschen.

Die erste Prozedur verwendet den Operator `And`. Dieser prüft, ob in Zelle *B4* eine Zahl vorhanden ist *und* ob diese <= 10 ist.

Wenn beides zutrifft, wird die Zelle grün eingefärbt, ansonsten rot.

```
Sub IfAnd()
   Dim rng As Range
   Set rng = Range("B4")

   If IsNumeric(rng) = True And rng <= 10 Then
      rng.Interior.Color = vbGreen
   Else
      rng.Interior.Color = vbRed
   End If
End Sub
```

Die zweite Prozedur verwendet zweimal den Operator `Or`. Es wird geprüft, ob in der Zelle *B10* der Wert 10 *oder* 20 *oder* 30 vorhanden ist. Trifft dies zu, wird die Zelle blau hinterlegt, ansonsten gelb.

```
Sub IfOr()
   Dim rng As Range
   Set rng = Range("B10")

   If rng = 10 Or rng = 20 Or rng = 30 Then
      rng.Interior.Color = vbBlue
```

```
   Else
      rng.Interior.Color = vbYellow
   End If
End Sub
```

Eine Zusammenfassung aller logischen Operatoren können Sie der folgenden Tabelle entnehmen:

Tabelle 8.2: Logische Operatoren

Operator	Bedeutung	Ergebnis
And	Und (Konjunktion)	Das Ergebnis ist nur dann *True*, wenn beide Ausdrücke zutreffen.
Or	Inklusives Oder (Disjunktion)	Mindestens einer der Ausdrücke ist *True*.
Xor	Exklusives Oder (Exklusion)	Wenn genau ein Ausdruck *True* ist, ist das Ergebnis ebenfalls *True*.
Not	Nicht (Negation)	*False* bei Zutreffen. *True* bei Nichtzutreffen.
Eqv	Äquivalenz	Beide Ausdrücke sind *True* oder *False*.
Imp	Implikation	Das Ergebnis ist *True*, außer wenn der zweite Ausdruck *False* ist.

Tipp: Weitere Informationen zu logischen Operatoren

Wenn Sie weiterführende Informationen zum Thema *Logische Operatoren* suchen, geben Sie in der VBA-Hilfe den Suchbegriff »Logische Operatoren« ein. Sie finden dort weitere Beispiele und Tabellen.

Die Tabellenfunktion *WENN (Iif)*

Anstelle einer einfachen `If … Then … Else`-Entscheidung können Sie auch die Tabellenfunktion *WENN* (`Iif`) verwenden. Sie können damit eine simple Überprüfung zweier Rückgabewerte erreichen. Die beiden folgenden Prozeduren besitzen exakt dieselbe Funktionalität.

```
Sub FunktionIif_1()
   Dim rng As Range
   Set rng = Range("B4")

   If rng = 1 Then
      MsgBox "Wahr"
   Else
      MsgBox "Falsch"
   End If
End Sub
```

Wenn in der Zelle *B4* der Wert 1 steht, wird im Meldungsfeld der Text *Wahr* ausgegeben, ansonsten *Falsch*. Nachfolgend sehen Sie die verkürzte Form unter Verwendung der Tabellenfunktion `Iif`:

```
Sub FunktionIif_2()
   Dim rng As Range
   Set rng = Range("B4")
      MsgBox IIf(rng = 1, "Wahr", "Falsch")
End Sub
```

Select Case

Eine Alternative zur `If … Then … Else`-Entscheidung bietet `Select Case` an. Sie können damit recht übersichtliche Entscheidungen gestalten.

1. Diese Entscheidungsform wird durch `Select Case` eingeleitet und durch `End Select` abgeschlossen.
2. Zwischen den beiden Codezeilen können Sie mittels `Case Is` Ihre Überprüfungen vornehmen. Dies entspricht `ElseIf`.
3. Mittels `Case Else` können Sie eine letzte Überprüfung einleiten, falls erforderlich. Sie ist `Else` gleichzusetzen.

```
Sub SelectCase()
   Dim rng As Range
   Set rng = Range("B4")

   Select Case rng
      Case Is > 500
         rng.Interior.Color = vbRed
      Case Is > 400
         rng.Interior.Color = vbMagenta
      Case Is > 300
         rng.Interior.Color = vbCyan
      Case Is > 200
         rng.Interior.Color = vbBlue
      Case Is > 100
         rng.Interior.Color = vbYellow
      Case Else
         rng.Interior.Color = vbGreen
   End Select
End Sub
```

8.2 Schleifentypen

In VBA gibt es eine Vielzahl an Schleifentypen, die wichtigsten werden nachfolgend vorgestellt. Die Frage, was eine Schleife ist, lässt sich am besten anhand einer Grafik erläutern. Sie stehen wiederum vor dem Bankautomaten und schieben Ihre Kreditkarte ein. Es wird nach dem PIN-Code verlangt. Sie geben ihn ein und vertippen sich. Der Bankautomat fordert Sie auf, den PIN-Code erneut einzugeben, und schon befinden Sie sich mitten in einer Schleife. Der Bankautomat wird Ihnen erst dann Geld auszahlen, wenn Sie den richtigen Code eingegeben haben.

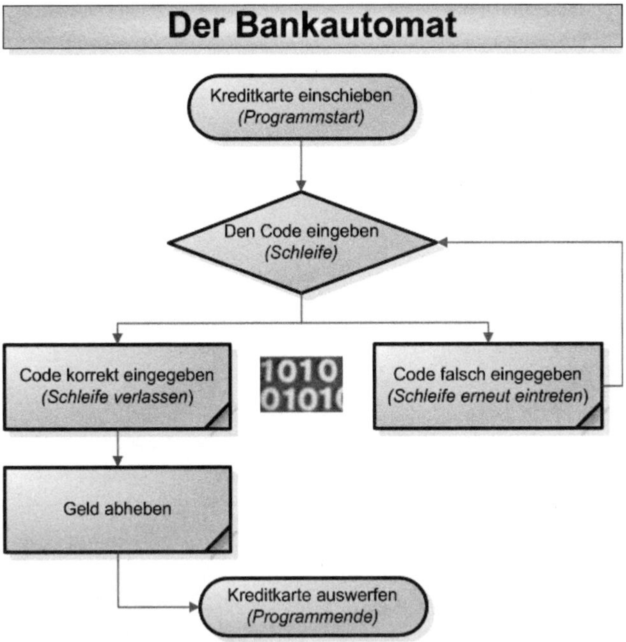

Abbildung 8.2: Die bildliche Darstellung einer einfachen Schleife

For ... Next

Bei `For … Next` handelt es sich um eine Zählschleife. Das bedeutet, dass ein Zähler verwendet wird. Dieser wird zu Beginn der Prozedur als Variable deklariert. Die meisten VBA-Programmierer verwenden dazu den Buchstaben `i`. Im Kopf der Schleife wird der Zähler bei jedem Schleifendurchlauf erhöht oder reduziert.

In unserem ersten Beispiel wird die `For … Next`-Schleife fünfmal durchlaufen:

```
Sub ForMitZaehler()
   Dim i As Integer

   For i = 1 To 5
      Cells(i, 1) = i
   Next i
End Sub
```

Die Variable `i` benutzen wir nicht nur als Zähler, sondern gleichzeitig auch als Zeilenindex.

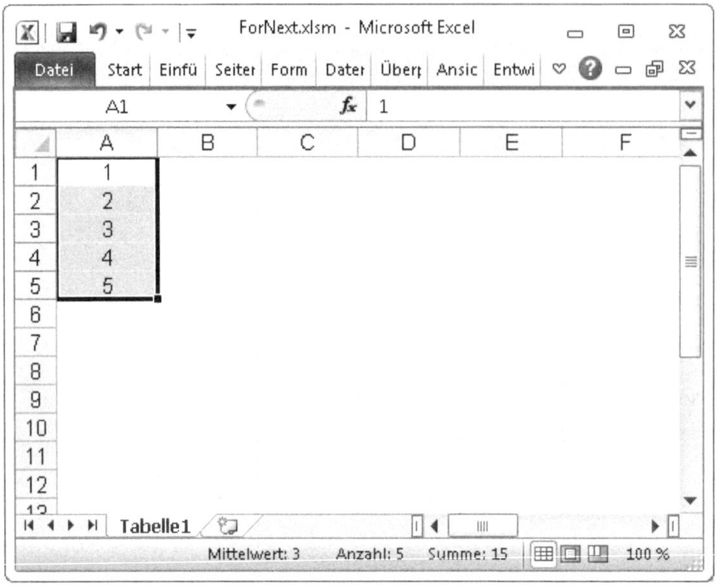

Abbildung 8.3: Aufsteigende Nummernfolge in Spalte *A* ausgeben

Eine *For ... Next*-Scheife schrittweise durchlaufen

Eine Schleife muss nicht zwingend in Einser-Schritten ausgeführt werden. Sie können die Schrittweite selbst bestimmen, indem Sie das Schlüsselwort `Step` verwenden.

1. In unserem Beispiel wird der Zähler von 1 bis 50 festgelegt.
2. Da die Schrittweite 10 beträgt, werden in dem Tabellenblatt wiederum fünf Zahlen eingetragen.
3. Diesmal können wir die Variable `i` nicht als Zeilenindex verwenden, da sonst zwischen den Zahlen jeweils neun leere Zellen entstehen würden. Wir nehmen die Variable `x` zu Hilfe und platzieren sie innerhalb der Schleife. Sie wird bei jedem Durchlauf um den Wert 1 erhöht.

```
Sub ForSchrittweise()
   Dim i As Integer
   Dim x As Integer

   For i = 1 To 50 Step 10
      x = x + 1
      Cells(x, 2) = i
   Next i
End Sub
```

Die fünf Zahlen, die in die Spalte *B* geschrieben wurden, weisen die Zehnerschritte auf.

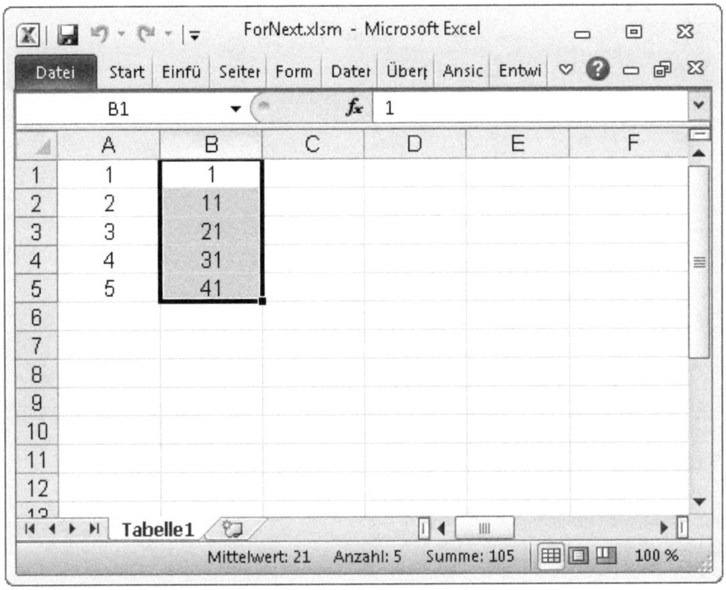

Abbildung 8.4: Zehnerschritte in Spalte *B* ausgeben

Eine *For ... Next*-Scheife rückwärts durchlaufen

Sie können eine Schleife auch rückwärts durchlaufen. Beachten Sie, dass wir hier den Zähler bei 50 ansetzen und dann in Zehnerschritten zurückzählen.

```
Sub ForRueckwaerts()
   Dim i As Integer
   Dim x As Integer

   For i = 50 To 1 Step -10
      x = x + 1
      Cells(x, 3) = i
   Next i
End Sub
```

Wiederum werden in die Tabelle fünf Werte eingetragen, diesmal jedoch in absteigender Reihenfolge.

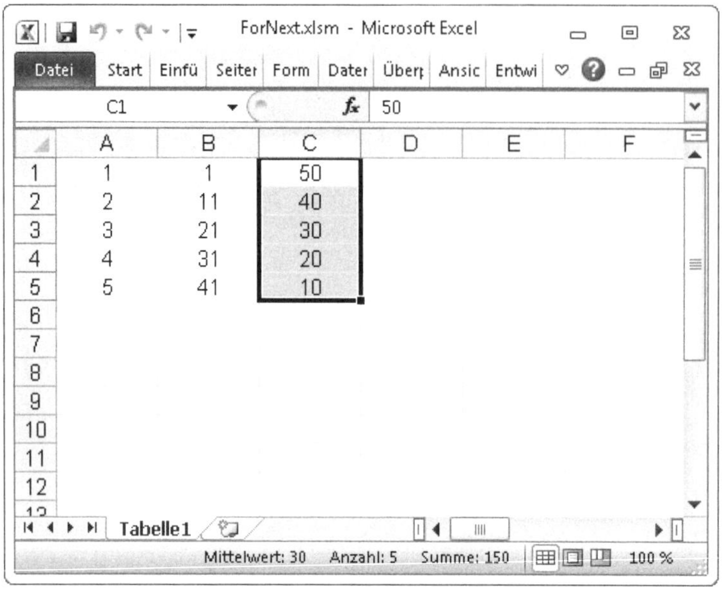

Abbildung 8.5: Die Schleife wurde fünfmal in Zehnerschritten durchlaufen

Die *For ... Next*-Schleife vorzeitig verlassen

Sie können eine Schleife vorzeitig verlassen, wenn eine bestimmte Bedingung erfüllt wird. Dies geschieht hier in einer `If`-Entscheidung. Die Schleife wird zwar zehnmal durchlaufen. Wenn der Wert jedoch >5 ist, wird der Schleifendurchlauf mittels `Exit For` beendet.

```
Sub ForMitIf()
   Dim i As Integer

   For i = 1 To 10
      If i > 5 Then
         Exit For
      End If

      Cells(i, 4) = i
   Next i
End Sub
```

Damit werden in die Tabelle wiederum fünf Zahlen eingetragen.

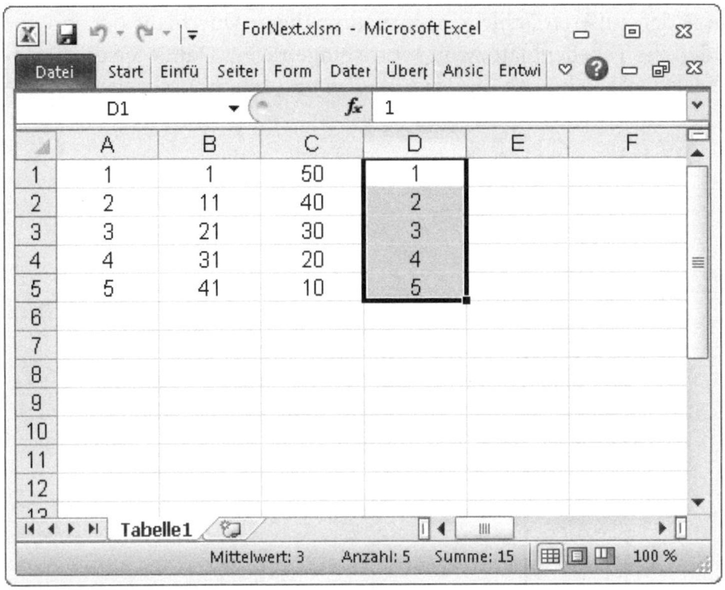

Abbildung 8.6: Sobald der Wert 5 erreicht ist, wird die Schleife abgebrochen

For ... Next-Schleifen verschachteln

Es ist möglich, mehrere Schleifen ineinander zu verschachteln. Dabei entstehen eine äußere und eine innere Schleife.

Wir nehmen einen weiteren `i`-Zähler hinzu. Die Variable `i1` dient der äußeren Schleife und die Variable `i2` der inneren.

Die äußere Schleife wird dreimal durchlaufen; die innere jedoch neunmal. Der Grund für diese Ungleichheit liegt darin, dass bei jedem Durchlauf der äußeren Schleife die gesamte innere Schleife ebenfalls ausgeführt wird.

```
Sub ForVerschachtelt()
   Dim i1 As Integer
   Dim i2 As Integer
   Dim x As Integer

   For i1 = 1 To 3
      x = x + 1
      Cells(x, 5) = "Außen - " & i1

      For i2 = 1 To 3
         x = x + 1
         Cells(x, 5) = i2 & " - Innen"
      Next i2
   Next i1
End Sub
```

Wenn Sie den dreimaligen Durchlauf der äußeren Schleife zum neunmaligen Durchlauf der inneren addieren, erhalten Sie 12. Somit werden ins Tabellenblatt zwölf Werte eingetragen. Damit Sie diese voneinander unterscheiden können, werden zusätzlich noch die Texte *Außen* und *Innen* ausgegeben.

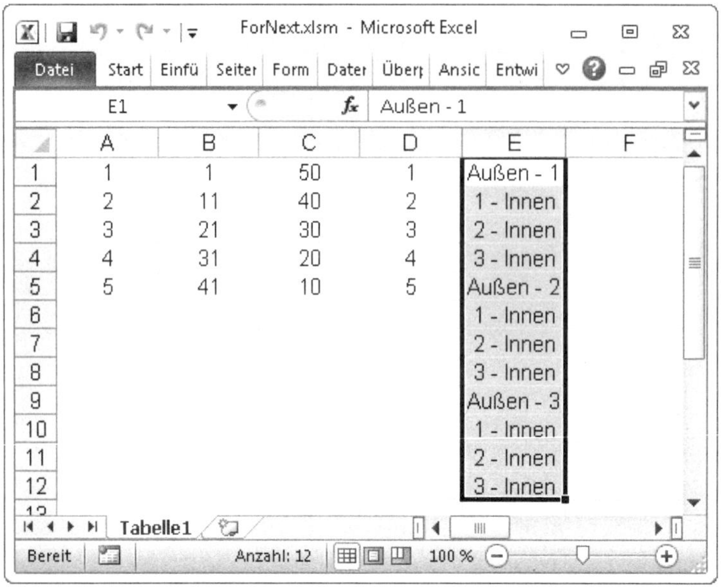

Abbildung 8.7: Zwei ineinander verschachtelte Schleifen

Eine Farbpalette erstellen

Bisher haben wir für die Angabe der Farbe die VB-Konstanten (z.B. `vbRed`) verwendet. Damit sind Sie auf acht Farben beschränkt. Excel stellt Ihnen jedoch 56 Standardfarben zur Verfügung und seit der Office Version 2007 wurde die Farbpalette um etliche Farben erweitert. Konzentrieren wir uns hier der Einfachheit halber auf die 56 Standardfarben. Um diese verwenden zu können, müssen Sie mit der Eigenschaft `ColorIndex` arbeiten. Dieser wird der Farbindex zugewiesen. Wenn Sie beispielsweise die Zelle *A1* rot einfärben möchten, verwenden Sie den Farbindex 3.

```
Range("A1").Interior.ColorIndex = 3
```

Wie lautet denn nun der Farbindex für Blau oder Grün? Um das herauszufinden, erstellen Sie am besten eine Farbtabelle. Das Wissen, das Sie sich bis jetzt in diesem Buch angeeignet haben, reicht aus, um dies umzusetzen.

Es gibt verschiedene Wege, um eine Farbpalette zu erstellen. Der nachfolgende ist lediglich ein Vorschlag. Die Farbtabelle wird verteilt über mehrere Zeilen erstellt. Damit wird das Ganze recht übersichtlich und kann bei Bedarf kompakt auf nur einem A4-Blatt ausgedruckt werden.

```
Sub FarbpaletteErstellen()
   Dim i As Byte

   For i = 1 To 56
      If i <= 14 Then
         Cells(1, i) = i
         Cells(2, i).Interior.ColorIndex = i
      End If

      If i > 14 And i <= 28 Then
         Cells(4, i - 14) = i
         Cells(5, i - 14).Interior.ColorIndex = i
      End If

      If i > 28 And i <= 42 Then
         Cells(7, i - 28) = i
         Cells(8, i - 28).Interior.ColorIndex = i
      End If

      If i > 42 And i <= 56 Then
         Cells(10, i - 42) = i
         Cells(11, i - 42).Interior.ColorIndex = i
      End If
   Next i
End Sub
```

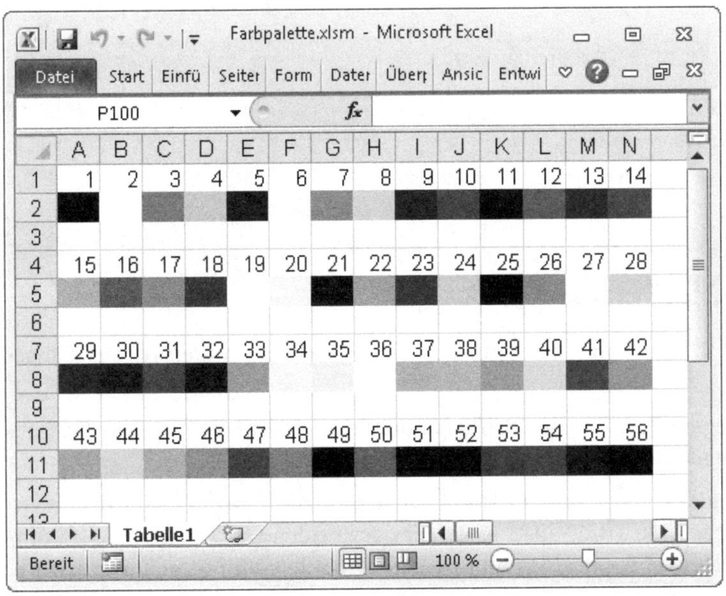

Abbildung 8.8: Die 56 Standardfarben von Excel ausgeben

Mit *For Each* Tabellenblätter durchlaufen

`For Each`-Schleifen werden hauptsächlich verwendet, um Objekte abzuarbeiten. Dabei ist es wichtig, dass Sie die Objekte, die Sie durchlaufen möchten, korrekt ansprechen.

Ein Beispiel: Manuell kann es sehr zeitaufwendig sein, jedem einzelnen Tabellenblatt einer Arbeitsmappe einen Blattschutz zu verleihen. Jedes Tabellenblatt muss dabei einzeln aktiviert werden usw. Mit der folgenden Prozedur geschieht dies in einem Rutsch.

1. Wir verwenden die Variable `ws` und deklarieren sie vom Typ `Worksheet`.
2. Die Schleife wird durch ein `For Each` eingeleitet, dem die Variable `ws` folgt.
3. Danach geben wir an, dass die Suche in der Sammlung `Worksheets` erfolgen soll. Es wird also, ohne Angabe eines Namens oder Index, jedes `Worksheet` der `Worksheets`-Sammlung angesprochen.
4. Innerhalb der Schleife wird nach und nach jedem `Worksheet` der Blattschutz (`Protect`) zugewiesen.

```
Sub BlattschutzFuerAlleBlaetter()
   Dim ws As Worksheet

   For Each ws In Worksheets
      ws.Protect
   Next ws
End Sub
```

5. Mittels einer `For Each`-Schleife und der Methode `Unprotect` kann der Blattschutz wieder aufgehoben werden.

```
Sub BlattschutzAufheben()
   Dim ws As Worksheet

   For Each ws In Worksheets
      ws.Unprotect
   Next ws
End Sub
```

Mit *For Each* Zellen durchlaufen

Sehen wir uns anhand eines neuen Beispiels an, wie sämtliche Zellen eines bestimmten Bereichs angesprochen werden können.

1. Unser Ziel ist es, einen festgelegten Bereich, hier *B1:B4,* zu durchlaufen. In jede Zelle des Bereichs *B1:B4* soll deren Zelladresse eingetragen werden.
2. Die Zelladresse ermitteln wir mit der Eigenschaft `Address`. Diese gibt, ohne Angabe von Argumenten, einen absoluten Zellbezug zurück: *B1, B2* usw. Jedes der beiden Dollarzeichen kann mittels des Arguments `False` ausgeblendet werden. Wenn beide Dollarzeichen unterdrückt werden sollen, steht im runden Klammernpaar nach `Address` zweimal ein `False`: `Address(False, False)`. Dadurch erfolgt die Ausgabe *B1, B2* usw.

   Das erste `False` steht für den Zeilenbezug und das zweite für den Spaltenbezug. Das erscheint auf den ersten Blick verdreht, folgt aber demselben Prinzip, das in VBA immer wieder bei Indexangaben für Zellen zu finden ist. An erster Stelle steht die Zeile und erst danach folgt die Spalte.

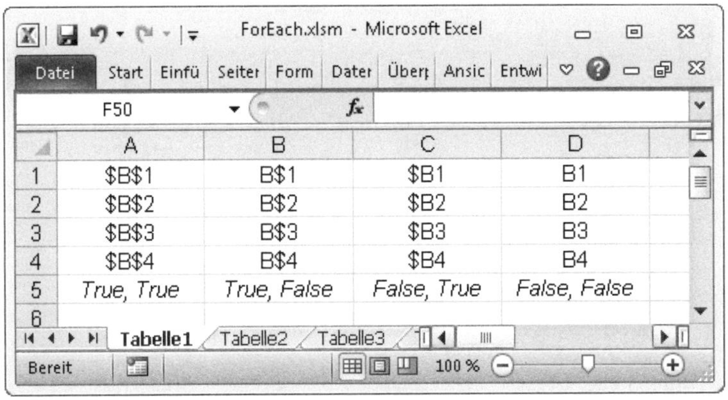

Abbildung 8.9: Absolute und relative Zellbezüge

3. Wir verwenden in der Prozedur zwei Variablen. Die Variable `c` benötigen wir für die Objektschleife. Der Buchstabe `c` steht für `Cell` und somit Zelle. Zwar könnten Sie auch einen beliebigen anderen Buchstaben oder Text als Variable benutzen, aber in der VBA-Programmierung hat sich generell der Buchstabe `c` als Variable für ein Zellenobjekt eingebürgert.
4. Die zweite Variable, den Buchstaben `i`, benutzen wir, um die Zelladressen untereinander in die einzelnen Zellen zu schreiben. Der Zähler `i` wird bei jedem Schleifendurchlauf um den Wert 1 erhöht.

```
Sub ZellAdressenErmitteln()
   Dim c As Range
   Dim i As Integer

   Worksheets(1).Unprotect

   For Each c In Range("B1:B4")
      i = i + 1
      Cells(i, 1) = c.Address
      Cells(i, 2) = c.Address(True, False)
      Cells(i, 3) = c.Address(False, True)
      Cells(i, 4) = c.Address(False, False)
   Next c
End Sub
```

While ... Wend

Eine `While … Wend`-Schleife wird so lange durchlaufen, bis eine bestimmte Bedingung erfüllt ist.

1. Zu Beginn wird die Variable `i` deklariert.
2. Danach wird der Variablen der Wert 1 zugewiesen.
3. Im Schleifenkopf wird als Bedingung festgelegt, dass die Schleife ausgeführt werden soll, solange der Wert des Zählers kleiner als 5 ist.
4. Innerhalb der Schleife wird der aktuelle Wert von `i` in eine Zelle der Spalte *A* geschrieben. Danach wird der Zähler um den Wert 1 erhöht.

```
Sub WhileWend()
   Dim i As Integer
   i = 1

   While i < 5
      Cells(i, 1) = i
      i = i + 1
   Wend
End Sub
```

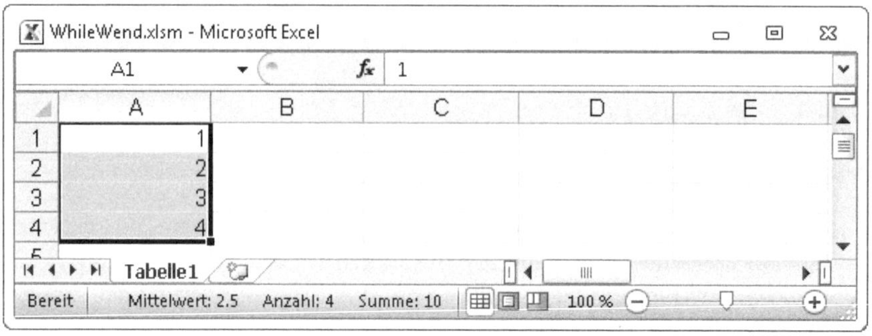

Abbildung 8.10: Es werden vier Zahlen in die Spalte *A* eingetragen

Do While ... Loop

Die `Do While ... Loop`-Schleife wird, genauso wie die `While Wend`-Schleife, so lange durchlaufen, bis ein bestimmter Wert erreicht ist. Der Vorteil dieses Schleifentyps besteht darin, dass die Schleife mittels `Exit Do` vorzeitig verlassen werden kann, sofern das erforderlich ist.

1. In der folgenden Prozedur deklarieren wir zuerst den Zähler `i`. Diesem weisen wir daraufhin den Startwert 1 zu.
2. Die Bedingung im Schleifenkopf besagt, dass die Schleife durchlaufen werden soll, solange der Zähler einen Wert kleiner 10 aufweist.
3. Die `If`-Entscheidung innerhalb der Schleife fordert den vorzeitigen Abbruch (`Exit Do`), sobald der Zähler den Wert 5 annimmt.

```
Sub DoWhileLoop()
   Dim i As Integer
   i = 1

   Do While i < 10
      Cells(i, 1) = i
      i = i + 1
         If i = 5 Then
            Exit Do
         End If
   Loop
End Sub
```

Das Ergebnis sind vier Werte, die in die Spalte *A* eingetragen werden.

Sie können eine Bedingung auch erst im Schleifen*fuß* eintragen:

```
Sub DoLoopWhile()
   Dim i As Integer
   i = 1

   Do
      Cells(i, 2) = i
      i = i + 1
   Loop While i < 5
End Sub
```

Das Ergebnis sind vier Werte, die in die Spalte *B* eingetragen werden.

Do Until ... Loop

Ein weiterer Schleifentyp ist das `Do Until ... Loop`. Die Schleife wird so lange ausgeführt, bis der Zähler einen Wert erreicht hat, der größer als 5 ist.

```
Sub DoUntilLoop()
   Dim i As Integer
   i = 1

   Do Until i > 5
      Cells(i, 1) = i
      i = i + 1
   Loop
End Sub
```

Es werden fünf Werte in die Spalte *A* eingetragen.

Sie können die Bedingung auch im Schleifen*fuß* hinterlegen:

```
Sub DoLoopUntil()
   Dim i As Integer
   i = 1

   Do
      Cells(i, 2) = i
      i = i + 1
   Loop Until i > 5
End Sub
```

Es werden fünf Werte in die Spalte *B* eingetragen.

8.3 Zusammenfassungen mit *With*

Die `With`-Anweisung haben Sie bereits in Kapitel 3 kurz kennengelernt. Im weitesten Sinne können Sie die `With`-Anweisung als Schleife betrachten, die generell nur einmal durchlaufen wird. Sie können damit eine Reihe an Anweisungen für ein einzelnes Objekt oder eine Eigenschaft zusammenfassen.

Der Einsatz von *With*

Der Vorteil beim Einsatz einer `With`-Anweisung besteht darin, dass Sie sich Tipparbeit ersparen können. Das Objekt oder die Eigenschaft müssen Sie, zusammen mit `With`, nur einmal eintippen.

1. Eine `With`-Anweisung wird immer mit dem Schlüsselwort *With*, gefolgt vom Objekt, eingeleitet.
2. Die `With`-Anweisung wird immer mit `End With` abgeschlossen.
3. Zwischen diese beiden Codezeilen können Sie Ihre Anweisungen für das Objekt eintragen.

`With`-Anweisungen können auch ineinander verschachtelt werden. Das folgende Beispiel demonstriert dies an drei `With`-Anweisungen.

1. Es werden verschiedene Formatierungen an der Zelle *A1* vorgenommen. Demzufolge ist die Zelle *A1* das Objekt, für das die Zusammenfassungen erfolgen. Wir verwenden somit die Anweisung: `With Range("A1")`.
2. Da verschiedene Schriftformatierungen innerhalb des Zellenobjekts erfolgen, können diese wiederum zusammengefasst werden. Wir verwenden somit ein inneres `With` für die Eigenschaft `Font`: `With .Font`.
   Beachten Sie, dass dem `Font` ein Punkt (.) vorangeht. Dieser stellt die Verbindung zum Objekt in der äußeren `With`-Anweisung her.
3. Es werden zudem mehrere Formatierungen am Zellenhintergrund (`Interior`) vorgenommen. Auch diese können Sie mit einem inneren `With` zusammenfassen: `With .Interior`.

```
Sub ZusammenfassungWith()
' Anweisungen für die Zelle A1
   With Range("A1")
      ' Anweisungen für die Schrift
      With .Font
         .Bold = True      ' Fett
         .Italic = True    ' Kursiv
         .Underline = True ' Unterstrichen
         .ColorIndex = 3   ' Farbe Rot
      End With

      ' Anweisungen für den Hintergrund
      With .Interior
         .ColorIndex = 8         ' Farbe Cyan
         .Pattern = xlGrid       ' Gittermuster
         .PatternColorIndex = 19 ' Hellgelbe Gitterfarbe
      End With
   End With
End Sub
```

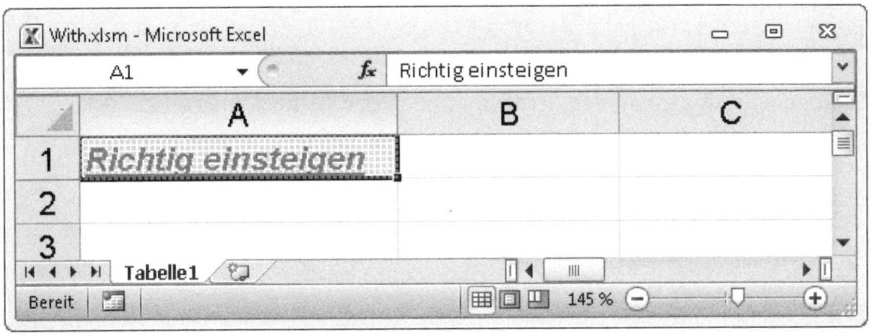

Abbildung 8.11: Sauber formatierte Zelle

8.4 Arrays und Datenfelder

Arrays sind eine erweiterte Form von Variablen. Variablen, wie Sie sie bis jetzt kennengelernt haben, konnten nur einen einzelnen Wert aufnehmen. Mit der entsprechenden Erweiterung entsteht ein Array. Dieses ist in der Lage, mehrere Werte in einzelnen Datenfeldern zu speichern. Im Grunde genommen könnten Sie auch für jeden Wert eine eigene Variable deklarieren. Damit würde der Code allerdings länger und somit auch unübersichtlicher.

Arrays werden – es sind ja Variablen – mit dem Schlüsselwort `Dim` deklariert und mit einem geeigneten Datentyp versehen. Der Unterschied besteht darin, dass bei der Arraydeklaration nach dem Variablennamen ein Paar runde Klammern folgt. Darin wird festgelegt, wie viele Werte das Array aufnehmen soll. Sie können sowohl eine Unter- also auch eine Obergrenze festlegen.

Die folgende Codezeile zeigt, wie eine Untergrenze von 1 und eine Obergrenze von 5 festgelegt wird. Das Array kann somit fünf Werte aufnehmen.

```
Dim arrWochentag(1 To 5) As String
```

Sie können die Untergrenze auch weglassen und nur die Obergrenze eintragen. Dabei müssen Sie allerdings beachten, dass automatisch der Index 0 als Untergrenze angenommen wird. Das folgende Array könnte somit sechs Werte aufnehmen:

```
Dim arrWochentag(5) As String
```

Um dem entgegenzusteuern, können Sie im allgemeinen Deklarationsteil des Moduls die Anweisung `Option Base 1` eintragen. Diese legt fest, dass die Untergrenze immer beim Index 1 beginnt. Davon ausgenommen sind Deklarationen, die explizit eine Untergrenze aufweisen. Am besten lässt sich dies anhand von Beispielen aufzeigen.

Eindimensionale Arrays

Sie können sich ein Array wie eine Excel-Tabelle vorstellen. Ein eindimensionales Array nimmt dabei eine einzelne Spalte in Anspruch. Im folgenden Beispiel wird ein Array deklariert, das sieben Werte aufnehmen kann. Es wird die Unter- und auch die Obergrenze angegeben.

Um die Werte im Array zu speichern, wird jedes Arrayfeld einzeln befüllt. Dabei wird der Index des Arrays verwendet `arr(1)`, `arr(2)` usw.

Innerhalb der `For … Next`-Schleife wird der Inhalt des Arrays an Zellen der Spalte *A* übergeben.

```
Sub UnterObergrenze()
   Dim arr(1 To 5) As String
   Dim i As Integer

   arr(1) = "Montag"
   arr(2) = "Dienstag"
   arr(3) = "Mittwoch"
   arr(4) = "Donnerstag"
   arr(5) = "Freitag"

   For i = 1 To 5
      Cells(i, 1) = arr(i)
   Next i
End Sub
```

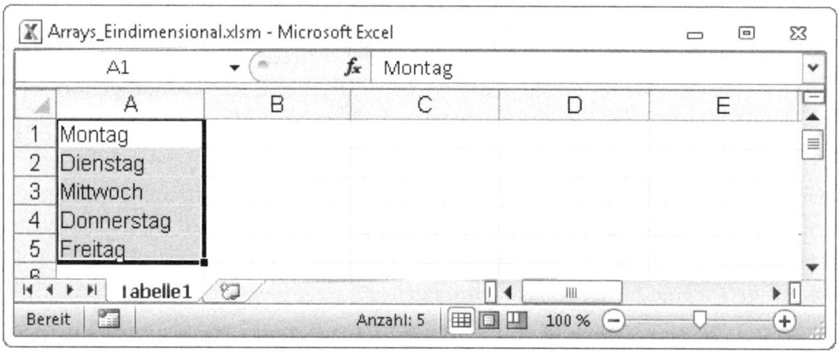

Abbildung 8.12: Wochentage mittels eines eindimensionalen Arrays ausgegeben

Wenn auf die Untergrenze verzichtet wird, ist zu beachten, dass in den runden Klammern nur eine 4 und nicht eine 5 eingetragen werden muss. Der Grund liegt, wie bereits erläutert, darin, dass bei einem Weglassen der Untergrenze der Index bei 0 beginnt. Dementsprechend muss die Zuweisung von »Montag« an das Array mit dem Index 0 erfolgen: `arrWochentag(0) = "Montag"`

```
Sub OhneUntergrenze()
   Dim arr(4) As String
   Dim i As Integer

   arr(0) = "Montag"
   arr(1) = "Dienstag"
   arr(2) = "Mittwoch"
   arr(3) = "Donnerstag"
   arr(4) = "Freitag"

   For i = 0 To 4
      Cells(i + 1, 2) = arr(i)
   Next i
End Sub
```

Die Deklaration des Wertes 4 mag etwas verwirrend sein, da das Array ja in Wirklichkeit fünf Werte aufnehmen kann. Um dies zu umgehen, hinterlegen Sie im allgemeinen Deklarationsteil die Anweisung `Option Base 1`. Wenn Sie das Erzwingen der Variablendeklaration aktiviert haben, befindet sich dort bereits die Anweisung `Option Explicit`.

Nachdem Sie die Anweisung `Option Base 1` eingetragen haben, können Sie das Array wieder mit fünf Werten deklarieren: `Dim arr(5) As String`. Die Zuweisung von »Montag« erfolgt somit mit dem Index 1: `arr (1) = "Montag"`.

```
Option Explicit
Option Base 1

Sub UnterObergrenze()
   Dim arr(5) As String
   Dim i As Integer

   arr(1) = "Montag"
   arr(2) = "Dienstag"
   arr(3) = "Mittwoch"
   arr(4) = "Donnerstag"
   arr(5) = "Freitag"

   For i = 1 To 5
      Cells(i, 3) = arr(i)
   Next i
End Sub
```

Die folgende Grafik verdeutlicht, was bei den drei bisher behandelten Beispielen innerhalb des Arrays geschieht:

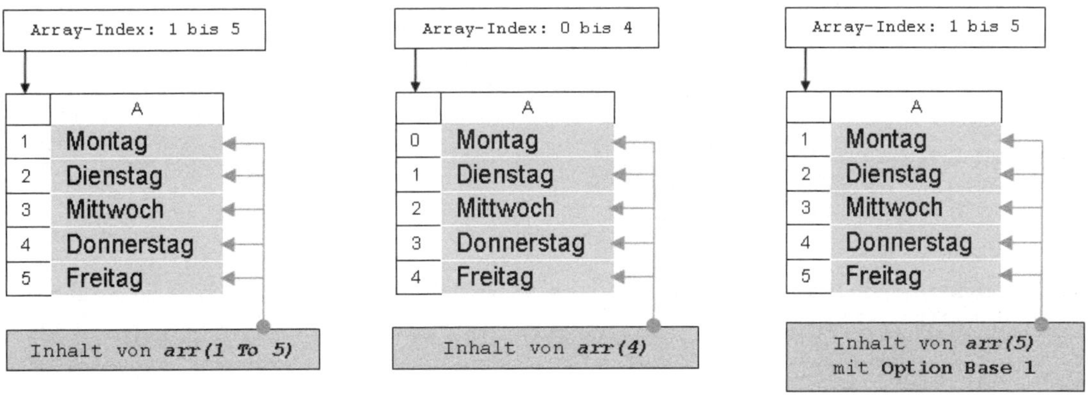

Abbildung 8.13: Eindimensionale Arrays

Zweidimensionale Arrays

Wenn Sie sich ein zweidimensionales Array bildlich vorstellen möchten, denken Sie am besten wiederum an eine Excel-Tabelle. In einem eindimensionalen Array wird nur *eine* Spalte verwendet. In einem zweidimensionalen Array hingegen kommen eine oder mehrere Spalten hinzu.

In einem zweidimensionalen Array wird somit mit zwei Dimensionen gearbeitet. Dies bedeutet, dass sich das Array nun auf eine richtige Tabelle oder Matrix mit *mehreren* Spalten und Zeilen erweitert. Da nun sowohl Zeilen als auch Spalten berücksichtigt werden müssen, erweitern wir das Array um einen zusätzlichen Eintrag in den Klammern. Die beiden Dimensionen werden durch ein Komma (,) voneinander getrennt.

```
Dim arr(1 To 3, 1 To 4) As String
```

Zu Beginn klingt das alles etwas kompliziert. Wir gehen dem Ganzen deshalb anhand eines Beispiels auf den Grund.

1. In der folgenden Prozedur wird zuerst das Array deklariert.
2. Danach folgt die Deklaration von zwei Variablen. Diese benötigen wir später, um die Werte des Arrays auszulesen und in unser Tabellenblatt zu übertragen.
3. Nachdem alle erforderlichen Variablen deklariert sind, wird jedem Datenfeld des Arrays ein aufsteigender Wert zugewiesen. Wir übergeben zudem die Indexwerte des Datenfeldes, sodass Sie später leicht nachvollziehen können, welche Zelle mit welchem Datenfeld befüllt wurde.
4. Nachdem die Datenfelder befüllt worden sind, fügen wir zwei ineinander verschachtelte `For`-Schleifen ein. Wir durchlaufen damit sämtliche Zeilen- und Spaltendatenfelder. Die Werte übergeben wir an den Bereich *A1:D3*.

```
Sub Zweidimensional()
   Dim arr(1 To 3, 1 To 4) As String
   Dim bytRow As Byte, bytCol As Byte

   ' 1. Zeile à 4 Spalten
   arr(1, 1) = "(1, 1) 1"
   arr(1, 2) = "(1, 2) 2"
   arr(1, 3) = "(1, 3) 3"
   arr(1, 4) = "(1, 4) 4"

   ' 2. Zeile à 4 Spalten
   arr(2, 1) = "(2, 1) 5"
   arr(2, 2) = "(2, 2) 6"
   arr(2, 3) = "(2, 3) 7"
   arr(2, 4) = "(2, 4) 8"

   ' 3. Zeile à 4 Spalten
   arr(3, 1) = "(3, 1) 9"
   arr(3, 2) = "(3, 2) 10"
   arr(3, 3) = "(3, 3) 11"
   arr(3, 4) = "(3, 4) 12"

   For bytRow = 1 To 3
      For bytCol = 1 To 4
         Cells(bytRow, bytCol) = arr(bytRow, bytCol)
      Next bytCol
   Next bytRow
End Sub
```

In der Excel-Tabelle erscheinen nun die Indexangaben sowie die aufsteigenden Werte des Arrays.

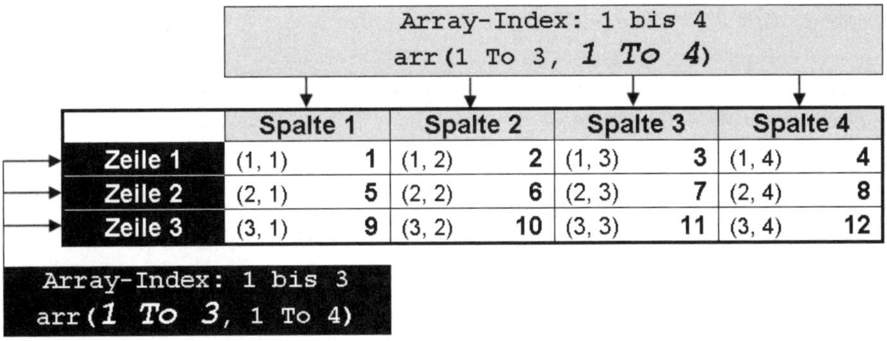

Abbildung 8.14: Zweidimensionales Array

Tipp: Maximale Anzahl an Dimensionen

Sie können bis zu 60 Dimensionen in einem Array verwenden. In der Regel werden in der Praxis allerdings maximal drei Dimensionen eingesetzt.

LBound und *UBound*

Mit der Unter- und Obergrenze sind Sie ja bereits von der Dimensionierung von Arrays her vertraut. Bei einer Deklaration von `Dim arr(1 To 5) As String` liegt die Untergrenze bei 1 und die Obergrenze bei 5.

Beide Werte können während der Laufzeit ermittelt werden. Verwenden Sie die Funktion `LBound` (*Lower Boundary*), um die Untergrenze abzufragen, und `UBound` (*Upper Boundary*), um die Obergrenze herauszufinden. Den beiden Funktionen folgt in runden Klammern die Angabe des Arrays: `LBound(arr)` und `UBound(arr)`.

1. Im folgenden Code befüllen wir zuerst das Array mit Werten.
2. Danach übergeben wir den Index der Unter- und der Obergrenze an die Zellen *A1* und *A2*.
3. Auf diese Weise kann nicht nur der Index, sondern auch der Inhalt des Arrays ausgelesen werden. Um dies umzusetzen, verwenden wir die Funktionen `LBound` und `UBound` als Index innerhalb des Arrays: `arr(LBound(arr))` und `arr(UBound(arr))`. Diese Werte übergeben wir den Zellen *A3* und *A4*.

```
Sub LBoundUBound()
   Dim arr(1 To 5) As String

   arr(1) = "Montag"
   arr(2) = "Dienstag"
   arr(3) = "Mittwoch"
   arr(4) = "Donnerstag"
   arr(5) = "Freitag"

   ' Den Index abfragen
   Range("A1") = "Lower Boundary: " & LBound(arr)
   Range("A2") = "Upper Boundary: " & UBound(arr)

   ' Den Inhalt abfragen
   Range("A3") = "Lower Boundary: " & arr(LBound(arr))
```

```
    Range("A4") = "Upper Boundary: " & arr(UBound(arr))
End Sub
```

In den Zellen *A1* und *A2* erscheint der Index der Unter- und der Obergrenze. In den Zellen *A3* und *A4* erscheint der Inhalt der Unter- und der Obergrenze.

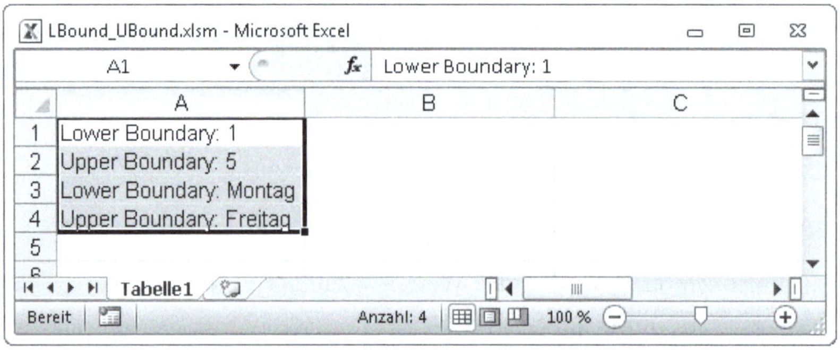

Abbildung 8.15: Die jeweilige Ober- und Untergrenze

Die Funktionen `LBound` und `UBound` können Sie sehr gut verwenden, um den Inhalt eines Arrays in einer `For`-Schleife auszulesen:

```
Sub LBoundUBoundSchleife()
   Dim arr(1 To 5) As String
   Dim i As Integer

   arr(1) = "Montag"
   arr(2) = "Dienstag"
   arr(3) = "Mittwoch"
   arr(4) = "Donnerstag"
   arr(5) = "Freitag"

   For i = LBound(arr) To UBound(arr)
      Cells(i, 2) = arr(i)
   Next i
End Sub
```

Die Wochentage werden in die Spalte *B* geschrieben.

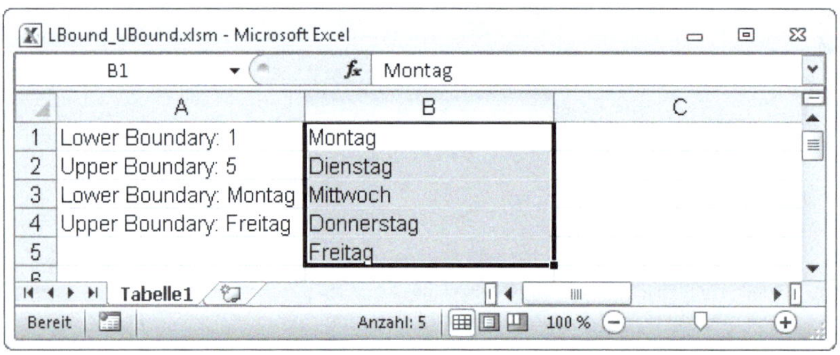

Abbildung 8.16: Auslesen eines Arrays mittels Schleife

Dynamische Arrays *(ReDim)*

Sie werden nicht immer von Anfang an wissen können, wie viele Datenfelder das Array umfassen muss. Es kann zudem vorkommen, dass das Array während der Laufzeit erweitert oder reduziert werden muss.

Zu diesem Zweck können Sie ein dynamisches Array verwenden. Bei der Deklaration des Arrays lassen wir die runden Klammern leer und befüllen es erst später:

```
Dim arr() as Byte
```

Um das Array zur Laufzeit zu dimensionieren, verwenden Sie die Anweisung `ReDim`. Ihr folgt das Array mit der Angabe der Anzahl Datenfelder: `ReDim arr(3)`. Am besten lässt sich das Verhalten anhand eines Beispiels demonstrieren.

1. In der folgenden Prozedur werden wir das Array zuerst auf drei Datenfelder dimensionieren.
2. Innerhalb der `For`-Schleife befüllen wir das Array mit den Werten 1, 2 und 3.
3. Den Inhalt des Arrays geben wir in einem Meldungsfeld aus.

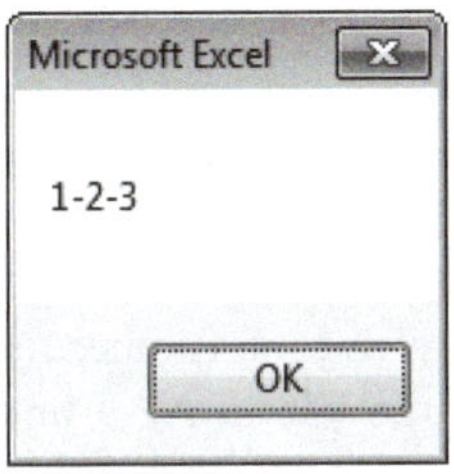

Abbildung 8.17: Anzeige der Werte des aus drei Elementen bestehenden Arrays

4. Das Array dimensionieren wir danach neu auf insgesamt fünf Datenfelder.
5. Mit einer `For`-Schleife befüllen wir das Array, das nun fünf Werte aufnehmen kann.
6. Wiederum geben wir den Inhalt des Arrays in einem Meldungsfeld aus.

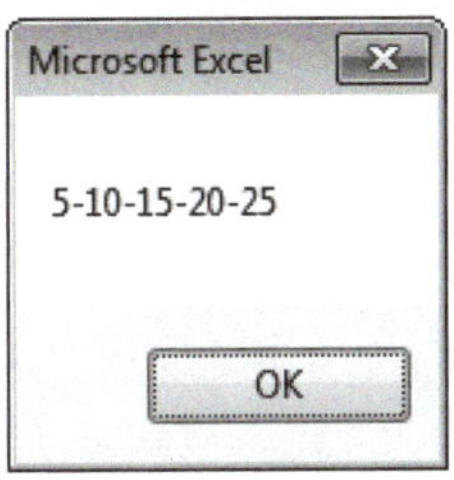

Abbildung 8.18: Anzeige der Werte des aus fünf Elementen bestehenden Arrays

Tipp: Verwenden Sie *Option Base 1*

Bei der Verwendung von dynamischen Arrays sollten Sie mit `Option Base 1` arbeiten. Damit ist sichergestellt, dass die Untergrenze bei 1 liegt und nicht bei 0.

```
Option Base 1

Sub DynamischesArrayReDim()
   Dim arr() As Byte, i As Byte

   ' Die Größe des Arrays auf drei Datenfelder festlegen
   ReDim arr(3)
      For i = 1 To 3
         arr(i) = i
      Next i
   MsgBox arr(1) & "-" & arr(2) & "-" & arr(3)

   ' Die Größe des Arrays auf fünf Datenfelder festlegen
   ReDim arr(5)
      For i = 1 To 5
         arr(i) = i * 5
      Next i
   MsgBox arr(1) & "-" & arr(2) & "-" & _
          arr(3) & "-" & arr(4) & "-" & arr(5)
End Sub
```

Dynamische Arrays *(Preserve)*

Die beiden Meldungsfelder des vorigen Beispiels zeigen deutlich, dass bei einer Neudimensionierung die Inhalte des ersten Datenfeldes überschrieben wurden. Die erste `MsgBox` zeigte die Werte *1-2-3* und die zweite die Werte *5-10-15-20-25*.

Sie können nach dem `ReDim` die Anweisung `Preserve` verwenden. Der englische Ausdruck *Preserve* bedeutet »bewahren« oder »erhalten«. Ein zuvor befülltes Array behält damit den Inhalt. Sie können auf diese Weise veranlassen, dass lediglich die zusätzlichen Datenfelder befüllt werden.

1. In der folgenden Prozedur bleibt der erste Codeblock derselbe wie im vorangegangenen Beispiel. Die Arraygröße wird auf drei Datenfelder festgelegt und in einer `For`-Schleife befüllt.
2. Danach erweitern wir das Array auf fünf Datenfelder. Diesmal zusätzlich unter der Verwendung von `Preserve`: `ReDim Preserve arr(5)`.
3. Innerhalb der zweiten `For`-Schleife befüllen wir nur die letzten beiden Datenfelder: `For i = 4 To 5`.

```
Option Base 1

Sub DynamischesArrayPreserve()
   Dim arr() As Byte, i As Byte

   ' Die Größe des Arrays auf drei Datenfelder festlegen
   ReDim arr(3)
      For i = 1 To 3
         arr(i) = i
      Next i
   MsgBox arr(1) & "-" & arr(2) & "-" & arr(3)
```

```
    ' Das Array auf fünf Datenfelder erweitern
    ReDim Preserve arr(5)
       For i = 4 To 5
          arr(i) = i * 5
       Next i
    MsgBox arr(1) & "-" & arr(2) & "-" & _
           arr(3) & "-" & arr(4) & "-" & arr(5)
End Sub
```

Die erste `MsgBox` zeigt die drei Werte an, die zuerst dem Array übergeben wurden. Die zweite `MsgBox` zeigt, dass trotz Neudimensionierung die ersten drei Werte erhalten geblieben sind.

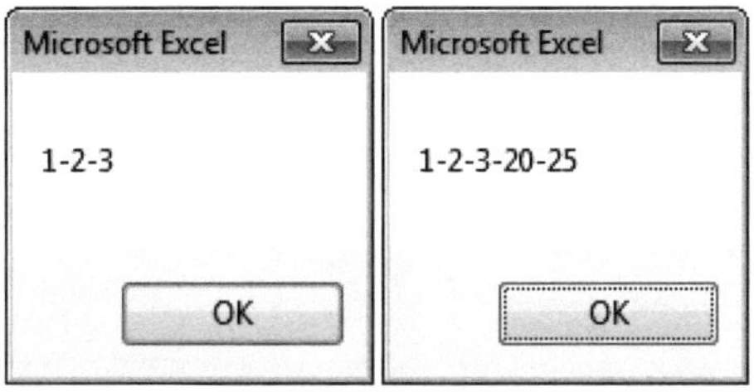

Abbildung 8.19: Die im ersten Meldungsfeld angezeigten Werte sind auch beim zweiten noch vorhanden

Dynamisches Array mit Werten aus der Tabelle

Bis jetzt haben wir in unseren dynamischen Arrays nur die Werte innerhalb der Prozedur aufbereitet. Sie können jedoch auch Werte aus dem Tabellenblatt beziehen.

1. Das folgende Beispiel verwendet eine Tabelle mit Arbeitstagen (Montag bis Freitag). Diese werden an die Datenfelder eines Arrays übergeben. Später erweitern wir das Array um die Wochentage Samstag und Sonntag.

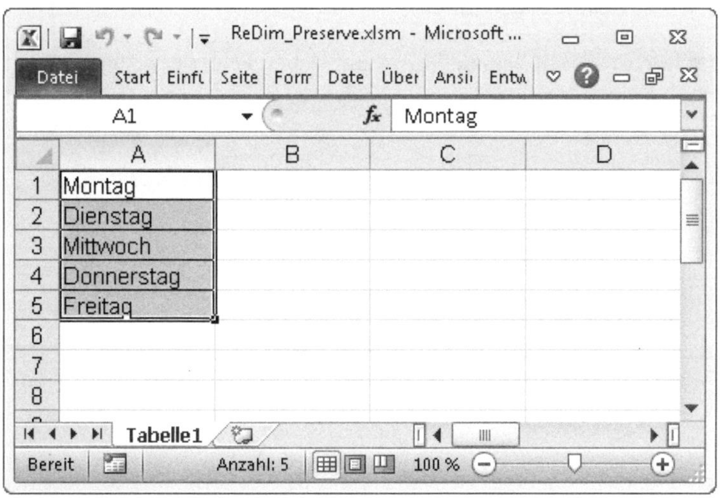

Abbildung 8.20: Die Ausgangslage für unser Beispiel

2. Wir gehen diesmal davon aus, dass die Anzahl an Zeilen, die die Spalte *A* umfasst, unbekannt ist. Wir ermitteln diese in der Anweisung:

   ```
   Cells(1048576, 1).End(xlUp).Row
   ```

   Den Wert übergeben wir der Variablen `intZeile`.

3. Bei der Dimensionierung des Arrays verwenden wir die Variable `intZeile` in den runden Klammern: `arr(intZeilen)`.

4. In der ersten `For`-Schleife befüllen wir das Array. Die Variable `intZeile` verwenden wir in allen Schleifen als Höchstwert.

   ```
   For i = 1 To intZeilen
   ```

5. In der zweiten `For`-Schleife übergeben wir den Inhalt des Arrays an die Spalte *B*.

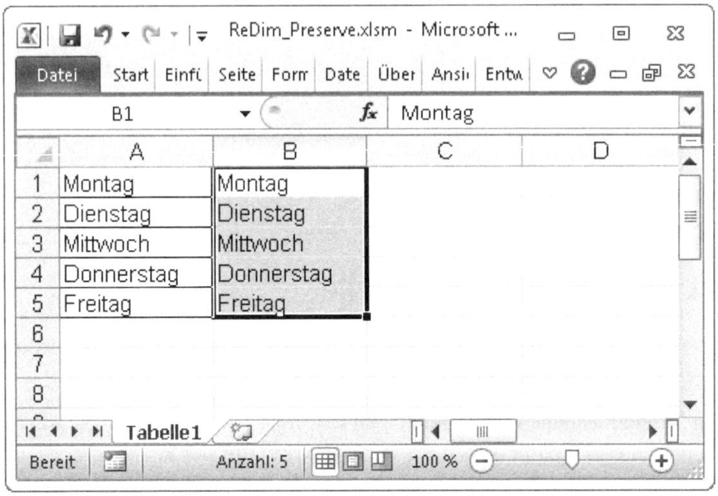

Abbildung 8.21: Der Inhalt des Arrays wird in Spalte *B* eingetragen

6. Bei der Neudimensionierung legen wir fest, dass das Array auf sieben Felder erweitert werden soll. Die alten Werte sollen bestehen bleiben (`Preserve`).

   ```
   ReDim Preserve arr(7)
   ```

7. Die Wochentage Samstag und Sonntag übergeben wir an die beiden neuen Datenfelder.

   ```
   arr(6) = "Samstag"

   arr(7) = "Sonntag"
   ```

8. In der letzten `For`-Schleife schreiben wir den gesamten Inhalt des Arrays in die Spalte *C*.

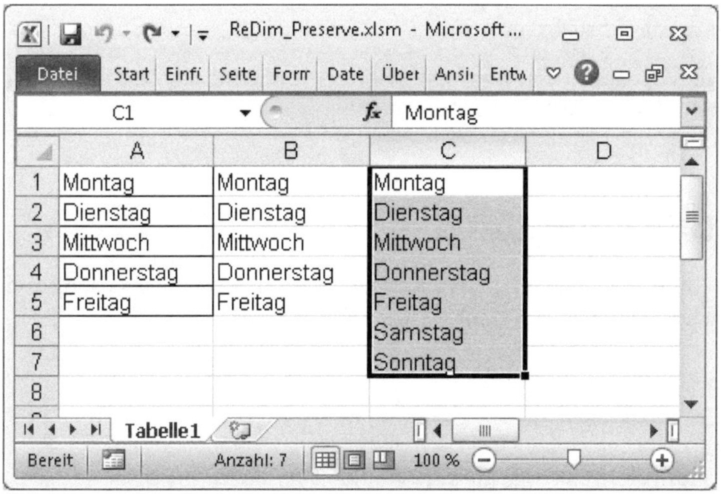

Abbildung 8.22: Das ergänzte Array wird in Spalte *C* ausgegeben

9. Der vollständige Code:

```
Option Base 1
Sub ReDimPraxis()
   Dim arr() As String, intZeilen As Integer, i As Integer

   ' Anzahl der in Spalte A belegten Zeilen ermitteln
   intZeilen = Cells(1048576, 1).End(xlUp).Row

   ' Größe des Arrays festlegen
   ReDim arr(intZeilen)

   ' Das Array nur mit den Arbeitstagen befüllen
   For i = 1 To intZeilen
      arr(i) = Cells(i, 1)
   Next i

   ' Die Datenfelder des Arrays an die Spalte B zurückgeben
   For i = 1 To intZeilen
      Cells(i, 2) = arr(i)
   Next i


   ' Das Array auf sieben Datenfelder erweitern
   ' Die alten Werte werden beibehalten
   ReDim Preserve arr(7)

   ' Samstag und Sonntag ergänzen
   arr(6) = "Samstag"
   arr(7) = "Sonntag"

   ' Die Datenfelder des Arrays an die Spalte C zurückgeben
   For i = 1 To intZeilen + 2
      Cells(i, 3) = arr(i)
   Next i
End Sub
```

Hinweis: Gültigkeit von dynamischen Arrays

Bei der Verwendung von dynamischen Arrays mit mehreren Dimensionen müssen Sie beachten, dass nur eine Dimension, nämlich die Letzte, dynamisch ist.

8.5 Übungen zu diesem Kapitel

In diesem Abschnitt finden Sie einige Übungen zu diesem Kapitel. Die Antworten und Lösungen finden Sie wie immer auf der Website *www.richtig-einsteigen.de.*

Übung 8.1

Erstellen Sie eine `If … Then … Else`-Entscheidung, die die Werte in Zelle *A1* überprüft.

- Wenn der Wert > 30 ist, soll die Zelle rot hinterlegt werden.
- Bei einem Wert > 20 verwenden Sie gelb, ansonsten grün.

Übung 8.2

Erstellen Sie mit einer `For … Next`-Schleife eine Farbpalette. Versuchen Sie eine andere Lösung zu finden als die, die hier abgedruckt ist. Sie können die Farben auch einfach untereinander ausgeben.

Übung 8.3

Nachdem Sie eine Lösung für das Erstellen einer Farbpalette mit einer `For … Next`-Schleife gefunden haben, versuchen Sie das Ganze umzuschreiben. Verwenden Sie wahlweise eine `While Wend`-, eine `Do While`- oder eine `Do Until`-Schleife.

Übung 8.4

Erstellen Sie ein Array, das Sie mit den Monatsnamen Januar bis Dezember befüllen.

8.6 Zusammenfassung

Und wieder sind Sie wertvolle Erfahrungen reicher, denn ohne das Wissen über Entscheidungen und Schleifen macht die Programmierung im Grunde genommen gar keinen Spaß. Erst durch diese wichtigen Grundlagen kann man Abläufe automatisieren, die manuell nicht mehr zu bewerkstelligen sind.

- Sie kennen nun verschiedene Arten von Entscheidungen und können diese gezielt einsetzen.
- Sie wurden mit der Vielfalt der Schleifentypen vertraut gemacht und sind mit etwas Routine und Erfahrung in der Lage zu entscheiden, wann Sie welche Schleife zum Einsatz bringen.
- Arrays und Datenfelder sind von nun an bekannte Begriffe für Sie und Sie können diese bei Bedarf richtig einsetzen.

Kapitel 9

Fehler finden und beheben

In diesem Kapitel lernen Sie

- welche Testfenster die VBA-Umgebung anbietet
- wie der Debugger genutzt werden kann, um Fehler aufzuspüren
- wie fehlertolerant VBA im Allgemeinen ist

9.1 Die Testfenster

Es gibt im VBA-Editor drei Testfenster, die als Hilfsmittel bei der Fehleranalyse verwendet werden können: der Direktbereich, das Lokal-Fenster und das Überwachungsfenster. Welche Funktionen die Fenster ausüben, werden Sie gleich erfahren.

Der Direktbereich

Der Direktbereich kann für verschiedene Zwecke genutzt werden. Einerseits können Sie darin direkt VBA-Befehle eingeben, ohne hierfür eine vollständige Prozedur schreiben zu müssen. Andererseits können Sie ihn verwenden, um sich den Inhalt von Variablen anzeigen zu lassen.

Um den Direktbereich einzublenden, verwenden Sie den Menübefehl *Ansicht/Direktfenster* oder drücken die Tastenkombination Strg+G.

Bei unveränderter Grundeinstellung erscheint das Direktfenster am unteren Rand des VBA-Editors.

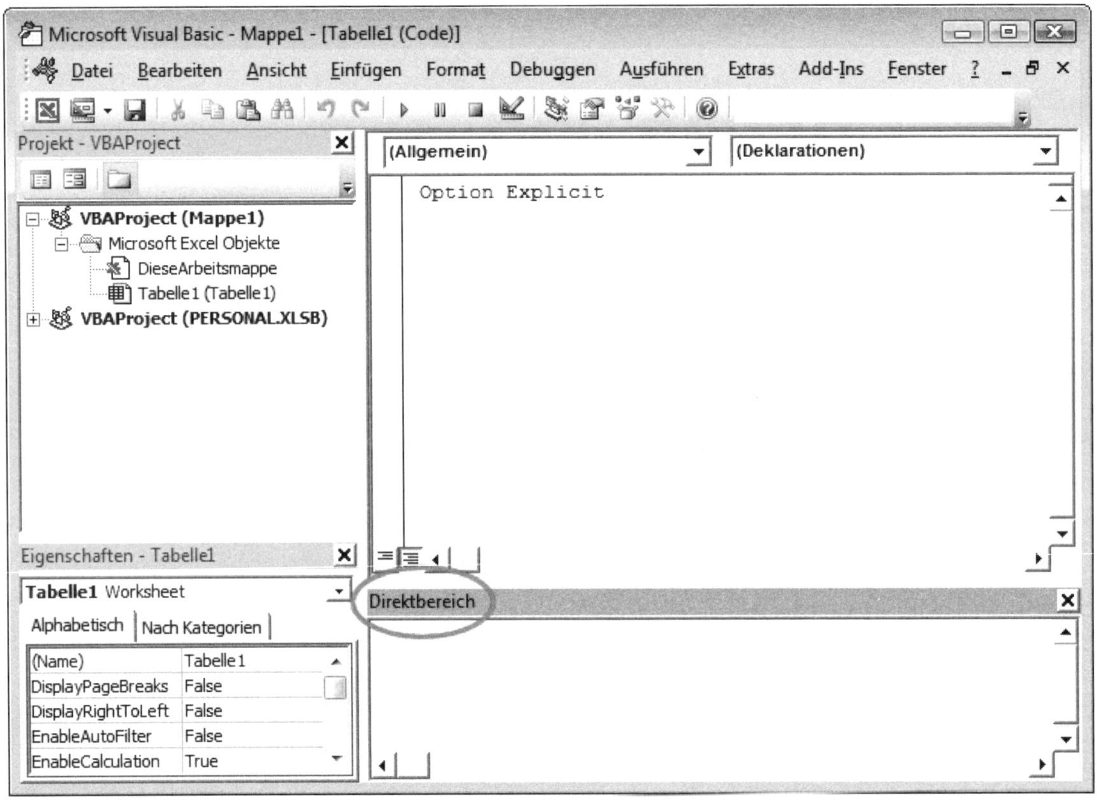

Abbildung 9.1: Der Direktbereich

1. Sie können im Direktbereich direkt VBA-Befehle eingeben.
2. Wenn Sie dabei eine Rückgabe erwarten, stellen Sie dem Befehl ein Fragezeichen (?) voran:

```
?Activesheet.Name
```

3. Drücken Sie nach der Eingabe des Befehls die ↵-Taste. Der Name des aktiven Tabellenblatts wird ausgegeben.

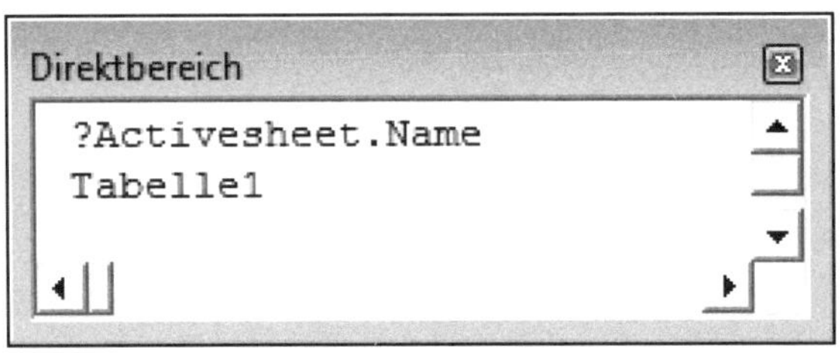

Abbildung 9.2: Die Ausgabe des Tabellenblattnamens im Direktbereich

Tipp: Die IntelliSense-Liste im Direktbereich nutzen

Sie können auch im Direktfenster die IntelliSense-Liste verwenden. Geben Sie die ersten Zeichen des Befehls ein und drücken Sie dann die Tastenkombination Strg+Leer.

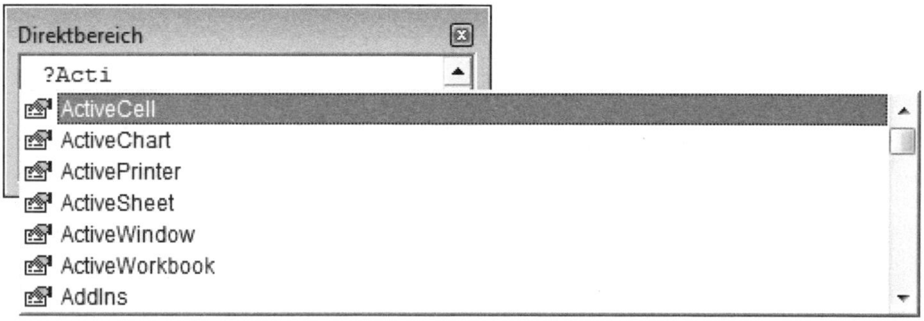

Das Direktfenster loslösen

Das Direktfenster ist standardmäßig verankert. Sie können es aus der Verankerung lösen, indem Sie es am blauen Rand »festhalten« und mit gedrückter linker Maustaste aus der Verankerung wegziehen. Sie können auch einfach auf die Titelleiste des Direktfensters doppelklicken.

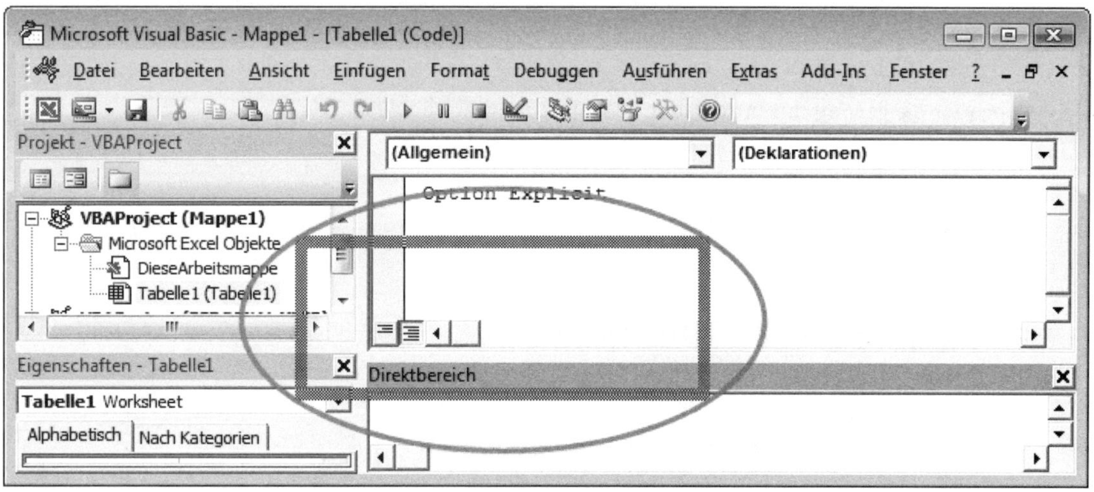

Abbildung 9.3: Den Direktbereich loslösen

Das Direktfenster wird nun frei schwebend angezeigt.

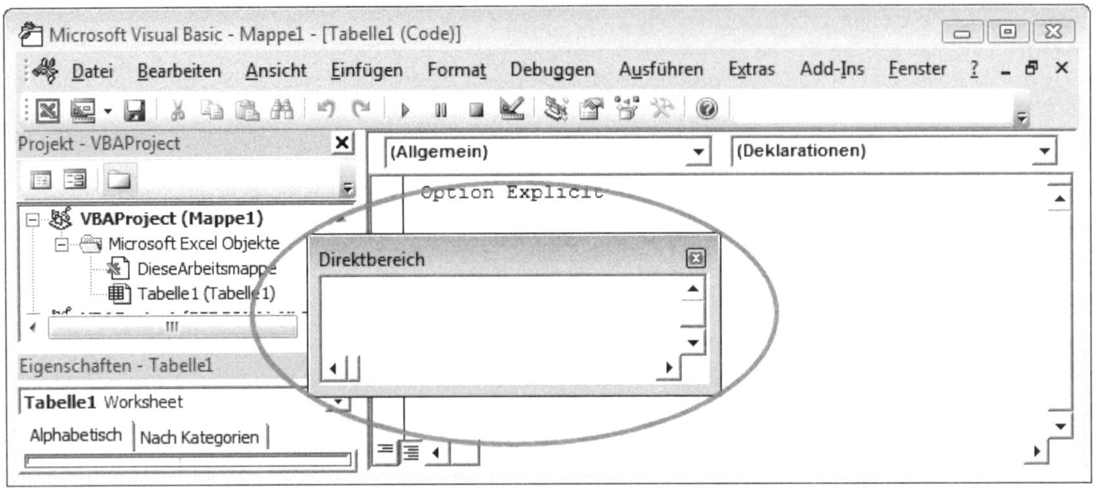

Abbildung 9.4: Der Direktbereich als eigenständiges Fenster

Um das Direktfenster wieder zu verankern, brauchen Sie lediglich auf die Titelleiste doppelzuklicken.

Das Direktfenster – Eingaben ohne Rückgabewerte

Wenn Sie Anweisungen ausführen, die keinen Rückgabewert liefern, können Sie das Fragezeichen vor der Anweisung weglassen.

1. Geben Sie die gewünschte Anweisung also ohne Fragezeichen ein.
2. Drücken Sie die ↵-Taste.

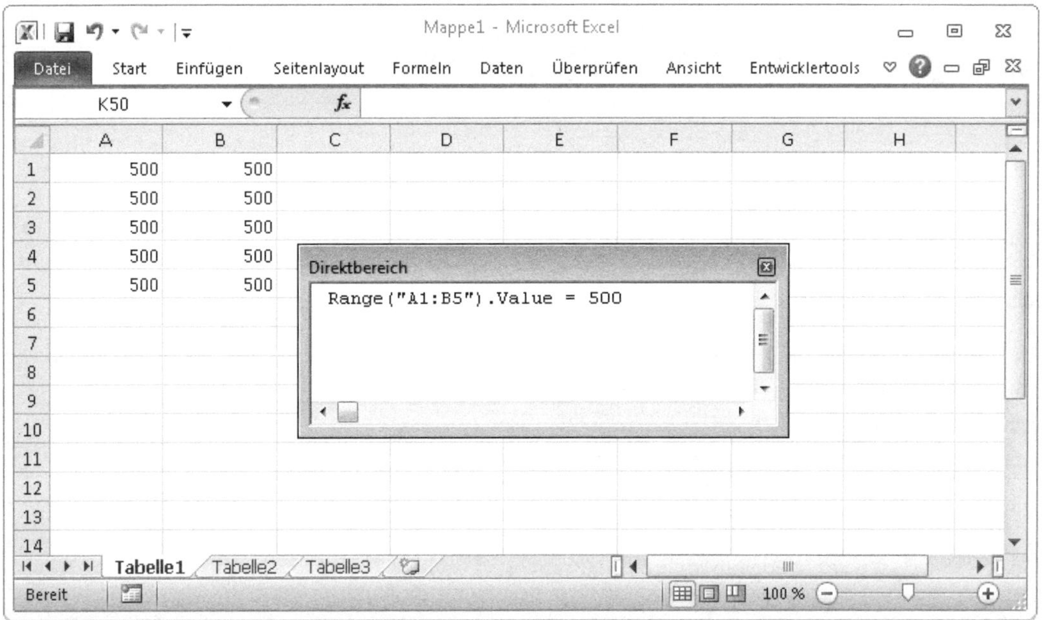

Abbildung 9.5: Die Anweisung wird direkt ausgeführt

Tipp: Den VBA-Editor und Excel gleichzeitig sehen

Wenn Sie Änderungen am Tabellenblatt vornehmen, ist es oft etwas umständlich, ständig zwischen dem VBA-Editor und Excel zu wechseln.

Durch eine entsprechende Anordnung der Fenster haben Sie alles im Überblick.

Verkleinern Sie den VBA-Editor so, dass er gut auf der Excel-Oberfläche Platz hat.

Das Direktfenster kann sogar schwebend über dem Excel-Programmfenster angezeigt werden.

Sie können nun im Direktfenster Ihre Befehle eingeben und zugleich sehen, was im Tabellenblatt geschieht (siehe Abbildung 9.5).

Das Direktfenster – Variablen abfragen *(Debug.Print)*

Variableninhalte können sich ja bekanntlich während der Laufzeit ein- oder mehrmals ändern. Innerhalb der Prozedur können Sie die Anweisung `Debug.Print` verwenden, um den Inhalt einer Variablen zu erfahren.

```
Sub VariablenPruefen()
   Dim strTitel As String
   strTitel = "Excel-VBA"
   Debug.Print strTitel

   strTitel = "Richtig einsteigen"
   Debug.Print strTitel
End Sub
```

Abbildung 9.6: Der Variableninhalt wird im Direktfenster ausgegeben

Sie können Variablen auch nebeneinander ausgeben. Sie brauchen diese lediglich durch ein Komma (,) voneinander zu trennen:

```
Sub VariablenPruefen()
   Dim strTitel As String, strAutor As String
   strTitel = "Excel-VBA, Richtig einsteigen"
   strAutor = "Monika Can-Weber"
   Debug.Print strTitel, strAutor
End Sub
```

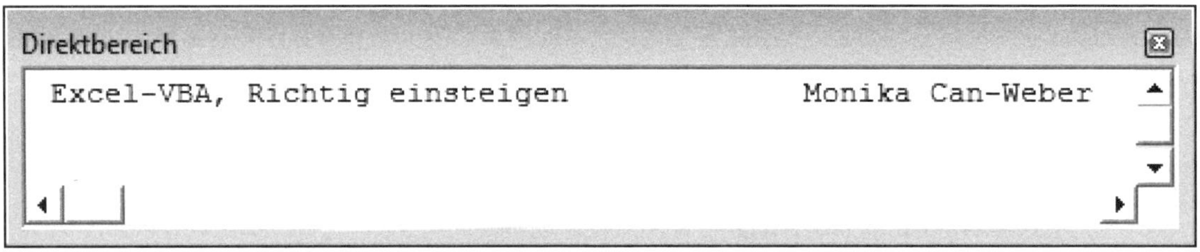

Abbildung 9.7: Die Werte werden nebeneinander ausgegeben

Auch Schleifen können verwendet werden:

```
Sub VariablenPruefen()
   Dim i As Integer
   For i = 1 To Worksheets.Count
      Debug.Print Worksheets(i).Name,
   Next i
End Sub
```

Im Direktfenster werden die Namen aller Tabellenblätter ausgegeben.

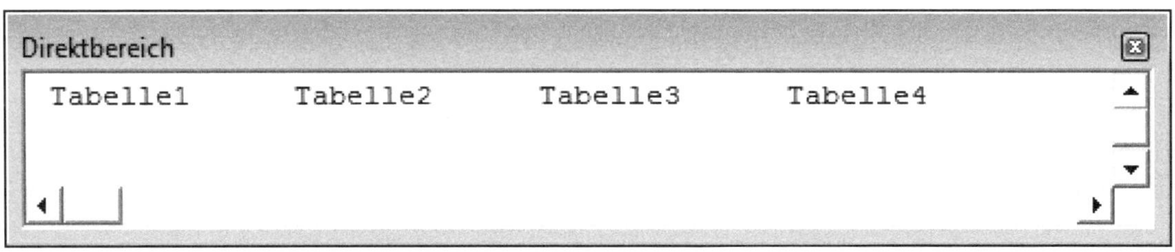

Abbildung 9.8: Ausgabe aller Tabellenblattnamen im Direktfenster

Beachten Sie das Komma am Ende der Zeile, die mit `Debug.Print` eingeleitet wird. Es sorgt dafür, dass die Werte nicht untereinander, sondern nebeneinander ausgegeben werden. Wenn Sie die Werte untereinander ausgeben möchten, lassen Sie das Komma einfach weg.

Sie können die `For`-Schleife auch verkürzen, sodass sie nur eine einzelne Zeile in Anspruch nimmt. Beachten Sie dabei die Doppelpunkte, denn diese sind entscheidend:

```
For i = 1 To Worksheets.Count: Debug.Print Worksheets(i).Name,: Next i
```

Das Lokal-Fenster und Haltepunkte

Im Lokal-Fenster können Sie die Variableninhalte und -typen anzeigen lassen. Um das Lokal-Fenster einzublenden, verwenden Sie den Menübefehl *Ansicht/Lokal-Fenster*.

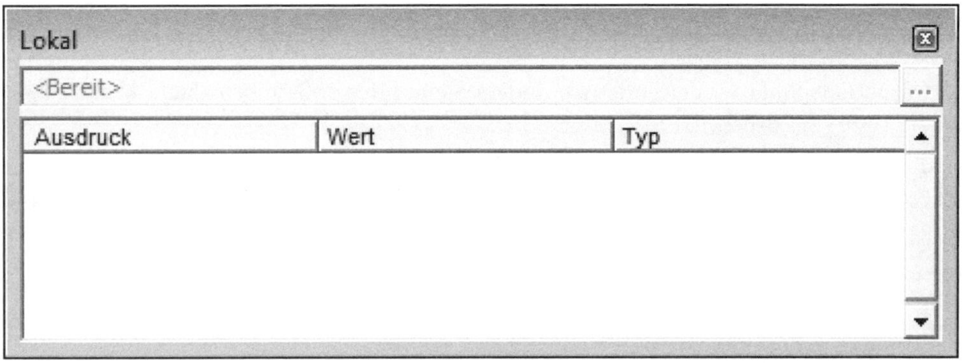

Abbildung 9.9: Das Lokal-Fenster

Das Lokal-Fenster ist vorerst leer. Es enthält die Spalten *Ausdruck*, *Wert* und *Typ*. Wenn das Lokal-Fenster befüllt ist, werden in der Spalte *Ausdruck* die Variablennamen angezeigt. In der Spalte *Wert* erscheinen die Inhalte der Variablen und in der Spalte *Typ* der zugeordnete Datentyp.

1. Damit das Fenster befüllt werden kann, müssen Sie über eine Prozedur verfügen, die eine oder mehrere Variablen enthält.
2. Sie müssen zudem einen oder mehrere Haltepunkte setzen. Um einen Haltepunkt zu setzen, klicken Sie vor der entsprechenden Codezeile auf die Leiste. Alternativ dazu verwenden Sie die Taste [F9].

   Um sämtliche Haltepunkte einer Prozedur zu entfernen, verwenden Sie die Tastenkombination [Strg]+[⇧]+[F9]. Es wird ein rotbrauner Punkt eingefügt und die Codezeile wird in derselben Farbe hinterlegt.

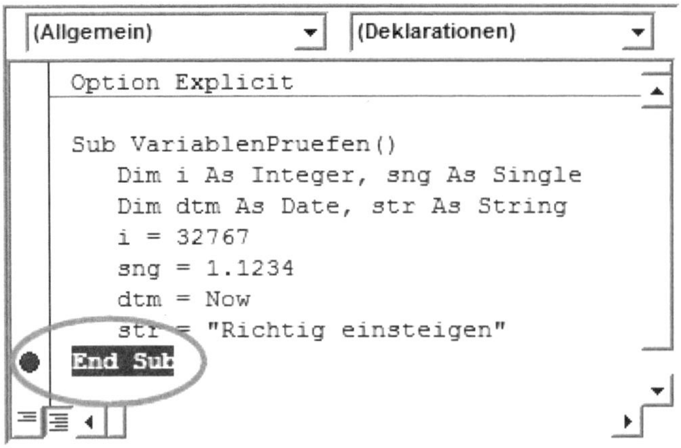

Abbildung 9.10: Ein Haltepunkt wurde eingefügt

3. Sie können den Haltepunkt wieder entfernen, indem Sie auf den rotbraunen Punkt klicken oder wiederum die Taste F9 drücken.
4. Wenn Sie die Prozedur ausführen (F5), wird der Code an der Stelle unterbrochen, an der sich ein Haltepunkt befindet. Die Zeile wird durch einen gelben Pfeil markiert und in der gleichen Farbe hinterlegt.

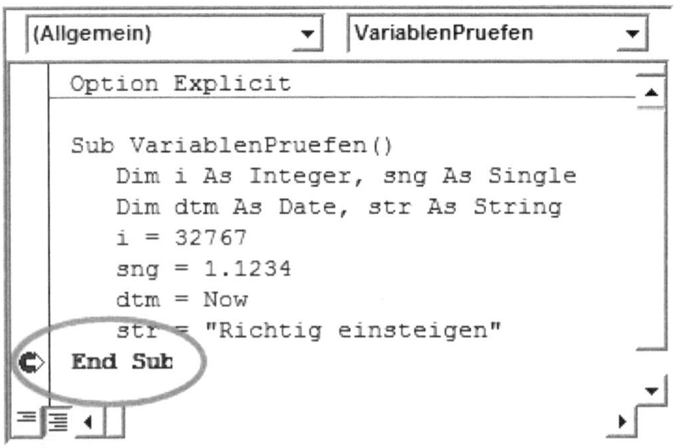

Abbildung 9.11: Der Prozedurschritt wird gelb hinterlegt

5. Durch erneutes Drücken der Taste F5 wird die Codeausführung fortgesetzt. Unser Haltepunkt befindet sich am Fuß der Prozedur. Damit erreichen wir, dass im Lokal-Fenster sämtliche Variablen inklusive ihrer Werte und Datentypen angezeigt werden.

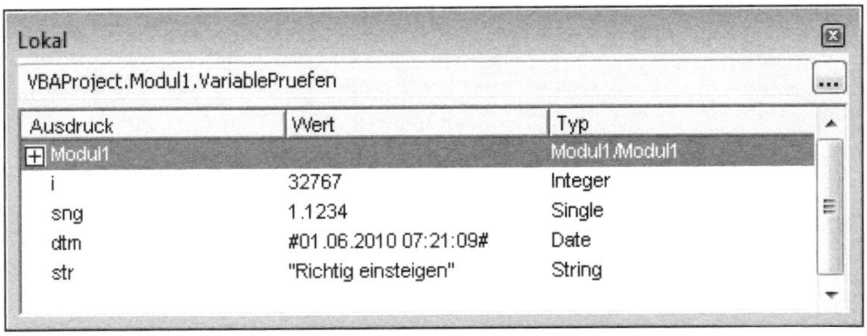

Abbildung 9.12: Die Rückgabewerte der Variablen im Lokal-Fenster

Das Überwachungsfenster

Das Überwachungsfenster ist dem Lokal-Fenster von der Darstellung her sehr ähnlich. Das Überwachungsfenster enthält zusätzlich die Spalte *Kontext*. In dieser Spalte wird der Modul- und Prozedurname angezeigt. Um das Überwachungsfenster einzublenden, verwenden Sie den Menübefehl *Ansicht/Überwachungsfenster*. Das vorerst leere Überwachungsfenster wird eingeblendet.

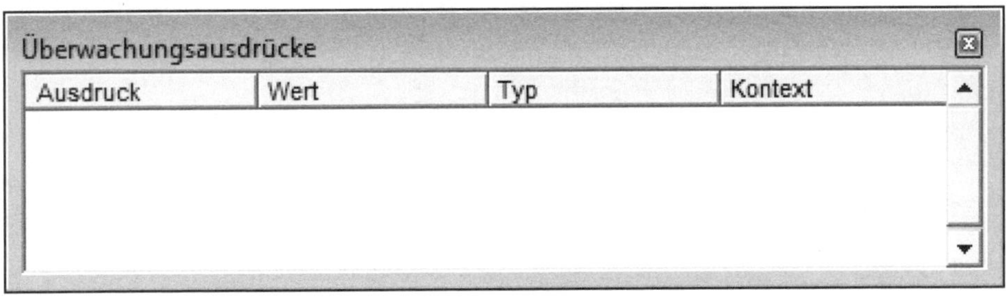

Abbildung 9.13: Das Überwachungsfenster

Der Umgang mit dem Überwachungsfenster ist etwas umständlicher als der mit dem Lokal-Fenster. Die zu überwachenden Variablen müssen explizit festgelegt werden.

1. Der einfachste Weg, um eine Überwachung einzufügen, führt über das Kontextmenü des Überwachungsfensters. Klicken Sie mit der rechten Maustaste auf das Überwachungsfenster.
2. Wählen Sie aus dem Kontextmenü den Befehl *Überwachung einfügen*. Das Dialogfeld *Überwachung hinzufügen* wird angezeigt.
3. Geben Sie ins Eingabefeld *Ausdruck* den Namen der Variablen ein, die Sie überwachen möchten.

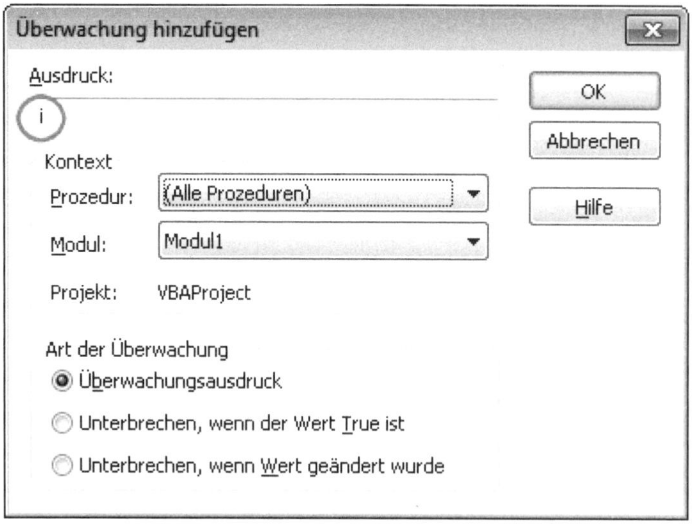

Abbildung 9.14: Eine Überwachung hinzufügen

4. Klicken Sie auf die Schaltfläche *OK*. Im Überwachungsfenster ist nun der hinzugefügte Eintrag ersichtlich.

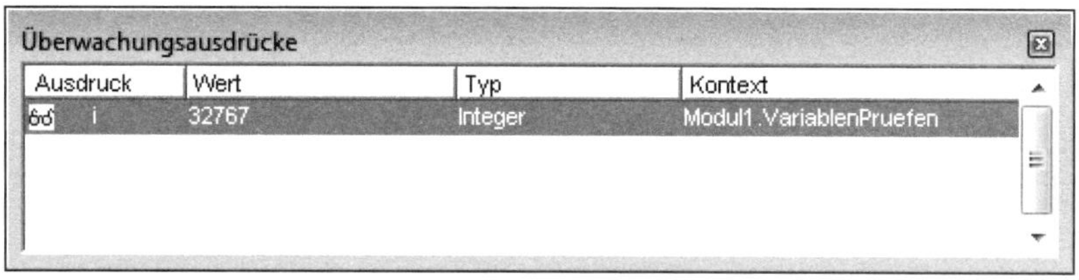

Abbildung 9.15: Der Inhalt der Variablen wird nach dem Ausführen der Prozedur angezeigt

5. Wiederholen Sie den Vorgang, bis alle erforderlichen Variablen im Überwachungsfenster angezeigt werden.

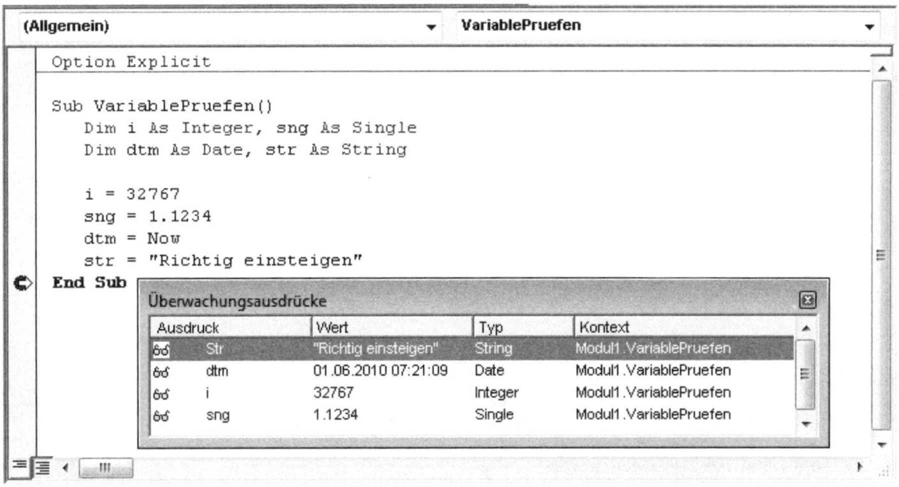

Abbildung 9.16: Sämtliche Variablen wurden ins Überwachungsfenster aufgenommen

6. Sie müssen einen oder mehrere Haltepunkte setzen, um das Überwachungsfenster zu befüllen.

Überwachungsausdrücke können jederzeit wieder entfernt werden.

1. Klicken Sie mit der rechten Maustaste im Überwachungsfenster auf den Ausdruck, den Sie entfernen möchten.
2. Wählen Sie aus dem Kontextmenü den Befehl *Überwachung entfernen*. Die Überwachung wird gelöscht.

9.2 Debuggen

Der Begriff Debuggen bedeutet ein Programm testen. Sie können den Debugger verwenden, um einzelne Codezeilen auf Fehler zu überprüfen.

Während Ihrer Laufbahn als VBA-Programmierer werden Sie mit größter Wahrscheinlichkeit früher oder später auf das Debugger-Dialogfeld (siehe Abbildung auf der folgenden Seite) stoßen. Es wird immer dann angezeigt, wenn der Compiler einen Fehler in Ihrem Code entdeckt, den er nicht verarbeiten kann. Leider sind die Meldungen im Debugger-Dialogfeld meist nicht sonderlich aussagekräftig.

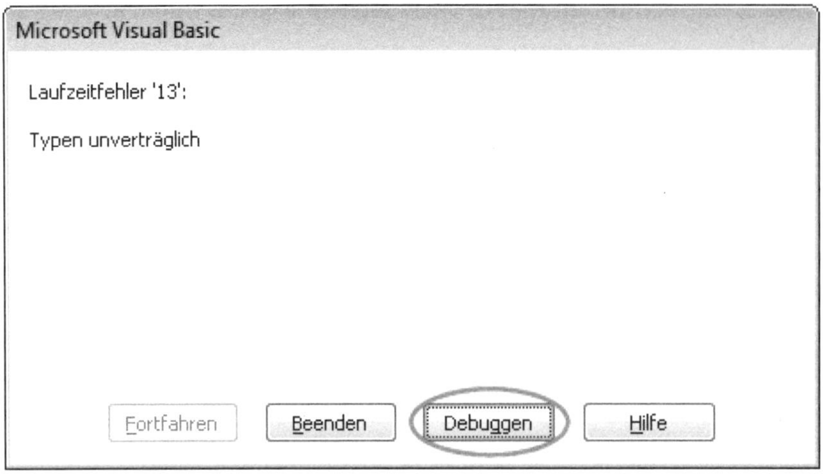

Abbildung 9.17: Ein Laufzeitfehler

Das Debugger-Dialogfeld enthält unter anderem die Schaltflächen *Beenden* und *Debuggen*. Mittels *Beenden* können Sie die Prozedur abbrechen. Wenn Sie auf *Debuggen* klicken, wird der VBA-Editor geöffnet. Die fehlerhafte Codezeile ist gelb gekennzeichnet.

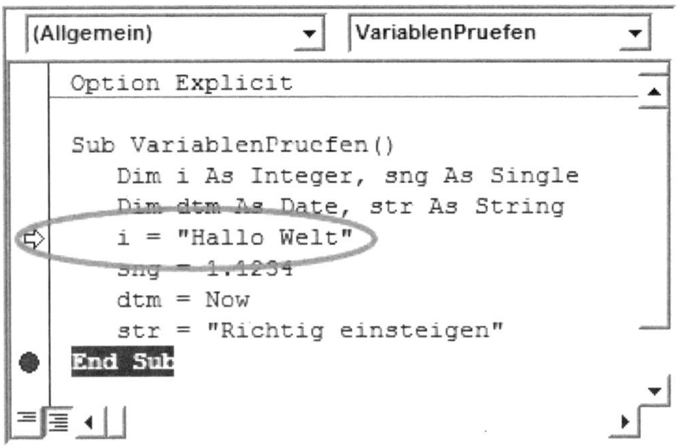

Abbildung 9.18: Die fehlerhafte Stelle ist gelb gekennzeichnet

In unserem Beispiel wurde der Versuch unternommen, einer als Integer deklarierten Variablen einen String zuzuweisen. Dadurch entstand der Laufzeitfehler 13 – Typen unverträglich.

Der Code muss nun auf eine beliebige Art verlassen werden. Sie können beispielsweise die Taste F5 drücken. Damit wird das Debugger-Fenster erneut geöffnet. Die Codeausführung kann nun über die Schaltfläche *Beenden* abgeschlossen werden.

Im Menübefehl *Debuggen* stehen verschiedene Befehle zur Verfügung, die Sie beim Testen Ihrer Programme unterstützen. Einige davon haben Sie ja bereits kennengelernt.

Debuggen im Einzelschritt

Wenn Sie einen Code debuggen möchten, müssen Sie immer Haltepunkte an den Stellen setzen, an denen Sie einen Fehler erwarten oder den Inhalt einer Variablen überprüfen möchten.

Debuggen im Einzelschritt bedeutet, die Prozedur bis zu einem bestimmten Haltepunkt auszuführen und dann zu unterbrechen.

1. Um einen einzelnen Schritt auszuführen, drücken Sie die Taste F8.
2. Ein wiederholtes Drücken der Taste F8 führt Sie jeweils zum nächsten Einzelschritt. Die gerade aktive Zeile wird gelb hinterlegt.
3. Wenn Sie mit dem Mauszeiger auf eine Variable zeigen und ihn eine Weile darauf verharren lassen, wird der Inhalt der Variablen in einer QuickInfo angezeigt.

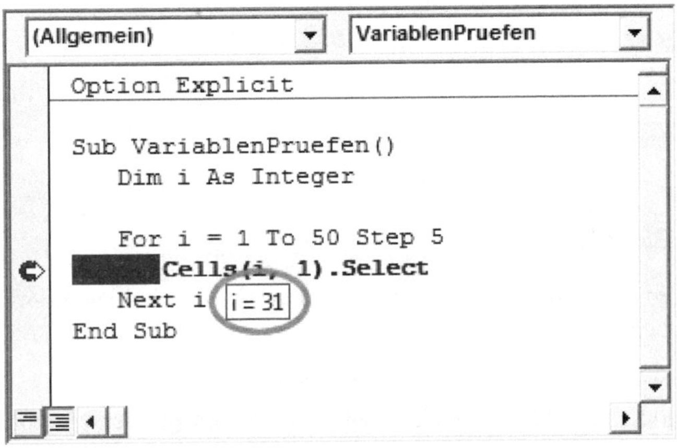

Abbildung 9.19: Der Inhalt der Variablen wird in einer QuickInfo angezeigt

Debuggen im Prozedurschritt

Das Debuggen im Prozedurschritt führt im Grunde genommen dasselbe aus wie das Debuggen im Einzelschritt. Der Gedanke ist der, dass, wenn eine Prozedur eine andere aufruft, im Prozedurschritt zu der zweiten Prozedur gewechselt werden kann. Verwenden Sie, um Prozedurschritte auszuführen, die Tastenkombination ⇧+F8.

Starten Sie den Vorgang, indem Sie den Cursor in die erste Prozedur setzen und dann die Taste F8 drücken. Setzen Sie danach die Codeausführung mit ⇧+F8 fort.

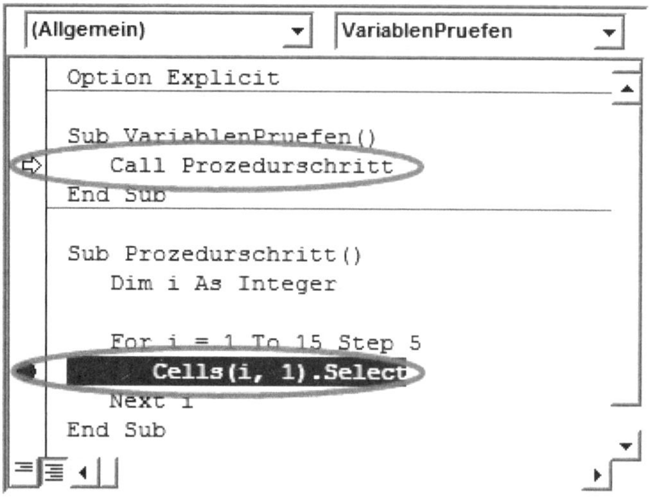

Abbildung 9.20: Prozedurschritte ausführen

Debuggen bis zur Cursorposition

Sie können auch auf die Verwendung von Haltepunkten verzichten und die Prozedur einfach dort ausführen, wo sich der Cursor momentan befindet.

1. Setzen Sie dazu den Cursor in die Codezeile, die Sie überprüfen möchten.
2. Drücken Sie die Tastenkombination Strg+F8. Die Zeile wird gelb hinterlegt. Der Variableninhalt kann in der QuickInfo eingesehen werden.

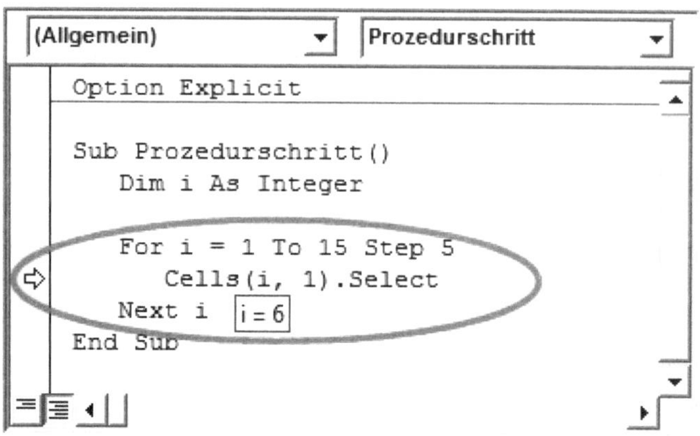

Abbildung 9.21: Variableninhalt bei Cursorposition prüfen

3. Drücken Sie wiederholt die Tastenkombination Strg+F8, wenn Sie die Schritte weiter ausführen möchten.
4. Der Debug-Modus kann jederzeit unter Benutzung der Tastenkombination Strg+⇧+F8 verlassen werden.

9.3 Fehlertoleranzen

In VBA-Prozeduren können immer wieder Fehler entstehen, durch die das Debugger-Dialogfeld angezeigt wird. Solche Fehler müssen Sie unbedingt beheben, bevor Sie die Prozedur mehreren Benutzern zugänglich machen. Die meisten Endanwender kennen sich mit VBA nicht aus und können auch nicht wissen, wie mit dem Debugger-Dialogfeld umzugehen ist.

Selbst wenn ein Programm vermeintlich auf Herz und Nieren getestet wurde, ist nicht auszuschließen, dass je nach Konstellation ein Fehler entsteht. Je komplexer die Prozedur ist, desto größer die Fehlerwahrscheinlichkeit. Empfehlenswert ist es, die Prozedur durch verschiedene Benutzer testen zu lassen, bevor sie veröffentlich wird.

Nicht umsonst verschickt selbst Microsoft Alpha- und Beta-Versionen (Testversionen) an einen ausgewählten Kreis von Benutzern, die beim Testen für eine Endversion behilflich sind. Oftmals dauert es Monate, bis ein Programm so weit ausgereift ist, dass es verkauft werden kann.

In der Regel lassen sich gefundene Fehler auch wieder beseitigen. Häufig ist dies eine große Herausforderung, wenn nicht sogar Geduldsfrage. Oftmals sind hervorragende Programmierkenntnisse erforderlich, um einen Fehler zu beheben. Es gibt in VBA sogar Situationen, in denen ein Fehler schlicht umgangen werden muss, weil er nicht vollständig behoben werden kann.

Sogenannte `On Error`- oder `GoTo`-Anweisungen genießen unter Programmierern generell einen schlechten Ruf, weil der Einsatz nicht ungefährlich ist. Nach Möglichkeit sollten Sie darauf verzichten und eine bessere Lösung suchen.

On Error Resume Next

Durch ein `On Error Resume Next` können VBA-Fehler einfach übergangen werden. Dies ist die simpelste und bequemste Methode, um eine VBA-Prozedur ohne Unterbrechung, ab einer bestimmten Codezeile, auszuführen. Das Problematische daran ist, dass damit möglicherweise kritische Fehler übergangen werden, die zu einem falschen Ergebnis führen. Überlegen Sie sich also gut, ob und wann Sie die Anweisung wirklich verwenden möchten.

Im folgenden Beispiel versuchen wir, ein Tabellenblatt zu aktivieren, das in der Arbeitsmappe nicht vorhanden ist:

```
Sub FalschesBlatt()
   Worksheets(20).Activate
End Sub
```

Abbildung 9.22: Es entsteht ein Laufzeitfehler

Um diesen Fehler schlicht zu ignorieren, setzen wir ein `On Error Resume Next` ein:

```
Sub OnErrorResumeNext()
   On Error Resume Next
   Worksheets(20).Activate
End Sub
```

Der Code wird nun ohne das Anzeigen des Debugger-Dialogfelds ausgeführt. Wir können wohl davon ausgehen, dass in der Praxis weitere Anweisungen für das Tabellenblatt folgen würden. Nachdem das Tabellenblatt jedoch nicht vorhanden ist, würden diese alle kommentarlos übergangen.

Um den Code sauber zu programmieren, können Sie beispielsweise wie folgt vorgehen:

1. Hinterlegen Sie den Blattindex in einer Variablen. Sie können diese in der gesamten Prozedur immer wieder verwenden. Der Vorteil liegt darin, dass nur die Variable zu Beginn der Prozedur geändert werden muss, falls sich der Index ändert.
2. In der `If`-Entscheidung wird die gesamte Anzahl an Tabellenblättern `Worksheets.Count` mit dem Index verglichen. Das heißt, es wird geprüft, ob überhaupt so viele Tabellenblätter vorhanden sind.
3. Wenn dies zutrifft, wird das Tabellenblatt aktiviert, ansonsten wird ein Meldungsfeld angezeigt,

```
Sub FalschesBlattAusprogrammiert()
   Dim bytWSIndex As Byte

   bytWSIndex = 20

   If Worksheets.Count >= bytWSIndex Then
      Worksheets(bytWSIndex).Activate
   Else
      MsgBox "Ein Tabellenblatt mit dem Index " & bytWSIndex & _
             " existiert nicht. Es sind nur " & Worksheets.Count & _
             " Tabellenblätter vorhanden."
   End If
End Sub
```

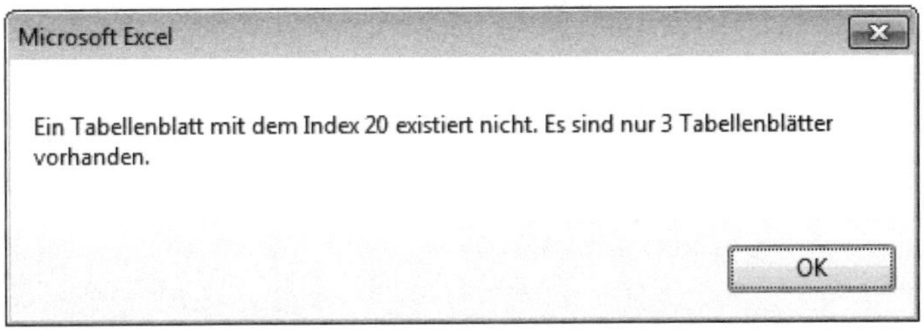

Abbildung 9.23: Der Fehler wird abgefangen

On Error GoTo 0

Wenn Sie dennoch einmal `On Error Resume Next` verwenden müssen, was durchaus nicht auszuschließen ist, sollten Sie die Fehlerunterdrückung nach der kritischen Stelle wieder deaktivieren. Dies geschieht mit der Anweisung `On Error GoTo 0`. Die Prozedur läuft danach ganz normal weiter. Sollten noch weitere Fehler im Code enthalten sein, so erscheint wie gewohnt wieder eine Fehlermeldung.

```
Sub OnErrorGoTo0()
   On Error Resume Next
   Worksheets(20).Activate
   On Error GoTo 0

   ' Weitere Codezeilen
End Sub
```

On Error GoTo Sprungmarke

Eine weitere Möglichkeit, einen Fehler abzufangen, besteht darin, eine Sprungmarke zu verwenden. Sie können dieser einen beliebigen Namen geben. Wir nennen sie hier `Fehlerbehandlung`.

1. Die Anweisung `On Error GoTo Fehlerbehandlung` ermöglicht das Verzweigen zu einer bestimmten Stelle im Code, sobald ein Fehler auftritt. Um es vereinfacht auszudrücken, bewirkt die Anweisung Folgendes: Gehe zur Sprungmarke `Fehlerbehandlung`, wenn ein Fehler auftritt.
2. Die Fehlerbehandlung, bzw. die Sprungmarke, ist in unserem Beispiel am Ende der Prozedur zu finden. Beachten Sie den Doppelpunkt (:), der auf `Fehlerbehandlung` folgt. Dieser ist zwingend erforderlich.
3. Nachdem das Programm zur Sprungmarke verzweigt ist, werden die dort hinterlegten Anweisungen ausgeführt. In unserem Beispiel wird ein Meldungsfeld ausgegeben.
4. Nach dem Auftreten des Fehlers müssen Sie veranlassen, dass die Prozedur beendet wird. Dies geschieht mit der Anweisung `Exit Sub`.

```
Sub Sprungmarke()
   Dim bytWSIndex As Byte
   bytWSIndex = 20
```

```
      On Error GoTo Fehlerbehandlung
      Worksheets(bytWSIndex).Activate
      Exit Sub
   Fehlerbehandlung:
      MsgBox "Ein Tabellenblatt mit dem Index " & bytWSIndex & _
             " existiert nicht. Es sind nur " & Worksheets.Count & _
             " Tabellenblätter vorhanden."
   End Sub
```

9.4 Übungen zu diesem Kapitel

In diesem Abschnitt finden Sie einige Übungen zu diesem Kapitel. Die Antworten und Lösungen finden Sie wie immer auf der Website *www.richtig-einsteigen.de.*

Übung 9.1

Öffnen Sie das Direktfenster und ordnen Sie es so an, dass Sie im Hintergrund die Excel-Tabelle sehen. Welche Codezeilen müssen Sie im Direktfenster eingeben, um den Bereich *A1:B5* mit einer grünen Hintergrundfarbe zu formatieren? Führen Sie den Code aus und beobachten Sie die Veränderung im Hintergrund.

Übung 9.2

Erstellen Sie ein Modul und tippen Sie folgenden Code ein:

```
Sub test()
   Dim i As Integer

   For i = 37 To 5 Step -8
      Cells(i, 1).Select
   Next i
End Sub
```

Zwei Fragen, bevor Sie den Code ausführen: Wie oft verändert sich der Inhalt der Variablen? Welche Werte nimmt die Variable jeweils an?

Setzen Sie nun einen Haltepunkt auf die Zeile, die sich innerhalb der `For`-Schleife befindet, und führen Sie den Code aus, um die Antwort zu erhalten. Sie können natürlich auch eine beliebige andere Methode anwenden, um die Fragen zu beantworten.

9.5 Zusammenfassung

Leider werden wohl auch Sie früher oder später erfahren, dass nicht jeder VBA-Code von Anfang an fehlerfrei funktioniert. Dieses Kapitel hat erläutert, wie Sie Fehler aufspüren und beheben können.

- Sie haben die verschiedenen Testfenster kennengelernt und wie Sie sie bei Bedarf einblenden können.
- Wenn Sie einen fehlerhaften VBA-Code vor sich haben, können Sie gezielt Haltepunkte setzen und den Code im Einzelschritt, im Prozedurschritt oder bis zur Cursorposition ausführen lassen, um sich so an das Problem heranzutasten.
- Nicht alle Fehler lassen sich restlos ausmerzen. Gewisse Fehler sind unvermeidbar und können unter Umständen bis zu einem gewissen Grad toleriert werden. Sie haben erfahren, wie Fehler umgangen werden können.

Kapitel 10

Eigene Funktionen programmieren

In diesem Kapitel lernen Sie

- wie Sie Ihre eigenen Funktionen erstellen können
- welche Typen von Funktionen es gibt
- auf welche Weise Funktionen eingesetzt werden können

10.1 Funktionen verstehen

Excel stellt bereits von Haus aus eine sehr große Anzahl vordefinierter Funktionen zur Verfügung, die zur Berechnung der unterschiedlichsten Werte eingesetzt werden können. Deshalb mag es auf den ersten Blick überflüssig erscheinen, zusätzlich eigene Funktionen in VBA zu programmieren. Trotz allem decken die Excel-eigenen Funktionen nicht immer die Vielzahl der in der Praxis benötigten Berechnungen ab. Hinzu kommt, dass sich wiederholt verwendete Funktionen per VBA verkürzen lassen. In diesem Kapitel werden Sie erfahren, wie per VBA eigene Funktionen programmiert werden können.

Im Unterschied zu den bis jetzt behandelten Prozeduren wird eine Funktion nicht mit `Sub` eingeleitet, sondern mit `Function`. Eine Funktion gibt immer einen Wert zurück. Sie kann in einem Tabellenblatt als Formel verwendet oder aus einer Prozedur heraus aufgerufen werden.

Hinweis: Funktionen können nicht wie Sub-Prozeduren ausgeführt werden

Wenn Sie VBA-Funktionen programmieren, müssen Sie wissen, dass diese nicht wie Prozeduren eingesetzt werden können. Es ist nicht möglich, mittels einer Funktion Veränderungen an Bereichen oder anderen Objekten in Ihrem Tabellenblatt vorzunehmen. Eine Funktion kann beispielsweise nicht die Farbe einer Zelle verändern, auch wenn dies in gewissen Fällen sinnvoll erscheinen mag. Funktionen sind lediglich dazu da, Werte zurückzugeben.

Die Namen der in Excel bereits enthaltenen VBA-Funktionen sind immer in Englisch. Wenn man also eine Tabellenfunktion in VBA verwenden möchte, muss man erst den englischen Namen herausfinden. Sie haben die Möglichkeit, die englischen Funktionsnamen unter Zuhilfenahme des Makrorekorders zu ermitteln. Nehmen wir als Beispiel die Funktion *RUNDEN()*. Führen Sie folgende Schritte aus, um den englischen Funktionsnamen zu ermitteln:

1. Geben Sie in die Zelle *A1* den Wert *700,75* ein.
2. Geben Sie in die Zelle *B1* die Formel *=RUNDEN(A1;0)* ein. Die Formel rundet auf eine Ganzzahl auf oder ab.
3. Schließen Sie die Formeleingabe mit der ↵-Taste ab.
4. Aktivieren Sie die Zelle *B1*.
5. Starten Sie den Makrorekorder.
6. Geben Sie einen Namen für das Makro ein.
7. Wählen Sie bei *Makro speichern in* die Option *Diese Arbeitsmappe*.
8. Drücken Sie während der Aufzeichnung die Taste F2 und anschließend die ↵-Taste.
9. Beenden Sie die Aufzeichnung.

Im VBA-Editor können Sie nun in der aktiven Arbeitsmappe in *Modul1* die Codezeile `ActiveCell.FormulaR1C1 = "=ROUND(RC[-1],0)"` sehen. Die Übersetzung für die Funktion *RUNDEN()* lautet in VBA somit `ROUND`.

Die aufgezeichnete Codezeile sieht auf den ersten Blick etwas verwirrend aus, deshalb hier einige Erläuterungen dazu. Die Eigenschaft `FormulaR1C1` gibt einen Z1S1-Bezug zurück. `R1` (bzw. Z1) steht für *R*ow1 (oder *Z*eile1) und `C1` (bzw. S1) steht für *C*olumn1 (oder *S*palte1). Immer wenn mit dem Makrorekorder eine Funktion aufgezeichnet wird, wird diese Bezugsart ausgegeben.

In Anführungszeichen steht ein Gleichheitszeichen, gefolgt vom Funktionsnamen und dem Zellenbezug. Der Zellbezug wird in diesem Beispiel als `RC[-1]` angegeben. Dies bedeutet, dass sich die Zelle, auf die sich die Berechnung bezieht, in derselben Zeile (`Row`) befindet wie die Formel. Deshalb ist hinter dem `R` kein Index in eckigen Klammern erforderlich. Die zu berechnende Zahl liegt eine Spalte links von der Formel, deshalb die Angabe `[-1]`.

Würde die Formel in der Zelle *C3* stehen, würde der Bezug `R[-2]C[-2]` lauten. Von der Formel aus gesehen würde die zu berechnende Zahl somit *zwei* Zellen links und *zwei* Spalten oberhalb liegen.

In der VBA-Programmierung sind solche Bezüge kaum anzutreffen. Es wird vielmehr auf das Objekt Bezug genommen, wie Sie gleich erfahren werden.

Eine weitere Möglichkeit, den englischen Funktionsnamen einer aktiven Zelle zu ermitteln, besteht darin, eine kleine Prozedur zu verwenden. Die Eigenschaft dazu lautet `Formula`. Wenn Sie `FormulaLocal` benutzen, wird der deutsche Funktionsname angezeigt.

Um die folgende Prozedur zu verwenden, aktivieren Sie eine Zelle, die eine Formel enthält, und führen den Code aus.

```
Sub EnglischerName()
   MsgBox ActiveCell.Formula
End Sub
```

Wenn in der Zelle eine Funktion vorhanden ist, wird diese im Meldungsfeld angezeigt.

Eine einfache Funktion erstellen

Um eine Funktion zu erstellen, wird die Anweisung `Function` benutzt. Ihr folgt der Name, der später im Tabellenblatt als Formel eingegeben werden kann. In den runden Klammern kann ein Argument eingetragen werden, beispielsweise wenn Bezug auf eine Zelle genommen werden soll.

Beim Funktionsnamen und bei den Argumenten handelt es sich um Variablen, die mit einem entsprechenden Datentyp deklariert werden sollten.

Bleiben wir beim Ermitteln von englischen Funktionsnamen. Wir werden nun eine benutzerdefinierte Funktion erstellen, die es ermöglicht, die Formel einer beliebigen Zelle zu ermitteln und deren englischen Namen auszugeben.

```
Function strEnglisch(rngZelle As Range) As String
   strEnglisch = rngZelle.Formula
End Function
```

Abbildung 10.1: Den englischen Funktionsnamen ermitteln

Anhand der folgenden Grafik können Sie erkennen, wie die Variablen innerhalb der Funktion verwendet werden.

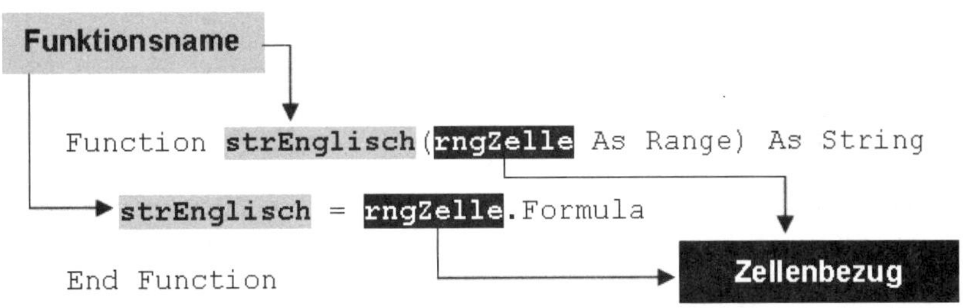

Abbildung 10.2: Variablenabhängigkeiten

Sehen wir uns nun Schritt für Schritt an, was in der Funktion genau geschieht:

1. Im Kopf der Funktion wurde die Variable `strEnglisch` deklariert. Diesen können Sie später im Tabellenblatt als Funktionsnamen eingeben.

2. Als Argument wurde in den runden Klammern die Variable `rngZelle` als `Range` deklariert. Diese stellt innerhalb der Formel den Bezug zu einer Zelle her.
3. Im Körper der Prozedur wurde dem Funktionsnamen `strEnglisch` der Bereichsname `rngZelle` übergeben. Dabei wurde die Eigenschaft `Formula` mitgeliefert, die ja bekanntlich die englische Bezeichnung einer Funktion zurückgibt.

Die Funktion verwenden

Nun stellen Sie sich vermutlich die Frage, wie Sie die selbst gebaute Funktion im Tabellenblatt verwenden können. Die Antwort ist sehr einfach: so wie jede andere Formel auch.

1. Geben Sie ein Gleichheitszeichen (=) gefolgt vom Funktionsnamen ein: *=strEnglisch*
2. Ergänzen Sie die runden Klammern, in denen Sie den Zellenbezug eingeben.

   ```
   =strEnglisch(A1)
   ```

   Die Zelle, auf die Sie Bezug nehmen, sollte eine Formel enthalten.
3. Drücken Sie die ↵-Taste, um die Funktion abzuschließen.

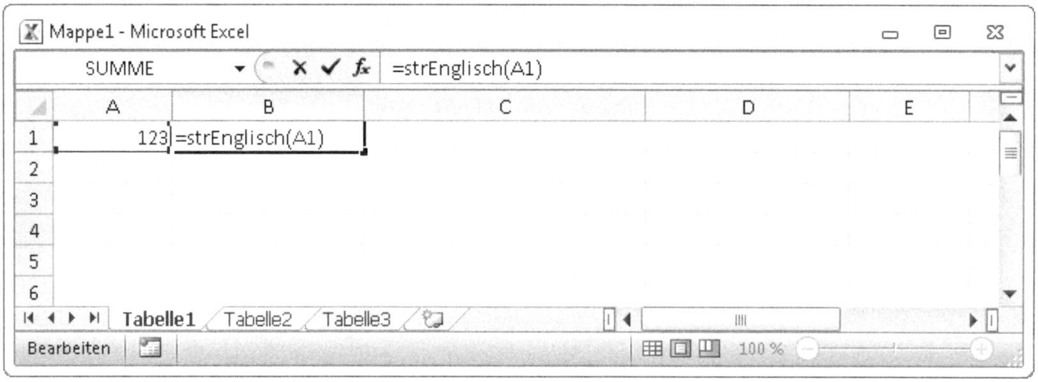

Abbildung 10.3: Der Funktionsname der selbst erstellten Funktion

Wo befindet sich die Funktion?

Eine eigene Funktion können Sie direkt in die Zelle oder in die Bearbeitungsleiste eintippen; außerdem haben Sie die Möglichkeit, zum Einfügen der Funktion den Funktions-Assistenten zu verwenden.

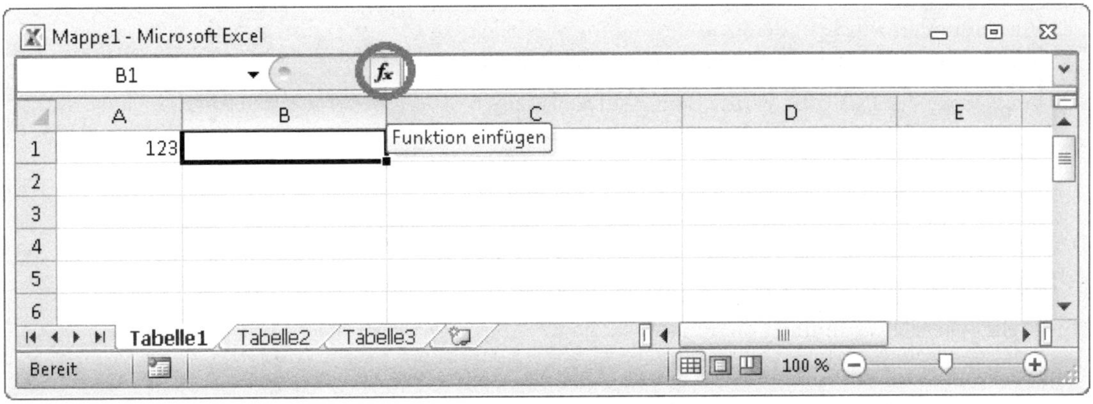

Abbildung 10.4: Die Funktion suchen

1. Rufen Sie den Funktions-Assistenten auf, indem Sie in der Bearbeitungsleiste die Schaltfläche *Funktion einfügen* anklicken.
2. Wählen Sie im Dropdown-Listenfeld *Kategorie auswählen* die Kategorie *Benutzerdefiniert* aus. Darin befinden sich alle selbst erstellten Funktionen.

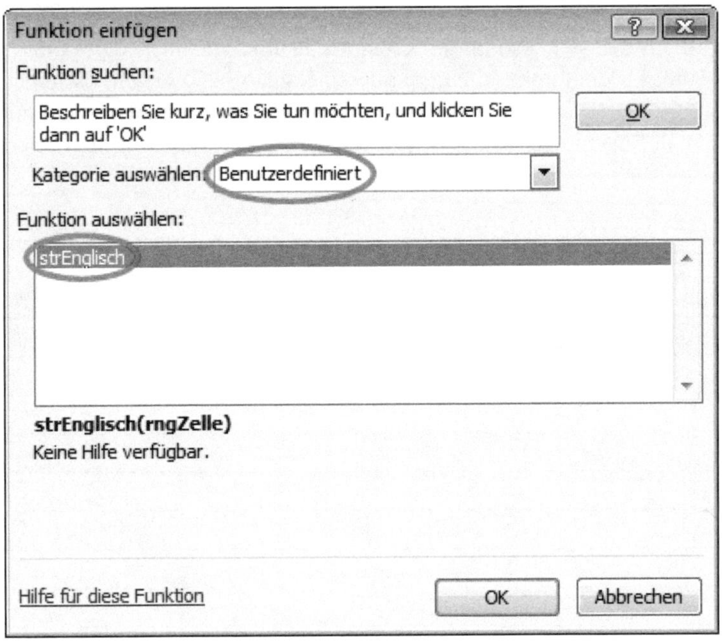

Abbildung 10.5: Die Funktion im Funktions-Assistenten

3. Markieren Sie Ihre Funktion und klicken Sie dann auf die Schaltfläche *OK*. Excel öffnet das Dialogfeld *Funktionsargumente*.

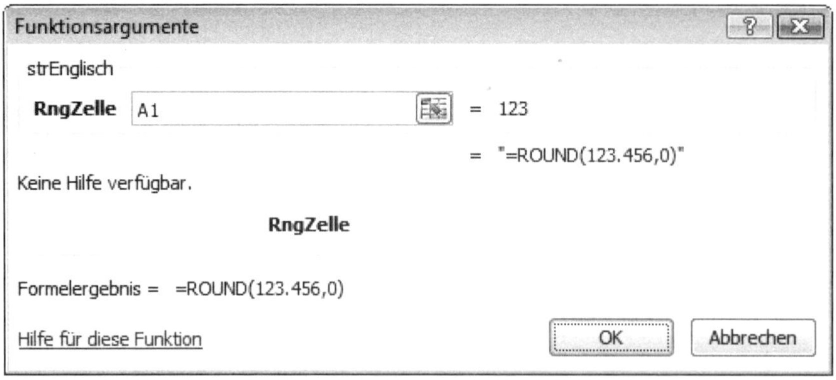

Abbildung 10.6: Die Funktionsargumente aufrufen

4. Geben Sie hier den Zellenbezug ein, zum Beispiel *A1*.
5. Klicken Sie auf die Schaltfläche *OK*.

Die Kategorie wechseln

Die benutzerdefinierten Formeln befinden sich also in der Kategorie *Benutzerdefiniert*. Dies muss nicht unbedingt sein. Sie können auf Wunsch die Funktion einer anderen Kategorie zuweisen. Es stehen insgesamt 15 Kategorien zur Verfügung. Einige davon werden erst erstellt, wenn Sie ihnen eine Funktion zuweisen. Diese Kategorien sind in der nachfolgenden Tabelle mit einem Sternchen (*) gekennzeichnet.

Tabelle 10.1: Funktionskategorien

Index	Kategoriename
1	Finanzmathematik
2	Datum & Zeit
3	Math. & Trigonom.
4	Statistik
5	Matrix
6	Datenbank
7	Text
8	Logik
9	Information
10	Menübefehle *
11	Benutzerorientiert *
12	Makrosteuerung *
13	DDE/Extern *
14	Benutzerdefiniert *
15	Konstruktion ▸

Index	Kategoriename
16	Cube
17	Kompatibilität
18 bis 32	Benutzerdefinierte Kategorien *

Hinweis: Add-Ins

Sollten Sie Add-Ins installiert haben, kann es sein, dass weitere Kategorien angezeigt werden.

Um eine Funktion in eine andere Kategorie zu verschieben, müssen wir eine Standardprozedur schreiben. Die Anweisung, um eine neue Kategorie zu erstellen, lautet: `Application.MacroOptions`. Ihr können verschiedene Argumente übergeben werden.

- Dem Argument `Macro` weisen wir den Funktionsnamen `strEnglisch` zu.
- Mittels `Description` können Sie eine Beschreibung zur Funktion hinterlegen.
- Dem Argument `Category` weisen wir den Index oder den Namen der Kategorie zu, in die wir die Funktion verschieben wollen (siehe obige Tabelle).

```
Sub KategorieWechseln()
   Application.MacroOptions _
      Macro:="strEnglisch", _
      Description:="Englischen Funktionsnamen ermitteln.", _
      Category:=9    ' Oder "Information"
End Sub
```

Wenn Sie nun den Funktions-Assistenten aufrufen, finden Sie die von Ihnen erstellte Funktion in der Kategorie *Information*.

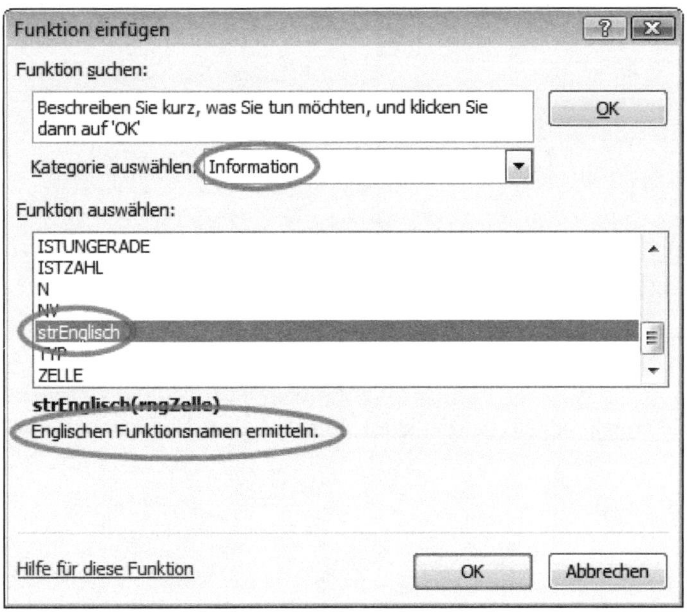

Abbildung 10.7: Die Kategorie wechseln

Eine benutzerdefinierte Kategorie erstellen

Wie Sie Tabelle 10.1 entnehmen können, gibt es noch die Kategorien mit dem Index 18 bis 32. Es gibt sie erst seit der Version 2003. Um genauer zu sein, gab es in der Version 2002 noch die Kategorie 15 mit dem Namen *Technisch*. Diese wurde mit der Version 2003 entfernt. Wohingegen in den Versionen 2007 und 2010 neue hinzugekommen sind.

Im Bereich von 18 bis 32 können Sie eigene Kategorien erstellen. Somit stehen 14 benutzerdefinierte Kategorien zur Verfügung.

Um eine eigene Kategorie zu erstellen, verwenden Sie für das Argument `Category` den gewünschten Namen.

```
Sub BenutzerdefKategorie()
   Application.MacroOptions _
      Macro:="strEnglisch", _
      Description:="Englischen Funktionsnamen ermitteln.", _
      Category:="Meine Kategorie"
End Sub
```

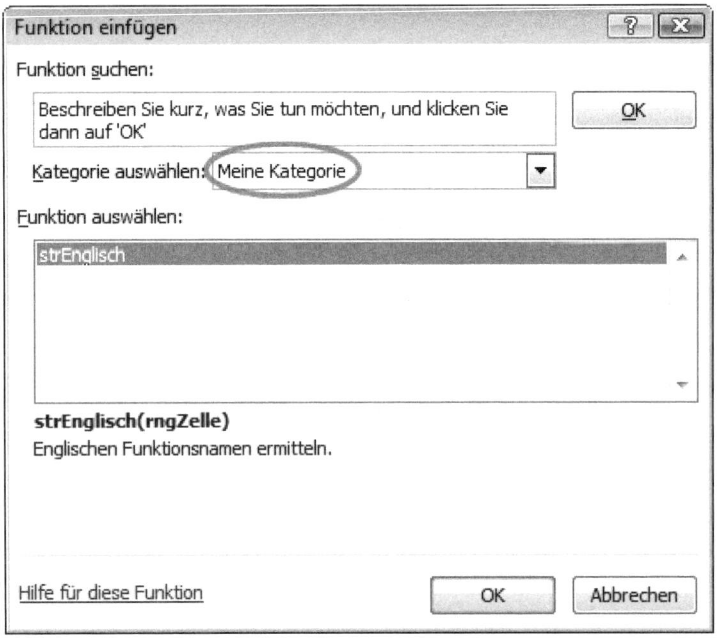

Abbildung 10.8: Eine eigene Kategorie anlegen

Sobald eine benutzerdefinierte Kategorie einmal erstellt wurde, kann sie neben dem Namen auch über den Index angesprochen werden.

10.2 Erweiterte Funktionen

Bis jetzt haben wir erst eine Formel mit einem Argument erstellt. Es gibt aber noch weit mehr Möglichkeiten.

Eine Funktion ohne Argumente

Sie müssen einer Funktion nicht zwingend ein Argument übergeben. Es gibt Situationen, in denen der Wert, der in der Zelle erscheinen soll, berechnet werden kann, ohne dass dazu Parameter übergeben werden müssen.

Die nachfolgende Funktion ist so ein Beispiel. Es wird mittels der Funktion `strWSName` der Name des aktiven Tabellenblatts ermittelt. Das Klammernpaar nach dem Funktionsnamen bleibt leer.

```
Function strWSName() As String
   strWSName = ActiveSheet.Name
End Function
```

Eine Funktion mit mehreren Argumenten

Sie können Funktionen erstellen, die mehrere Übergabewerte erwarten. Dies ist beispielsweise dann der Fall, wenn Sie Werte berechnen möchten, die aus verschiedenen Zellen stammen.

1. Wir werden nun eine Funktion erstellen, die Werte aus drei Zellen entnimmt. Dementsprechend bereiten wir drei Argumente in den runden Klammern der Funktion `dblNetto` auf.
2. Es sollen die Nettokosten unter Berücksichtigung der Anzahl, des Preises und des Rabatts berechnet werden. Die Berechnung für das Ergebnis, das die Funktion `dblNetto` ausgeben soll, findet im Körper der Funktion statt.

   ```
   Function dblNetto(rngAnzahl As Range, _
                     rngPreis As Range, _
                     rngRabatt As Range) As Double
      Dim dblZwischensumme As Double

      dblZwischensumme = rngAnzahl * rngPreis
      dblNetto = dblZwischensumme - dblZwischensumme * rngRabatt
   End Function
   ```

3. Wenn Sie den Funktions-Assistenten aufrufen, müssen Sie nur noch die drei Zellen eingeben, die berechnet werden sollen. Da die Berechnung bereits in der Funktion hinterlegt ist, sind innerhalb der Funktion keine Operatoren erforderlich.

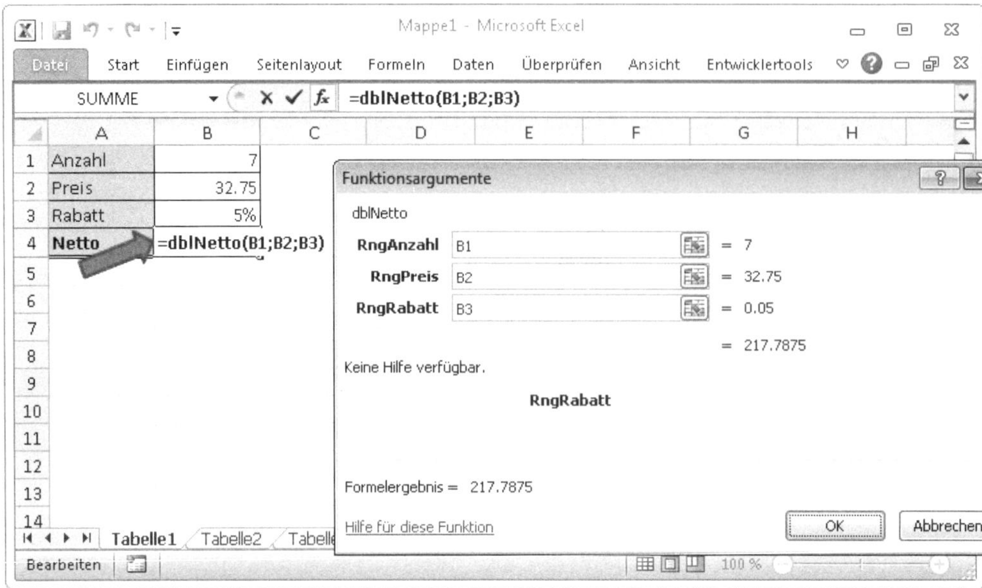

Abbildung 10.9: Mehrere Argumente in einer Funktion

Unbekannte Anzahl an Argumenten (Parameter-Array)

Bei gewissen Berechnungen kann die Anzahl an Argumenten variieren. Es kann vorkommen, dass die Funktion einmal drei Übergabewerte berechnen muss und ein anderes Mal fünf, beispielsweise wenn Sie eine Summe über vereinzelte Zellen bilden möchten, die sich an verschiedenen Stellen des Tabellenblatts befinden.

Es wäre sinnlos, fünf Argumente in der Funktion zur Verfügung zu stellen, wenn letztendlich nur drei davon gebraucht werden. Zudem würden fünf Argumente nicht ausreichen, wenn später zehn Zellen addiert werden müssen. Eine Funktion mit einer festen Anzahl an Argumenten würde dabei früher oder später an Grenzen stoßen.

VBA stellt für solche Fälle eine sogenannte Parameter-Array-Funktion zur Verfügung. Dem Argument, das als Parameter-Array dienen soll, wird das Schlüsselwort `ParamArray` vorangestellt.

```
Function dblAddition(ParamArray varListe() As Variant) As Double
```

Es ist zwingend erforderlich, die Variable für das Argument als Datentyp `Variant` zu deklarieren.

Wir erstellen nun eine Funktion, mit der Sie die Summe beliebig vieler Zellen berechnen können.

1. Hinterlegen Sie im Kopf der Funktion ein Argument, dem das Schlüsselwort `ParamArray` vorangeht.
2. In der Codezeile unter dem Kopf deklarieren Sie die Variable `varArgument`. Diese benötigen Sie danach in der `For Each`-Schleife. Da damit die Werte des Parameter-Arrays durchlaufen werden, muss die Variable ebenfalls mit dem Datentyp `Variant` deklariert werden.

3. In der `For Each`-Schleife werden sämtliche Werte, die das Parameter-Array enthält, durchlaufen. Innerhalb der Schleife können Sie die Addition (+) der Werte vornehmen. Die Summe wird in der Variablen `dblAddition` gespeichert, die unser Funktionsname ist.

```
Function dblAddition(ParamArray varListe() As Variant) As Double
   Dim varArgument As Variant

   For Each varArgument In varListe()
      dblAddition = dblAddition + varArgument
   Next varArgument
End Function
```

4. Sobald Sie die Funktion fertig programmiert haben, können Sie zum Tabellenblatt wechseln und dort die Funktion aufrufen. Verwenden Sie dazu den Funktions-Assistenten.
5. Aktivieren Sie im Funktions-Assistenten die benutzerdefinierte Funktion `dblAddition`.

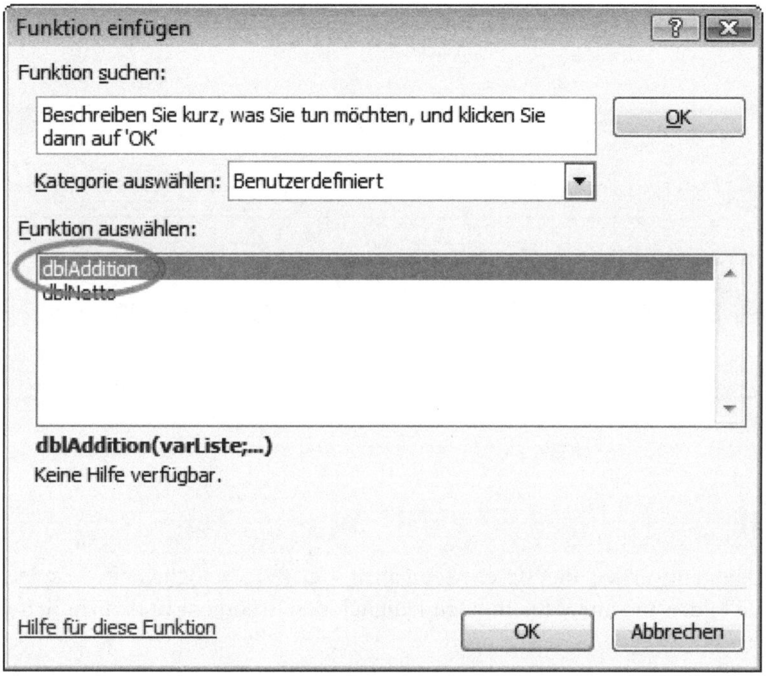

Abbildung 10.10: Die Funktion *dblAddition* aufrufen

6. Klicken Sie auf *OK*, um das Dialogfeld *Funktionsargumente* zu öffnen. Dort sehen Sie das Parameter-Array.

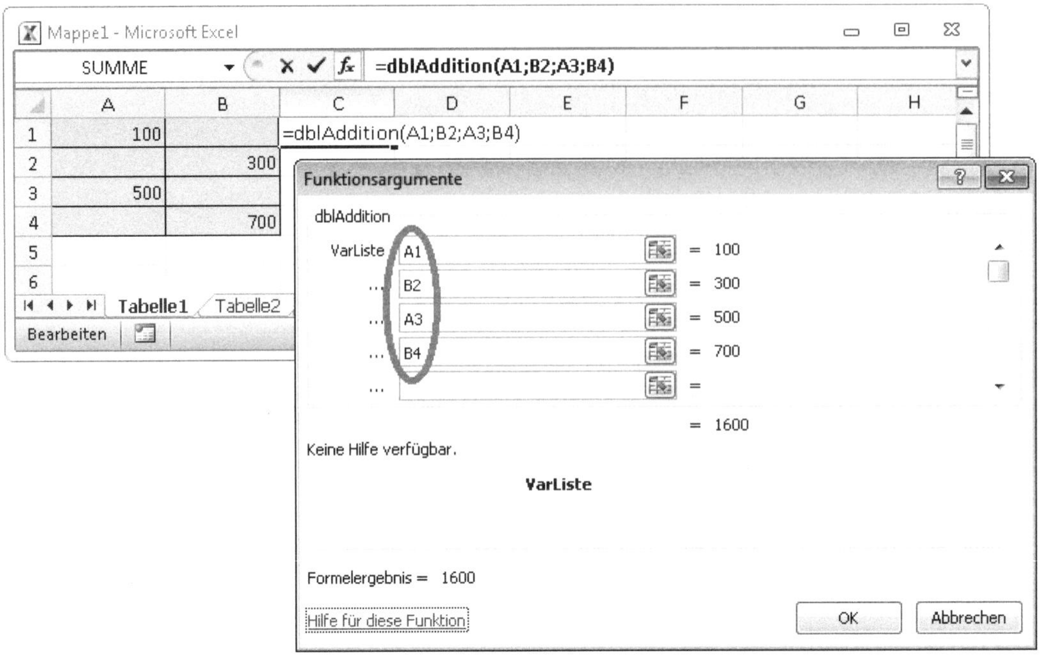

Abbildung 10.11: Einzelne Zellen zur Addition übergeben

7. Sie können nun beliebig viele Werte oder Zellbezüge eingeben. Das Array wird mit jeder Eingabe erweitert.
8. Nach vollständiger Eingabe klicken Sie auf die Schaltfläche *OK*. Die Formel mit dem Ergebnis ist nun in der Zelle vorhanden.

Bereichsfunktionen

Sie können auch Funktionen entwerfen, die Bereichseingaben (*A1:B5*) ermöglichen. Beispielsweise dann, wenn Sie eine Summe bilden möchten. Sie müssen lediglich das Argument in den runden Klammern mit dem Datentyp `Range` hinterlegen.

Um die Excel-eigene Summenfunktion nachzubilden, verwenden Sie das Objekt `Application` gefolgt von der Eigenschaft `WorksheetFunction`. Nach diesen beiden Angaben folgt die Arbeitsblattfunktion `Sum`.

```
Function dblSumme(rngBereich As Range) As Double
   dblSumme = Application.WorksheetFunction.Sum(rngBereich)
End Function
```

Diese Funktion können Sie nun wie die Standardsummenfunktion von Excel verwenden.

Neuberechnungen *(Application.Volatile)*

Benutzerdefinierte VBA-Funktionen werden in der Regel, genau wie Tabellenfunktionen, nur dann neu berechnet, wenn es erforderlich ist, beispielsweise wenn sich der Inhalt einer Zelle ändert, die das Ergebnis der Funktion beeinflusst. Wenn die VBA-Funktion keinen Übergabewert erwartet, wird keine Neuberechnung vorgenommen, da ja kein Bezug zu einer Zelle besteht.

Nehmen wir als Beispiel die Tabellenfunktion *=ZUFALLSZAHL()*. Wenn Sie diese Formel in eine Zelle eintragen, wird jeweils eine neue Zufallszahl generiert, sobald sich in einer Zelle etwas ändert. Sie können auch die Taste F9 drücken, um die Neuberechnung manuell anzustoßen.

Schauen wir uns nun an, was passiert, wenn wir die Funktion per VBA nachstellen.

1. Geben Sie die folgenden Codezeilen in ein Standardmodul ein:

```
Function dblZufall() As Double
   dblZufall = Rnd()
End Function
```

2. Wechseln Sie zum Tabellenblatt und geben Sie in eine beliebige Zelle die Formel *=ZUFALLSZAHL()* ein.
3. Geben Sie in eine andere Zelle die Formel *=dblZufall()* ein.
4. Drücken Sie nun die Taste F9. Sie werden feststellen, dass die Tabellenfunktion *ZUFALLSZAHL* eine neue Zahl generiert hat. Unsere selbst erstellte VBA-Funktion hat den alten Wert beibehalten.
5. Damit in Zukunft auch die VBA-Funktion auf das Drücken der Taste F9 oder eine Zellenänderung reagiert, müssen Sie den Code um die Anweisung `Application.Volatile` erweitern. *Volatile* bedeutet in diesem Zusammenhang *veränderlich*.

   Damit der Unterschied deutlich wird, erstellen Sie am besten eine Funktion mit einem neuen Funktionsnamen. Die neue Funktion sieht nun wie folgt aus:

```
Function dblZufallVolatile() As Double
   Application.Volatile
   dblZufallVolatile = Rnd()
End Function
```

6. Wechseln Sie wiederum zu Ihrem Tabellenblatt und geben Sie in eine weitere Zelle die Formel *=dblZufallVolatile()* ein.
7. In Ihrem Tabellenblatt sollten nun drei Formeln vorhanden sein. Drücken Sie erneut die Taste F9.

Sowohl die Tabellenfunktion als auch die zweite VBA-Funktion haben nun eine neue Zufallszahl in der Zelle ausgegeben.

10.3 Funktionen für Prozeduren

Bis jetzt haben wir VBA-Funktionen nur in Tabellenblättern verwendet. Sie können diese jedoch auch in `Sub`-Prozeduren benutzen. Oftmals wird ein und derselbe Codeblock in einer Prozedur mehrmals eingetippt oder eine Reihe an Anweisungen wird in verschiedenen Prozeduren immer und immer wieder benötigt. Damit diese Codezeilen nicht jedes Mal von Neuem eingegeben werden müssen, können Sie diese in eine Funktion auslagern.

Ein typisches Beispiel ist das Auffinden der ersten leeren Zeile in einer Tabelle. Diese Funktion wird häufig benötigt, wenn per VBA Daten untereinander in eine Spalte eingetragen werden müssen. Es reicht dann nicht aus, nur die erste leere Zelle pro Spalte aufzufinden, denn es könnte vorkommen, dass einzelne Zellen einer Tabelle nicht ausgefüllt sind. Wenn jede einzelne Spalte für sich auf die erste leere Zelle überprüft würde, käme es zu einer Verschiebung ganzer neuer Datensätze.

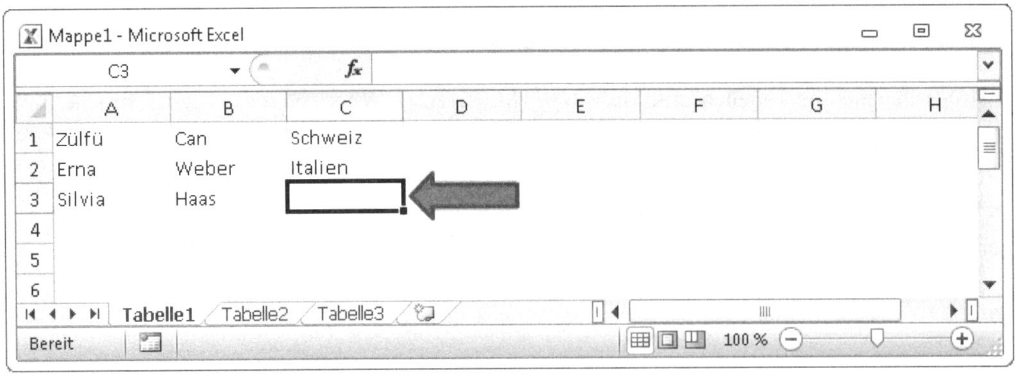

Abbildung 10.12: Die leere Zelle muss berücksichtigt werden

1. Die folgende Funktion überprüft jede einzelne Spalte auf ihre Einträge. In der `For`-Schleife wird der Variablen `lngMin` jeweils der Zeilenindex der letzten benutzten Zelle einer Spalte übergeben.

```
Function lngLetzteZeile() As Long
   Dim i As Integer, lngMin As Long, lngMax As Long

   For i = 1 To 16384
      lngMin = Cells(1048576, i).End(xlUp).Row

      If lngMax < lngMin Then
         lngMax = lngMin
      End If
   Next i

   lngLetzteZeile = lngMax
End Function
```

2. Die `If`-Abfrage prüft, ob der Inhalt der Variablen `lngMax` kleiner ist als der Inhalt von `lngMin`. Wenn dies zutrifft, wird der größere Wert an die Variable `lngMax` übergeben.
3. Dadurch erhalten wir am Ende der Prozedur den Index der letzten benutzten Zeile. Diese Zahl übergeben wir dem Funktionsnamen `lngLetzteZeile`.
4. Als Nächstes erstellen wir eine `Sub`-Prozedur, die unsere VBA-Funktion verwendet, um die Tabelle um eine weitere Zeile zu ergänzen.

```
Sub LetzteZeileBefuellen()
   Cells(lngLetzteZeile + 1, 1) = "Robert"
   Cells(lngLetzteZeile, 2) = "Weber"
   Cells(lngLetzteZeile, 3) = "Frankreich"
End Sub
```

5. Den Funktionsnamen tragen wir als Zeilenindex im Objekt `Cells` ein. Der Rückgabewert unserer VBA-Prozedur ist die letzte *benutzte* Zeile der Tabelle. Wir müssen jedoch eine Zeile vorrücken (`lngLetzteZeile + 1`), um die erste *freie* Zeile zu erreichen. Dies muss nur bei der ersten Zuweisung geschehen. Dadurch, dass der erste Eintrag erfolgt ist, hat sich auch der Zeilenindex unserer Funktion um den Wert 1 erhöht. Bei den nächsten Zuweisungen kann somit auf das +1 verzichtet werden. Die Tabelle ist nun um eine Zeile erweitert.

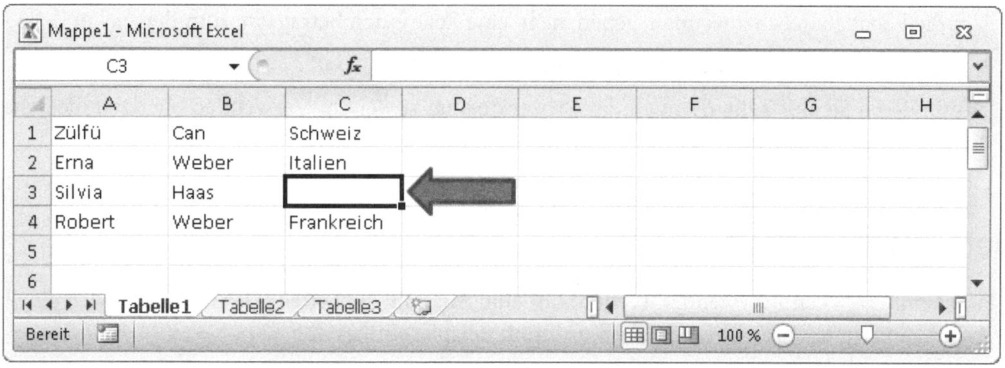

Abbildung 10.13: Die leere Zelle wurde beim Einfügen der neuen Zeile berücksichtigt

10.4 Nützliche Helfer

Nachfolgend finden Sie einige Beispiele, die Ihnen das praktische Arbeiten mit Funktionen näherbringen sollen.

Eine Rabattstaffel erstellen

Mittels einer VBA-Funktion können Sie eine benutzerdefinierte Rabattstaffel erstellen. Die Rabattstaffel in unserem Beispiel ist nach folgendem Muster aufgebaut:

Tabelle 10.2: Eine Rabattstaffel

Betrag	Rabatt
kleiner als 100	0 %
100 bis 499	5 %
500 bis 999	10 %
größer oder gleich 1000	15 %

Um die Rabattstaffel zu erstellen, können Sie wahlweise eine `If`- oder eine `Select Case`-Entscheidung verwenden. Wir benutzen hier `Select Case`:

```
Function dblRabatt(rngBetrag As Range) As Double
   Select Case rngBetrag
      Case Is < 100
         dblRabatt = 0
      Case 100 To 499
         dblRabatt = 0.05
      Case 500 To 999
         dblRabatt = 0.1
      Case Is >= 1000
         dblRabatt = 0.15
   End Select
End Function
```

1. Um die Rabattstaffel anzuwenden, geben Sie in eine Zelle einen Betrag ein, zum Beispiel in Zelle *A1*.
2. In die Zelle *B1* geben Sie die Formel *=dblRabatt(A1)* ein.
3. Nun müssen Sie der Zelle *B1* noch das Prozentformat zuweisen. Verwenden Sie dazu die Schaltfläche *Prozentformat* in der Gruppe *Format auf* der Registerkarte *Start*.

Eine Auswahl treffen

Die Funktion `Choose` kann verwendet werden, um eine Auswahl zu treffen. Der Funktion wird eine beliebige Anzahl an Argumenten übergeben. In unserem Beispiel sind es drei.

Tabelle 10.3: Eine Auswahl

Index	Rückgabe
1	Sehr gut
2	Befriedigend
3	Ungenügend

```
Function strNote(byt As Byte) As String
   strNote = Application.WorksheetFunction. _
            Choose(byt, _
            "Sehr gut", "Befriedigend", "Ungenügend")
End Function
```

1. Um die Funktion zu verwenden, geben Sie beispielsweise in die Zelle *A1* den Wert 1 ein.
2. In die Zelle *B1* geben Sie die Formel *=strNote(A1)* ein. Der Rückgabewert in Zelle *B1* ist »Sehr gut«.

   Sie können alternativ den Index 1 direkt in die Formel eingeben, um als Ergebnis »Sehr gut« zu erhalten.

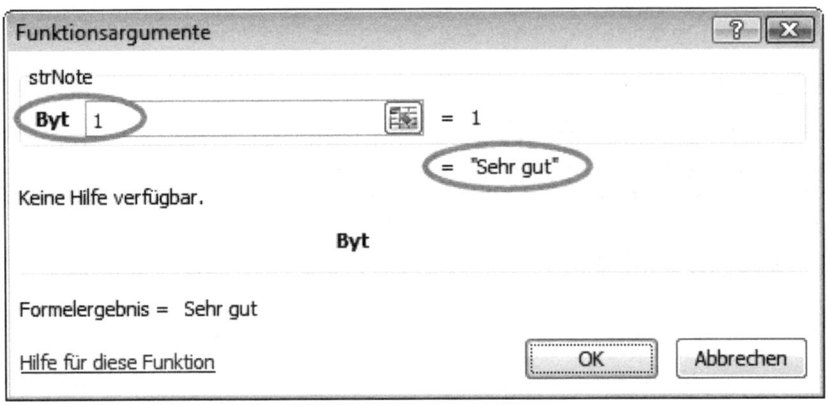

Abbildung 10.14: Eine Benotungsskala

Prüfen, ob eine Zelle eine Formel enthält

Mittels einer VBA-Funktion können Sie ermitteln, ob eine Zelle eine Formel enthält. Es wird dazu die Eigenschaft `HasFormula` verwendet. Der Rückgabewert ist `WAHR`, wenn eine Formel vorhanden ist, und `FALSCH`, wenn nicht. Um dies umzusetzen, muss der Funktionsname mit dem Datentyp `Boolean` hinterlegt werden.

```
Function blnFormel(rng As Range) As Boolean
   blnFormel = rng.HasFormula
End Function
```

1. Geben Sie in die Zelle *A1* eine Formel ein, beispielsweise *=500+300.*
2. Geben Sie in die Zelle *B1* die Formel *=blnFormel(A1)* ein.
3. Ändern Sie den Inhalt der Zelle, sodass keine Formel mehr enthalten ist. Geben Sie einfach nur eine Zahl oder einen Text ein.

   Der Rückgabewert ändert sich in `FALSCH`.

Ermitteln, aus welcher Zelle die Funktion aufgerufen wird

Sie können eine VBA-Funktion verwenden, um zu ermitteln, von welcher Zelle aus der Funktionsaufruf erfolgt. Verwenden Sie dazu die Eigenschaft `Caller` des Applikationsobjekts. Die Eigenschaft `Address` gibt ohne Verwendung der Argumente `False, False` den absoluten Zellbezug zurück.

```
Function strAdresse() As String
   strAdresse = Application.Caller.Address
End Function
```

Geben Sie in die Zelle *A1* die Formel *=strAdresse()* ein. Der Rückgabewert ist *A1.*

Farbige Zellen zählen

Sie können mittels einer VBA-Funktion veranlassen, dass Zellen, die mit einer bestimmten Hintergrundfarbe belegt sind, addiert werden.

Im Funktionskopf müssen dazu zwei Argumente hinterlegt werden. Das erste dient dazu, den Bereich aufzunehmen, der die zu zählenden Farben enthält. Das zweite nimmt eine Zelle entgegen, die die zu zählende Farbe enthält.

```
Function intFarbe(rng As Range, rngFarbe As Range) As Integer
```

Innerhalb der `For Each`-Schleife werden die Zellen des angegebenen Bereichs durchlaufen und auf die Farbe überprüft. Wenn eine entsprechende Farbe gefunden wird, wird die Variable, die den Funktionsnamen darstellt, um den Zähler 1 erhöht.

```
Function intFarbe(rng As Range, rngFarbe As Range) As Integer
   Dim c As Range

   For Each c In rng
      If c.Interior.Color = rngFarbe.Interior.Color Then
         intFarbe = intFarbe + 1
      End If
   Next c
End Function
```

1. Formatieren Sie einige Zellen mit roter Hintergrundfarbe.
2. Rufen Sie die Funktion `intFarbe` auf, indem Sie den Funktions-Assistenten verwenden.
3. Geben Sie als erstes Funktionsargument den Bereich ein, in dem die roten Zellen zu finden sind.
4. Im zweiten Feld geben Sie eine Zelle an, die die zu zählende Farbe enthält.
5. Verlassen Sie den Funktions-Assistenten, indem Sie die Schaltfläche *OK* anklicken. Die Anzahl an roten Zellen wird nun in der aktiven Zelle ausgegeben.

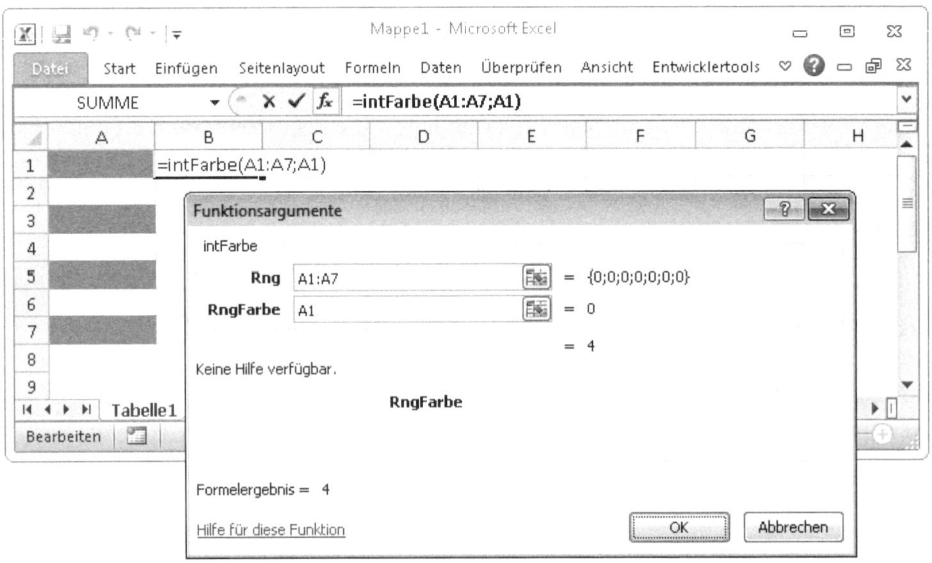

Abbildung 10.15: Farbige Zellen zählen

Hinweis: Manuelle Neuberechnung erforderlich

Wenn Sie mit Farben arbeiten, müssen Sie die Neuberechnung immer manuell anstoßen. Verwenden Sie hierzu die Taste F9.

Der Grund hierfür liegt darin, dass sich bei der Zuweisung von Farben der eigentliche Inhalt der Zelle nicht verändert.

Wenn Sie in eine der farbigen Zellen eine Zahl eingeben oder verändern, erfolgt ebenfalls eine Aktualisierung.

10.5 Übungen zu diesem Kapitel

In diesem Abschnitt finden Sie einige Übungen zu diesem Kapitel. Die Antworten und Lösungen finden Sie wie immer auf der Website *www.richtig-einsteigen.de.*

Übung 10.1

Wie lautet der englische Name der Funktion *ANZAHL*? Ermitteln Sie ihn per VBA.

Übung 10.2

Erstellen Sie eine Funktion, mit der Sie den Namen der aktiven Mappe ermitteln können.

Übung 10.3

Erstellen Sie eine Funktion mit zwei Übergabewerten. Die beiden Werte sollen multipliziert werden.

10.6 Zusammenfassung

Sie haben bereits mehr als die Hälfte des Buches durchgearbeitet und einiges an neuen Erfahrungen sammeln können. Lassen Sie uns einen Rückblick auf dieses Kapitel werfen.

- Sie haben gelernt, was unter Funktionen zu verstehen ist, und wissen, wie Sie auch eigene Formeln programmieren können.
- Nachdem Sie eigene Funktionen erstellt haben, können Sie diese gezielt der gewünschten Kategorie zuweisen.
- Sie können Funktionen erstellen, die keine oder mehrere Argumente entgegennehmen. Des Weiteren sind Sie in der Lage, Funktionen mit einer unbekannten Anzahl an Argumenten zu generieren. Sie kennen Bereichsfunktionen und können Neuberechnungen bei Bedarf anstoßen.
- Anhand einiger Praxisbeispiele haben Sie erfahren, wie selbst programmierte Funktionen im Alltag verwendet werden können.

Kapitel 11

Ereignisprozeduren verwenden

In diesem Kapitel lernen Sie

- wie eine Ereignisprozedur erstellt wird
- an welche Objekte Ereignisse gebunden werden können
- die Besonderheiten von Ereignissen kennen

11.1 Grundlagen

In diesem Kapitel erfahren Sie, was Ereignisprozeduren sind und wie und wo diese eingesetzt werden können.

VBA ist eine objekt- und ereignisorientierte Programmiersprache. Ereignisprozeduren sind eine spezielle Form in der Programmierung. Ihr besonderes Merkmal ist, dass sie nicht manuell aufgerufen werden müssen/können, sondern automatisch ausgeführt werden, sobald ein bestimmtes Ereignis eintritt. Ein Ereignis kann beispielsweise ausgelöst werden, wenn eine Mappe geöffnet wird oder wenn mit der rechten Maustaste auf eine Zelle geklickt wird oder bevor ein Dokument ausgedruckt wird usw.

Wichtig: Wo befinden sich Ereignisprozeduren?

Das Entscheidende beim Erstellen von Ereignisprozeduren ist, dass sie am richtigen Ort untergebracht sind. Wenn eine Ereignisprozedur in ein Standardmodul geschrieben wird, kann das Ereignis nicht ausgeführt werden. Eine Ereignisprozedur befindet sich immer »hinter« dem Objekt, zu dem die Aktion ausgeführt werden soll.

Wenn Sie eine neue Mappe erzeugen und zum VBA-Editor wechseln, sind dort bereits das Modul *DieseArbeitsmappe* sowie verschiedene Dokumentmodule enthalten: *Tabelle1*, *Tabelle2* usw. ▶

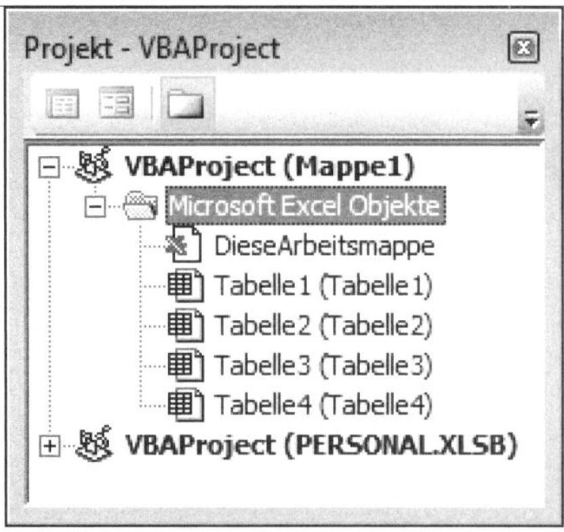

Eine Ereignisprozedur kann in einem solchen dafür vorgesehenen Modul eingefügt werden.

Je nach Modul, in dem Sie sich befinden, stehen unterschiedliche Ereignisse zur Verfügung. Dies liegt daran, dass eine Arbeitsmappe andere Aktionen ausführen kann als beispielsweise ein Tabellenblatt.

Der nachfolgenden Tabelle können Sie entnehmen, welche Ereignissammlungen in Excel-VBA zur Verfügung stehen.

Tabelle 11.1: Übersicht über die verfügbaren Ereignissammlungen

Ereignissammlung	Beschreibung
Arbeitsmappenereignisse	Ereignisse, die sich auf die Arbeitsmappe beziehen, wie z.B. das Ereignis `Close`. Es wird vor dem Schließen der Mappe ausgeführt.
Tabellenblattereignisse	Ereignisse, die sich auf das Tabellenblatt beziehen, wie z.B. das Ereignis `Change`. Es wird ausgeführt, sobald sich in einer Zelle eines Tabellenblatts etwas ändert.
Steuerelementereignisse	Ereignisse, die sich auf Steuerelemente beziehen, wie z.B. das Ereignis `Click`. Das Ereignis wird ausgeführt, sobald ein Steuerelement angeklickt wird.
Diagrammereignisse	Ereignisse, die sich auf Diagrammblätter beziehen, wie z.B. das Ereignis `SeriesChange`. Es wird ausgeführt, sobald sich eine Datenreihe ändert.
Ereignisse in UserForms	Ereignisse, die sich auf UserForms beziehen, wie z.B. das Ereignis `Initialize`. Es wird ausgeführt, sobald das UserForm aufgerufen wird. Näheres dazu erfahren Sie in Kapitel 15.

Eine Ereignisprozedur erstellen

Kopf und Fuß einer Ereignisprozedur werden nicht manuell eingetippt, sondern nach dem Baukastenprinzip zusammengesetzt. Im VBA-Editor stehen hierfür eigens zwei Dropdown-Listenfelder zur Verfügung, die sich am oberen Rand des Codefensters befinden.

1. Aktivieren Sie ein Dokumentmodul (z.B. *Tabelle1 (Tabelle1)*).
2. Wählen Sie in dem ersten Dropdown-Listenfeld das Objekt aus, zu dem Sie eine Ereignisprozedur programmieren möchten

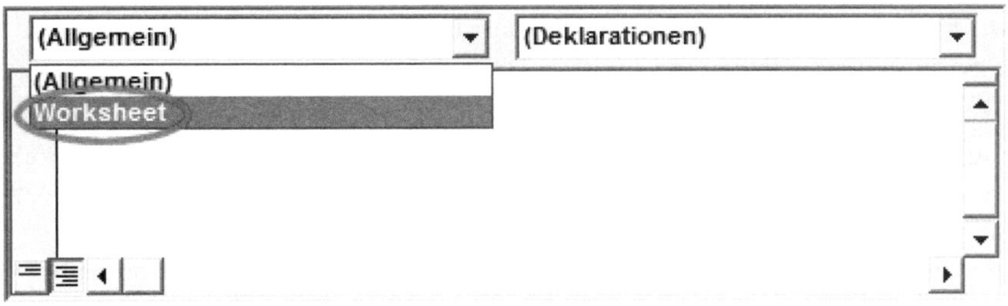

Abbildung 11.1: Objekt auswählen, für das eine Ereignisprozedur erstellt werden soll

3. Danach können Sie in dem zweiten Dropdown-Listenfeld das gewünschte Ereignis auswählen. Das Gerüst der Ereignisprozedur wird nun erstellt.

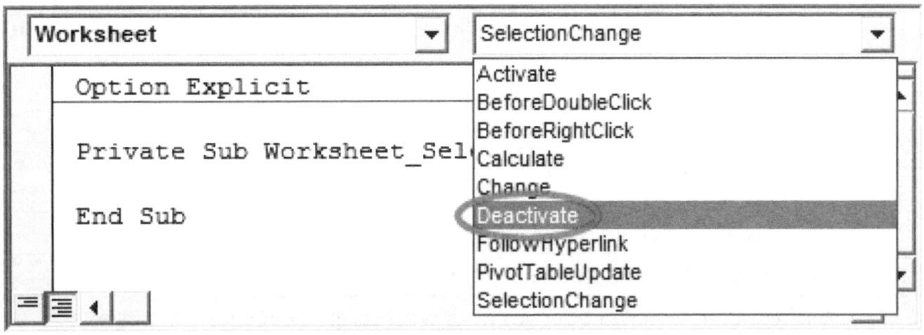

Abbildung 11.2: Das auszuführende Ereignis auswählen

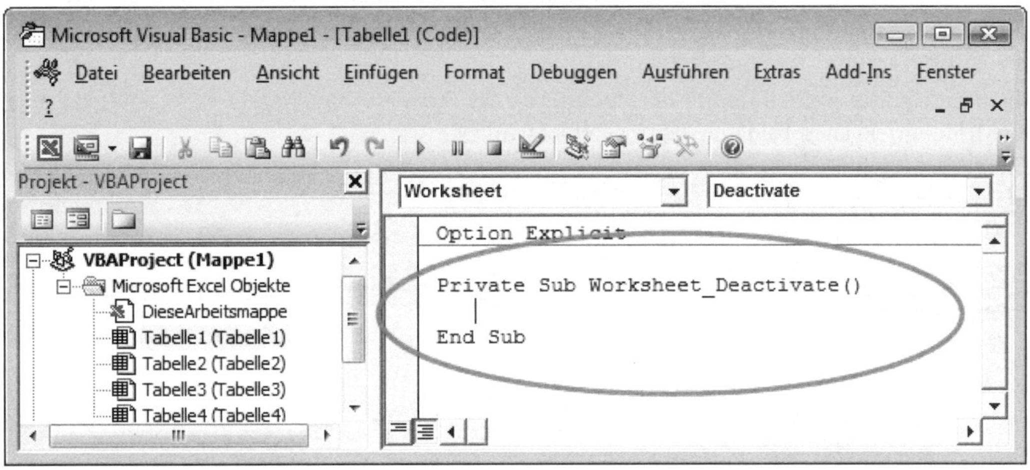

Abbildung 11.3: Das Gerüst der Ereignisprozedur ist erstellt

4. In das nun vorhandene Codegerüst können Sie die Anweisungen schreiben, die ausgeführt werden sollen, sobald das Ereignis eintritt.

```
Private Sub Worksheet_Deactivate()
   MsgBox "Das Tabellenblatt wurde deaktiviert."
End Sub
```

5. Das Ereignis wird automatisch ausgeführt, sobald das Tabellenblatt deaktiviert wird. Der Code kann nicht, wie gewohnt, manuell über die Taste F5 ausgeführt werden.

Sie können in einem Modul nicht zwei Prozeduren unterbringen, die das gleiche Ereignis verarbeiten. Genau wie bei anderen Modulen muss der Name eindeutig sein. Im Modul *DieseArbeitsmappe* kann das `Workbook_Open`-Ereignis somit nur ein Mal verwendet werden. Sie können jedoch in jedem Tabellenblattmodul ein Mal das `Worksheet_Change`-Ereignis verwenden. Das heißt, dass pro Mappe mehrmals das `Worksheet_Change`-Ereignis vorhanden sein kann, wenn in der Mappe mehrere Tabellenblätter enthalten sind.

11.2 Mappenereignisse

Es gibt eine Vielzahl an Ereignissen, die direkt auf die Mappe angewendet werden können. Schauen Sie sich zunächst nur die wichtigsten an. Eine Beschreibung der am häufigsten verwendeten Mappenereignisse finden Sie in der nachfolgenden Tabelle.

Tabelle 11.2: Die wichtigsten Mappenereignisse

Ereignis	Beschreibung
Activate	Wird ausgelöst, sobald die Mappe aktiviert wird.
BeforeClose	Wird ausgelöst, bevor die Mappe geschlossen wird.
BeforePrint	Wird vor dem Drucken oder vor dem Wechsel zur Seitenansicht ausgelöst.
BeforeSave	Wird vor dem Speichern der Mappe ausgelöst.
Deactivate	Wird beim Deaktivieren der Mappe ausgelöst.
Open	Wird vor dem Öffnen der Mappe ausgelöst.

Mappenereignisse werden immer im Modul *DieseArbeitsmappe* hinterlegt. Das folgende Beispiel zeigt ein Meldungsfeld an, sobald die Mappe geöffnet wird.

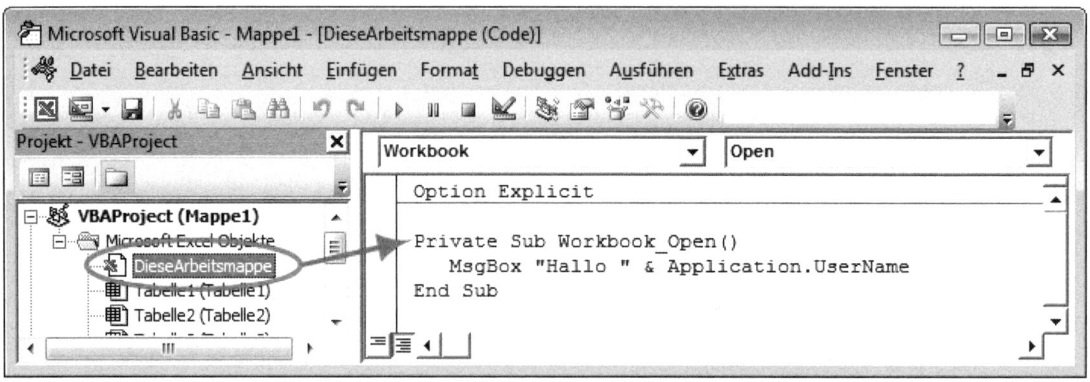

Abbildung 11.4: Die Meldung wird nach dem Öffnen der Mappe angezeigt

11.3 Tabellenereignisse

Auch in Tabellenblättern sind verschiedene Ereignisse verwendbar. Alle diese Ereignisse werden direkt dem Tabellenblatt zugeordnet und stehen daher auch nur in diesem einen Tabellenblatt zur Verfügung.

Die wichtigsten Tabellenereignisse können Sie der folgenden Tabelle entnehmen.

Tabelle 11.3: Die wichtigsten Tabellenereignisse

Ereignis	Beschreibung
Activate	Wird vor dem Aktivieren des Tabellenblatts ausgelöst.
BeforeDoubleClick	Wird ausgelöst, sobald ein Doppelklick erfolgt.
BeforeRightClick	Wird ausgelöst, sobald ein Klick mit der rechten Maustaste erfolgt.
Change	Wird ausgelöst, wenn die Zelle eines Tabellenblatts geändert wird.
Deactivate	Wird vor dem Deaktivieren eines Tabellenblatts ausgelöst.
SelectionChange	Wird ausgelöst, sobald die Markierung geändert wird.

Tabellenereignisse werden immer in einem Dokumentmodul hinterlegt: *Tabelle1*, *Tabelle2* usw. Die folgende Prozedur veranlasst, dass Zellen, deren Inhalt manuell verändert wird, rot hinterlegt werden.

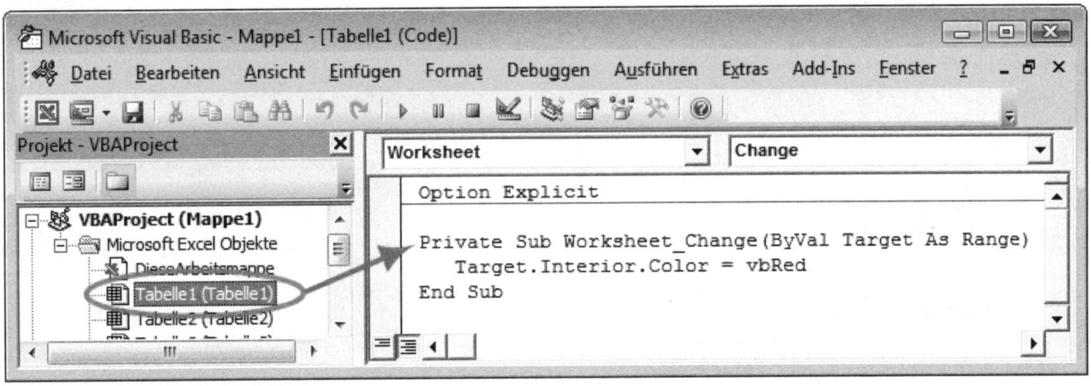

Abbildung 11.5: Die Zelle wird bei einer Eingabe rot eingefärbt

Target

Im Kopf von Ereignisprozeduren wird in den runden Klammern oftmals ein Parameter mit Namen `Target` verwendet. *Target* bedeutet ins Deutsche übersetzt *Ziel*. Dieser Parameter besitzt meist den Datentyp `Range`. Sie können damit eine einzelne Zelle oder einen ganzen Bereich ansprechen.

```
Private Sub Worksheet_SelectionChange(ByVal Target As Range)
   Target = 7
End Sub
```

Im obigen Beispiel wird das Ereignis `SelectionChange` verwendet. Dies veranlasst, dass bei einer Veränderung der Markierung etwas geschieht. In unserem Beispiel wird jeder Zelle des markierten Bereichs der Wert 7 zugewiesen.

Intersect

Wie Sie soeben erfahren haben, wird mittels `Selection_Change` jeweils der gesamte markierte Bereich verändert. Nicht immer ist dies wünschenswert. Nehmen wir an, Sie möchten nur im Bereich *B2:C5* reagieren, wenn eine Veränderung der Markierung erfolgt.

Sie können dazu die Methode `Intersect` verwenden. *Intersect* bedeutet auf Deutsch *Schnittmenge.* Mittels `Intersect` können Sie eine rechteckige Schnittmenge definieren. Der Methode werden dabei mehrere Bereiche übergeben.

Bevor wir die Methode `Intersect` in einer Ereignisprozedur verwenden, sehen wir uns zuerst an, was eine Schnittmenge ist. Eine Schnittmenge ist ein Bereich, der sich aus zwei sich überschneidenden Bereichen ergibt. Am besten lässt sich das anhand eines Codebeispiels und einer Abbildung demonstrieren.

Bei der nachfolgenden Prozedur handelt sich um eine ganz gewöhnliche `Sub`-Prozedur. In ihr wird zuerst die Schnittmenge zwischen den Bereichen *A1:C5* und *B2:D6* ermittelt; dies ist der Bereich *B2:C5.*

Um dies zu verdeutlichen, weisen wir allen drei Bereichen eine andere Farbe zu.

```
Sub SchnittmengeErzeugen()
   Dim rng As Range

   ' Die Schnittstelle definieren
   Set rng = Application.Intersect(Range("A1:C5"), Range("B2:D6"))

   ' Zwei Bereiche einfärben
   Range("A1:C5").Interior.Color = vbMagenta
   Range("B2:D6").Interior.Color = vbCyan

   ' Die Schnittmenge einfärben
   rng.Interior.Color = vbYellow
End Sub
```

Die folgende Abbildung zeigt die drei Bereiche. Die Schnittmenge der beiden Bereiche *A1:C5* und *B2:D6* befindet sich im Zentrum: der Bereich *B2:C5.*

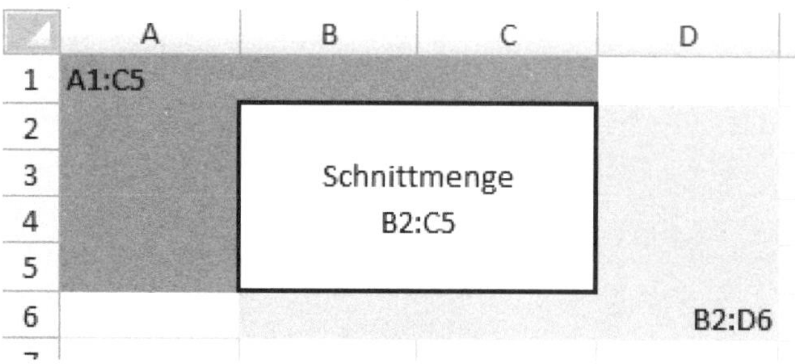

Abbildung 11.6: Die Schnittmenge ist der Bereich *B2:C5*

Erstellen wir nun eine Ereignisprozedur, die nur eine Veränderung innerhalb der Schnittmenge vornimmt.

1. Wenn Sie dieselbe Schnittmenge, also den Bereich *B2:C5,* in einer Ereignisprozedur anwenden möchten, referenzieren Sie zuerst das Objekt `Target`.

Als erster `Intersect`-Bereich wird `Target` selbst verwendet. `Target` stellt dabei einen beliebigen markierten Bereich dar. Als zweiter Bereich wird die Schnittmenge festgelegt: *B2:C5*.

2. In einer `If`-Abfrage prüfen wir, ob die Markierung die Schnittmenge trifft. Wenn ja, werden die Zellen innerhalb der Schnittmenge rot eingefärbt, ansonsten wird die Prozedur verlassen.

```
Private Sub Worksheet_SelectionChange(ByVal Target As Range)
   Set Target = Intersect(Target, Range("B2:C5"))

   If Target Is Nothing Then
      Exit Sub
   Else
      Target.Interior.Color = vbRed
   End If
End Sub
```

Die folgende Abbildung zeigt eine Markierung, die sich über den Bereich *C4:D7* erstreckt. Innerhalb der Schnittmenge sind dabei die Zellen *C4:C5* betroffen. Diese werden automatisch rot hinterlegt.

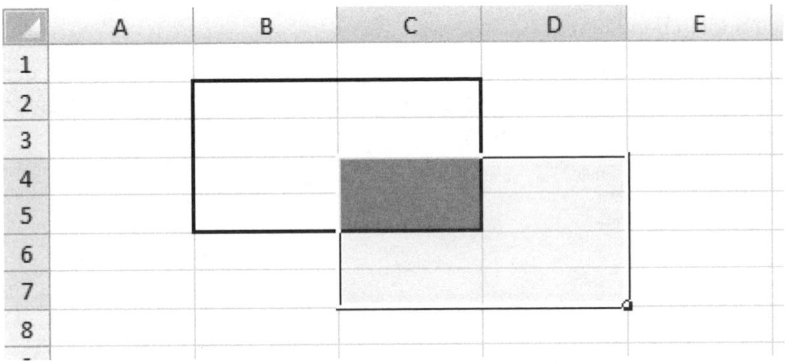

Abbildung 11.7: Die Zellen *C4:C5* wurden automatisch rot hinterlegt

Wenn Sie die Markierung weiter ausdehnen, beispielsweise über den Bereich *A1:D7*, wird der gesamte Schnittmengenbereich *B2:C5* rot eingefärbt.

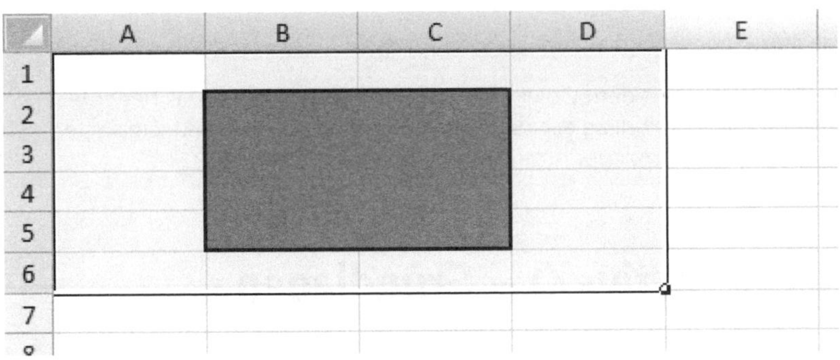

Abbildung 11.8: Ausdehnung der Markierung

III – Praktisches Arbeiten

Ereignisse deaktivieren

In einigen Fällen kann es sinnvoll sein, die Ereignisse zu deaktivieren, um eine endlose Rekursion zu verhindern. Nehmen wir an, Sie möchten ein Ereignis verwenden, das nur auf die Zelle *A1* zutrifft. In diese Zelle darf nur der Wert 10 eingegeben werden. Wenn Sie versuchen, einen anderen Wert einzugeben, wird ein Meldungsfeld angezeigt. Der falsche Wert wird außerdem mit der Methode `Clear` gleich wieder gelöscht.

Um dies umzusetzen, verwenden Sie das Ereignis `Worksheet_Change`. Dieses reagiert bekanntlich auf eine Eingabe oder sonstige Veränderung an einer Zelle. Das Problem bei dieser Konstellation ist, dass auch die Methode `Clear` das `Change`-Ereignis auslöst. Das bedeutet, dass sich die Ereignisprozedur selbst nochmals aufruft. Dadurch entsteht eine endlose Rekursion. Um eine solche Endlos-Rekursion abzubrechen, halten Sie die [Esc]-Taste einige Sekunden lang gedrückt.

1. Um das Problem zu vermeiden, verwenden Sie innerhalb der `If`-Abfrage die Eigenschaft `EnableEvents` und übergeben ihr den booleschen Wert `False`.
2. Am Ende des `If`-Blocks heben Sie die Unterdrückung des Ereignisses wieder auf, indem Sie der Eigenschaft `EnableEvents` den booleschen Wert `True` zuweisen.
3. In der ersten `If`-Abfrage wird außerdem festgelegt, dass das Ereignis nur auf eine Änderung in der Zelle *A1* erfolgen darf. Wenn diese Abfrage fehlt, würde der in der Ereignisprozedur enthaltene Code bei Veränderung einer beliebigen Zelle ausgeführt.

```
Private Sub Worksheet_Change(ByVal Target As Range)
   If Target.Address <> "$A$1" Then
      Exit Sub
   End If

   If Range("A1") <> 10 Then
      Application.EnableEvents = False
      MsgBox "Ungültige Eingabe"
      Range("A1").Clear
      Application.EnableEvents = True
   End If
End Sub
```

Wichtig: Die Ereignisse müssen unbedingt wieder aktiviert werden

Die Eigenschaft `EnableEvents` ist direkt dem Objekt `Application` untergeordnet. Das bedeutet, dass sich eine Deaktivierung der Ereignisse auf die gesamte Applikation auswirkt. Sie sollten deshalb das Ereignis am Ende der Prozedur unbedingt wieder aktivieren.

11.4 Steuerelemente (ActiveX) – Grundlagen

In Excel gibt es eine Reihe Steuerelemente, die in ein Tabellenblatt oder ein UserForm eingebunden werden können. Den Steuerelementen für UserForms wenden wir uns später in diesem Buch zu. Sämtlichen ActiveX-Steuerelementen können Sie Ereignisprozeduren zuweisen.

Sie finden die Standard-ActiveX-Steuerelemente für Tabellenblätter auf der Registerkarte *Entwicklertools* in der Gruppe *Steuerelemente.* Wenn Sie die Schaltfläche *Einfügen* anklicken, werden die verfügbaren Steuerelemente sichtbar.

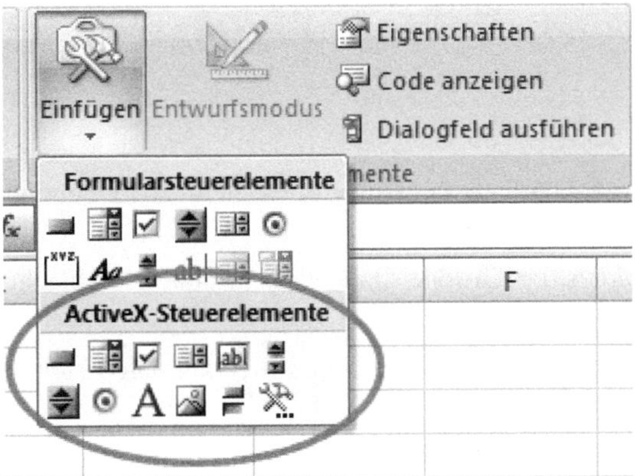

Abbildung 11.9: Die ActiveX-Steuerelemente

Die Standardsteuerelemente

Es sind insgesamt elf Standardsteuerelemente für Tabellenblätter verfügbar. Jedes der Steuerelemente hat sowohl einen deutschen als auch einen englischen Namen. Die Übersetzungen können Sie der nachfolgenden Tabelle entnehmen.

Tabelle 11.4: Die Standard-ActiveX-Steuerelemente

Steuerelement	Präfix	Deutsch	Englisch
	cmd	Befehlsschaltfläche	CommandButton
	cbo	Kombinationsfeld	ComboBox
	chk	Kontrollkästchen	CheckBox
	lst	Listenfeld	ListBox
	txt	Textfeld	TextBox
	vsb/hsb	Bildlaufleiste (vertikal/horizontal)	ScrollBar
	spn	Drehfeld	SpinButton
	opt	Optionsfeld	OptionButton
	lbl	Bezeichnung	Label
	img	Bild	Image
	tgl	Umschaltfläche	ToggleButton

Es empfiehlt sich, die Steuerelemente nach dem Einfügen umzubenennen. Dies ist besonders dann sinnvoll, wenn viele Steuerelemente verwendet werden. Durch die Verwendung von Präfixen und sprechenden Namen können Sie bei der Programmierung leichter den Überblick behalten. Wie die Steuerelemente umbenannt werden können, erfahren Sie weiter hinten in diesem Kapitel.

Ein Steuerelement einfügen

Die nachfolgenden Schritte zeigen auf, wie ein ActiveX-Steuerelement in ein Tabellenblatt eingefügt werden kann. Wir verwenden für unser Beispiel eine Befehlsschaltfläche.

1. Wählen Sie über die Registerkarte *Entwicklertools* in der Gruppe *Steuerelemente* die Schaltfläche *Einfügen* und schließlich die *Befehlsschaltfläche* aus.
2. Ziehen Sie auf dem Tabellenblatt mit gedrückter linker Maustaste einen Rahmen auf. Die Befehlsschaltfläche ist nun auf dem Tabellenblatt vorhanden.
3. Das Steuerelement wird von acht Markierern umgeben. Wenn Sie es in der Größe verändern möchten, ziehen Sie an einem der Eck- oder Seitenpunkte, bis die gewünschte Größe erreicht ist.

   Wenn Sie zusätzlich die Alt-Taste gedrückt halten, können Sie das Objekt exakt am Rand der nächsten Zelle ausrichten

Abbildung 11.10: Die Befehlsschaltfläche wird vergrößert

Ein Steuerelement umbenennen

Wie bereits erwähnt, sollten Sie Steuerelemente, zugunsten der Übersichtlichkeit in der Programmierung, mit Präfixen und sprechenden Namen versehen. Die geschieht über das Eigenschaftenfenster.

1. Um das Eigenschaftenfenster einzublenden, klicken Sie auf der Registerkarte *Entwicklertools* in der Gruppe *Steuerelemente* die Schaltfläche *Eigenschaften* an.
2. Aktivieren Sie im Tabellenblatt das Steuerelement, das Sie umbenennen möchten.
3. Geben Sie bei der Eigenschaft *(Name)* einen geeigneten Namen für das Steuerelement ein. Setzen Sie ein Präfix voran (z.B. *cmd*).

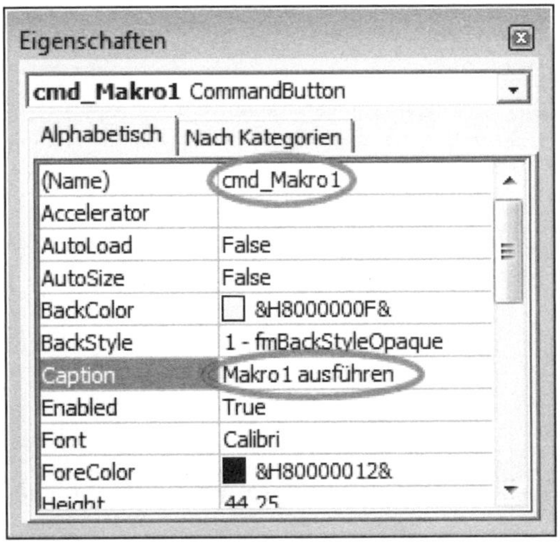

Abbildung 11.11: Das Eigenschaftenfenster

4. Wenn das Steuerelement einen Text anzeigt, können Sie diesen mit der Eigenschaft *Caption* ändern. Der neue Text erscheint dann auf dem Steuerelement.

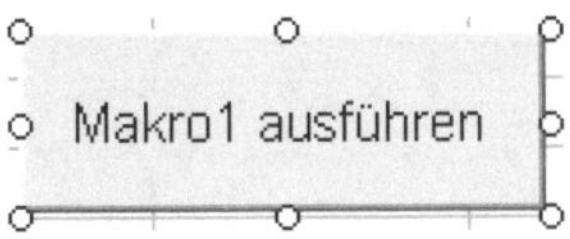

Abbildung 11.12: Die Beschriftung der Befehlsschaltfläche wurde geändert

Steuerelemente formatieren

ActiveX-Steuerelemente stellen Ihnen zahlreiche Formatierungsmöglichkeiten zur Verfügung, die Sie über das Eigenschaftenfenster vornehmen können.

Wie Sie dabei vorgehen müssen, soll am Beispiel der Befehlsschaltfläche gezeigt werden.

1. Aktivieren Sie die Befehlsschaltfläche.
2. Stellen Sie sicher, dass das Eigenschaftenfenster eingeblendet ist.
3. Klicken Sie im Eigenschaftenfenster auf die Eigenschaft *BackColor*. Diese enthält die beiden Registerkarten *System* und *Palette*.

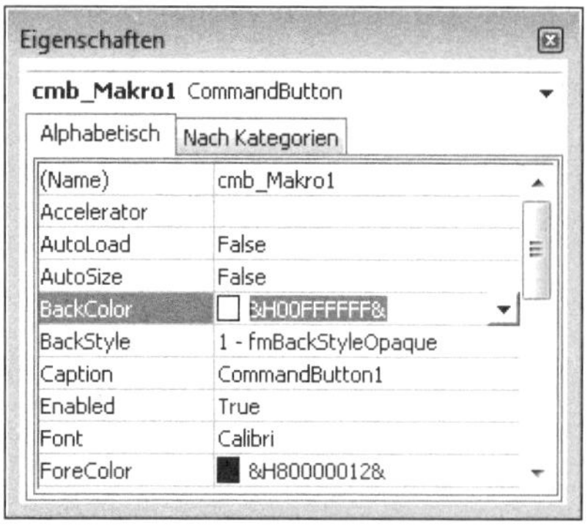

Abbildung 11.13: Die Hintergrundfarbe verändern

4. Wenn Sie die Registerkarte *Palette* aktivieren, wird die Farbpalette angezeigt. Sie können hier eine beliebige Farbe auswählen.

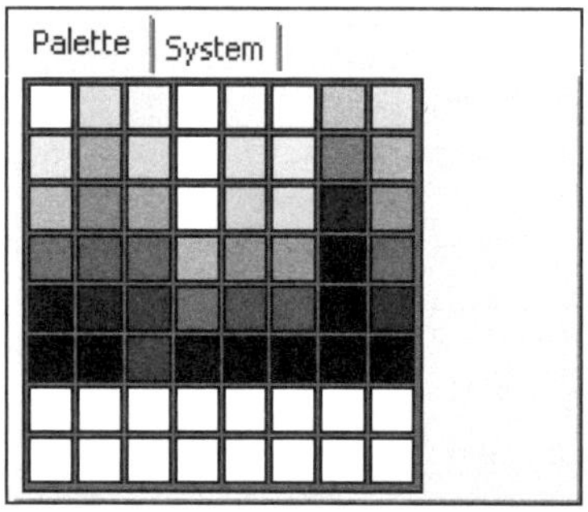

Abbildung 11.14: Die Farbpalette

5. Es stehen Ihnen zusätzlich 16 leere Felder zur Verfügung. Jedes dieser Felder können Sie mit einer eigenen Farbmischung belegen.

   Klicken Sie mit der rechten Maustaste auf eins der Felder, so wird das Dialogfeld *Farbe definieren* geöffnet.

6. Im Dialogfeld *Farbe definieren* steht eine Farbskala zur Verfügung. Klicken Sie darin auf eine beliebige Stelle, um die gewünschte Farbe auszuwählen.

   Sie können bei der ausgewählten Farbe die Helligkeit verändern. Benutzen Sie dazu den Schieberegler im rechten Teil des Fensters.

   Wenn Sie die genauen RGB (Rot, Grün, Blau)-Werte kennen, können Sie diese auch direkt in die dafür vorgesehenen Felder eintragen.

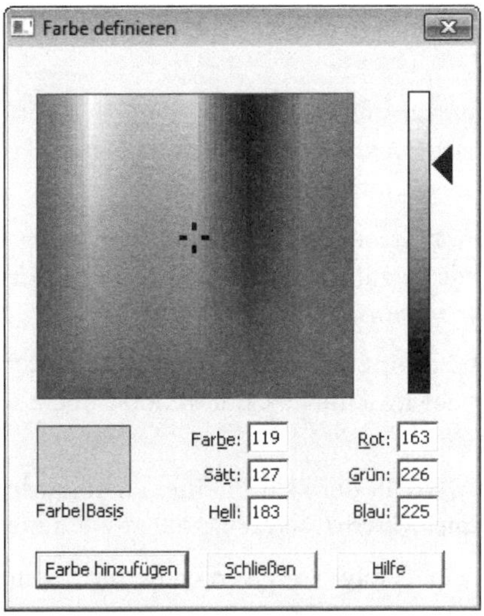

Abbildung 11.15: Die verfügbaren Farben

7. Nachdem Sie die gewünschte Farbe ausgewählt haben, klicken Sie auf die Schaltfläche *Farbe hinzufügen*. Das ehemals leere Feld ist nun mit dieser Farbe belegt.

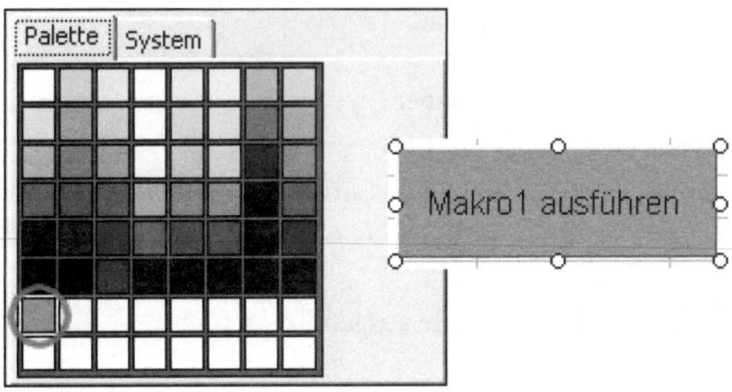

Abbildung 11.16: Die Befehlsschaltfläche wurde mit der neuen Farbe versehen

11.5 Steuerelemente in der Praxis

In der Praxis wird einem Steuerelement eine Ereignisprozedur zugeordnet. In vielen Fällen ist es das Ereignis `Click`. Das bedeutet, dass per Klick auf die Schaltfläche eine Prozedur ausgeführt wird. Bleiben wir auch weiterhin bei unserer Befehlsschaltfläche.

Einem Steuerelementereignis einen VBA-Code zuordnen

Ein Steuerelement kann zwei Modi aufweisen. Einer davon ist der *Entwurfsmodus*. Solange dieser aktiv ist, können Sie im Eigenschaftenfenster Veränderungen vornehmen. Außerdem können Sie auf das

Element doppelklicken, um an die richtige Stelle im VBA-Editor zu gelangen. Dort können Sie die gewünschte Ereignisprozedur eingeben.

Der Entwurfsmodus wird deaktiviert, sobald die gewünschten Einstellungen zum Steuerelement abgeschlossen sind. Danach befindet sich das Steuerelement im *Ausführungsmodus*. Das bedeutet, dass per Klick auf das Steuerelement die hinterlegte Ereignisprozedur ausgeführt wird.

1. Um dem Steuerelement VBA-Code zuordnen zu können, müssen Sie zuerst sicherstellen, dass sich das Element im Entwurfsmodus befindet. Klicken Sie hierzu auf der Registerkarte *Entwicklertools* in der Gruppe *Steuerelemente* auf die Schaltfläche *Entwurfsmodus*.
2. Doppelklicken Sie auf das Steuerelement, um zum VBA-Editor zu gelangen. Sie befinden sich nun automatisch innerhalb der Ereignisprozedur, in der der gewünschte auszuführende Code eingegeben werden kann.
3. Per Klick auf die Schaltfläche soll ein Code ausgeführt werden, der sich in einem Standardmodul befindet. Der Name der Prozedur lautet in unserem Beispiel *Makro1*.

   Um den Code aufzurufen, geben Sie die Anweisung `Call` ein, gefolgt vom Namen der Prozedur.

   ```
   Private Sub cmb_Makro1_Click()
      Call Makro1
   End Sub
   ```

   Die Anweisung `Call` ist optional. Sie können auch lediglich den Namen des Makros eintragen.

   ```
   Private Sub cmb_Makro1_Click()
      Makro1
   End Sub
   ```

4. Nachdem Sie die Arbeit im VBA-Editor abgeschlossen haben, wechseln Sie zurück zum Excel-Tabellenblatt.
5. Bevor Sie die Schaltfläche verwenden können, müssen Sie den Entwurfsmodus beenden. Klicken Sie hierzu auf der Registerkarte *Entwicklertools* in der Gruppe *Steuerelemente* auf die Schaltfläche *Entwurfsmodus*.
6. Per Klick auf die Schaltfläche kann nun der eingegebene Code ausgeführt werden.

11.6 Übungen zu diesem Kapitel

In diesem Abschnitt finden Sie einige Übungen zu diesem Kapitel. Die Antworten und Lösungen finden Sie wie immer auf der Website *www.richtig-einsteigen.de*.

Übung 11.1

Erstellen Sie eine Ereignisprozedur, die vor dem Drucken oder vor dem Wechsel zur Seitenansicht eine `MsgBox` anzeigt.

Übung 11.2

Programmieren Sie eine Ereignisprozedur, die die aktive Zelle grün einfärbt, nachdem sie mit der rechten Maustaste angeklickt wurde.

Übung 11.3

Fügen Sie in Ihr Tabellenblatt eine Befehlsschaltfläche ein und weisen Sie dieser eine rote Hintergrundfarbe zu.

Übung 11.4

Erstellen Sie eine beliebige VBA-Prozedur in einem Standardmodul und weisen Sie diese der Befehlsschaltfläche zu, sodass per Klick auf die Schaltfläche die Prozedur ausgeführt wird.

11.7 Zusammenfassung

Das war im wahrsten Sinne des Wortes ein ereignisreiches Kapitel. Ereignisprozeduren stoßen in der Regel auf großes Interesse. Wollen wir also nochmals zusammenfassen, was sich in diesem Kapitel ereignet hat.

- Sie haben gelernt, wie eine Ereignisprozedur erstellt werden kann. Sie wissen nun, dass besonders in der Kopfzeile viele Informationen vorhanden sind, die benötigt werden, um das gewünschte Ereignis auszulösen.
- Des Weiteren wissen Sie, in welchen Modulen Ereignisprozeduren untergebracht werden müssen, damit der Code das Ergebnis erzielt
- Wichtige Themen in Bezug auf Ereignisprozeduren sind `Target` und `Intersect`. Beides ist aus vielen Ereignisprozeduren kaum wegzudenken.
- Sie haben gelernt, was ActiveX-Steuerelemente sind. Sie können Steuerelemente einfügen, benennen, formatieren usw. Wie Sie ebenfalls gesehen haben, können ActiveX-Steuerelemente mittels Ereignisprozeduren zum Leben erweckt werden.

Kapitel 12

Grafische Objekte fernsteuern

In diesem Kapitel lernen Sie

- welche grafischen Objekte Excel zur Verfügung stellt
- wie Grafiken eingefügt werden
- auf welche Weise Grafiken richtig angesprochen werden
- wie Grafiken bearbeitet werden

12.1 Eine Grafik einfügen

Bei den Objekten, die Sie bis jetzt kennengelernt haben, handelte es sich um Mappen, Tabellen, Zellen usw. Es gibt jedoch auch Objekte, die *auf* dem Tabellenblatt liegen, wie z.B. Grafiken, ClipArts, WordArt-Objekte, Diagramme, PivotTables usw. In diesem Kapitel lernen Sie, wie Grafiken per VBA erzeugt werden können.

Grafiken sind Dateien, die beispielsweise die Endung *.bmp*, *.jpg*, *.gif*, *.png* usw. tragen. Wenn eine Grafik in ein Tabellenblatt eingefügt wird, liegt sie über den Zellen. Das VBA-Objekt für eine Grafik nennt sich `Picture(s)`.

Gehen Sie wie folgt vor, um eine VBA-Prozedur zu erstellen, die eine Grafik in Ihr Tabellenblatt einfügt:

1. Geben Sie zuerst das Tabellenblatt an, in das die Grafik eingefügt werden soll, z.B. `ActiveSheet`.
2. Verwenden Sie danach das Objekt `Pictures`.
3. Anschließend folgt die Methode `Insert`. In den runden Klammern nach `Insert` werden der Pfad und der Dateiname eingetragen.

   Wenn sich die Datei im selben Pfad befindet wie die Mappe, können Sie die Anweisung `ThisWorkbook.Path` verwenden.

   ```
   Sub GrafikEinfuegen()
      ActiveSheet.Pictures.Insert (ThisWorkbook.Path & "\Marienkaefer.bmp")
   End Sub
   ```

   Wenn sich die Datei an einem anderen Ort im Computersystem befindet, geben Sie in den runden Klammern den vollständigen Pfad an, z.B.:

   ```
   ActiveSheet.Pictures.Insert ("C:\Meine Bilder\Marienkaefer.bmp")
   ```

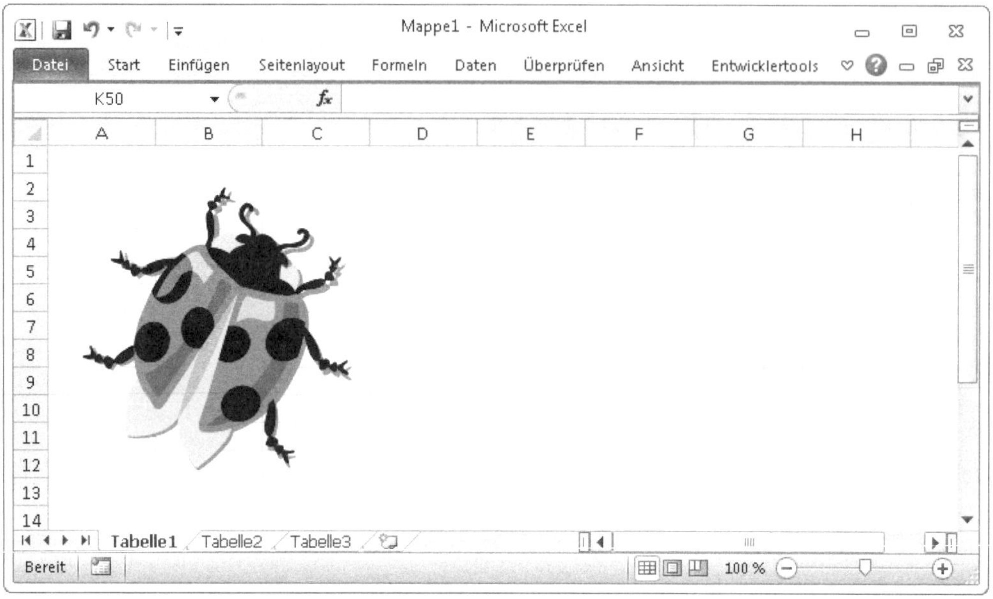

Abbildung 12.1: Die Grafik wurde eingefügt

Wenn der Datei- oder Pfadname falsch ist, wird das Debugger-Dialogfeld angezeigt. Sie sollten deshalb immer prüfen, ob die Grafik, die Sie einfügen wollen, auch wirklich vorhanden ist.

1. Deklarieren Sie eine Variable, die den Pfad aufnimmt. In unserem Beispiel ist es die Variable `strPfad`.
2. Im Anschluss folgt eine `If`-Entscheidung. Im Kopf der `If`-Anweisung wird die Funktion `Dir` verwendet. Ihr folgt in den runden Klammern die Variable `strPfad`. Wenn der Pfad oder Dateiname falsch ist, wird ein Leerstring ("") zurückgegeben. In diesem Falle wird die Prozedur vorzeitig mit `Exit Sub` verlassen.
3. Wenn der Pfad stimmt, wird die Grafik eingefügt. In diesem Zusammenhang ist es ratsam, dem Bild auch gleich einen Namen zuzuweisen. Diesen Namen können Sie zu späteren Zwecken zum Ansprechen der Grafik wiederverwenden. Wenn Sie keinen Namen zuweisen wollen, reduziert sich die Codezeile auf `ActiveSheet.Pictures.Insert (strPfad)`.

```
Sub GrafikEinfuegen()
   Dim strPfad As String
   strPfad = ThisWorkbook.Path & "\Marienkaefer.bmp"

   If Dir(strPfad) = "" Then
      MsgBox "Pfad- oder Dateiname falsch."
      Exit Sub
   Else
      ActiveSheet.Pictures.Insert(strPfad).Name = "Marienkaefer"
   End If
End Sub
```

Hinweis: Grafiken in den Beispieldateien

In den Beispieldateien, die Sie von der Website zum Buch herunterladen können (siehe hierzu Kapitel 1), finden Sie einige Grafiken, die Sie für Übungszwecke verwenden können.

12.2 Eine Grafik korrekt ansprechen

Sie können eine Grafik auf mehreren Wegen ansprechen. Einerseits können Sie das Objekt `Pictures` verwenden und andererseits das Objekt `Shapes`. Sie sollten bevorzugt das Objekt `Pictures` benutzen, denn dabei ist klar, dass es sich um eine Grafik handelt. Bei `Shapes` könnte es sich um ein beliebiges Objekt, wie z.B. eine AutoForm, eine ClipArt usw. handeln. Bei gewissen Anweisungen lässt es sich jedoch nicht vermeiden, `Shapes` zu verwenden, auch wenn ein Bild angesprochen werden soll, wie Sie noch sehen werden.

Sowohl dem Objekt `Pictures` als auch dem Objekt `Shapes` kann in den runden Klammern entweder der Index oder der Bildname übergeben werden.

Ein Bildname wird automatisch beim manuellen Einfügen eines Bildes zugewiesen. Sie können ihn im *Namenfeld* ablesen. Die Bildnamen sind aufsteigend nummeriert: *Bild 1*, *Bild 2*, *Bild 3* usw. Um sicherzustellen, dass Sie das richtige Bild per VBA ansprechen, sollten Sie ihm einen bestimmten Namen zuweisen, sofern dies nicht schon geschehen ist.

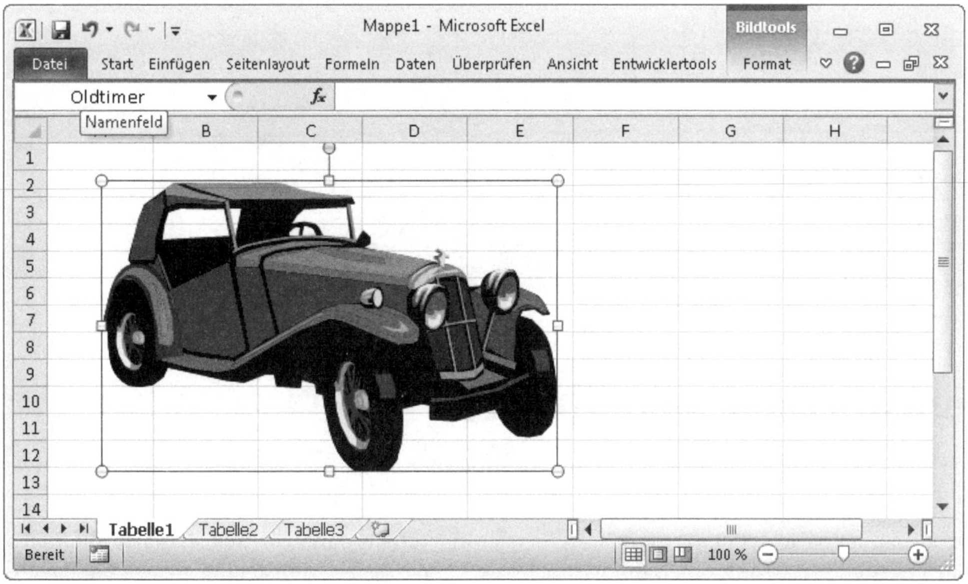

Abbildung 12.2: Die Grafik umbenennen

```
Sub GrafikAnsprechen()
   ' Bild per Index ansprechen
   ActiveSheet.Pictures(1).Select

   ' Bild per Name ansprechen
   ActiveSheet.Pictures("Oldtimer").Select
End Sub
```

Sollte nun kein Bild im aktiven Tabellenblatt enthalten sein, wird beim Ausführen des Codes das Dialogfeld des Debuggers geöffnet. Wenn zwar Grafiken vorhanden sind, jedoch keine davon den Namen *Oldtimer* trägt, erzeugt die Prozedur ebenfalls einen Fehler. Um solche Fehler abzufangen, müssen Sie mit Schleifen arbeiten.

Wenn Sie die Grafik über den Index ansprechen, können Sie eine `For`-Schleife verwenden. Das folgende Beispiel zeigt, wie alle Grafiken im aktiven Tabellenblatt gezählt werden. Wenn der Zähler eine Zahl größer als 0 erreicht, ist zumindest eine Grafik vorhanden.

Wenn Sie die Grafik über den Namen ansprechen, benutzen Sie eine `For Each`-Schleife. Diese durchläuft alle Grafiken im Tabellenblatt. Sofern eine Grafik mit diesen Namen gefunden wird, wird sie selektiert.

```
Sub GrafikAnsprechen()
   Dim i As Integer
   Dim pic As Picture

   ' Bild per Index ansprechen
   For i = 1 To ActiveSheet.Pictures.Count
      If i > 0 Then
         ActiveSheet.Pictures(1).Select
      End If
   Next i

   ' Bild per Name ansprechen
   For Each pic In ActiveSheet.Pictures
      If pic.Name = "Oldtimer" Then
         pic.Select
      End If
   Next pic
End Sub
```

12.3 Formatierungsmöglichkeiten

Es gibt verschiedene Möglichkeiten, um eine Grafik zu formatieren. Sie können beispielsweise die Helligkeit und den Kontrast einstellen oder die Farbe ändern.

Um eine Grafik manuell zu verändern, markieren Sie sie und öffnen dann die Registerkarte *Bildtools/Format*. In der Gruppe *Anpassen* können Sie beispielsweise verschiedene Einstellungen wie Helligkeit, Kontrast etc. vornehmen. Einige dieser Befehle werden wir uns nun in VBA ansehen.

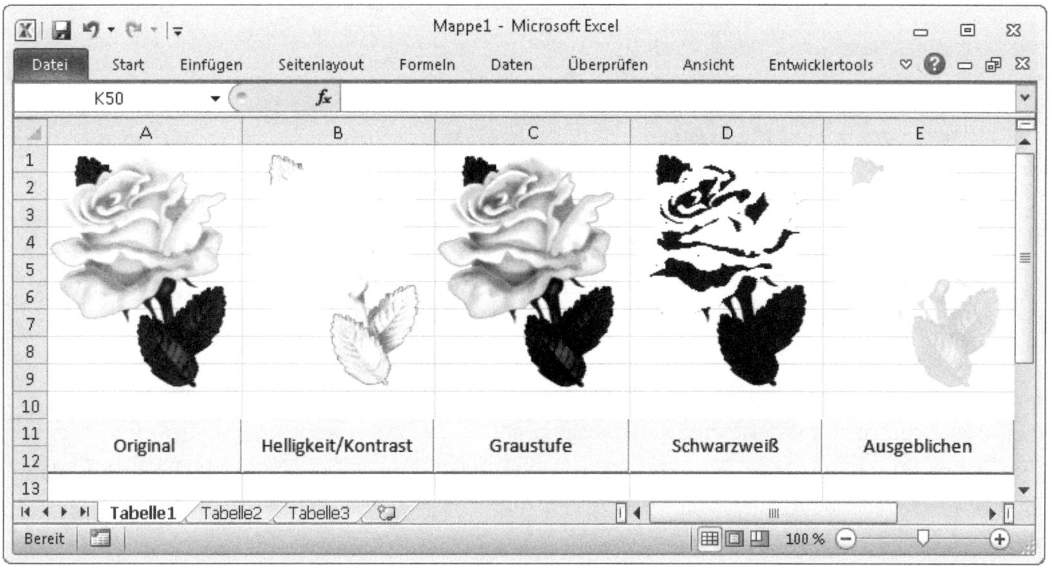

Abbildung 12.3: Die Grafik formatieren

Wenn Sie einer Grafik per VBA eine Formatierung zuweisen möchten, müssen Sie das Objekt `Shapes` in Kombination mit dem Objekt `PictureFormat` verwenden. Das Objekt `Pictures` unterstützt leider keine Formatierungsanweisungen.

Um beispielsweise die Helligkeit und den Kontrast zu verändern, verwenden Sie die Eigenschaften `Brightness` und `Contrast`. Diesen wird der gewünschte Prozentwert zugewiesen.

Im folgenden Beispiel stellen wir die Helligkeit auf 70% ein und den Kontrast auf 30%.

```
Sub HelligkeitKontrast()
   With ActiveSheet.Shapes("Rose")
      .PictureFormat.Brightness = 0.7
      .PictureFormat.Contrast = 0.3
   End With
End Sub
```

Um die Farbe einer Grafik zu verändern, wird die Eigenschaft `ColorType` eingesetzt. Ihr wird die gewünschte Konstante übergeben. Welche Konstanten verwendbar sind, können Sie der nachfolgenden Tabelle entnehmen.

Tabelle 12.1: Die Farbe der Grafik verändern

Konstante	Beschreibung
msoPictureAutomatic	Originalzustand herstellen
msoPictureGrayscale	Graustufe
msoPictureBlackAndWhite	Schwarz-Weiß
msoPictureWatermark	Ausgeblichen

Mittels der nachfolgenden Prozedur wird die Grafik in Graustufen umgewandelt:

```
Sub Graustufe()
   ActiveSheet.Shapes("Rose").PictureFormat.ColorType = msoPictureGrayscale
End Sub
```

Hinweis: Das Original dient als Basis

Wenn Sie zwischen Farbformatierungen wechseln, sollten Sie immer vom Original ausgehen, um den gewünschten Effekt zu erzielen. Wenn Sie beispielsweise direkt von Graustufe auf Schwarz-Weiß wechseln, wird die Grafik komplett weiß angezeigt.

Um dies zu verhindern, verwenden Sie zuerst die Konstante `msoPictureAutomatic`, die das Original wiederherstellt, und erst danach die Farbzuweisung:

```
Sub Graustufe()
   With ActiveSheet.Shapes("Rose").PictureFormat
      .ColorType = msoPictureAutomatic
      .ColorType = msoPictureGrayscale
   End With
End Sub
```

Formate übertragen

Wenn Sie Formatierungen an einer Grafik vorgenommen haben und diese Einstellungen einer anderen Grafik zuweisen möchten, verwenden Sie die Methoden `PickUp` und `Apply`. Die Methode `PickUp` speichert die bestehenden Formatierungen einer Grafik und die Methode `Apply` überträgt sie auf eine andere Grafik.

```
Sub FormatUebertragen()
   With ActiveSheet
      .Shapes(1).PickUp
      .Shapes(2).Apply
   End With
End Sub
```

Die Höhe und Breite einer Grafik verändern

Um die Höhe und Breite einer Grafik zu verändern, werden die Eigenschaften `Height` und `Width` verwendet. Die Maßangabe erfolgt in Punkt.

```
Sub HoeheBreite()
   With ActiveSheet.Shapes("Pharao")
      .Height = 200
      .Width = 100
   End With
End Sub
```

Eine Grafik an einem Bereich ausrichten

Sie können eine Grafik per VBA exakt über einem Zellenbereich anordnen. Der Trick dabei ist folgender:

1. Sie messen den oberen und linken Abstand des Bereichs zum oberen und linken Rand des Tabellenblatts. Diese beiden Werte übergeben Sie der Grafik.

2. Außerdem messen Sie die Höhe und Breite des Bereichs. Diese Werte weisen Sie ebenfalls der Grafik zu.

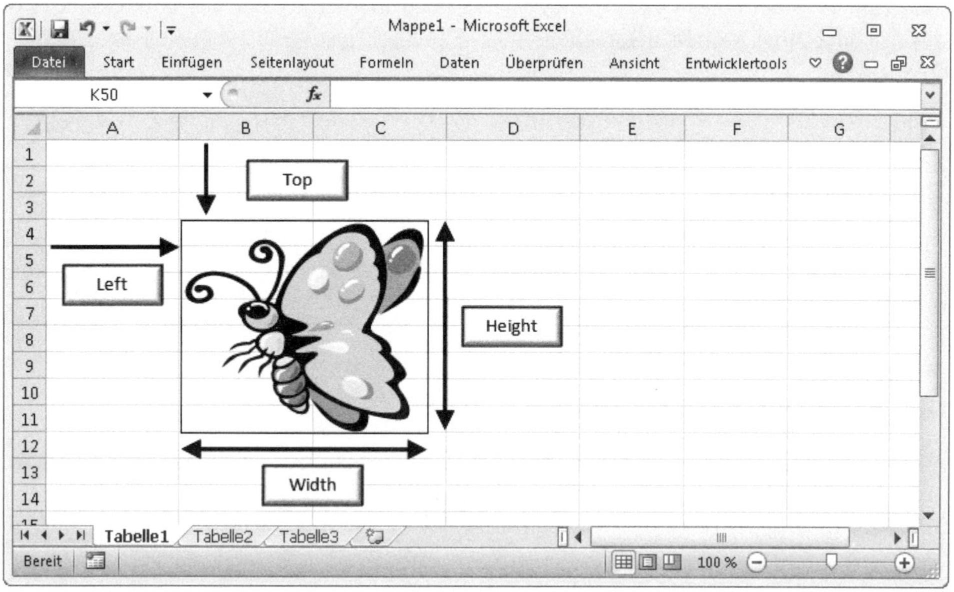

Abbildung 12.4: Die Grafik ausrichten

Dazu benötigen Sie folgende Eigenschaften:

Tabelle 12.2: Ausrichtungsmöglichkeiten

Eigenschaft	Bedeutung
Top	Der Abstand von oben
Left	Der Abstand von links
Height	Die Höhe
Width	Die Breite

3. Um das Ansprechen der Grafik zu verkürzen und das Ganze etwas übersichtlicher zu gestalten, sollten Sie das Grafikobjekt referenzieren

4. Das Ansprechen des Bereichs können Sie mittels einer `With`-Anweisung zusammenfassen:

```
Sub GrafikAusrichten()
   Dim pic As Picture
   Set pic = ActiveSheet.Pictures("Schmetterling")

   With ActiveSheet.Range("B3:C10")
      pic.Left = .Left
      pic.Top = .Top
      pic.Height = .Height
      pic.Width = .Width
   End With
End Sub
```

12.4 Grafiken löschen

Die Methode zum Löschen einer Grafik lautet `Delete`. Auch hierbei können Sie eine Grafik entweder über ihren Index oder ihren Namen ansprechen.

```
Sub EineGrafikLoeschen()
   ActiveSheet.Pictures("Schmetterling").Delete
End Sub
```

Tipp: Fehler vermeiden

Beim Ansprechen von Grafiken haben Sie gelernt, dass das Debugger-Fenster geöffnet wird, wenn keine Grafik vorhanden ist. Dieselben Fehlerbehandlungsmethoden (Schleifen) können Sie auch in Bezug auf das Löschen von Grafiken verwenden.

Alle Grafiken eines Tabellenblatts löschen

Wenn Sie sämtliche Grafiken aus einem Tabellenblatt löschen möchten, verzichten Sie auf die Angabe eines Indexes oder Namens.

```
Sub AlleGrafikenTabelleLoeschen()
   ActiveSheet.Pictures.Delete
End Sub
```

Alle Grafiken einer Mappe löschen

Wenn Sie alle in einer Mappe enthaltenen Grafiken entfernen möchten, verwenden Sie zusätzlich eine `For Each`-Schleife.

```
Sub AlleGrafikenMappeLoeschen()
   Dim ws As Worksheet
   For Each ws In Worksheets
      ws.Pictures.Delete
   Next ws
End Sub
```

Tipp: ClipArt-Grafiken, WordArt-Objekte und AutoFormen

Es würde zu weit führen, hier auch noch ClipArt-Grafiken, WordArt-Objekte und AutoFormen im Detail zu beschreiben. Das Prinzip ist im Grunde genommen das gleiche wie bei Grafiken. Diese Art an grafischen Objekten können jedoch ausschließlich über das VBA-Objekt `Shapes` angesprochen werden.

Am besten nehmen Sie den Makrorekorder zu Hilfe und zeichnen die Schritte auf, die Sie per VBA automatisieren möchten. Sie sollten auf jeden Fall versuchen, den Code, der im Hintergrund mitgeschrieben wird, anzupassen.

12.5 Übungen zu diesem Kapitel

In diesem Abschnitt finden Sie einige Übungen zu diesem Kapitel. Die Antworten und Lösungen finden Sie wie immer auf der Website *www.richtig-einsteigen.de.*

Übung 12.1

Erstellen Sie eine neue Arbeitsmappe und fügen Sie per VBA eine beliebige Grafik aus Ihrem Dateisystem ein.

Übung 12.2

Ändern Sie die Farbformatierung Ihres zuvor eingefügten Bildes per VBA auf *Graustufen.*

Übung 12.3

Erstellen Sie eine Prozedur, mit der die Grafik gelöscht wird.

12.6 Zusammenfassung

Grafische Objekte wie Bilder, ClipArts und WordArt-Elemente erfreuen sich in allen Office-Programmen großer Beliebtheit. Wer viel damit arbeitet, hat unter Umständen schon das Bedürfnis verspürt, die eine oder andere Aktion zu automatisieren. In diesem Kapitel haben wir deshalb folgende Themen behandelt:

- Wie Grafiken per VBA auf einem Tabellenblatt eingefügt werden können und wie grafische Objekte korrekt angesprochen werden.
- Sie können Grafiken mittels Programmierung formatieren und die zugewiesenen Formatierungen auf andere Objekte übertragen.
- Des Weiteren haben Sie gelernt, wie eine oder mehrere Grafiken sauber aus dem Tabellenblatt oder der Arbeitsmappe gelöscht werden können.

Kapitel 13

Diagramme steuern

In diesem Kapitel lernen Sie

- aus welchen Objekten sich ein Diagramm zusammensetzt
- wie ein Diagramm per VBA erzeugt werden kann
- wie per VBA auf Diagramme und deren Elemente zugegriffen werden kann
- auf welche Weise Diagramme per VBA ausgedruckt werden können
- welche Möglichkeiten es gibt, Diagrammen per VBA neue Farben zuzuordnen

13.1 Diagrammgrundlagen

In diesem Kapitel lernen Sie, wie Diagramme per VBA erzeugt werden können. Sie erfahren außerdem, welches die wichtigsten Diagrammobjekte sind und wie Sie auf diese zugreifen können.

Die Diagrammfunktion von Excel wird in der Regel sehr häufig benutzt. Wenn Sie immer wieder Diagramme des gleichen Typs erzeugen müssen, eventuell sogar mit denselben Formatierungen, kann Ihnen die Automatisierung per VBA viel Arbeit abnehmen.

Das Diagramm-Objektmodell

Bevor Sie damit beginnen, Diagramme per VBA herzustellen, müssen Sie unbedingt mit dem Diagramm-Objektmodell vertraut sein. Dieses ist relativ komplex. Um Sie nicht zu verwirren, ist die nachfolgende Darstellung auf Objekte beschränkt, die wir in diesem Buch verwenden werden.

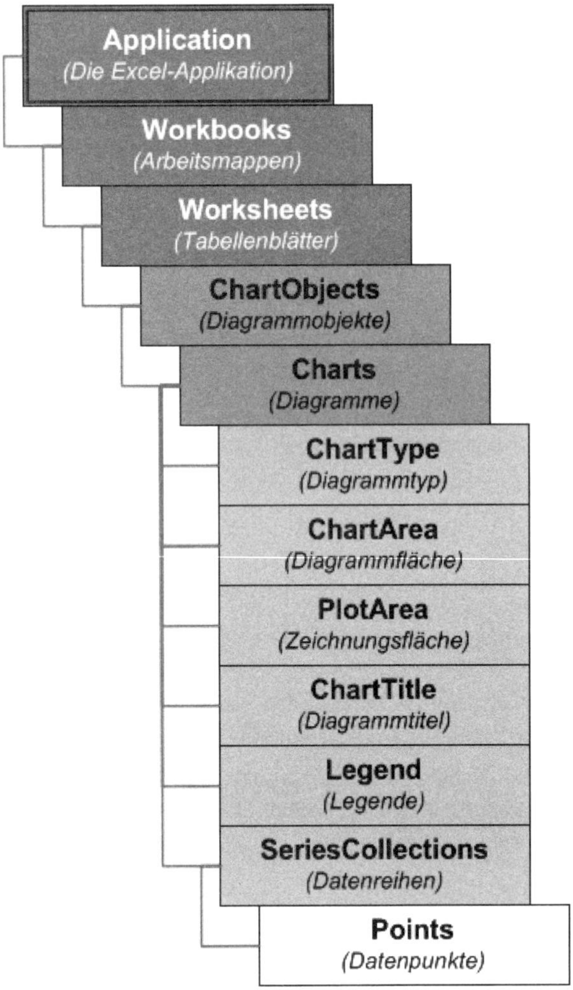

Abbildung 13.1: Diagrammobjekte hierarchisch dargestellt

> **Hinweis: ChartObject und Chart**
>
> Beachten Sie, dass ein `ChartObject(s)` und ein `Chart` vorhanden sind. Das `ChartObject(s)` stellt eine Sammlung von eingebetteten Diagrammen in einem Tabellenblatt dar. Wenn sich Ihr Diagramm auf einem separaten Diagrammblatt befindet, fällt das Objekt `ChartObject(s)` weg.

Welche Diagrammtypen gibt es?

In Excel stehen über 100 Diagrammtypen zur Verfügung. Man unterscheidet dabei zwischen Diagrammhaupt- und -untertypen. Es gibt 14 Haupttypen. Welche das sind, können Sie Tabelle 13.1 entnehmen.

Tabelle 13.1: Die Diagrammhaupttypen

Diagrammtyp	Beschreibung	Konstante
	Säule	xlColumnClustered
	Balken	xlBarClustered
	Linie	xlLine
	Kreis	xlPie
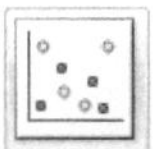	Punkt (XY)	xlXYScatter
	Fläche	xlArea
	Ring	xlDoughnut
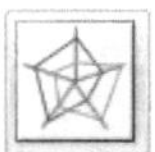	Netz	xlRadar
	Oberfläche	xlSurface
	Blase	xlBubble
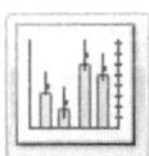	Kurs	xlStockHLC
	Zylinder	xlCylinderColClustered
	Kegel	xlConeColClustered
	Pyramide	xlPyramidColClustered

13.2 Ein Diagramm per VBA erzeugen

Damit ein Diagramm erzeugt werden kann, muss eine entsprechende Tabelle vorhanden sein. Diese Tabelle enthält die Daten, die grafisch dargestellt werden sollen.

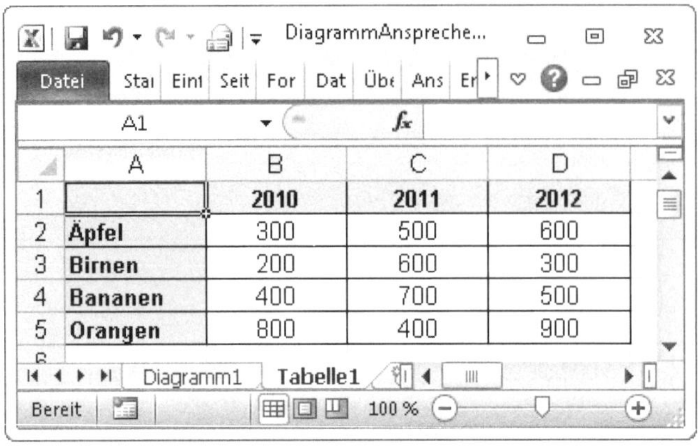

Abbildung 13.2: Die Basistabelle für unser Diagramm

Unser Ziel ist es, ein einfaches Säulendiagramm zu generieren. Es soll eingebettet auf demselben Tabellenblatt eingefügt werden, das die Daten enthält.

1. Um ein Diagramm per VBA zu erzeugen, verwenden Sie die Methode `Add` des Objekts `Charts`.
2. Am besten bringen Sie alle Anweisungen, die zum Erzeugen eines Diagramms erforderlich sind, in einem `With`-Block unter. Sie ersparen sich dadurch ein unnötiges Aktivieren des Diagramms, so wie das beispielsweise im Fall einer Makroaufzeichnung erfolgt.

```
Sub EingebettetesDiagramm ()
   With Charts.Add
      .ChartType = xlColumnClustered
      .SetSourceData Source:=Worksheets("Tabelle1").Range("A1:D5")
      .Location Where:=xlLocationAsObject, Name:="Tabelle1"
   End With
End Sub
```

3. Innerhalb der `With`-Anweisung bestimmen Sie zuerst den Diagrammtyp. Dies geschieht über die Eigenschaft `ChartType`. Um ein Säulendiagramm zu erzeugen, übergeben Sie dem `ChartType` die Konstante `xlColumnClustered`.
4. Danach verwenden Sie die Methode `SetSourceData`, um die Datenquelle zu bestimmen. Dem Argument `Source` übergeben Sie das Tabellenblatt, gefolgt von dem Bereich, den Sie als Diagramm darstellen möchten.
5. In der letzten Codezeile legen Sie den Speicherort des Diagramms fest und verwenden hierzu die Eigenschaft `Location`.

   Wenn das Diagramm auf einem Tabellenblatt eingebettet werden soll, sind zwei Argumente erforderlich. Einerseits das Argument `Where`, gefolgt von der Konstanten `xlLocationAsObject`. Andererseits das Argument `Name`. Ihm wird der Name des Tabellenblatts übergeben, auf dem das Diagramm erscheinen soll.

Wenn Sie das Diagramm auf einem eigenen Diagrammblatt erzeugen möchten, ist nur das Argument `Where` erforderlich. Ihm wird dann die Konstante `xlLocationAsNewSheet` zugewiesen.

```
Sub Diagrammblatt()
   With Charts.Add
      .ChartType = xlColumnClustered
      .SetSourceData Source:=Worksheets("Tabelle1").Range("A1:D5")
      .Location Where:=xlLocationAsNewSheet
   End With
End Sub
```

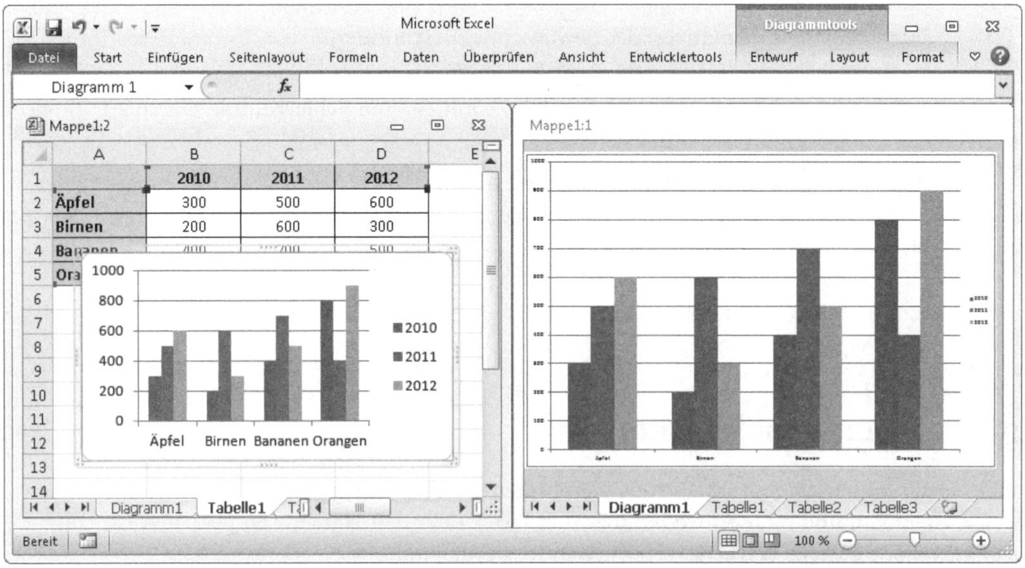

Abbildung 13.3: Eingebettetes Diagramm und Diagrammblatt

13.3 Auf Diagramme korrekt zugreifen

Wenn Sie auf Diagramme und deren Elemente per VBA-Code zugreifen wollen, müssen Sie beachten, dass es eingebettete Diagramme und Diagrammblätter gibt.

Auf ein eingebettetes Diagramm zugreifen

Ein eingebettetes Diagramm liegt auf einem Tabellenblatt. Ähnlich wie eine Grafik. Sie können auf ein Diagramm über seinen Index oder seinen Namen zugreifen. Das Objekt nennt sich `ChartObjects`.

```
Sub EingebettetesDiagramm()
   ActiveSheet.ChartObjects(1).Activate
End Sub
```

Wenn Sie den Namen eines Diagramms erfahren oder ändern möchten, aktivieren Sie zunächst das Diagramm. Im Namenfeld können Sie dann den Namen des Diagramms ablesen und bei Bedarf ändern.

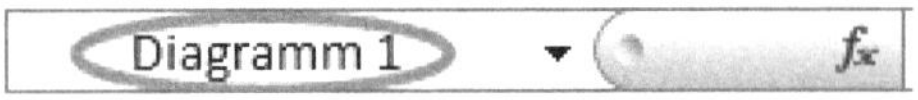

Abbildung 13.4: Der Diagrammname im Namenfeld

Tipp: Den Diagrammnamen per VBA ändern

Sie können den Namen eines Diagramms auch per VBA ändern. Verwenden Sie dazu die Eigenschaft `Name` gefolgt von der gewünschten Beschriftung:

```
ActiveSheet.ChartObjects(1).Name = "Mein Diagramm"
```

Wie bei Grafiken ist es sinnvoll, wenn Sie bei Diagrammen eine Fehlerroutine einbauen, die prüft, ob das angegebene Diagramm überhaupt existiert.

In der nachfolgenden Prozedur verwenden wir, wie gewohnt, eine `For`-Schleife mit einem Zähler, um zu prüfen, ob mindestens ein Diagrammobjekt auf dem Tabellenblatt vorhanden ist. Wenn dies zutrifft, wird das Objekt aktiviert.

```
Sub EingebettetesDiagramm()
   ActiveSheet.ChartObjects(1).Activate
End Sub
```

Auf ein Diagrammblatt zugreifen

Auf ein Diagrammblatt kann im Grunde genommen genauso zugegriffen werden wie auf ein gewöhnliches Tabellenblatt, und zwar entweder über den Index oder den Namen. Zu beachten ist lediglich, dass das Objekt `Sheets` anstelle von `Worksheets` verwendet werden muss.

```
Sub Diagrammblatt()
   Sheets("Diagramm1").Activate
End Sub
```

Etwas umdenken müssen Sie, wenn Sie eine Fehlerprüfung für ein Diagrammblatt verwenden möchten. Bei gewöhnlichen Tabellenblättern haben wir bis jetzt eine `For Each`-Schleife verwendet, die alle Tabellenblattobjekte durchlaufen hat. Dies war möglich, da innerhalb der `Worksheets`-Sammlung ein `Worksheet`-Objekt existiert. Das Objekt `Sheets` gibt es jedoch nur in der Mehrzahl. Es gibt in VBA kein Objekt `Sheet`. Daher können Sie auch keine `For Each`-Schleife verwenden.

In der folgenden Prozedur verwenden wir deshalb eine `For`-Schleife mit einem Zähler. Dieser durchläuft alle Diagrammblätter. In der `If`-Anweisung wird geprüft, ob ein Blatt mit dem Namen *Diagramm1* existiert. Wenn dies zutrifft, wird es aktiviert.

```
Sub Diagrammblatt()
   Dim i As Integer
   For i = 1 To Sheets.Count
      If Sheets(i).Name = "Diagramm1" Then
         Sheets("Diagramm1").Activate
      End If
   Next i
End Sub
```

13.4 Diagramme ausdrucken

Beim Ausdrucken von Diagrammen gilt ebenfalls zu beachten, ob es sich um ein eingebettetes Diagramm handelt oder um ein Diagrammblatt.

Ein eingebettetes Diagramm ausdrucken

Wenn Sie ein Tabellenblatt ausdrucken, das ein eingebettetes Diagramm enthält, werden sowohl die Daten als auch das Diagramm auf dem Papier erscheinen. Sie können auf Wunsch auch nur das Diagramm selbst ausdrucken. Dieses erscheint dann vollflächig auf dem Ausdruck.

Es ist nur eine einzelne Codezeile erforderlich. Das `ChartObject` wird in diesem Fall mit dem Objekt `Chart` kombiniert und dann die Methode `PrintOut` verwendet.

```
Sub EingebettetesDiagramm()
   ActiveSheet.ChartObjects(1).Chart.PrintOut
End Sub
```

Ein Diagrammblatt ausdrucken

Wenn Sie ein ganzes Diagrammblatt drucken möchten, geben Sie den Diagrammblattnamen oder den Index an und verwenden ebenfalls die Methode `PrintOut`.

```
Sub Diagrammblatt()
   Sheets("Diagramm1").PrintOut
End Sub
```

Hinweis: Diagramme löschen

Das Vorgehen, um ein Diagrammblatt zu löschen, ist dasselbe wie beim Ausdrucken. Sie müssen lediglich die Methode `PrintOut` durch die Methode `Delete` ersetzen.

Bei einem eingebetteten Diagramm müssen Sie das Objekt `Chart` weglassen.

```
ActiveSheet.ChartObjects(1).Delete
```

Auch hier empfiehlt es sich, eine der besprochenen Fehlerprüfungen einzusetzen. Entsprechende Codebeispiele finden Sie in den Beispieldateien zu diesem Buch.

13.5 Diagramm- und Zeichnungsfläche formatieren

Ein Diagramm besteht aus zwei Flächen: der *Diagrammfläche* und der *Zeichnungsfläche*.

Auf der Diagrammfläche ist einerseits die Zeichnungsfläche zu finden. Andererseits sind darauf weitere Objekte wie z.B. der Titel, die Legende usw. zu finden.

Auf der Zeichnungsfläche befinden sich unter anderem die Gitternetzlinien, die Trendlinien und die Datenreihen mit ihren Datenpunkten.

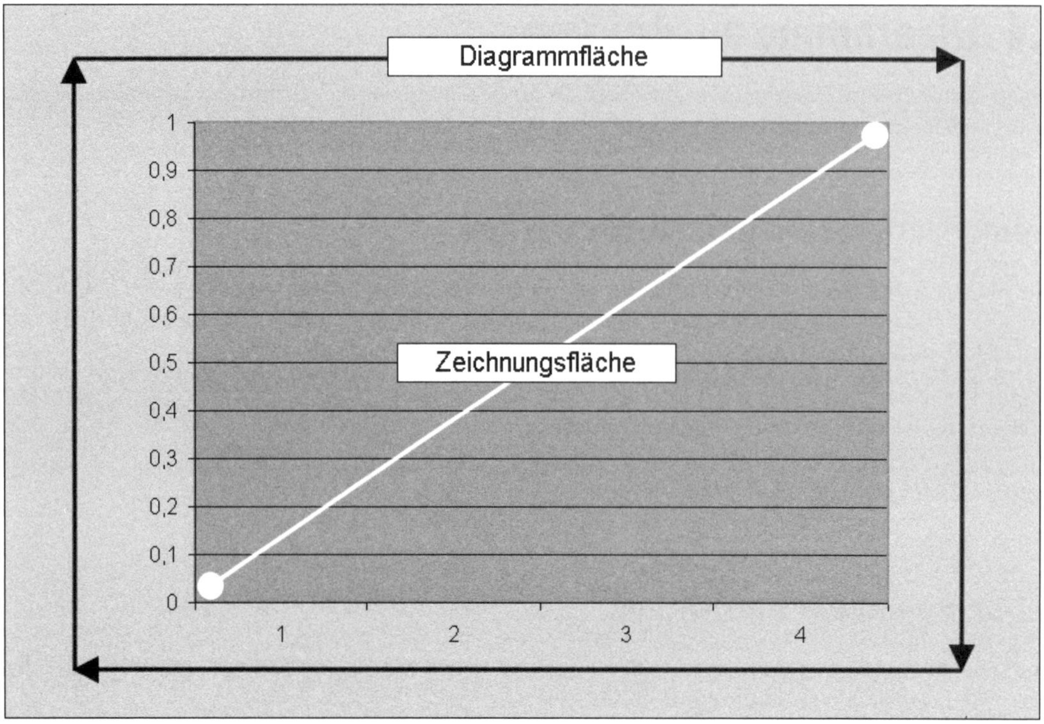

Abbildung 13.5: Die Diagramm- und die Zeichnungsfläche

Die Diagrammfläche formatieren

Auf die Diagrammfläche wird über das Objekt `ChartArea` zugegriffen. Danach können Sie beispielsweise mittels `Interior.ColorIndex` eine neue Farbe zuweisen.

```
Sub Diagrammflaeche()
   ActiveSheet.ChartObjects(1).Chart.ChartArea. _
      Interior.ColorIndex = 22
End Sub
```

Die Zeichnungsfläche formatieren

Um die Zeichnungsfläche zu formatieren, verwenden Sie das Objekt `PlotArea`. Diesem Objekt können Sie unter anderem ebenfalls eine andere Hintergrundfarbe zuweisen.

```
Sub Zeichenflaeche()
   ActiveSheet.ChartObjects(1).Chart.PlotArea. _
      Interior.ColorIndex = 24
End Sub
```

13.6 Diagrammtitel und Legende

Auf der Diagrammfläche können verschiedene Objekte, wie z. B. der Diagrammtitel und die Legende angezeigt werden.

Diagrammtitel einblenden

Falls Sie es wünschen, können Sie einen Titel auf der Diagrammfläche einfügen.

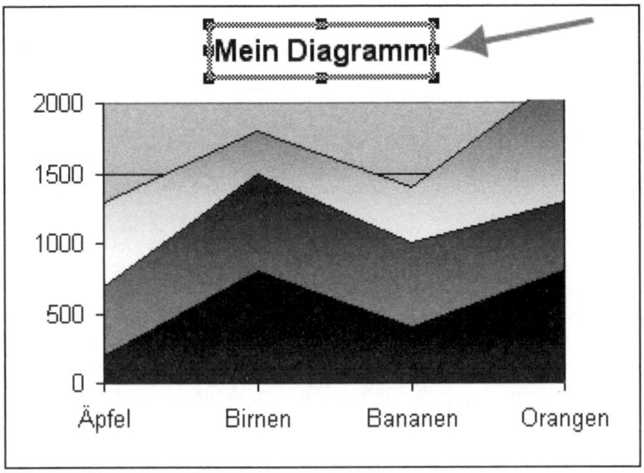

Abbildung 13.6: Eingeblendeter Diagrammtitel

1. Wenn Sie den Diagrammtitel einfügen oder bearbeiten möchten, müssen Sie zuerst sicherstellen, dass er eingeblendet ist. Dies geschieht über die Anweisung `HasTitle = True`.
2. Nachdem der Titel eingeblendet ist, können Sie ihm einen Text übergeben. Dazu wird das Objekt `ChartTitle` eingesetzt.
3. Um eine Textübergabe zu ermöglichen, ist zudem das Objekt `Characters` gefolgt von der Eigenschaft `Text` erforderlich.

```
Sub DiagrammTitelEinblenden()
   With ActiveSheet.ChartObjects(1).Chart
      .HasTitle = True
      .ChartTitle.Characters.Text = "Mein Diagramm"
   End With
End Sub
```

4. Wenn Sie den Diagrammtitel ausblenden möchten, müssen Sie lediglich den booleschen Wert der Eigenschaft `HasTitle` von `True` auf `False` umstellen.

```
Sub LegendeUntenPlatzieren()
   With ActiveSheet.ChartObjects(1).Chart
       .HasLegend = True
       .Legend.Position = xlBottom
   End With
End Sub
```

IV – Sichtbare Objekte verwenden

Legende ein- oder ausblenden

Genauso wie den Diagrammtitel können Sie auch eine Legende ein- oder ausblenden. Verwenden Sie dazu die Eigenschaft `HasLegend`.

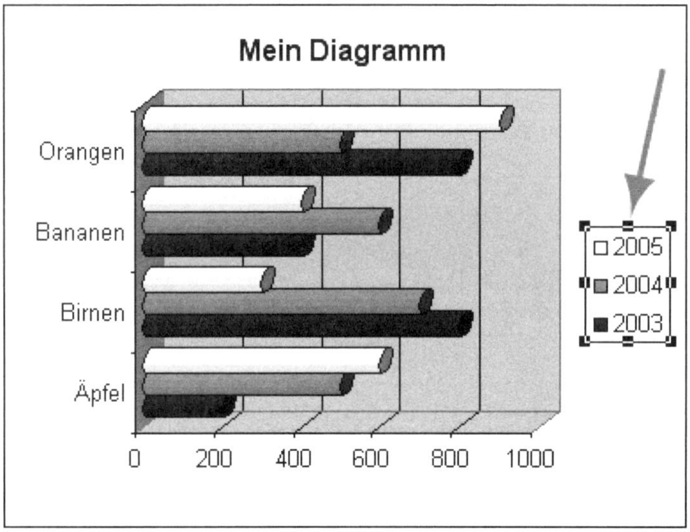

Abbildung 13.7: Eingeblendete Legende

Unser Beispiel enthält eine `If`-Abfrage. Diese veranlasst das Ein- oder bzw. Ausblenden der Legende.

```
Sub LegendeEinAusblenden()
   With ActiveSheet.ChartObjects(1).Chart
      If .HasLegend = True Then
         .HasLegend = False
      Else
         .HasLegend = True
      End If
   End With
End Sub
```

Legende platzieren

Die Legende wird standardmäßig rechts neben dem Diagramm eingeblendet. Diese Vorgabe können Sie ändern.

1. Auf die Legende können Sie über das VBA-Objekt `Legend` zugreifen.
2. Um die Ausrichtung zu ändern, benötigen Sie zusätzlich die Eigenschaft `Position`. Dieser übergeben Sie die gewünschte Konstante. Im folgenden Beispiel wird `xlBottom` benutzt. Damit wird die Legende am unteren Rand platziert.

```
Sub LegendeUntenPlatzieren()
   ActiveSheet.ChartObjects(1).Chart.Legend.Position = xlBottom
End Sub
```

Es stehen insgesamt fünf Konstanten zum Platzieren der Legende zur Verfügung:

Tabelle 13.2: Konstanten zum Platzieren der Legende

Konstante	Ausrichtung
xlBottom	Unten
xlCorner	Rechte obere Ecke
xlTop	Oben
xlRight	Rechts (Standardeinstellung)
xlLeft	Links

13.7 Datenreihen von Diagrammen

Im Zentrum eines jeden Diagramms stehen eine oder mehrere Datenreihen. Diese sind die eigentliche grafische Anzeige der zugrunde liegenden Daten.

Die folgende Abbildung zeigt ein Säulendiagramm mit drei Datenreihen. Die zweite Datenreihe ist selektiert.

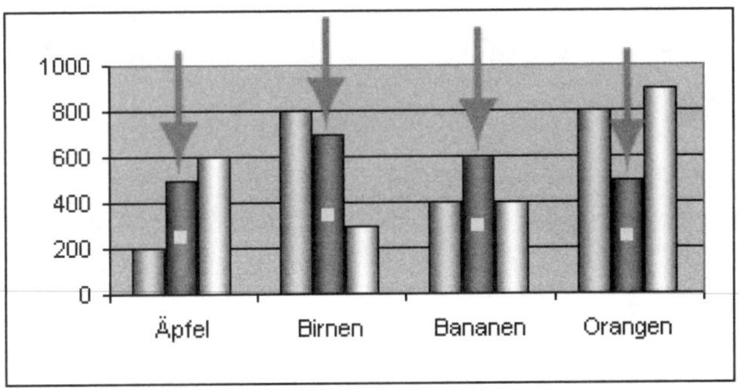

Abbildung 13.8: Die zweite Datenreihe ist selektiert

Eine neue Farbe für eine der Datenreihen

Um auf eine Datenreihe zuzugreifen, verwenden Sie das Objekt `SeriesCollection`. Ihm folgt in der Regel der Index. Sie können auf die Datenreihe auch über ihren Namen zugreifen. Den Namen der Datenreihe können Sie dem *Namenfeld* entnehmen.

Im folgenden Beispiel weisen wir der zweiten Datenreihe eine neue Farbe zu.

```
Sub EineDatenreiheNeuEinfaerben()
   ActiveSheet.ChartObjects(1).Chart.SeriesCollection(2). _
      Interior.ColorIndex = 4
End Sub
```

Alle Datenreihen neu einfärben

Wenn Sie jeder einzelnen Datenreihe eine neue Farbe zuweisen möchten, können Sie, wie zuvor beschrieben, auf jede Datenreihe einzeln zugreifen.

Wenn die Farbe keine Rolle spielt, können Sie auch mit einer `For`-Schleife arbeiten.

1. Um den Zugriff auf die Datenreihe innerhalb der Schleife zu verkürzen, wird im folgenden Beispiel die Datenreihe referenziert.
2. Danach folgt die `For`-Schleife, die alle Datenreihen durchläuft.
3. Innerhalb der Schleife wird der Schleifenzähler `i` für den Farbindex verwendet. Um Schwarz und Weiß (Index 1 und 2) zu vermeiden, wird der Zähler jeweils um den Wert 2 erhöht.

```
Sub AlleDatenreihenNeuEinfaerben()
   Dim i As Integer
   Dim sc As SeriesCollection
   Set sc = ActiveSheet.ChartObjects(1).Chart.SeriesCollection

   For i = 1 To sc.Count
      sc(i).Interior.ColorIndex = i + 2
   Next i
End Sub
```

13.8 Einzelne Datenpunkte

Eine Datenreihe kann aus einem oder mehreren Datenpunkten bestehen. Jeder einzelne kann für sich formatiert werden. Die nachfolgende Abbildung zeigt, dass der dritte Datenpunkt der zweiten Datenreihe markiert ist.

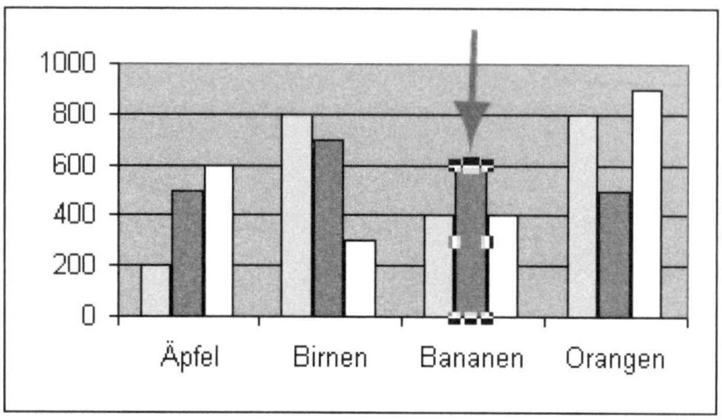

Abbildung 13.9: Ein einzelner selektierter Datenpunkt

Einen Datenpunkt neu einfärben

Wenn Sie einen einzelnen Datenpunkt verändern möchten, verwenden Sie zusätzlich zum Objekt `SeriesCollection` das Objekt `Points`.

```
Sub EinenDatenpunktNeuEinfaerben()
   ActiveSheet.ChartObjects(1).Chart.SeriesCollection(2).Points(3). _
      Interior.ColorIndex = 1
End Sub
```

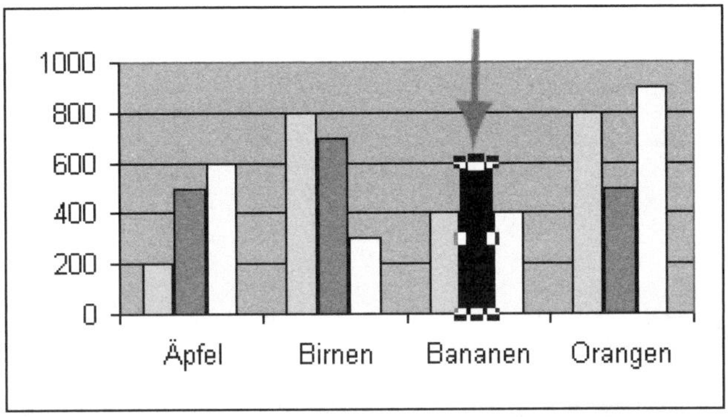

Abbildung 13.10: Einen Datenpunkt farblich hervorheben

Jeden Datenpunkt einzeln einfärben

Im Grunde genommen können Sie jedem einzelnen Datenpunkt eine andere Farbe zuweisen. Wenn Sie dies tun möchten, müssen Sie mit zwei ineinander verschachtelten Schleifen arbeiten.

1. Die äußere `For`-Schleife durchläuft sämtliche Datenreihen. Als Zähler wird die Variable `isc` eingesetzt.
2. Die innere `For`-Schleife durchläuft alle Datenpunkte einer Datenreihe. Für diese Schleife ist ein zusätzlicher Zähler `ipt` erforderlich.
3. Damit jeder Datenpunkt eine andere Farbe erhält, wird ein dritter Zähler `i` benötigt. Dieser wird in der inneren Schleife jeweils um den Wert 1 erhöht. Der Zähler dient so als Farbindex.

```
Sub AlleDatenpunkteNeuEinfaerben()
   Dim isc As Integer, ipt As Integer, i As Integer
   Dim sc As SeriesCollection
   Set sc = ActiveSheet.ChartObjects(1).Chart.SeriesCollection

   For isc = 1 To sc.Count
      For ipt = 1 To sc(isc).Points.Count
         i = i + 1
         sc(isc).Points(ipt).Interior.ColorIndex = i
      Next ipt
   Next isc
End Sub
```

Nach dem Ausführen des Codes hat jeder Datenpunkt eine andere Farbe.

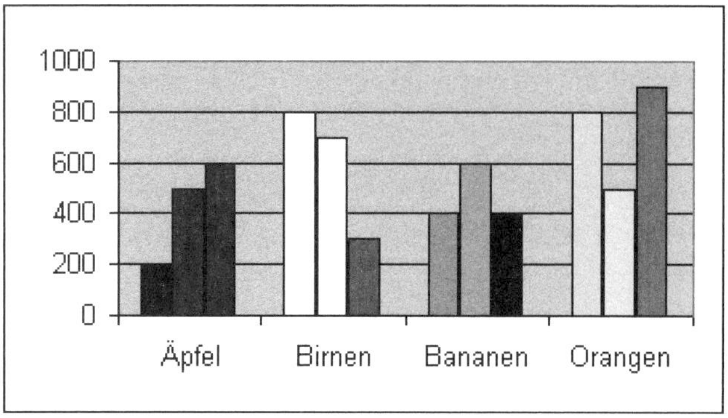

Abbildung 13.11: Jeder Datenpunkt hat eine andere Farbe

13.9 Übungen zu diesem Kapitel

In diesem Abschnitt finden Sie einige Übungen zu diesem Kapitel. Die Antworten und Lösungen finden Sie wie immer auf der Website *www.richtig-einsteigen.de.*

Übung 13.1

Geben Sie in einer Tabelle einige Zahlen ein, die als Basis für ein Diagramm dienen. Programmieren Sie eine VBA-Prozedur, die aus der Datenbasis ein eingebettetes Balkendiagramm erzeugt.

Übung 13.2

Blenden Sie per VBA im zuvor erstellten Diagramm die Legende und den Diagrammtitel ein.

13.10 Zusammenfassung

Was wären all die vielen Zahlenreihen in Excel, wenn sie nicht grafisch dargestellt werden könnten? Diagramme sind von jeher die wohl am meisten genutzten grafischen Elemente der Excel-Umgebung. Fassen wir zusammen, was wir im Zusammenhang mit Diagrammen in diesem Kapitel gelernt haben:

- Sie haben das Objektmodell von Diagrammen kennengelernt. Ohne dieses Wissen ist es kaum möglich, ein Diagramm per VBA zu manipulieren.
- Sie kennen nun sämtliche Diagrammhaupttypen und deren Konstanten. Sie können den gewünschten Diagrammtyp vollständig per VBA erzeugen, hierauf zugreifen und ausdrucken.

- Sie können einzelne Elemente eines Diagramms, wie die Diagrammfläche und die Zeichnungsfläche, farblich verändern. Sie können den Titel und die Legende per VBA ein- oder ausblenden und an der gewünschten Stelle platzieren.
- Sie haben gelernt, wie einzelne Datenreihen oder gar Datenpunkte individuell mit der gewünschten Farbe belegt werden können.

Kapitel 14

Pivot-Tabellen steuern

In diesem Kapitel lernen Sie

- wie eine PivotTable aufgebaut ist
- wie eine PivotTable per VBA erzeugt werden kann
- auf welche Weise eine vorhandene PivotTable automatisiert werden kann
- die Manipulation der einzelnen PivotTable-Elemente kennen

14.1 PivotTable-Grundlagen

In diesem Kapitel lernen Sie das Automatisieren von Pivot-Tabellen (PivotTables) kennen. Sie erfahren, wie PivotTables per VBA erzeugt werden können. Ein weiteres Thema ist der Umgang mit den PivotTable-Elementen.

Mittels PivotTables können Sie komplexe Tabellen im Nu auswerten. Eine PivotTable kann mit einer Schablone verglichen werden. In dieser Schablone können Sie die einzelnen Bereiche (Spalten) der Datenquelle nach Belieben anordnen. In der PivotTable werden immer die Quelldaten angezeigt. Auf Wunsch können Sie so quasi per Knopfdruck eine neue Darstellung modellieren. Die PivotTable ist im Grunde genommen ein erweiterter Link, der zu den Basisdaten führt und die Möglichkeit bietet, die Tabelle auf verschiedene Weise zu betrachten.

Die Hierarchie von PivotTables

Eine PivotTable setzt sich aus unterschiedlichen Elementen zusammen, die einer bestimmten Hierarchie unterliegen. Die nachfolgende Abbildung zeigt die wichtigsten.

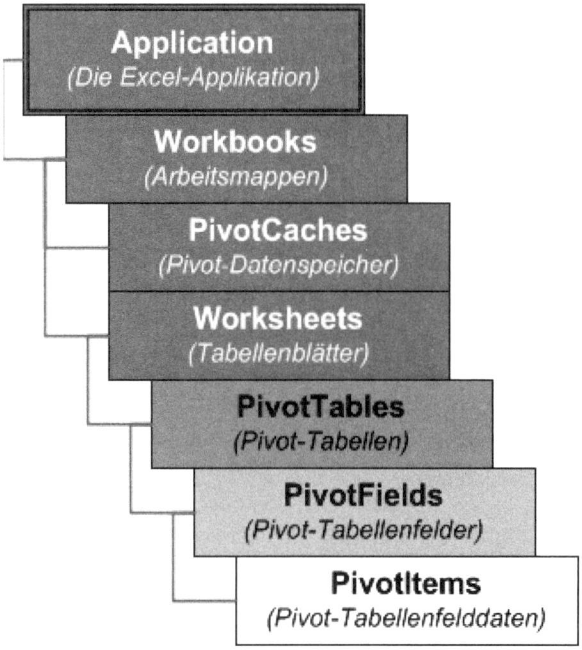

Abbildung 14.1: Die Hierarchie der Pivot-Tabellen-Elemente

Tabelle 14.1: Pivot-Tabellen-Objekte

Objekte	Beschreibung
PivotCaches	Der PivotCache ist der Datenzwischenspeicher für die PivotTable. Er enthält die Daten, die die PivotTable auswertet.
PivotTables	Die PivotTable selbst. Sie ist die Schablone, die in der Lage ist, die Daten anders anzuordnen.
PivotFields	Die Felder der PivotTable
PivotItems	Die Daten selbst

14.2 PivotTable per VBA erzeugen

Damit Sie eine PivotTable per VBA erzeugen können, muss eine Datenquelle vorhanden sein. Meist ist diese recht umfangreich. Die nachfolgende Abbildung zeigt einen Ausschnitt aus der Beispieldatei *PivotTable.xlsm*, die Sie in den Begleitdateien zu diesem Buch finden.

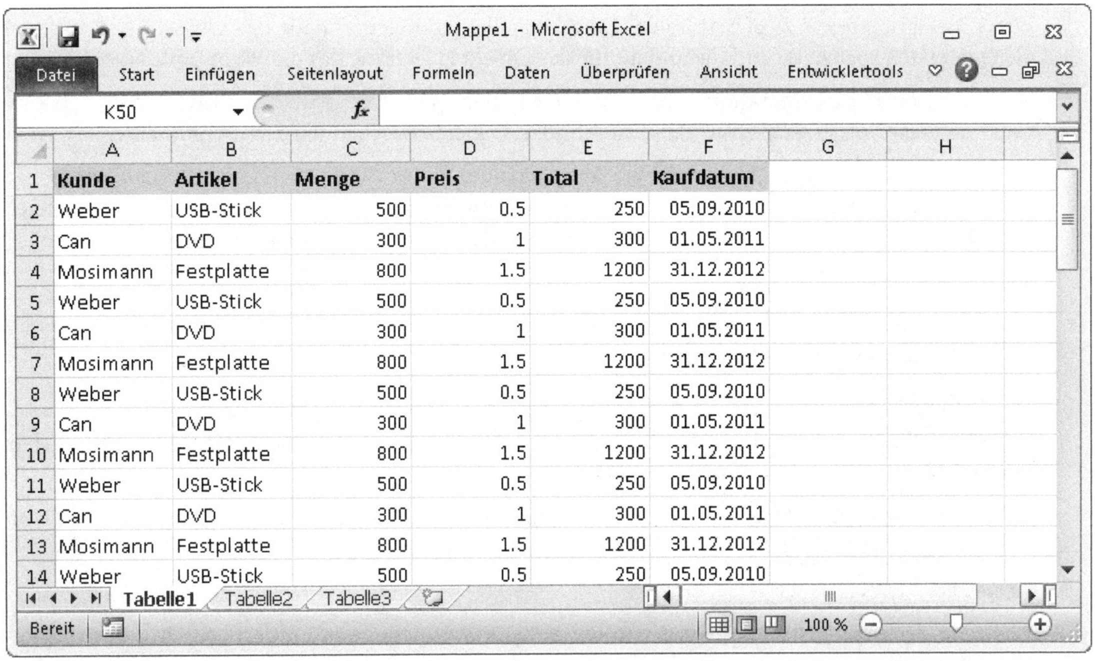

	A	B	C	D	E	F
1	Kunde	Artikel	Menge	Preis	Total	Kaufdatum
2	Weber	USB-Stick	500	0.5	250	05.09.2010
3	Can	DVD	300	1	300	01.05.2011
4	Mosimann	Festplatte	800	1.5	1200	31.12.2012
5	Weber	USB-Stick	500	0.5	250	05.09.2010
6	Can	DVD	300	1	300	01.05.2011
7	Mosimann	Festplatte	800	1.5	1200	31.12.2012
8	Weber	USB-Stick	500	0.5	250	05.09.2010
9	Can	DVD	300	1	300	01.05.2011
10	Mosimann	Festplatte	800	1.5	1200	31.12.2012
11	Weber	USB-Stick	500	0.5	250	05.09.2010
12	Can	DVD	300	1	300	01.05.2011
13	Mosimann	Festplatte	800	1.5	1200	31.12.2012
14	Weber	USB-Stick	500	0.5	250	05.09.2010

Abbildung 14.2: Die Datenquelle

Eine PivotTable ist in vier Bereiche unterteilt, in die die einzelnen Datenfelder gezogen werden können.

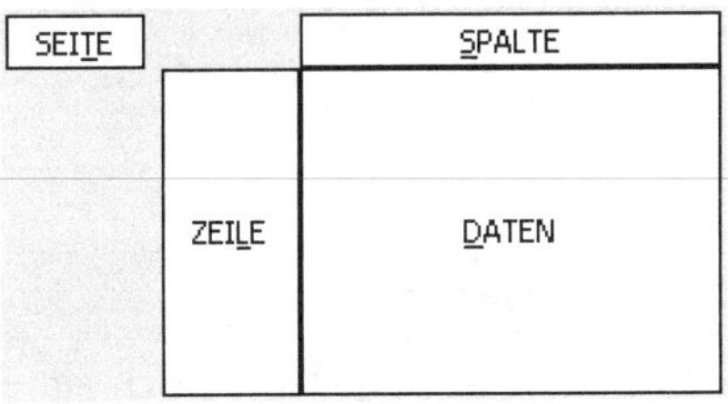

Abbildung 14.3: Der Aufbau einer PivotTable

In VBA kann auf jeden dieser Bereiche separat zugegriffen werden.

Tabelle 14.2: PivotTable-Felder (*PivotFields*)

Elemente	Konstante	Beschreibung
Seite	xlPageField	Seitenfelder
Zeile	xlRowField	Anordnung der Daten in Zeilen
Spalte	xlColumnField	Anordnung der Daten in Spalten
Daten	xlDataField	Felder für den zu berechnenden Datenbereich

Wenn Sie eine PivotTable per VBA erzeugen möchten, teilen Sie den Code am besten in vier Bereiche auf.

1. Zuerst deklarieren wir zwei Variablen. Eine Variable benötigen wir für das Objekt `PivotCache`, das die Quelldaten speichert, und die andere für das Objekt `PivotTable`, das die PivotTable erzeugt.

2. Nach der Variablendeklaration referenzieren wir den `PivotCache`. Mit der Anweisung `ActiveWorkbook.PivotCaches.Add` erzeugen wir den Datenbuffer. Dabei übergeben wir zwei Argumente.

   Mit dem Argument `SourceType` legen wir die Datenquelle fest. Da sich diese innerhalb von Excel befindet, lautet die Konstante, die wir dem Argument übergeben, `xlDatabase`, also eine Excel-Datenbank. Es gibt noch vier weitere Konstanten, auf die wir hier jedoch nicht eingehen werden.

   ```
   SourceType:=xlDatabase
   ```

   Im Argument `xlSource` übergeben wir den Quellbereich. Dieser wird ohne Objektangabe (z.B. `Range`) in Anführungszeichen geschrieben:

   ```
   SourceData:="A1:F50"
   ```

3. Nachdem die Quelldaten im Datenbuffer zwischengespeichert sind, kann die PivotTable erstellt werden.

   Wir referenzieren dazu die Variable `ptTable`. Während der Referenzierung erstellen wir die PivotTable:

   ```
   ActiveSheet.PivotTables.Add
   ```

   Während der Referenzierung übergeben wir zudem zwei Argumente. Zuerst das Argument `PivotCache`. Ihm weisen wir die Variable `ptCache` zu, in der wir zuvor die Quelldaten zwischengespeichert haben.

   ```
   PivotCache:=ptCache
   ```

   Danach folgt das Argument `Tabledestination`. Ihm übergeben wir die Zelle, ab der die PivotTable erzeugt werden soll.

   ```
   Tabledestination:=Range("H1")
   ```

Hinweis: Seitenfelder nehmen ihren eigenen Platz in Anspruch

Beachten Sie bei der Angabe der Zielzelle, dass die Seitenfelder einen eigenen Bereich einnehmen. Wenn Sie eine PivotTable ab Zelle *H10* einfügen und diese über ein Seitenfeld verfügt, wird das Seitenfeld über dem angegebenen Bereich eingefügt. Außerdem wird eine Leerzeile zwischen dem Seitenfeld und der PivotTable erzeugt. Somit würde die PivotTable bei einer Zellangabe von *H10* bereits ab der Zelle *H8* beginnen.

4. Nun fehlen nur noch die Datenfelder. Diese fassen wir in einer `With`-Anweisung zusammen.

   Das Objekt `PivotFields` ist für alle Datenfelder zuständig. In den runden Klammern nach dem Objektnamen können Sie die Spaltenüberschriften eintragen.

   Mithilfe der Eigenschaft `Orientation` können Sie festlegen, um welchen Datenfeldtyp es sich handelt. Der Eigenschaft wird die entsprechende Konstante zugewiesen. Welche Konstanten es gibt, haben Sie ja bereits zuvor erfahren.

```
Sub PivotTableErstellen()
   Dim ptCache As PivotCache
   Dim ptTable As PivotTable
```

```
   ' Datenbuffer befüllen
   Set ptCache = ActiveWorkbook.PivotCaches.Add _
                 (SourceType:=xlDatabase, _
                  SourceData:="A1:F50")

   ' PivotTable erstellen
   Set ptTable = ActiveSheet.PivotTables.Add _
                 (PivotCache:=ptCache, _
                  Tabledestination:=Range("H1"))

   ' Datenfelder festlegen
   With ptTable
      .PivotFields("Artikel").Orientation = xlRowField
      .PivotFields("Kunde").Orientation = xlColumnField
      .PivotFields("Kaufdatum").Orientation = xlPageField
      .PivotFields("Total").Orientation = xlDataField
   End With
End Sub
```

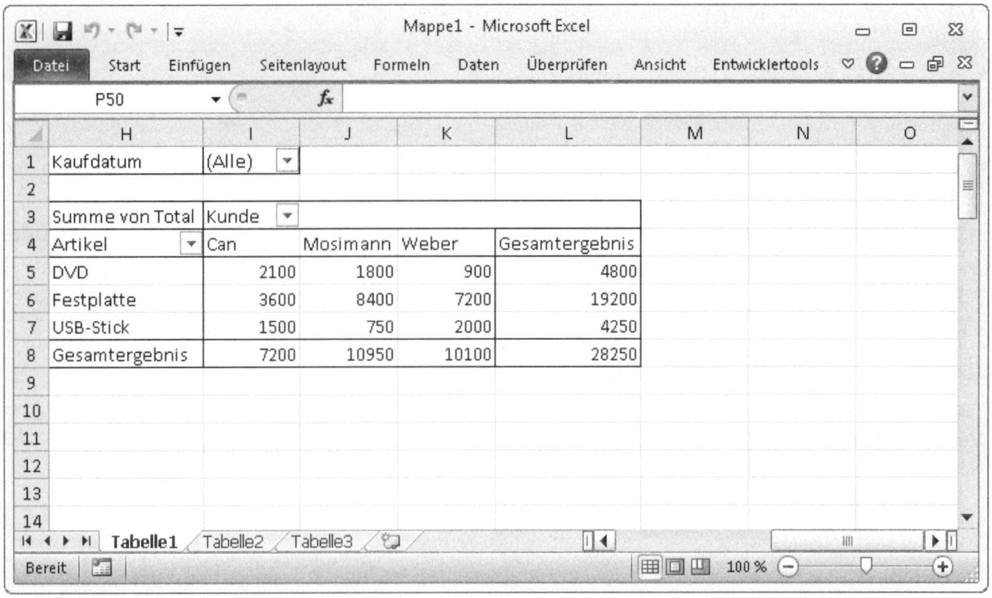

Summe von Total	Kunde			
Artikel	Can	Mosimann	Weber	Gesamtergebnis
DVD	2100	1800	900	4800
Festplatte	3600	8400	7200	19200
USB-Stick	1500	750	2000	4250
Gesamtergebnis	7200	10950	10100	28250

Abbildung 14.4: Die generierte PivotTable

Tipp: Fehler bei mehrmaligem Ausführen der Prozedur vermeiden

Ein Fehler entsteht, wenn Sie versuchen, die Prozedur mehrmals auszuführen. Der Grund hierfür liegt darin, dass Sie dann versuchen würden, eine PivotTable an einem Ort zu erstellen, an dem schon eine besteht. Um diesen Fehler auszumerzen, sollten Sie zu Beginn der Prozedur eine eventuell vorhandene PivotTable löschen. Wie PivotTables gelöscht werden, erfahren Sie weiter hinten in diesem Kapitel.

14.3 PivotTable aktualisieren

Die in der PivotTable angezeigten Daten werden nicht automatisch aktualisiert, wenn Sie Daten in der Quelle ändern. Die Aktualisierung muss immer manuell angestoßen werden. Manuell tun Sie dies, indem Sie mit der rechten Maustaste die PivotTable anklicken und aus dem Kontextmenü den Befehl *Aktualisieren* verwenden.

Per VBA geschieht dies über den Datenbuffer der PivotTable. Auf die PivotTable können Sie über ihren Index oder ihren Namen zugreifen. Mit der Methode `Refresh` lösen Sie die Aktualisierung aus.

In unserem Beispiel arbeiten wir mit dem Index. In der `If`-Abfrage prüfen wir zuerst, ob überhaupt eine PivotTable in dem aktiven Tabellenblatt vorhanden ist. Wenn ja, aktualisieren wir die Werte der PivotTable.

```
Sub PivotTableAktualisieren()
   With ActiveSheet
      If .PivotTables.Count > 0 Then
         .PivotTables(1).PivotCache.Refresh
      End If
   End With
End Sub
```

14.4 PivotTable löschen

Wenn Sie eine PivotTable löschen möchten, müssen Sie einerseits das Objekt `PivotTable` verwenden und andererseits die Eigenschaft `TableRange2`. Die Eigenschaft `TableRange2` bewirkt, dass der gesamte PivotTable-Bericht einschließlich der Seitenfelder gelöscht wird. Es gibt auch noch die Eigenschaft `TableRange1`. Diese kann nur dann verwendet werden, wenn die PivotTable keine Seitenfelder enthält.

Zum Löschen verwenden Sie die Methode `Delete`:

```
Sub PivotTableLoeschen()
   With ActiveSheet
      If .PivotTables.Count > 0 Then
         .PivotTables(1).TableRange2.Delete
      End If
   End With
End Sub
```

14.5 PivotTable-Elemente modellieren

Eine PivotTable zeichnet sich durch ihre Flexibilität aus. PivotTable-Felder können in Windeseile neu angeordnet werden. Damit erreichen Sie in kürzester Zeit eine neue Auswertung der zugrunde liegenden Daten.

Um PivotTable-Elemente hervorzuheben, können diese nach Belieben mit verschiedenen Farben versehen werden.

PivotTable-Felder vertauschen

Beim Erzeugen unserer PivotTable haben wir die Spalte *Artikel* als Zeilenfeld und die Spalte *Kunde* als Spaltenfeld definiert. Wenn Sie die beiden Felder miteinander vertauschen möchten, ändern Sie einfach die Eigenschaft `Orientation`, indem Sie die entsprechende Konstante zuweisen:

```
Sub PivotTableFelderVertauschen()
   With ActiveSheet
      If .PivotTables.Count > 0 Then
         With .PivotTables(1)
            .PivotFields("Artikel").Orientation = xlColumnField
            .PivotFields("Kunde").Orientation = xlRowField
         End With
      End If
   End With
End Sub
```

PivotTable-Elemente formatieren

Eine PivotTable verfügt über drei Hauptelemente, die gestaltet werden können. Jedes Element wird durch eine andere Eigenschaft angesprochen. Welche Eigenschaften das sind, können Sie der nachfolgenden Darstellung entnehmen:

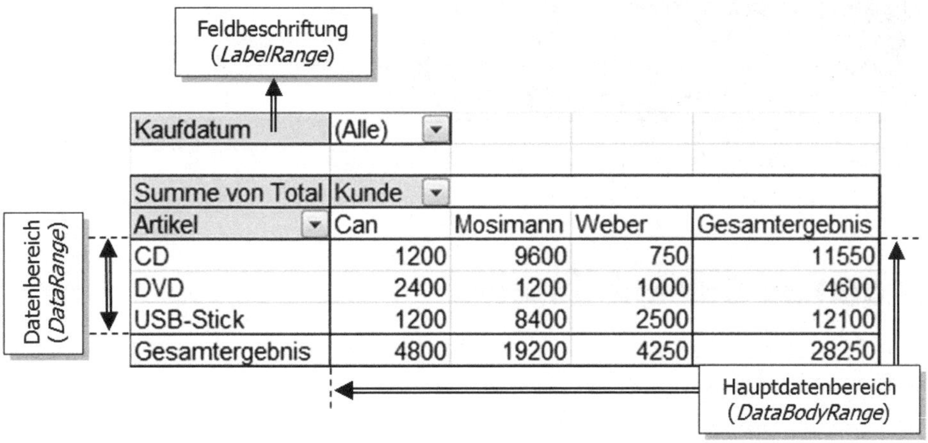

Abbildung 14.5: Die PivotTable-Bereiche

Im folgenden Code nehmen wir verschiedene Formatierungen an einigen der Tabellenelemente vor:

```
Sub PivotTableElementeFormatieren()
   With ActiveSheet.PivotTables(1)

      With .PivotFields("Artikel")
         .LabelRange.Interior.Color = vbGreen
         .DataRange.Interior.Color = vbYellow
      End With
```

```
    With .PivotFields("Kunde")
       .LabelRange.Interior.Color = vbBlue
       .LabelRange.Font.Color = vbWhite
       .DataRange.Interior.Color = vbCyan
    End With

    With .PivotFields("Kaufdatum")
       .LabelRange.Interior.Color = vbRed
       .LabelRange.Font.Color = vbWhite
       .DataRange.Interior.Color = vbMagenta
       .DataRange.Font.Color = vbWhite
    End With

    With .DataBodyRange
       .Interior.Color = vbBlack
       .Font.Color = vbWhite
    End With
  End With
End Sub
```

Kaufdatum	(Alle)

Summe von Total	Kunde			
Artikel	Can	Mosimann	Weber	Gesamtergebnis
CD	1200	9600	750	11550
DVD	2400	1200	1000	4600
USB-Stick	1200	8400	2500	12100
Gesamtergebnis	4800	19200	4250	28250

Abbildung 14.6: Unterschiedlich formatierte Elemente

14.6 Übungen zu diesem Kapitel

In diesem Abschnitt finden Sie einige Übungen zum aktuellen Kapitel. Die Antworten und Lösungen finden Sie wie immer auf der Website *www.richtig-einsteigen.de.*

Übung 14.1

Erstellen Sie in einer neuen Mappe eine Tabelle mit Daten, aus denen eine PivotTable erzeugt werden kann. Programmieren Sie dann eine Prozedur, die aus den Daten eine PivotTable generiert.

Übung 14.2

Schreiben Sie eine weitere Prozedur, mit der die Spalten- und Zeilenfelder der PivotTable vertauscht werden.

14.7 Zusammenfassung

Pivot-Tabellen sind unschlagbar, wenn es darum geht, große Datenvolumen auszuwerten und übersichtlich darzustellen.

- Die Objekthierarchie von PivotTables ist Ihnen nun geläufig. Sie wissen, aus welchen Elementen sich eine PivotTable zusammensetzt.
- Sie sind in der Lage, eine PivotTable per VBA ins Leben zu rufen, und können die darin enthaltenen Daten bei Bedarf aktualisieren. Wenn Sie die PivotTable nicht mehr benötigen, können Sie sie löschen.
- Des Weiteren haben Sie gelernt, wie Datenfelder vertauscht werden können, um die Datenquelle in einem neuen Licht erscheinen zu lassen.
- Sie wissen außerdem, wie die einzelnen Elemente der PivotTable unabhängig voneinander formatiert werden können.

Wenn Sie lernen möchten, wie Sie gleichzeitig mehrere PivotTables erstellen und weitere Berechnungen durchführen können, steht Ihnen Kapitel 17, »Pivot-Tabellen programmieren«, aus dem Microsoft Press-Buch »Microsoft Excel 2010 Programmierung – Das Handbuch« von Monika Can-Weber und Tom Wendel zum Download zur Verfügung.

Um die Datei herunterzuladen, surfen Sie zur Website www.richtig-einsteigen.de, *klicken auf der Hauptseite das Cover des Buches »Richtig einsteigen: Excel 2010 VBA-Programmierung« an und klicken anschließend im Menü auf der linken Seite auf* Weitere Downloads.

Kapitel 15

Einfache Formulare erstellen (UserForms)

In diesem Kapitel lernen Sie

- was ein UserForm ist
- wie UserForms erstellt werden können
- welche Elemente auf einem UserForm angeordnet werden können
- alles rund um die Vielfalt der beliebten UserForms
- wie der Austausch zwischen dem UserForm und dem Tabellenblatt funktioniert

15.1 UserForm-Grundlagen

In diesem Kapitel dreht sich alles um UserForms. Sie lernen, was UserForms sind und wie diese gestaltet und programmiert werden können.

Was ist ein UserForm?

Bei UserForms handelt es sich um Formulare, die nach Belieben zusammengestellt werden können. Der VBA-Editor stellt dazu eigens dafür vorgesehene Module zur Verfügung, in denen eine solche Oberfläche gestaltet werden kann. Ein UserForm kann verschiedene Steuerelemente aufweisen. UserForms werden verwendet, um Benutzern das Eingeben von Daten zu erleichtern oder um Konfigurationsmöglichkeiten zur Verfügung zu stellen. UserForms erfreuen sich großer Beliebtheit.

Ein UserForm einfügen

Um ein UserForm zu erstellen, müssen Sie sich im VBA-Editor befinden. Rufen Sie dort den Menübefehl *Einfügen/UserForm* auf. Das UserForm wird im dafür vorgesehenen Ordner *Formulare* eingefügt. Sie können nach Belieben weitere UserForms einfügen.

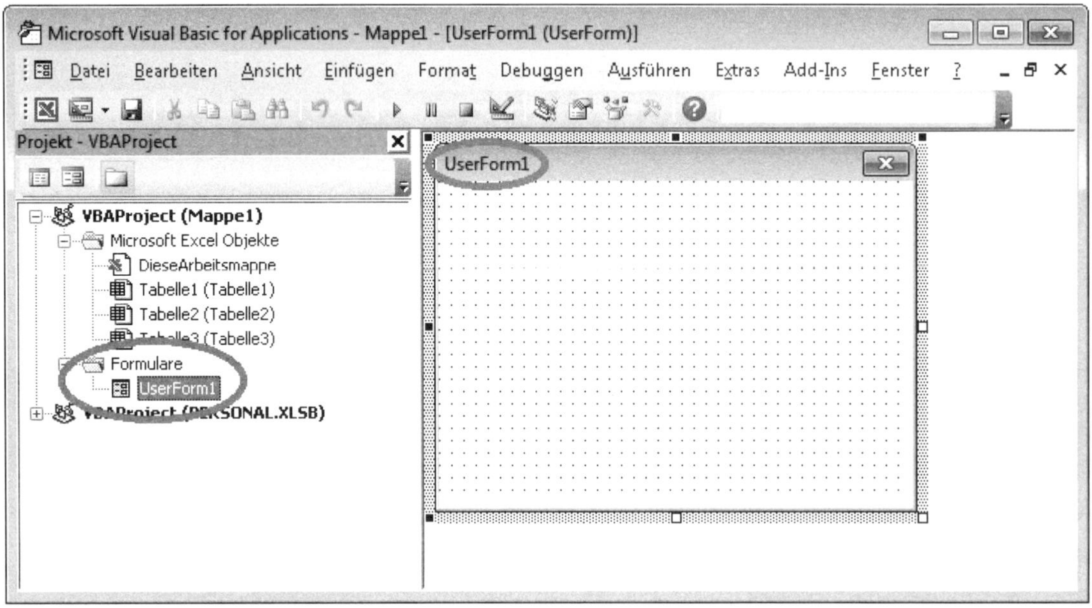

Abbildung 15.1: Ein leeres UserForm

UserForm umbenennen

Ein UserForm trägt standardmäßig den Namen *UserForm1*. Wenn weitere UserForms eingefügt werden, werden diese *UserForm2*, *UserForm3* usw. durchnummeriert.

Es empfiehlt sich, so wie bei anderen VBA-Objekten, dem UserForm einen sprechenden Namen zu verleihen und ein Präfix voranzustellen. Das Präfix für ein UserForm lautet *frm*.

Gehen Sie wie folgt vor, um das UserForm umzubenennen:

1. Stellen Sie sicher, dass das Eigenschaftenfenster eingeblendet ist. Drücken Sie die Taste F4, wenn dies nicht der Fall ist.
2. Aktivieren Sie das UserForm, damit im Eigenschaftenfenster die zugehörigen Eigenschaften angezeigt werden.

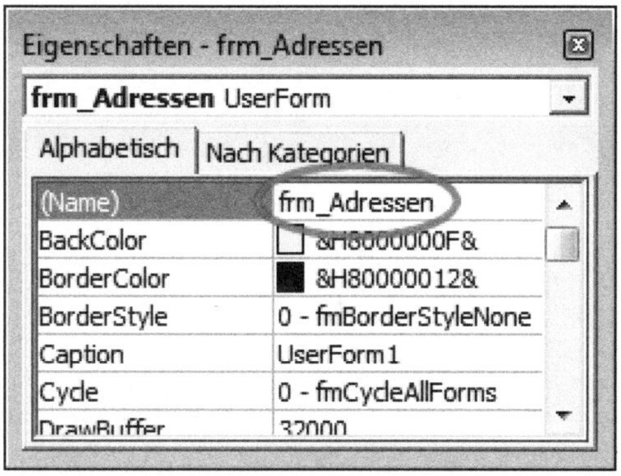

Abbildung 15.2: Ein UserForm umbenennen

3. Der Name des UserForms wird im Feld *(Name)* geändert. Überschreiben Sie den vorhandenen Eintrag *UserForm1* mit einem anderen Namen.
4. In der Titelleiste des UserForms steht ebenfalls die Bezeichnung *UserForm1*. Wenn Sie diese ändern möchten, geben Sie dazu einen neuen Namen in der Eigenschaft *Caption* ein.

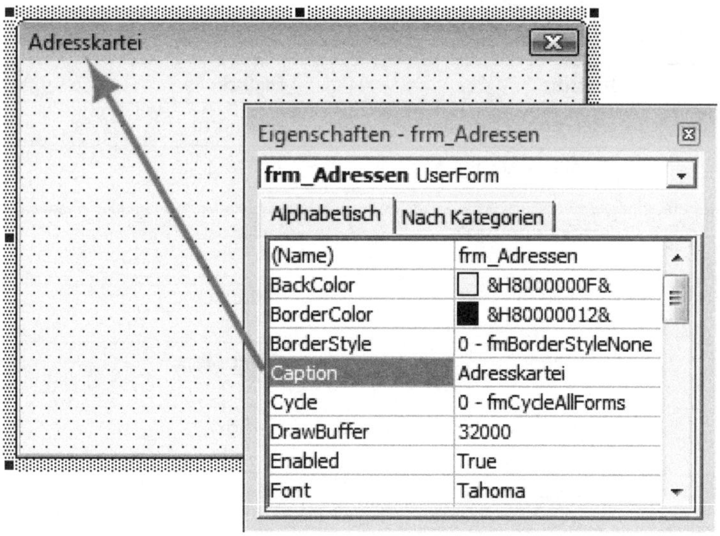

Abbildung 15.3: Via *Caption* den Titel des UserForms ändern

Die Werkzeugsammlung

Wenn Sie ein UserForm erstellen, wird automatisch die Werkzeugsammlung eingeblendet. Sollte dies nicht der Fall sein, blenden Sie sie manuell über den Menübefehl *Ansicht/Werkzeugsammlung* ein.

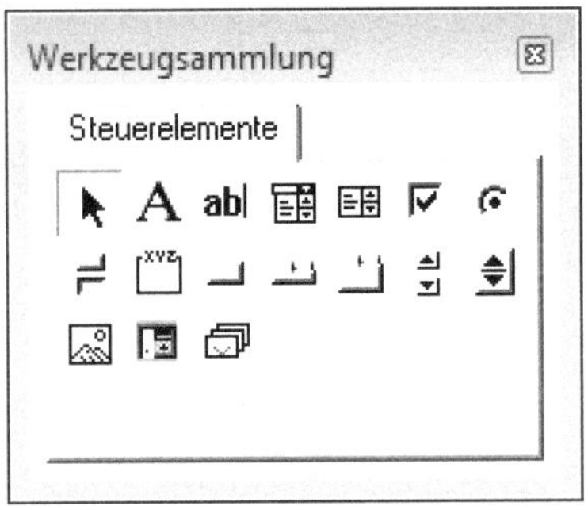

Abbildung 15.4: Die Werkzeugsammlung

Die Werkzeugsammlung enthält 16 Standardelemente. Diese können Sie nach Bedarf auf dem UserForm einfügen und anordnen.

In VBA tragen alle Steuerelemente einen englischen Namen. Der deutsche Name eines Steuerelements kann dessen QuickInfo in der Werkzeugsammlung entnommen werden. Der folgenden Tabelle können Sie sowohl die englischen als auch die deutschen Namen entnehmen. Sie finden zudem die gebräuchlichen Präfixe.

Tabelle 15.1: Steuerelemente und Schaltflächen der Werkzeugsammlung

Steuerelement	Präfix	Deutsch	Englisch
-	frm	UserForm (Formular)	UserForm
	–	Objekte auswählen	–
	lbl	Bezeichnungsfeld	Label
	txt	Textfeld	TextBox
	cbo	Kombinationsfeld	ComboBox
	lst	Listenfeld	ListBox
	chk	Kontrollkästchen	CheckBox
	opt	Optionsfeld	OptionButton
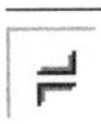	tgl	Umschaltfläche	ToggleButton
	fra	Rahmen	Frame
	cmd	Befehlsschaltfläche	CommandButton
	tbs	Register	TabStrip

Steuerelement	Präfix	Deutsch	Englisch
	mpg	Multiseiten	MultiPage
	vsb/hsb	Bildlaufleiste	ScrollBar
	spn	Drehfeld	SpinButton
	img	Bild	Image
	ref	RefEdit	RefEdit

15.2 Einstellungen von UserForms

Sie können verschiedene Einstellungen für ein UserForm vornehmen. Zum einen kann es in der Größe und Farbe verändert werden, zum anderen können Sie die Anzeige des Gitterrasters ändern.

Größe, Farbe und Schrift des UserForms ändern

Wenn Sie die Größe des UserForms anpassen möchten, ziehen Sie mit gedrückter linker Maustaste einen der Seiten- oder Eckpunkte in die gewünschte Richtung – genau wie bei einer Grafik.

Um die Hintergrundfarbe des UserForms zu ändern, verwenden Sie das Eigenschaftenfenster.

1. Aktivieren Sie das UserForm, dessen Flächenfarbe Sie verändern möchten
2. Klicken Sie im Eigenschaftenfenster auf die Eigenschaft *BackColor* und wählen Sie auf der Registerkarte *Palette* oder auf der Registerkarte *System* die gewünschte Farbe aus.
3. Im Eigenschaftenfenster können Sie auch die Schriftart und -farbe verändern. Diese Einstellung wird dann auf alle Steuerelemente angewendet, die auf dem UserForm eingefügt werden.

   Verwenden Sie die Eigenschaft *Font,* um die Schriftart und Schriftgröße einzustellen.

   Benutzen Sie die Eigenschaft *ForeColor*, um die Schriftfarbe zu bestimmen.

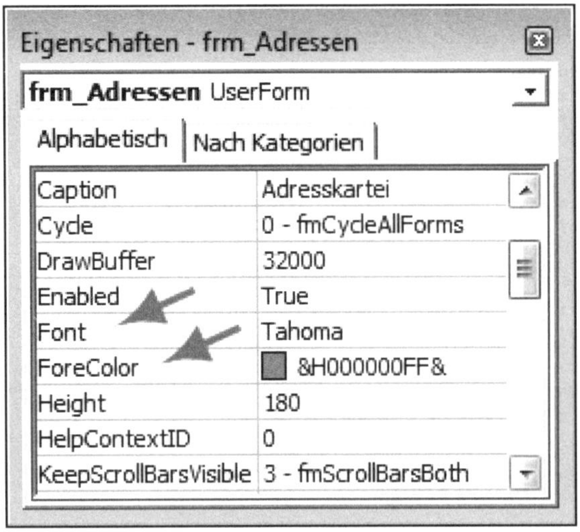

Abbildung 15.5: Schrift und Schriftfarbe ändern

Das Gitterraster einstellen

Das Gitterraster sind die gepunkteten Linien auf dem UserForm, die dazu dienen, Steuerelemente auszurichten. Wenn das UserForm ausgeführt wird, ist das Gitterraster nicht sichtbar.

Auf Wunsch können Sie die Rasterabstände ändern, das Raster ausschalten, ausblenden usw.

1. Rufen Sie im VBA-Editor den Menübefehl *Extras/Optionen* auf. Das Dialogfeld *Optionen* wird geöffnet.
2. Aktivieren Sie die Registerkarte *Allgemein.*
3. Im Bereich *Einstellungen für Formular-Raster* können Sie nun die gewünschten Anpassungen vornehmen.

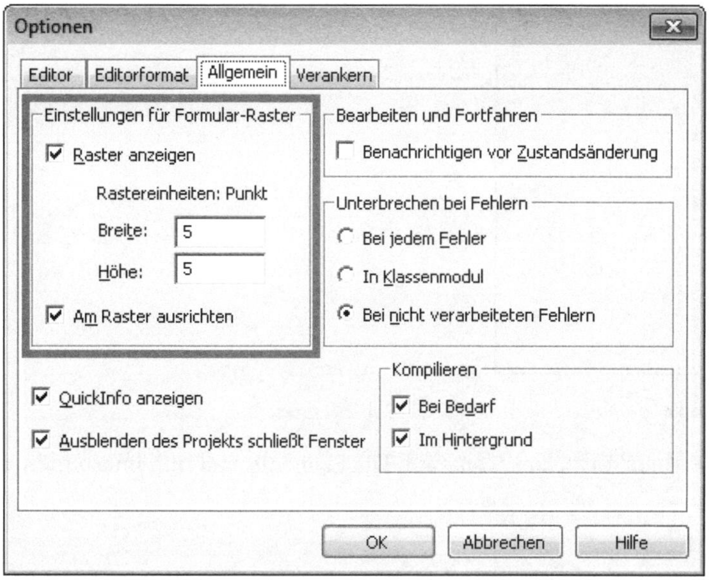

Abbildung 15.6: Das Raster des UserForms anpassen

4. Nachdem Sie Ihre Einstellungen vorgenommen haben, verlassen Sie das Dialogfeld über die Schaltfläche *OK*.

15.3 Einstellungen von Elementen

Jedes Element eines UserForms kann für sich ausgerichtet oder formatiert werden.

Elemente automatisch ausrichten

Für die Ausrichtung der Elemente steht das Menü *Format* zur Verfügung. Darin finden Sie alles, was Sie benötigen, um die Elemente automatisch in der Größe zu verändern oder auf dem UserForm anzuordnen.

Um beispielsweise mehrere Elemente exakt linksbündig anzuordnen, gehen Sie wie folgt vor:

1. Markieren Sie alle Elemente, die linksbündig ausgerichtet werden sollen.

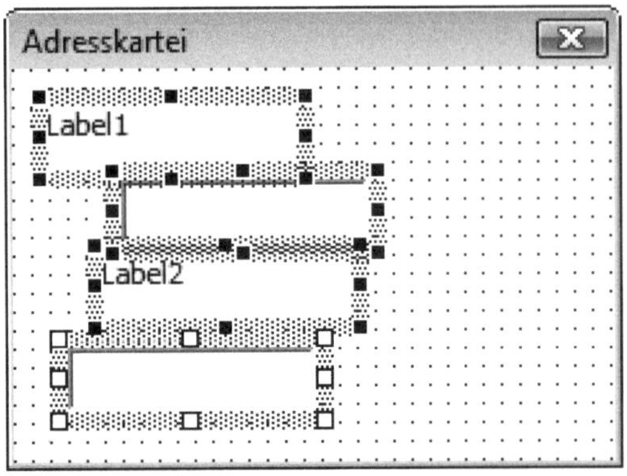

Abbildung 15.7: Ungeordnete Elemente

2. Rufen Sie den Menübefehl *Format/Ausrichten/Links* auf. Die Elemente sind nun linksbündig angeordnet.

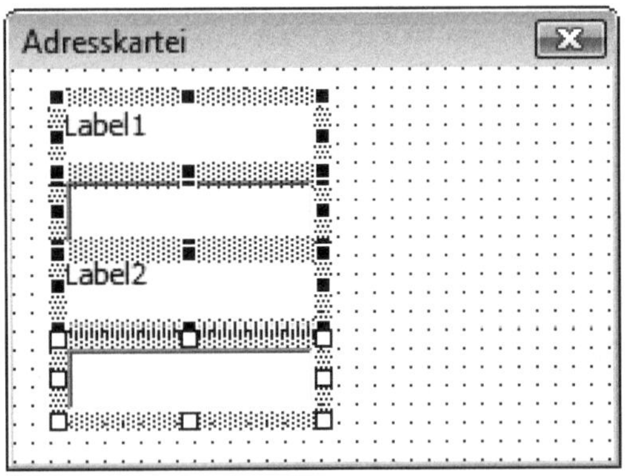

Abbildung 15.8: Sauber angeordnete Elemente

Elemente automatisch in der Größe verändern

Wenn Ihre Elemente eine unterschiedliche Größe aufweisen, können Sie ein Element als Vorlage nehmen und dessen Format auf andere Elemente übertragen, beispielsweise die Höhe oder Breite.

1. Markieren Sie alle Elemente, die Sie in der Größe anpassen möchten.

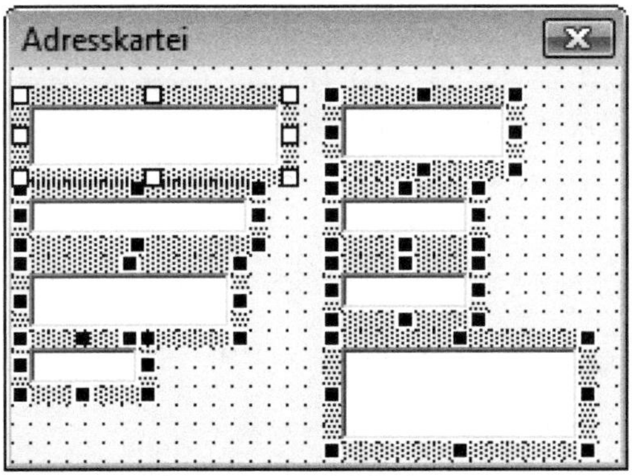

Abbildung 15.9: Unterschiedlich große Elemente

2. Nachdem Sie die Elemente markiert haben, aktivieren Sie das Element, das als Vorlage dienen soll. Das aktive Steuerelement ist an den weißen Kästchen der Markierung zu erkennen. Bei den inaktiven Elementen sind die Kästchen der Markierung schwarz.
3. Rufen Sie nun den Menübefehl *Format/Größe angleichen/Beides* auf. Die Elemente weisen nun alle die Höhe und Breite des aktiven Elements auf. Sie müssen nur gegebenenfalls an die richtige Position gebracht werden.

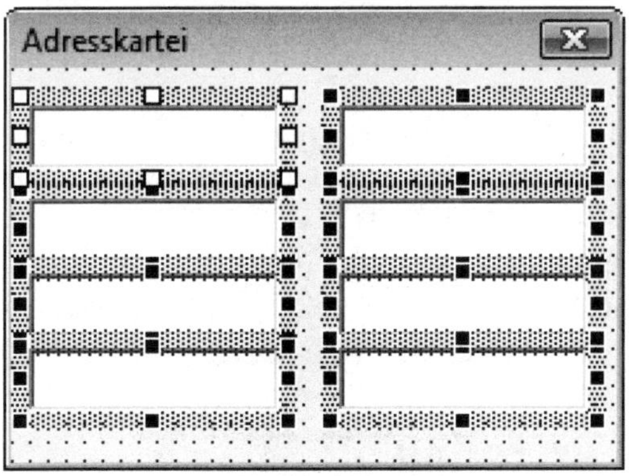

Abbildung 15.10: Gleich große Elemente

Wenn Sie nur die Breite angleichen möchten, verwenden Sie den Menübefehl *Format/Größe angleichen/Breite.* Um nur die Höhe anzupassen, verwenden Sie *Format/Größe angleichen/Höhe.*

Die Aktivierreihenfolge festlegen

Die Aktivierreihenfolge kommt erst zum Tragen, wenn das UserForm ausgeführt wird. Es handelt sich dabei um die Reihenfolge, in der die Elemente angesteuert werden, wenn Sie die ⭾-Taste drücken. Wenn in einem UserForm verschiedene Textfelder vorhanden sind, sollen diese in der logischen Eingabereihenfolge angesteuert werden können. Diese Reihenfolge kann beim Einfügen von Steuerelementen auf dem UserForm durcheinandergeraten, beispielsweise wenn Sie nachträglich ein Textfeld einfügen müssen.

Um die Aktivierreihenfolge wiederherzustellen, gehen Sie wie folgt vor:

1. Rufen Sie den Menübefehl *Ansicht/Aktivierreihenfolge* auf. Das Dialogfeld *Aktivierreihenfolge* wird geöffnet.

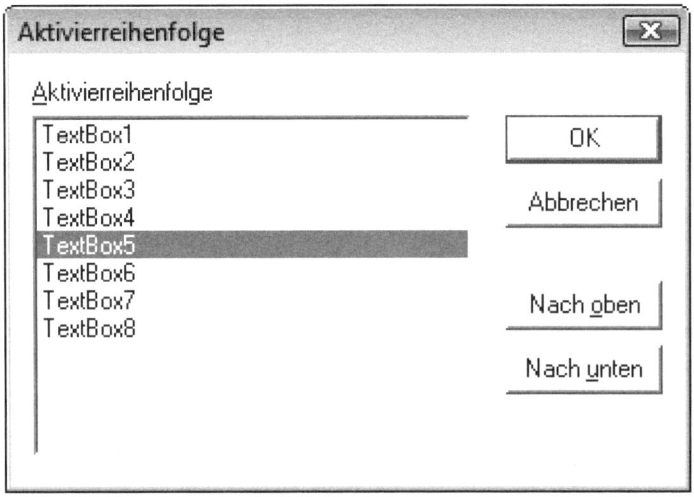

Abbildung 15.11: Die Aktivierreihenfolge ändern

2. Im Dialogfeld *Aktivierreihenfolge* sind alle auf dem UserForm enthaltenen Steuerelemente aufgeführt.
   Der obigen Abbildung können Sie entnehmen, dass die Textfelder nicht umbenannt und auch nicht mit Präfixen versehen wurden. Durch ein Präfix, das auf den Steuerelementtyp hinweist, und einen sprechenden Namen würde das Sortieren auf jeden Fall leichter fallen.
3. Um die Reihenfolge zu verändern, markieren Sie das Steuerelement, das in der Liste verschoben werden soll, und klicken dann auf die Schaltfläche *Nach oben* oder auf die Schaltfläche *Nach unten*.

15.4 Ein einfaches UserForm erstellen

Wir werden nun Schritt für Schritt ein UserForm aufbauen.

Bezeichnungsfelder und Textfelder einfügen

Bezeichnungsfelder sind nicht mit Textfeldern zu verwechseln. In der Regel werden Bezeichnungsfelder verwendet, um andere Felder zu beschriften. Ein Textfeld hingegen erwartet eine Eingabe.

1. Erstellen Sie ein neues UserForm und benennen Sie es.
2. Fügen Sie gemäß der nachfolgenden Abbildung zwei Bezeichnungsfelder auf dem UserForm ein.

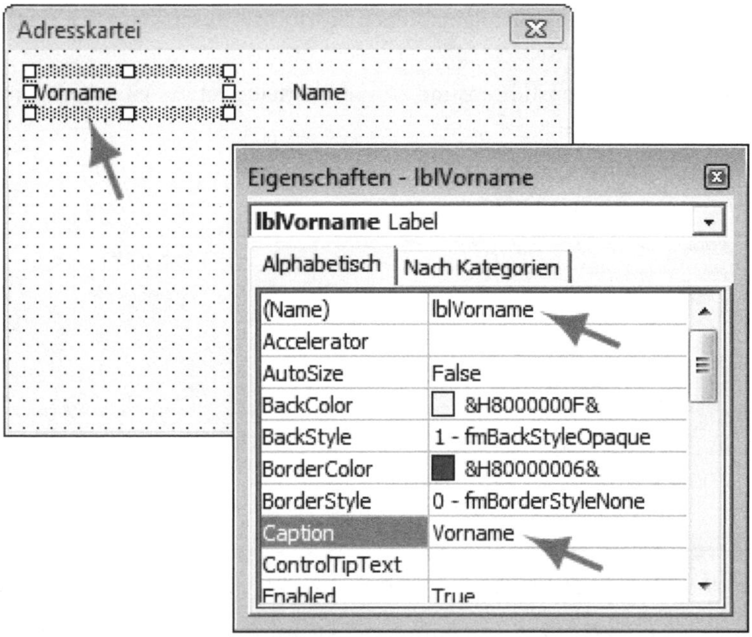

Abbildung 15.12: Bezeichnungsfelder einfügen

3. Weisen Sie den beiden Feldern einen neuen Namen und eine Beschriftung zu.

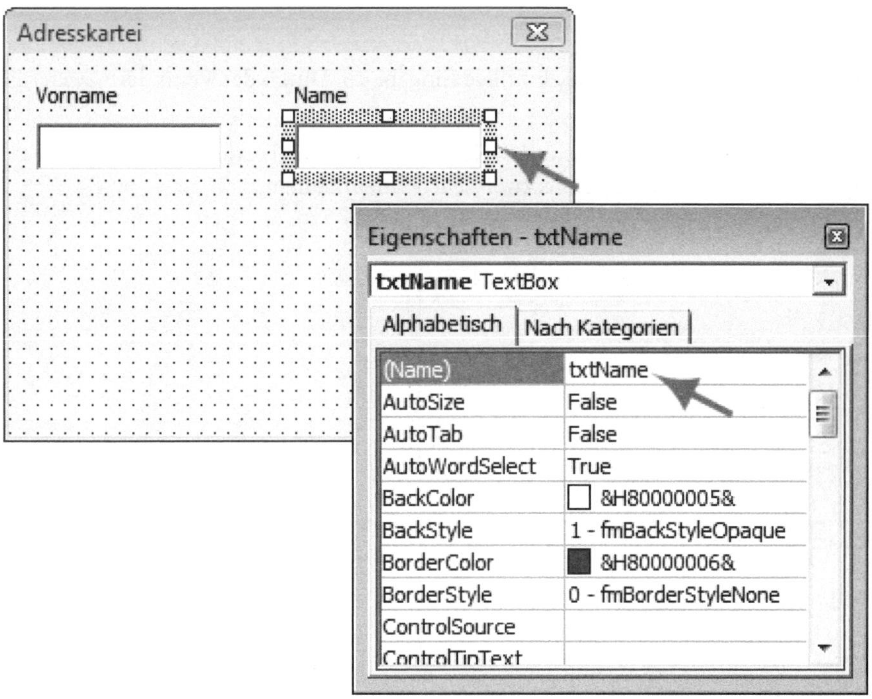

Abbildung 15.13: Textfelder einfügen

4. In dem UserForm kann noch keine Eingabe erfolgen. Fügen Sie deshalb zusätzlich zwei Textfelder ein. Vergessen Sie nicht, diese umzubenennen.
5. Sie können das UserForm nun bereits ausführen und in die Textfelder etwas eingeben. Um das UserForm zu starten, drücken Sie die Taste F5.

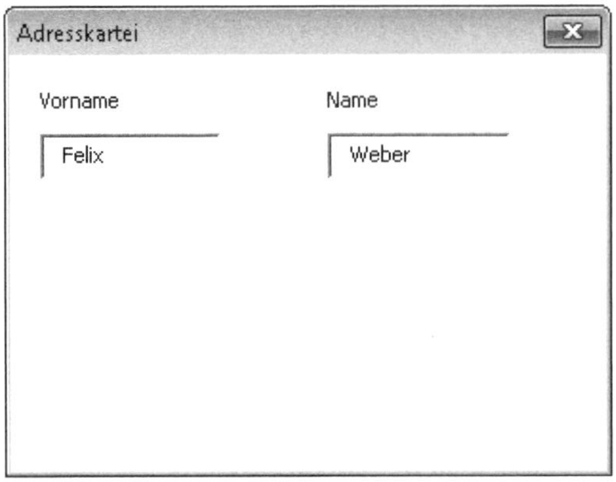

Abbildung 15.14: Die erste Version des UserForms im Einsatz

6. Verlassen Sie das UserForm, indem Sie auf die Schaltfläche *Schließen* klicken, die sich in der rechten oberen Ecke befindet.

Textfelder mit Zeilenumbruch

Textfelder im Originalzustand lassen nur eine einzeilige Eingabe zu. Durch das Verändern zweier Eigenschaften lässt sich dies ändern.

1. Ergänzen Sie das UserForm um ein weiteres Bezeichnungs- und ein Textfeld. Stellen Sie sicher, dass das Textfeld groß genug ist, um mindestens zwei Zeilen aufzunehmen.

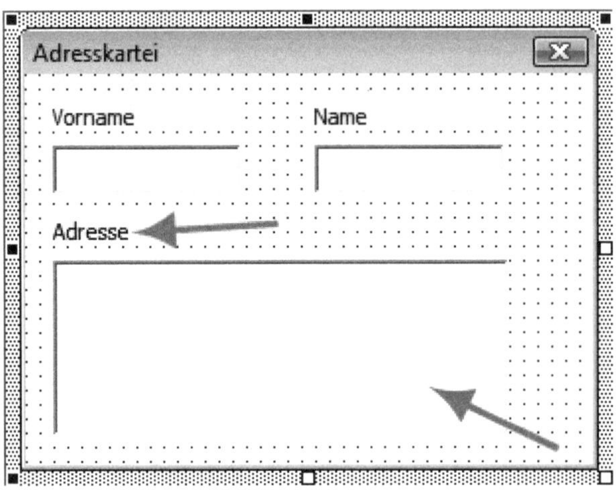

Abbildung 15.15: Das UserForm um die Adressfelder erweitern

2. Aktivieren Sie das Textfeld und stellen Sie die Eigenschaft *MultiLine* von *False* auf *True* um. Damit ist eine mehrzeilige Eingabe im Textfeld möglich. Diese kann allerdings nur erfolgen, wenn die Tastenkombination ⇧+↵ gedrückt wird.

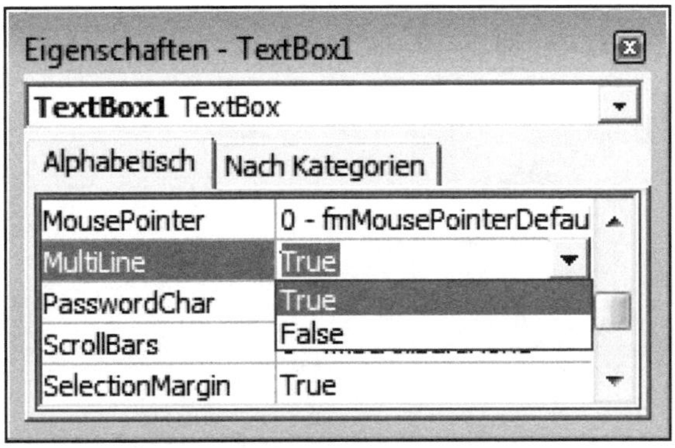

Abbildung 15.16: Mehrzeileneingabe (*MultiLine*) aktivieren

3. Damit Sie nicht jedes Mal die Tastenkombination ⇧+↵ drücken müssen, um eine neue Zeile zu beginnen, stellen Sie die Eigenschaft *EnterKeyBehavior* von *False* auf *True* um.

Abbildung 15.17: Den Zeilenumbruch zulassen (*EnterKeyBehavior*)

4. Wenn Sie das UserForm nun ausführen F5, können Sie in alle Felder Text eintragen.

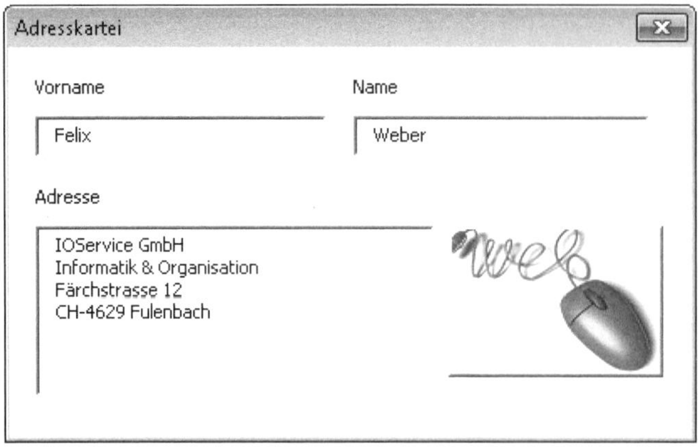

Abbildung 15.18: Eine Adresse erfassen

Um das Ganze etwas attraktiver zu gestalten, können Sie auch noch ein Bild einfügen.

Schaltflächen einfügen

Die meisten UserForms weisen zwei Schaltflächen auf. Eine *OK*-Schaltfläche, die dafür sorgt, dass Daten an das Tabellenblatt übergeben werden, und eine *Abbrechen*-Schaltfläche, um das UserForm unverrichteter Dinge zu verlassen.

1. Ergänzen Sie das UserForm um zwei Befehlsschaltflächen. Geben Sie diesen sprechende Namen.

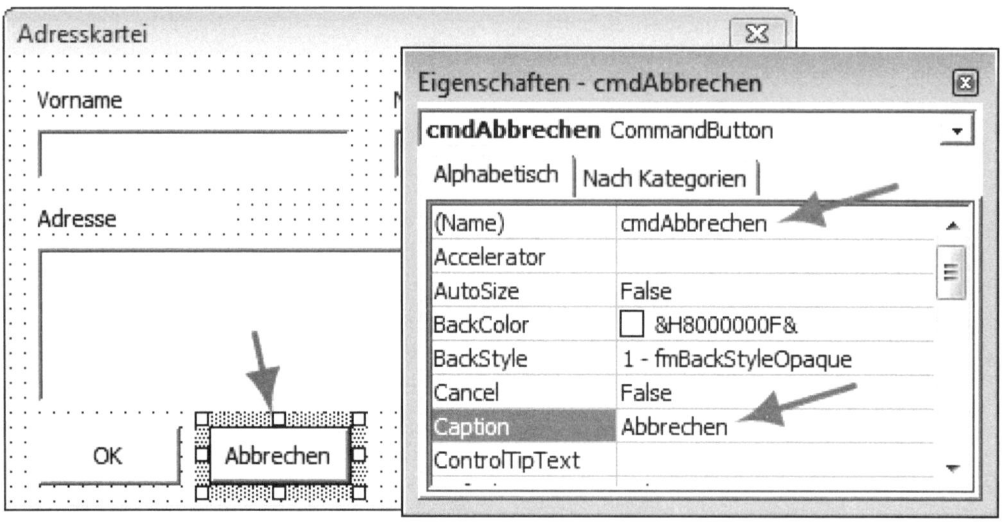

Abbildung 15.19: Zwei Befehlsschaltflächen

2. Schaltflächen sind dazu da, eine Aktion auszuführen. Die *OK*-Schaltfläche wird meistens verwendet, um die Daten des UserForms an das Tabellenblatt zu übertragen. Wie dies geschieht, sehen wir uns weiter hinten in diesem Kapitel an.

Wir weisen jedoch der Schaltfläche *Abbrechen* einen Code zu. Doppelklicken Sie dazu auf die Schaltfläche. Sie gelangen nun direkt zur Ereignisprozedur, die sich hinter der Schaltfläche befindet.

3. Das Gerüst für das `Click`-Ereignis der Schaltfläche wird eingefügt. Schreiben Sie zwischen die beiden Codezeilen die Anweisung `Unload Me`. Dies veranlasst, dass das UserForm geschlossen wird.

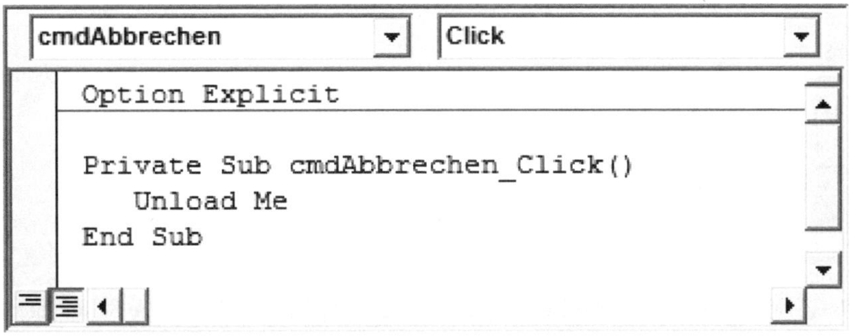

Abbildung 15.20: Die Schaltfläche *Abbrechen* programmieren

4. Sie können nun das UserForm starten, indem Sie die Taste F5 drücken. Um es wieder zu verlassen, klicken Sie auf die Schaltfläche *Abbrechen*.

15.5 Daten des UserForms an Tabelle übergeben

Die in einem UserForm erfolgten Eingaben sollen in der Regel an das Tabellenblatt übergeben werden.

Daten vom UserForm an die Tabelle übergeben

Um die Datenübergabe auszuführen, haben Sie ja bereits die Schaltfläche *OK* in Ihr UserForm eingefügt. Wir werden für diese Schaltfläche nun den VBA-Code erstellen.

1. Doppelklicken Sie auf die *OK*-Schaltfläche. Sie befinden sich nun direkt im Gerüst des Codes für das `Click`-Ereignis der Schaltfläche.

2. Geben Sie hier die Zellen an, in die Sie die Daten schreiben möchten. Fügen Sie hinter jeder Zeile ein Gleichheitszeichen ein, gefolgt vom Namen des Textfeldes:

```
Private Sub cmbOK_Click()
   Range("A2") = txtVorname.Text
   Range("B2") = txtName.Text
   Range("C2") = txtAdresse.Text
End Sub
```

Tipp: Zwischen UserForm und Code wechseln

Im Projekt-Explorer stehen die beiden Schaltflächen *Code anzeigen* und *Objekt anzeigen* zur Verfügung. Sie können diese verwenden, um bequem zwischen dem UserForm und dem Code-Editor zu wechseln. ▸

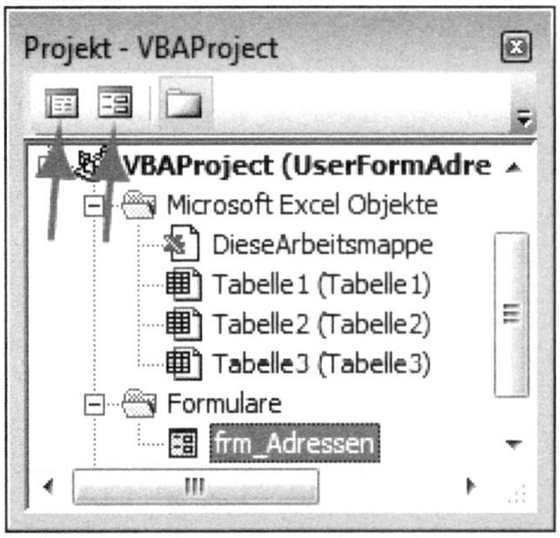

3. Sie können das UserForm nun starten und Ihre Daten eingeben. Per Klick auf die Schaltfläche *OK* werden die Daten in die entsprechenden Zellen geschrieben.

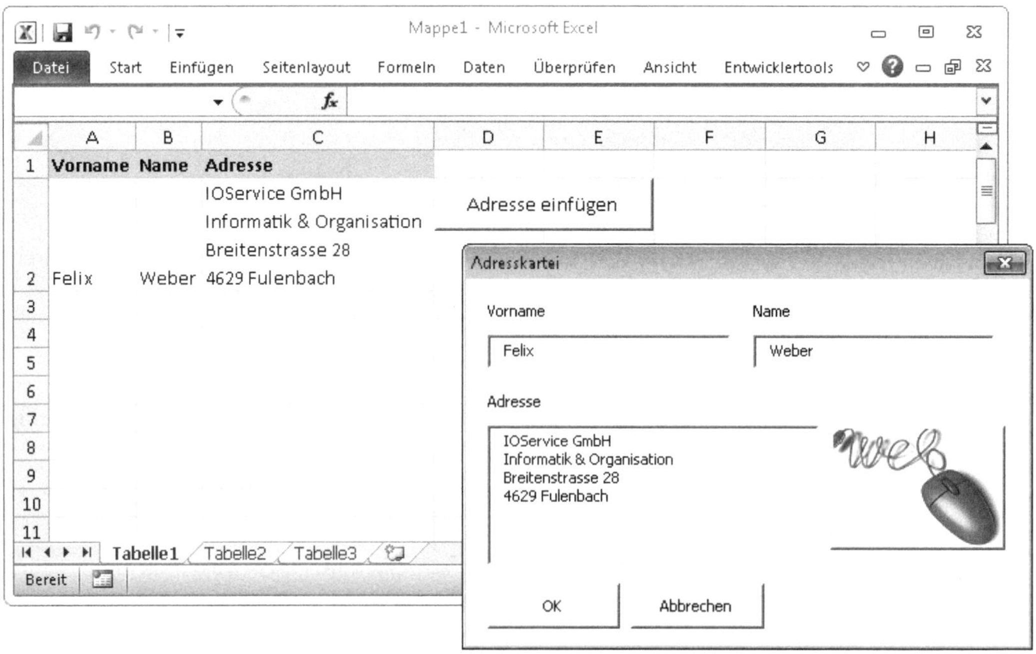

Abbildung 15.21: Adressen in die Tabelle übertragen

Tipp: Tabelle bei geöffnetem UserForm bearbeiten

Wenn ein UserForm geöffnet ist, ist die Bearbeitung am Tabellenblatt gesperrt. Das bedeutet, dass Sie zuerst das UserForm verlassen müssen, wenn Sie Änderungen an der Tabelle vornehmen möchten.

Damit Sie auch bei geöffnetem UserForm die Tabelle verändern können, stellen Sie die Eigenschaft *ShowModal* des UserForms von *True* auf *False* um.

Daten zeilenweise ins Tabellenblatt schreiben

Im vorigen Beispiel werden die Daten des UserForms immer an die voreingestellten Zellen übertragen: *A2*, *B2* und *C2*. In der Regel besteht jedoch der Wunsch, dass die Einträge zeilenweise untereinander erfolgen.

Vielleicht können Sie sich noch daran erinnern, dass wir in Kapitel 10 eine Funktion erstellt haben, die jeweils die letzte benutzte Zeile einer Tabelle ermittelt hat. Der Einfachheit halber finden Sie hier nochmals diese Funktion:

```
Function lngLetzteZeile() As Long
   Dim i As Integer, lngMin As Long, lngMax As Long
   For i = 1 To 16384
      lngMin = Cells(1048576, 1).End(xlUp).Row
      If lngMax < lngMin Then
         lngMax = lngMin
      End If
   Next i
   lngLetzteZeile = lngMax
End Function
```

1. Sie brauchen lediglich diese Funktion in ein Standardmodul einzufügen. Sobald dies geschehen ist, können Sie sie im UserForm verwenden.
2. Sie müssen nur den Code der *OK*-Schaltfläche anpassen:

```
Private Sub cmbOK_Click()
   Cells(lngLetzteZeile + 1, 1) = txtName.Text
   Cells(lngLetzteZeile, 2) = txtVorname.Text
   Cells(lngLetzteZeile, 3) = Replace(txtAdresse.Text, Chr(13), "")
End Sub
```

UserForm aus dem Tabellenblatt heraus aufrufen

Sie können ein UserForm auch aus einem Tabellenblatt heraus aufrufen. Eine Möglichkeit besteht darin, das UserForm an eine Befehlsschaltfläche zu binden.

1. Wechseln Sie zu Ihrem Tabellenblatt und fügen Sie eine Befehlsschaltfläche aus der Symbolleiste *Steuerelement-Toolbox* ein.
2. Doppelklicken Sie auf die Schaltfläche, um zu deren Ereignisprozedur in den VBA-Editor zu gelangen.
3. Geben Sie in das Codegerüst der `Click`-Ereignisprozedur die Anweisung `frm_Adressen.Show` ein. Bei `frm_Adressen` handelt es sich um den Namen Ihres UserForms. Passen Sie diesen gegebenenfalls an. Die Methode `Show` veranlasst, dass das UserForm geöffnet wird.

```
Private Sub CommandButton1_Click()
   frm_Adressen.Show
End Sub
```

15.6 Rahmen, Optionsfelder und Kontrollkästchen

Sehen wir uns ein paar weitere Steuerelemente an, die in UserForms sehr nützlich sein können.

Optionsfelder

Optionsfelder sind Ihnen sicherlich bekannt, denn diese sind oft in Dialogfeldern anzutreffen. Optionsfelder treten in der Regel in Gruppen auf. Dabei kann immer nur eins aktiviert sein. Der Benutzer muss also eine Entscheidung treffen.

1. Erstellen Sie in Ihrem Tabellenblatt ein neues UserForm und geben Sie ihm einen Namen. Da wir die Optionsfelder zu Formatierungszwecken nutzen werden, verwenden Sie den Namen *frm_Formatierungen*.
2. Fügen Sie vier Optionsfelder auf dem UserForm ein und benennen Sie auch diese (*optRot*, *optGruen*, *optGelb* und *optBlau*).

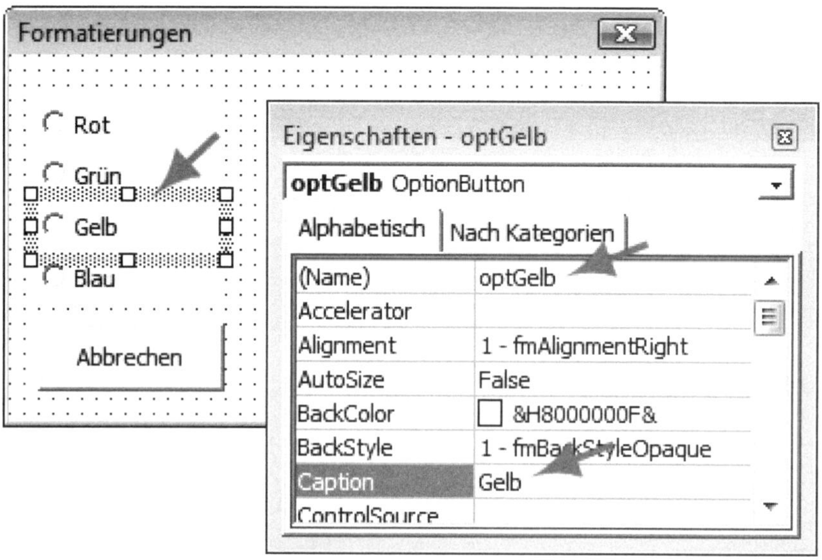

Abbildung 15.22: Optionsfelder einfügen und benennen

3. Fügen Sie zusätzlich eine *Abbrechen*-Schaltfläche ein, so wie Sie es zuvor gelernt haben, und weisen Sie ihr die Anweisung `Unload Me` zu.
4. Per Klick auf eines der Optionsfelder soll der markierte Bereich mit der entsprechenden Hintergrundfarbe versehen werden. Um dies umzusetzen, müssen Sie jedem Optionsfeld eine Codezeile zuweisen, die das Gewünschte ausführt.

```
Private Sub optBlau_Click()
   Selection.Interior.Color = vbBlue
End Sub
```

```
Private Sub optGelb_Click()
   Selection.Interior.Color = vbYellow
End Sub

Private Sub optGruen_Click()
   Selection.Interior.Color = vbGreen
End Sub

Private Sub optRot_Click()
   Selection.Interior.Color = vbRed
End Sub
```

5. Sie können das UserForm nun ausführen und die Optionsfelder verwenden.

Rahmen

Wie Sie wissen, kann immer nur ein Optionsfeld aktiviert sein. Was aber, wenn mehrere Gruppen benötigt werden und pro Gruppe eine Option aktiviert sein soll? Auch dies können Sie realisieren. Am besten verwenden Sie dazu einen oder mehrere Rahmen. Innerhalb jedes Rahmens können Sie eine eigene Gruppe von Optionsfeldern erstellen. Dadurch erreichen Sie, dass pro UserForm mehrere Optionsfelder aktiviert werden können, nämlich eins pro Rahmen.

1. Erstellen Sie auf dem UserForm zwei Rahmen und weisen Sie diesen die Namen *fraHintergrund* und *fraText* zu. Geben Sie zudem bei der Eigenschaft `Caption` eine Überschrift ein.

   Verschieben Sie die schon vorhandenen vier Optionsfelder in den ersten Rahmen. Erstellen Sie im zweiten Rahmen vier weitere Optionsfelder.

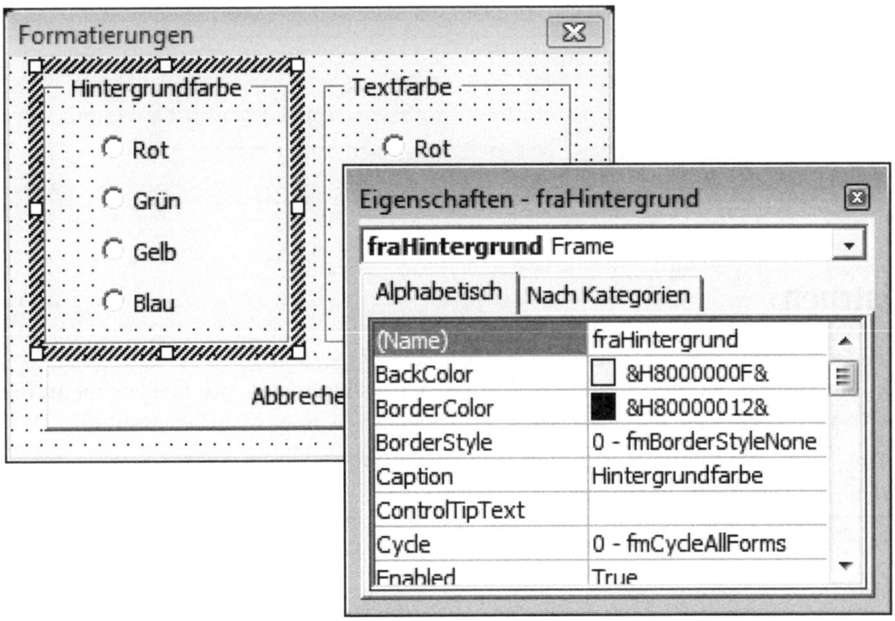

Abbildung 15.23: Optionsfelder in Gruppen eingeteilt

2. Erstellen Sie nun die vier Ereignisprozeduren für die neuen Optionsfelder. Es soll damit erreicht werden, dass sich die Textfarbe des markierten Bereichs entsprechend ändert.

```
Private Sub optBlauText_Click()
   Selection.Font.Color = vbBlue
End Sub

Private Sub optGelbText_Click()
   Selection.Font.Color = vbYellow
End Sub

Private Sub optGruenText_Click()
   Selection.Font.Color = vbGreen
End Sub

Private Sub optRotText_Click()
   Selection.Font.Color = vbRed
End Sub
```

3. Sie können nun das UserForm ausführen und pro Rahmen jeweils ein Optionsfeld auswählen.

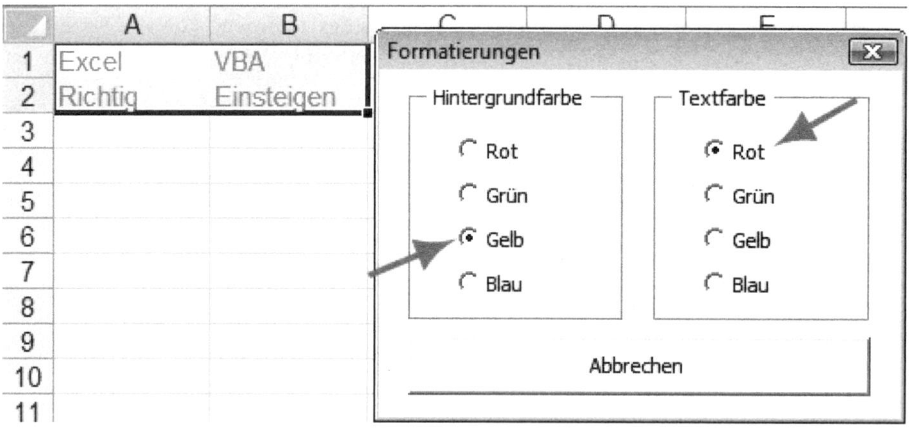

Abbildung 15.24: Optionsfelder im Einsatz

Kontrollkästchen

Kontrollkästchen sind gewissermaßen mit den Optionsfeldern verwandt. Auch sie können in Gruppen auftreten. Außer der viereckigen Form unterscheiden sie sich dadurch, dass pro Gruppe mehrere Kontrollkästchen aktiviert sein können. Es besteht somit die Möglichkeit einer Mehrfachauswahl.

1. Erstellen Sie analog der nachfolgenden Abbildung ein UserForm mit einem Rahmen und fügen Sie in diesen Rahmen drei Kontrollkästchen ein.

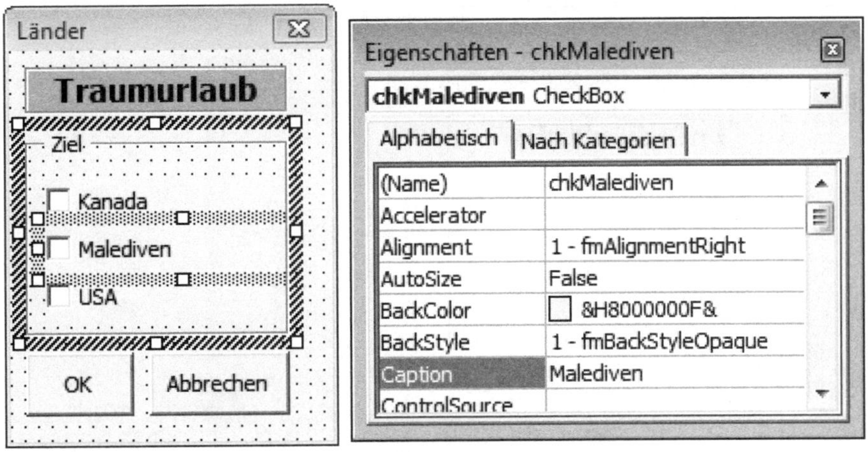

Abbildung 15.25: Ein UserForm mit drei Kontrollkästchen

2. Fügen Sie wiederum die beiden Schaltflächen *OK* und *Abbrechen* ein und weisen Sie Letzterer die Anweisung `Unload Me` zu.
3. Per Klick auf die Schaltfläche *OK* sollen die Beschriftungen (`Caption`) der aktiven Kontrollkästchen in die Spalte *A* eingetragen werden.

   Ein Kontrollkästchen kann den Zustand *True* oder *False* aufweisen. Wenn ein Kontrollkästchen aktiviert wurde, besitzt die Eigenschaft *Value* den Wert *True.*

   Verwenden Sie deshalb pro Kontrollkästchen eine `If`-Abfrage, die prüft, ob das Kontrollkästchen aktiviert ist.

```
Private Sub cmbOK_Click()
   Dim i As Integer
   Range("A1:A3").Clear
   If chkKanada.Value = True Then
      i = 1
      Cells(i, 1) = chkKanada.Caption
   End If
   If chkMalediven.Value = True Then
      i = i + 1
      Cells(i, 1) = chkMalediven.Caption
   End If
   If chkUSA.Value = True Then
      i = i + 1
      Cells(i, 1) = chkUSA.Caption
   End If
   Unload Me
End Sub
```

4. Sie können nun das UserForm starten und eins oder mehrere Kontrollkästchen aktivieren. Nach dem Klick auf die *OK*-Schaltfläche werden die Einträge an die Spalte *A* übergeben.

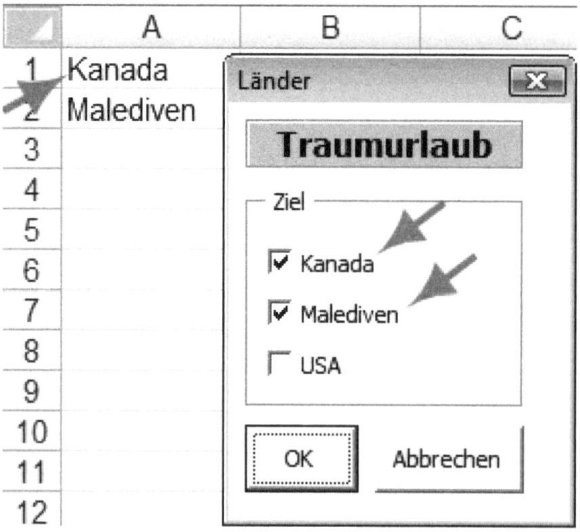

Abbildung 15.26: Die Kontrollkästchen im Einsatz

15.7 Übungen zu diesem Kapitel

In diesem Abschnitt finden Sie einige Übungen zu diesem Kapitel. Die Antworten und Lösungen finden Sie wie immer auf der Website *www.richtig-einsteigen.de.*

Übung 15.1

Erstellen Sie ein UserForm mit zwei Textfeldern und den Schaltflächen *OK* und *Abbrechen*. Veranlassen Sie, dass per Klick auf die Schaltfläche *OK* die Daten der beiden Textfelder in die Zellen *A1* und *B1* übertragen werden. Weisen Sie der Schaltfläche *Abbrechen* eine Anweisung zu, damit das UserForm über diese Schaltfläche verlassen werden kann.

Übung 15.2

Erstellen Sie ein UserForm und fügen Sie zwei Rahmen ein. Im ersten Rahmen fügen Sie drei Optionsfelder ein, die die Hintergrundfarbe der aktiven Zelle verändern sollen. In den zweiten Rahmen fügen Sie vier Kontrollkästchen mit einer beliebigen Bezeichnung ein. Das UserForm soll außerdem die Schaltflächen *OK* und *Abbrechen* enthalten.

Erstellen Sie nun die Ereignisprozeduren für die Optionsfelder. Für jedes eine, die per Klick die entsprechende Hintergrundfarbe an die aktive Zelle übergibt.

Weisen Sie der Schaltfläche *OK* ein Klickereignis zu, das veranlasst, dass die Beschriftungen der Kontrollkästchen in die Spalte *A* übertragen werden, sofern eins der Kontrollkästchen aktiviert ist.

15.8 Zusammenfassung

Was wäre die VBA-Programmierung ohne UserForms? Einem UserForm sind in der Gestaltung und Vielfalt kaum Grenzen gesetzt. Leider lässt es der Umfang dieses Buches nur zu, dieses Thema zu streifen. Nichtsdestotrotz haben wir den Grundstein gelegt und Sie können nun Ihre ersten UserForms in Betrieb nehmen.

- Sie wissen, was ein UserForm ist und wie es erstellt wird. Sie können ihm einen Namen zuweisen und kennen den Unterschied zwischen `(Name)` und `Caption`. Außerdem haben Sie gelernt, das UserForm so einzurichten, wie es Ihnen gefällt. Sie können das Gitterraster anpassen und wissen, wie die Farben verändert werden können.
- Die Werkzeugsammlung und ihre Elemente sind Ihnen nun bekannt und Sie wissen, wie Sie diese auf dem UserForm anordnen können, dies sowohl manuell als auch automatisch.
- Sie haben einfache UserForms mit Bezeichnungs- und Textfeldern erstellt und können nun via UserForm Daten eingeben und auf das Tabellenblatt übertragen.
- Sie kennen den Unterschied zwischen Optionsfeldern und Kontrollkästchen und können diese in Gruppen auf einem UserForm anordnen.

Kapitel 16

Hyperlinks und E-Mails

In diesem Kapitel lernen Sie

- welche Hyperlinktypen in Excel zur Verfügung stehen
- wie Hyperlinks per VBA manipuliert werden können
- wie E-Mails versendet werden

16.1 Hyperlinks erstellen

In diesem Kapitel lernen Sie, wie man Hyperlinks via VBA einfügt und bearbeitet. Sie erfahren außerdem, wie das Versenden von E-Mails automatisiert werden kann.

Interne und externe Hyperlinks

Hyperlinks sollen die Navigation innerhalb eines Dokuments vereinfachen. Weitläufig bekannt sind Hyperlinks vor allem im Internet, wo einzelne Seiten miteinander verknüpft sind. So kann man von einer Ecke der Erde zur nächsten springen, ohne dabei zu bemerken, dass man den halben Planeten überquert hat.

Um einen Hyperlink manuell einzufügen, wechseln Sie zur Registerkarte *Einfügen* und klicken in der Gruppe *Hyperlinks* auf *Hyperlink* oder drücken Sie die Tastenkombination Strg+K. Es öffnet sich das Dialogfeld *Hyperlink einfügen.*

Im linken Bereich des Dialogfeldes wählen Sie die Art des Links aus. Je nach Auswahl ändert sich die Ansicht im rechten Teil des Dialogfeldes.

1. Wenn Sie Hyperlinks innerhalb einer Mappe setzen möchten, klicken Sie im Dialogfeld *Hyperlink einfügen* in der linken Leiste auf *Aktuelles Dokument.* Im mittleren Bereich des Fensters werden nun die in der Mappe enthaltenen Tabellenblätter sowie alle benannten Bereiche angezeigt.
2. Wählen Sie die gewünschte Tabelle oder den Bereich aus, zu dem der Hyperlink führen soll. Im Feld *Text anzeigen als* geben Sie den Namen ein, der in der Zelle angezeigt werden soll.
3. Im Eingabefeld *Geben Sie den Zellbezug ein* geben Sie die Zelle an, zu der der Hyperlink im angegebenen Tabellenblatt führen soll.

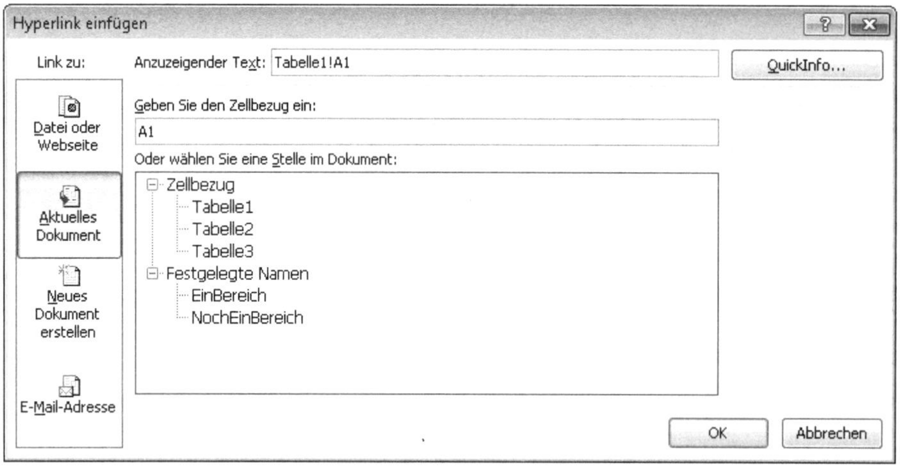

Abbildung 16.1: Manuell einen Hyperlink einfügen

Um einen internen Hyperlink per VBA zu erstellen, verwenden Sie die Anweisung `Hyperlink.Add`. Es können verschiedene Argumente übergeben werden, wobei zwei davon zwingend erforderlich sind.

- Das eine Argument lautet `Anchor` (Anker). An `Anchor` wird die Zelladresse übergeben, in die der Hyperlink eingefügt werden soll.
- Das zweite erforderliche Argument lautet `Address`. Diesem wird bei internem Gebrauch ein Leerstring übergeben. Bei einem Verweis auf eine Webseite wird die Webadresse (URL) zugewiesen.

Alle weiteren Argumente sind optional:

- Die `SubAddress` muss angegeben werden, wenn es sich um einen internen Hyperlink handelt. Es werden der Name der Tabelle sowie die Zelladresse angegeben. Die beiden Werte werden durch ein Ausrufezeichen (`!`) voneinander getrennt.
- Bei `TextToDisplay` kann der Text angegeben werden, der in der Zelle angezeigt werden soll. Dieser Text kann sich von der Hyperlink-Adresse unterscheiden.
- Ein weiteres optionales Argument nennt sich `ScreenTip`. Es wird verwendet, um einen eigenen Text für die QuickInfo zu bestimmen. Dieser Text erscheint in einem gelben Feld, wenn mit der Maus – ohne zu klicken – auf den Hyperlink gezeigt wird und der Mauszeiger einen Moment darauf verbleibt.

Ein Hyperlink, der innerhalb einer Mappe gesetzt wird, könnte demnach entsprechend dem folgenden Listing aussehen:

```
Sub InternerHyperlink()
   ActiveSheet.Hyperlinks.Add _
      Anchor:=Range("A1"), _
      Address:="", _
      SubAddress:="Tabelle2!B5", _
      TextToDisplay:="Mein Link zu Tabelle2 Zelle B5"
End Sub
```

Das nächste Codebeispiel zeigt, wie ein externer Hyperlink, also ein Link zu einer Webseite, erzeugt werden kann:

```
Sub ExternerHyperlink()
    ActiveSheet.Hyperlinks.Add _
      Anchor:=Range("A2"), _
      Address:="http://www.richtig-einsteigen.de", _
      ScreenTip:="Auf der Webseite wird die Buchreihe vorgestellt", _
      TextToDisplay:="Richtig Einsteigen"
End Sub
```

Hinweis: Die Verbindung zum Internet

Damit ein Hyperlink auf eine externe Webseite funktioniert, muss die Verbindung zum Internet aktiv sein.

Schaltfläche mit Hyperlink

Eine ActiveX-Befehlsschaltfläche ist grundsätzlich nicht so konzipiert, dass ihr ein Hyperlink zugewiesen werden kann. Einer Arbeitsmappe jedoch schon.

- In Kombination mit dem Objekt `ActiveWorkbook` kann die Methode `FollowHyperlink` eingesetzt werden.
- Ihr können verschiedene Argumente übergeben werden, wobei `Address` das einzige zwingend erforderliche Argument ist.
- Ein weiteres Argument, das hier eingesetzt werden kann, nennt sich `NewWindow`. Wenn der Wert `False` übergeben wird, wird die Webseite in einem maximierten Fenster geöffnet, bei `True` in minimierter Ansicht.

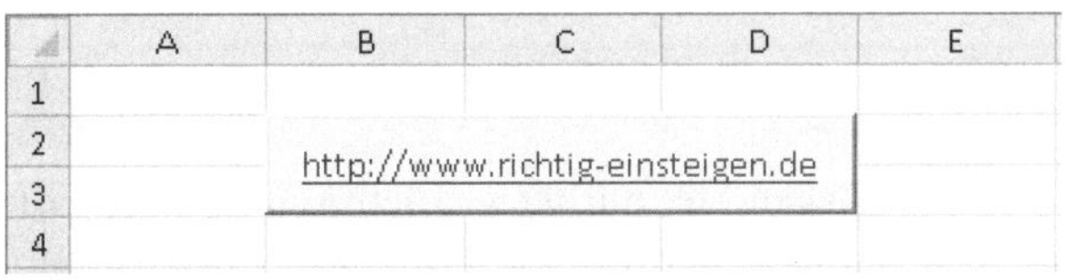

Abbildung 16.2: Eine Schaltfläche mit Hyperlink

Um den Text auf der Schaltfläche als Hyperlink darzustellen, weisen wir ihr im Eigenschaftenfenster eine blaue, unterstrichene Schrift zu. Die Ereignisprozedur, die dieser Schaltfläche zugewiesen wird, sieht beispielsweise wie folgt aus:

```
Private Sub CommandButton1_Click()
   ActiveWorkbook.FollowHyperlink _
      Address:="http://www.richtig-einsteigen.de", _
      NewWindow:=True
End Sub
```

Hyperlinks ersetzen

Wenn sich die Webadresse zu einer Internetseite ändert, muss diese auch in Excel-Dokumenten angepasst werden. In einer Mappe, die viele Hyperlinks umfasst, ist es oft umständlich, zu ermitteln, hinter welcher Zelle sich die zu ändernden Hyperlinks befinden. Darum kann es sehr zeitaufwendig sein, alle Hyperlinks manuell anzupassen.

Mit der folgenden Prozedur werden die Zellen auf vorhandene Hyperlink-Adressen überprüft. Wurde eine Übereinstimmung gefunden, wird die Hyperlink-Adresse ersetzt.

- In der Variablen `strDummy` wird der Inhalt von Zellen gespeichert, deren Hyperlink ersetzt wurde.
- Am Ende der Prozedur wird der Inhalt der Variablen auf dem Bildschirm angezeigt.
- Falls keine übereinstimmenden Hyperlink-Adressen gefunden werden, wird eine andere Meldung ausgegeben.

```
Sub HyperlinkErsetzen()
   Dim hypLink As Hyperlink
   Dim strDummy As String

   For Each hypLink In ActiveSheet.Hyperlinks
      If hypLink.Address = "http://www.richtig-einsteigen.de/" Then
         hypLink.Address = "http://richtig-einsteigen.de/"
         strDummy = strDummy & Chr(10) & hypLink.Name
      End If
   Next hypLink

   If strDummy <> "" Then
      MsgBox "Bei folgenden Textpassagen wurden " & _
             "Hyperlinks ersetzt: " & Chr(10) & _
             strDummy
   Else
      MsgBox "Es konnte keine Übereinstimmung gefunden werden."
   End If
End Sub
```

Hyperlinks entfernen

Wenn Sie einen Hyperlink manuell entfernen möchten, klicken Sie mit der rechten Maustaste auf die Zelle, die den Hyperlink enthält, und wählen im Kontextmenü den Eintrag *Hyperlink entfernen* aus. Auch in der Version 2010 von Excel ist es (noch) nicht möglich, sämtliche Hyperlinks eines Tabellenblatts oder einer Mappe auf einmal zu entfernen. Wenn in einer Mappe alle Hyperlinks entfernt werden müssen, kann es sehr mühsam werden, sie alle von Hand zu löschen. Die Benutzung einer VBA-Prozedur vereinfacht das Ganze erheblich.

Die nachfolgende Prozedur zeigt, wie ein einzelner Hyperlink aus einer Zelle entfernt werden kann.

```
Sub EinenHyperlinkLoeschen()
   Range("A1").Hyperlinks.Delete
End Sub
```

Unter Zuhilfenahme einer `For Each`-Schleife werden sämtliche Hyperlinks des aktiven Tabellenblatts entfernt:

```
Sub HyperlinksTabellenblattLoeschen()
   Dim hypLink As Hyperlink

   For Each hypLink In ActiveSheet.Hyperlinks
      hypLink.Delete
   Next hypLink
End Sub
```

Wenn alle Hyperlinks einer ganzen Arbeitsmappe entfernt werden müssen, wird die vorherige Prozedur mit einer weiteren `For Each`-Schleife umgeben, die sämtliche Tabellenblätter durchläuft.

```
Sub HyperlinksMappeLoeschen()
   Dim hypLink As Hyperlink
   Dim ws As Worksheet

   For Each ws In Worksheets
      For Each hypLink In ws.Hyperlinks
         hypLink.Delete
      Next hypLink
   Next ws
End Sub
```

E-Mail-Adressen einfügen

Eine E-Mail-Adresse wird manuell ebenfalls, wie Hyperlinks, über das Menüband mit dem Befehl *Hyperlink* (Registerkarte *Einfügen*, Gruppe *Hyperlinks*) oder über die Tastenkombination Strg+K in eine Zelle eingefügt.

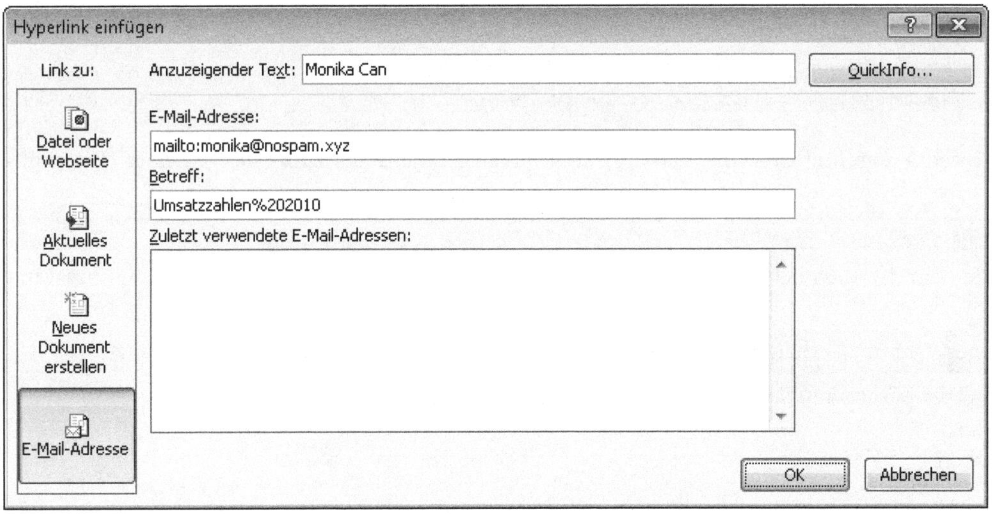

Abbildung 16.3: E-Mail-Adresse als Hyperlink

Aktivieren Sie im Dialogfeld *Hyperlink einfügen* im linken Teil des Fensters die Schaltfläche *E-Mail-Adresse*. Ins Eingabefeld *Text anzeigen als* geben Sie den Text ein, der in der Zelle angezeigt werden soll. Im Feld *E-Mail-Adresse* geben Sie die E-Mail-Adresse an. Noch während der Eingabe wird der Text *mailto:* vorangestellt. Unter *Betreff* können Sie einen vordefinierten Text für den Betreff der E-Mail eingeben.

Außerdem haben Sie die Möglichkeit, eine QuickInfo zu hinterlegen.

1. Klicken Sie auf die Schaltfläche *QuickInfo* und geben Sie einen Text ein. Dieser Text wird angezeigt, wenn der Mauszeiger (ohne zu klicken) einen Moment über dem E-Mail-Hyperlink positioniert wird.

2. Sobald alle Eingaben vorgenommen wurden, schließen Sie das Dialogfeld über die Schaltfläche *OK*. Der Zelle wird der E-Mail-Hyperlink hinzugefügt.
3. Per Klick auf den Hyperlink öffnet sich – sofern installiert – Microsoft Outlook. Die Nachricht kann nun vervollständigt werden.

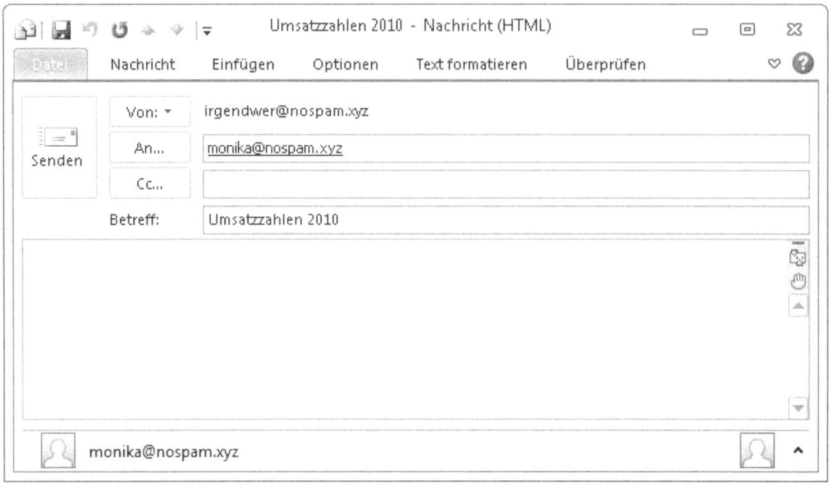

Abbildung 16.4: Outlook wird beim Anklicken des E-Mail-Links geöffnet

Die VBA-Prozedur zum Einfügen einer E-Mail-Adresse in eine Zelle ist der zum Einfügen eines Hyperlinks sehr ähnlich.

- Es wird ebenso die Anweisung `Hyperlinks.Add` verwendet.
- Entscheidend ist, dass beim Argument `Address` noch vor der E-Mail-Adresse das `mailto:` eingesetzt wird.
- Um einen Betreff zu erhalten, wird zudem `?subject`, gefolgt vom gewünschten Text ergänzt.
- Die Angabe `%20` im Betreff entspricht dem Leerzeichen. Der `ScreenTip`-Text steht für die QuickInfo.

```
Sub AddEMailLink()
   ActiveSheet.Hyperlinks.Add _
      Anchor:=Range("A1"), _
      Address:="mailto: monika@nospam.xyz" & _
               "?subject=Umsatzzahlen%202010", _
      ScreenTip:=" monika@nospam.xyz" & Chr(10) & _
                 "Umsatzzahlen 2010 versenden", _
      TextToDisplay:="Monika Can"
End Sub
```

E-Mail-Adressen entfernen

Beim Löschen von Hyperlinks, wie es auf den vorangegangenen Seiten beschrieben wurde, werden auch E-Mail-Hyperlinks mit einbezogen. Wenn *nur* E-Mail-Hyperlinks entfernt werden sollen, nehmen Sie die Funktion `Left` zu Hilfe.

Wenn die ersten sieben Zeichen bei `Address` die Zeichenfolge `mailto:` aufweisen, handelt es sich um eine E-Mail-Adresse. Der Hyperlink wird entfernt.

```
Sub DeleteEMailLink1()
   Dim hypLink As Hyperlink

   For Each hypLink In ActiveSheet.Hyperlinks
      If InStr(hypLink.Address, "mailto:") > 0 Then
         hypLink.Delete
      End If
   Next hypLink
End Sub
```

Alternativ zur Funktion `Left` können Sie auch die Funktion `InStr` einsetzen. Diese ist in der Lage, ein Zeichen, egal an welcher Position es sich befindet, zu ermitteln. In einer E-Mail-Adresse befindet sich immer das At-Zeichen (@). In der folgenden Prozedur wird überprüft, ob dieses Zeichen ein Bestandteil der Hyperlink-Adresse ist. Wenn ja, müsste der Wert der Funktion `InStr` größer als 0 sein. Trifft dies zu, wird der Hyperlink entfernt.

```
Sub DeleteEMailLink2()
   Dim hypLink As Hyperlink

   For Each hypLink In ActiveSheet.Hyperlinks
      If InStr(hypLink.Address, "@") > 0 Then
         hypLink.Delete
      End If
   Next hypLink
End Sub
```

16.2 E-Mails versenden

Um manuell eine E-Mail zu versenden, aktivieren Sie die Registerkarte *Datei* und wählen den Befehl *Speichern und Senden*. Klicken Sie auf die Schaltfläche *Per E-Mail senden* und schließlich auf die Schaltfläche *Als Anlage senden*.

Weitere Versandmöglichkeiten erhalten Sie, wenn Sie dem *Schnellzugriff* den Befehl *An E-Mail-Empfänger senden* hinzufügen. Gehen Sie dabei wie folgt vor:

1. Klicken Sie auf der Registerkarte *Datei* auf den Befehl *Optionen*. Das Dialogfeld *Excel-Optionen* wird geöffnet.
2. Wählen Sie die Kategorie *Symbolleiste für den Schnellzugriff*.
3. Wählen Sie im Dropdown-Listenfeld *Befehle auswählen* den Eintrag *Befehle nicht im Menüband*.
4. Wählen Sie im Listenfeld den Befehl *An E-Mail-Empfänger versenden* aus.
5. Klicken Sie auf die Schaltfläche *Hinzufügen*, um den Befehl in die Symbolleiste für den Schnellzugriff aufzunehmen.
6. Klicken Sie auf die Schaltfläche *OK*, um das Dialogfeld *Excel-Optionen* zu schließen.

Wenn Sie nun die neu hinzugefügte Schaltfläche in der Symbolleiste für den Schnellzugriff anklicken, wird das Dialogfeld *E-Mail* geöffnet. Hier haben Sie zwei Auswahlmöglichkeiten:

- *Sendet die gesamte Arbeitsmappe als Anlage*
- *Sendet das aktuelle Blatt als Textkörper*

Um mittels Excel oder per VBA eine E-Mail zu versenden, muss entweder Outlook, Windows Live Mail (bei Windows 7), Windows Mail (bei Windows Vista), Outlook Express (bei Windows XP/Windows Server 2003) oder eine andere Mailsoftware auf Ihrem System installiert sein.

Eine E-Mail versenden

Von Excel aus gesehen handelt es sich bei Outlook um eine externe Anwendung, die entsprechend referenziert werden muss, damit deren Objekte, Eigenschaften usw. zur Verfügung stehen.

Damit der folgende VBA-Code lauffähig ist, muss ein Verweis auf die Objektbibliothek der Anwendung Outlook eingefügt werden.

1. Dies geschieht im VBA-Editor mittels des Befehls *Extras/Verweise* im Dialogfeld *Verweise - VBA-Project*.
2. Blättern Sie mit der Bildlaufleiste so weit nach unten, bis der Eintrag *Microsoft Outlook 14.0 Object Library* sichtbar wird, und aktivieren Sie diesen.

Das 14.0 steht für die Version 14, also 2010. Wenn Sie mit einer älteren Version arbeiten, wird eine andere Versionsnummer angezeigt. Dies spielt für unser Beispiel keine Rolle.

Sobald der Verweis gesetzt ist, stehen die Objekte, Eigenschaften, Methoden usw. von Outlook zur Verfügung. Dies erleichtert das Arbeiten, denn IntelliSense steht zur Verfügung und liefert Unterstützung.

1. Zuerst werden die beiden erforderlichen Objekte referenziert. Dies sind das Objekt `Application`, das für Outlook selbst steht, und das Objekt `MailItem`, das das Versenden von Nachrichten ermöglicht.
2. Das vorangestellte `Outlook` ist optional, jedoch empfehlenswert, da daran bereits bei der Variablendeklaration zu erkennen ist, auf welche Anwendung zugegriffen wird.
3. Nachdem die Variablen deklariert wurden, kann mit `Set` referenziert werden. Zuerst wird das Objekt `Outlook` erzeugt, danach über `CreateItem(olMailItem)` die eigentliche E-Mail.
4. Im `With`-Block werden die gewünschten Outlook-Eigenschaften an das Mailobjekt übergeben. Eine Beschreibung der einzelnen Eigenschaften können Sie Tabelle 16.1 entnehmen.

```
' Der Verweis auf die Bibliothek
' "Microsoft Outlook 14.0 Object Library"
' muss aktiviert sein
Sub SendMail()
   Dim olApp As Outlook.Application
   Dim objMail As Outlook.MailItem

   Set olApp = Outlook.Application
   Set objMail = olApp.CreateItem(olMailItem)
```

```
    With objMail
        .To = "monika@nospam.xyz; zulfu@nospam.xyz"
        .CC = "irgendwer@nospam.xyz"
        .BCC = "jemand@nospam.xyz"
        .Subject = "Hier steht der Betreff"
        .Body = "Hier steht der Nachrichtentext" & Chr(10) & _
                "... eine weitere Zeile"
        .ReadReceiptRequested = True
        .Display    ' Send = Versand ohne vorherige Anzeige
    End With

    Set olApp = Nothing
    Set objMail = Nothing
End Sub
```

Tabelle 16.1: E-Mail-Eigenschaften

Eigenschaft	Beschreibung
To	*An* Der oder die Hauptempfänger. Wenn es mehrere Empfänger sind, werden diese jeweils durch Semikolon (;) voneinander getrennt.
CC	*Cc* Cc ist die Abkürzung für *Carbon Copy,* zu Deutsch Durchschlag. Hier können die Empfänger eingetragen werden, die eine »Kopie« der E-Mail erhalten sollen. Dies ist eher symbolisch gedacht, denn die E-Mail ist dieselbe.
BCC	*Bcc* Bcc steht für *Blind Carbon Copy,* zu Deutsch Blindkopie. Die Empfänger, die unter *To* und *CC* eingetragen sind, sehen die Empfänger, die unter *BCC* eingetragen sind, nicht. Diese Einstellung ist mit Vorsicht zu genießen, denn beim Versand einer E-Mail über das Internet kann es vorkommen, dass Einträge in *BCC* zu *CC* konvertiert werden.
Subject	*Betreff* Hier wird der Betreff für die E-Mail eingetragen.
Body	*Text* Der eigentliche Nachrichtentext.
ReadReceiptRequested	Falls Sie eine Empfangsbestätigung erhalten möchten, übergeben Sie den Wert `True`. Ansonsten können Sie die Zeile einfach weglassen.
Display	Die E-Mail wird vor dem Versand angezeigt.
Send	Die E-Mail wird direkt versendet.

Eine E-Mail mit Anhang versenden

Einer E-Mail können eine oder mehrere Dateien angehängt werden. In der nachfolgenden Prozedur sind es zwei. Die Eigenschaft, die zum Anhängen einer Datei dient, lautet `Attachments`, und die erforderliche Methode `Add`. Ihr wird der Name der Datei übergeben.

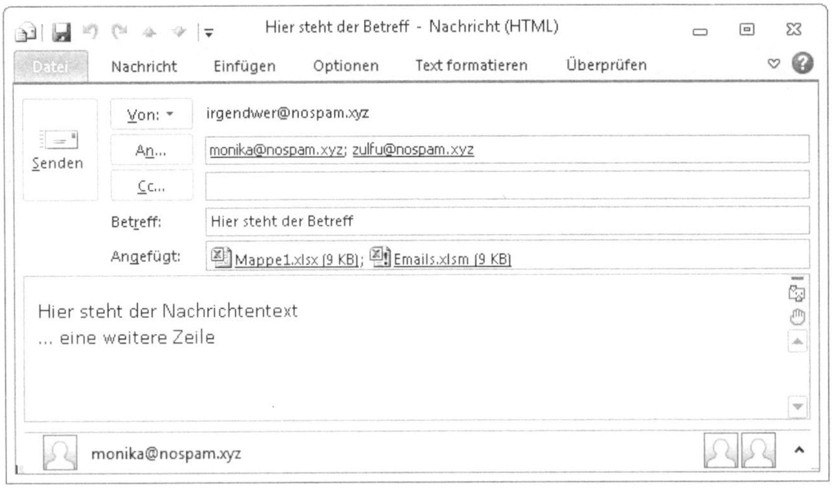

Abbildung 16.5: Eine E-Mail mit zwei Dateianhängen

Es soll die Datei angehängt werden, aus der die E-Mail versendet wird (`ThisWorkbook.FullName`). Dies erfordert, dass die Datei zuvor gespeichert wurde.

Es wird zudem eine weitere Datei angehängt, die sich auf der Festplatte befindet. In einer `If`-Abfrage wird geprüft, ob die angegebene Datei existiert. Wenn nicht, wird eine Meldung ausgegeben und die Prozedur abgebrochen.

```
' Der Verweis auf die Bibliothek
' "Microsoft Outlook 14.0 Object Library"
' muss aktiviert sein
Sub SendMailWithAttachment()
   Dim olApp As Outlook.Application
   Dim objMail As Outlook.MailItem
   Dim strAttachment As String
   Dim strPfad As String

   Set olApp = Outlook.Application
   Set objMail = olApp.CreateItem(olMailItem)

   strPfad = "C:\test\Mappe1.xlsx"

   ' Prüfen, ob die Datei, die angehängt werden
   ' soll, existiert
   strAttachment = "C:\test\Mappe1.xlsx"
   If Dir(strAttachment) = "" Then
      MsgBox "Die Datei " & strPfad & " existiert nicht."
      Exit Sub
   End If

   With objMail
      .To = "monika@nospam.xyz; zulfu@nospam.xyz"
      .Subject = "Hier steht der Betreff"
      .Body = "Hier steht der Nachrichtentext" & Chr(10) & _
              "... eine weitere Zeile"
      .Display
```

```
    ' Zwei Dateien werden angehängt
    With .Attachments
       .Add ThisWorkbook.FullName ' Diese Arbeitsmappe
       .Add strAttachment         ' Eine weitere Mappe
    End With
  End With

  Set olApp = Nothing
  Set objMail = Nothing
End Sub
```

16.3 Übungen zu diesem Kapitel

In diesem Abschnitt finden Sie einige Übungen zu diesem Kapitel. Die Antworten und Lösungen finden Sie wie immer auf der Website *www.richtig-einsteigen.de.*

Übung 16.1

Erstellen Sie eine Arbeitsmappe und fügen Sie im ersten Tabellenblatt einige Hyperlinks ein. Erstellen Sie dann eine Prozedur, die alle Hyperlinks aus dem Tabellenblatt entfernt.

Übung 16.2

Erstellen Sie verschiedene Tabellenblätter, die Hyperlinks enthalten. Programmieren Sie einen Code, der sämtliche Hyperlinks aus der Arbeitsmappe entfernt.

Übung 16.3

Programmieren Sie einen Code, der eine E-Mail an Sie selbst versendet. Geben Sie im Betreff den Text »Richtig einsteigen« ein. Als Nachrichtentext schreiben Sie »Ich habe schon viel gelernt!«. Versenden Sie die E-Mail und kontrollieren Sie Ihren Posteingang. Wenn die Mail mit den entsprechenden Texten angekommen ist, haben Sie diese Übung korrekt ausgeführt.

16.4 Zusammenfassung

Sie haben in diesem Kapitel mit der Außenwelt Fühlung aufgenommen, indem Sie sich mit Hyperlinks und E-Mails befasst haben.

- Sie können sowohl interne als auch externe Hyperlinks erstellen, ersetzen und entfernen.
- Sie haben gelernt, dass auch eine E-Mail-Adresse als Hyperlink in einem Tabellenblatt eingefügt werden kann.
- Es wurden E-Mails mit und ohne Dateianhang versendet.

Kapitel 17

Zusammenarbeit mit Windows

In diesem Kapitel lernen Sie

- wie Bibliotheken eingebunden werden, um Befehle von Windows verwenden zu können
- die Zusammenarbeit von Excel-VBA und Windows-Explorer kennen
- auf welche Weise Verzeichnisse erstellt werden können
- wie Verzeichnisse verschoben, gelöscht und kopiert werden
- wie Sie Dateien verwalten können

17.1 Zusammenarbeit mit dem Windows-Explorer

Um mit Objekten des Windows-Explorers arbeiten zu können, muss auf das *File System Object* (FSO) zugegriffen werden. Dazu muss die Bibliothek *Microsoft Scripting Runtime* aktiviert werden.

1. Rufen Sie im VBA-Editor den Befehl *Extras/Verweise* auf.
2. Scrollen Sie im Listenfeld nach unten, bis Sie auf den Eintrag *Microsoft Scripting Runtime* stoßen, und aktivieren Sie das Kontrollkästchen vor dem Eintrag.

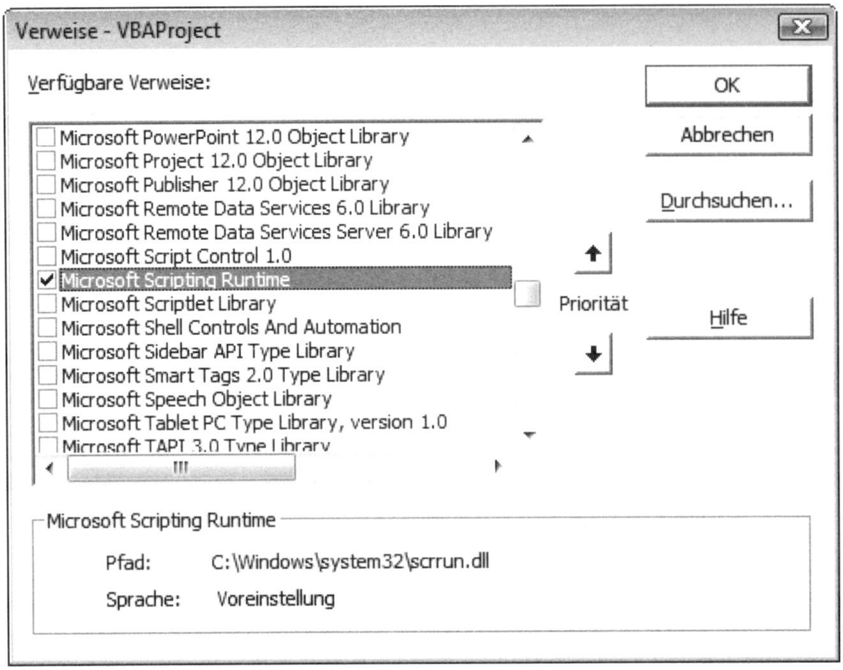

Abbildung 17.1: Die Bibliothek *Microsoft Scripting Runtime* aktivieren

3. Schließen Sie das Dialogfeld *Verweise – VBAProject*, indem Sie auf die *OK*-Schaltfläche klicken.

Nach diesen Schritten können Sie in Ihrem VBA-Code ein Objekt des Typs `FileSystemObject` erstellen, um Dateien zu manipulieren und Datei-, Verzeichnis- oder Ordnerstrukturen zu ändern.

Sobald die Bibliothek aktiv ist, kann zu Beginn einer VBA-Prozedur das `FSO`-Objekt erzeugt werden. Danach stehen die verwendbaren Methoden und Eigenschaften zur Verfügung. Dies wird deutlich, sobald die Variable `fso` gefolgt von einem Punkt eingetippt wird. Die IntelliSense-Liste zeigt die verfügbaren Befehle zum `FileSystemObject` an.

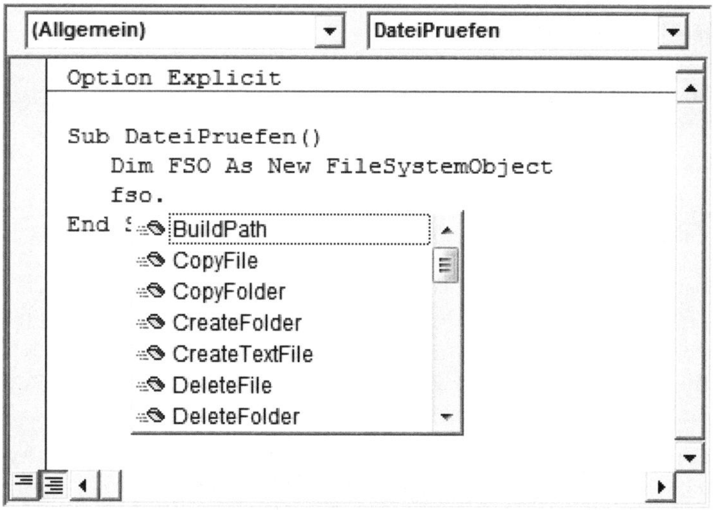

Abbildung 17.2: Die IntelliSense-Liste des *FileSystemObject*

Windows-Befehle ohne FSO

Nachfolgend finden Sie einige generelle Befehle, mit denen auf das Dateisystem zugegriffen werden kann, ohne dass die Bibliothek *Microsoft Scripting Runtime* aktiviert sein muss.

Tabelle 17.1: Allgemeine Windows-Befehle

Befehl	Beschreibung	Beispiel
ChDir	Verzeichnis wechseln	`ChDir ("F:\MyFiles")`
ChDrive	Laufwerk wechseln	`ChDrive ("F:")`
CurDir	Aktueller Speicherpfad	`MsgBox CurDir`
Dir	Dateien auflisten	`MsgBox Dir("C:\Test.txt")`
Environ	Systeminformationen	`MsgBox Environ("UserName")`
FileCopy	Datei kopieren	`FileCopy "C:\Test.txt", "C:\Test\Test.txt"`
FileDateTime	Datum und Zeit der letzten Änderung	`MsgBox FileDateTime("C:\Test.txt")`
FileLen	Dateigröße in Byte	`MsgBox FileLen("C:\Test.txt")`
Kill	Datei löschen	`Kill ("C:\Test.txt")`
MkDir	Verzeichnis erstellen	`MkDir ("C:\Test")`
Name As	Datei umbenennen	`Name ("C:\Test.txt") As ("C:\MyTest.txt")`
RmDir	Verzeichnis löschen	`RmDir ("C:\Test")`

17.2 Verzeichnisse verwalten

In diesem Abschnitt erfahren Sie alles rund um das Thema Verzeichnisse. Sie lernen, Verzeichnisse auszulesen, zu kopieren, zu verschieben und vieles mehr.

Aktuelles Verzeichnis abfragen

Es kann vorkommen, dass Pfadangaben sehr lang sind. Des Weiteren ist es möglich, dass sich der Pfad der Arbeitsmappe, in dem sich ein Code befindet, ändert. Deshalb kann es gefährlich sein, einen Pfad hartcodiert in einem VBA-Code anzugeben. Natürlich lässt sich dies nicht in jedem Fall vermeiden. Wenn jedoch der Pfad der Arbeitsmappe verwendet werden soll, in dem sich die VBA-Prozedur befindet, kann dieser Pfad sehr leicht ermittelt werden.

Im folgenden Beispiel wird der Pfad einer Arbeitsmappe ermittelt. Da sich der Code in derselben Arbeitsmappe befindet, können Sie mit `ThisWorkbook` arbeiten. Um den Pfad zu erfahren, wird die Eigenschaft `Path` benutzt.

Wenn der Pfad in weiteren Prozeduren verwendet werden soll, können Sie ihn an eine öffentliche (`Public`) Variable übergeben. Dort können Sie ihn später abrufen und bei Bedarf ergänzen. Um dies zu verdeutlichen, arbeiten wir mit zwei Prozeduren. In der ersten wird der Pfad an die Variable `strPath` übergeben. In der zweiten wird der Dateiname der Arbeitsmappe hinzugefügt. Der Inhalt der Variablen wird jeweils in einem Meldungsfeld ausgegeben.

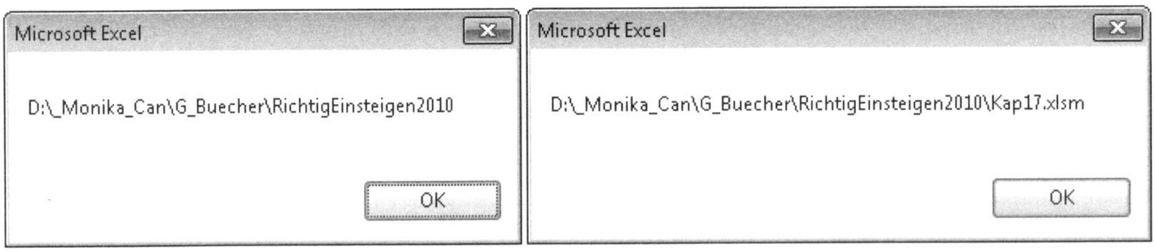

Abbildung 17.3: Ausgabe eines Pfades mit und ohne Dateinamen

Wenn die Prozedur in einer Arbeitsmappe verwendet wird, die noch nicht gespeichert wurde, werden zwei leere Meldungsfelder ausgegeben. Um dies zu verhindern, arbeiten wir mit einer `If`-Abfrage, die eine entsprechende Prüfung vornimmt.

```
Public strPath As String

Sub ThisWorkbookPath()
   With ThisWorkbook
      If .Path <> "" Then
         MsgBox .Path
         strPath = .Path
         Call GetPathAndName
      Else
         MsgBox "Die Datei wurde noch nicht gespeichert."
         Exit Sub
      End If
   End With
End Sub
```

```
Sub GetPathAndName()
   MsgBox strPath & "\" & ThisWorkbook.Name
End Sub
```

Prüfen, ob ein Verzeichnis existiert

Wenn Sie einen Pfad hartcodiert in Ihrem Code verwenden, sollten Sie bedenken, dass sich der Pfad eventuell ändern kann, beispielsweise wenn eine Datei in ein anderes Verzeichnis verschoben oder per E-Mail versendet werden soll. Um zu vermeiden, dass ein Fehler auftritt, sollten Sie auf jeden Fall prüfen, ob der Pfad existiert.

Um zu ermitteln, ob ein Pfad existiert, verwenden Sie die Funktion `Dir` in einer `If`-Abfrage. In den runden Klammer der Funktion geben Sie den Pfad an. Wenn die Abfrage einen Leerstring zurückgibt, existiert der Pfad nicht und Sie sollten eine entsprechende Meldung auf dem Bildschirm erscheinen lassen.

```
Sub PathExist()
   Const strPath As String = "C:\Test\"

   If Dir(strPath, vbDirectory) = "" Then
      MsgBox "Der Pfad """ & strPath & """ existiert nicht."
   Else
      MsgBox "Der Pfad """ & strPath & """ existiert."
   End If
End Sub
```

Wichtig: Den Pfad und nicht die Datei prüfen

Wichtig ist, dass innerhalb der runden Klammern der Funktion `Dir` die Konstante `vbDirectory` als *Attribute*-Argument angegeben wird. Wenn Sie diese Angabe weglassen, wird auf eine bestimmte *Datei* innerhalb des Verzeichnisses Bezug genommen.

In der folgenden Tabelle finden Sie die Konstanten, die Sie anstelle von `vbDirectory` verwenden können.

Tabelle 17.2: Die Konstanten zum *Attribute*-Argument

Konstante	Wert	Beschreibung
vbNormal	0	(Voreinstellung) Dateien ohne Attribute
vbReadOnly	1	Schreibgeschützte Dateien, zusätzlich zu Dateien ohne Attribute
vbHidden	2	Versteckte Dateien, zusätzlich zu Dateien ohne Attribute
vbSystem	4	Systemdatei, zusätzlich zu Dateien ohne Attribute
vbVolume	8	Datenträgerbezeichnung. Falls andere Attribute angegeben wurden, wird `vbVolume` ignoriert.
vbDirectory	16	Verzeichnis oder Ordner, zusätzlich zu Dateien ohne Attribute

Alternativ zum zuvor gezeigten Code können Sie auch das `FileSystemObject` verwenden, um zu prüfen, ob ein Pfad oder eine Datei existiert.

```
Sub PathExistFSO()
   If CreateObject("Scripting.FileSystemObject"). _
                FolderExists("C:\Test\") = True Then
      MsgBox "Der Pfad existiert."
   Else
      MsgBox "Der Pfad existiert nicht."
   End If
End Sub
```

Das Verzeichnis wechseln

Um ein Verzeichnis zu wechseln, können Sie die Anweisung `ChDir` verwenden. Um zu prüfen, in welchem Verzeichnis Sie sich momentan befinden, verwenden Sie die Funktion `CurDir`.

Wichtig: ChDir allein reicht nicht aus

Es ist wichtig zu wissen, dass beim Wechseln des aktuellen Verzeichnisses die Anweisung `ChDir` in der Regel nicht ausreicht. Es muss auch das Laufwerk gewechselt werden. Verwenden Sie dazu die Anweisung `ChDrive`. Deutlich wird dies anhand der beiden folgenden Beispiele.

Unser erstes Beispiel zeigt die korrekte Vorgehensweise. Es wird zuerst das Laufwerk und dann der Pfad gewechselt.

```
Sub ChangeDirCorrect()
   Dim strMsg As String

   ChDrive ThisWorkbook.Path
   ChDir ThisWorkbook.Path
   strMsg = CurDir & Chr(10)

   ChDrive "C:\Test"
   ChDir "C:\Test"
   strMsg = strMsg & CurDir

   MsgBox strMsg, vbInformation, "Pfadwechsel"
End Sub
```

Die Ausgabe der `MsgBox` zeigt, dass Sie sich im gewünschten Pfad befinden.

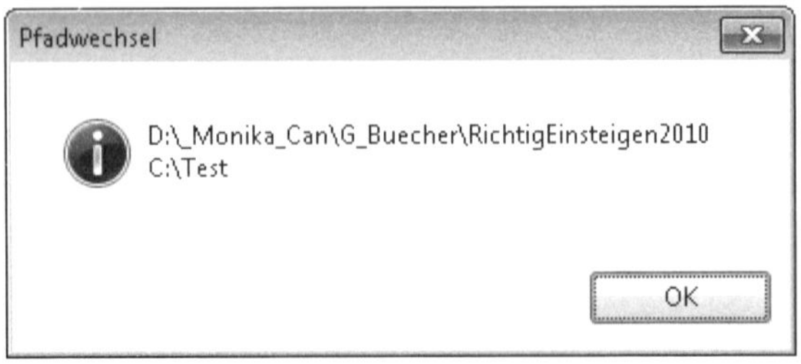

Abbildung 17.4: Laufwerk und Pfad wurden korrekt gewechselt

Wir lassen nun die Anweisung `ChDrive` weg und wechseln (vermeintlich) ins Verzeichnis der Arbeitsmappe auf der CD-ROM. Wie Sie der nächsten Abbildung entnehmen können, hat VBA den Laufwerks- und Pfadwechsel nicht vorgenommen. Sie befinden sich nach wie vor im Pfad C:\.

```
Sub ChangeDirIncorrect()
   Dim strMsg As String

   ChDir ThisWorkbook.Path
   strMsg = CurDir & Chr(10)

   MsgBox strMsg, vbInformation, "Pfadwechsel"
End Sub
```

Abbildung 17.5: Sie befinden sich im falschen Pfad

Ein Verzeichnis relativ wechseln

Sie können einen Pfad auch relativ wechseln, d.h. ausgehend von einem bestehenden Verzeichnis in ein übergeordnetes Verzeichnis wechseln. Hierzu übergeben Sie der Anweisung `ChDir` in Anführungszeichen als Parameter zwei Punkte: `ChDir ".."`.

Das Verfahren ist nicht ganz ungefährlich. Wenn ein Code mit einem relativen Pfadwechsel mehrmals ausgeführt wird, wird bei jedem Ausführen in ein weiteres Verzeichnis oberhalb gewechselt.

```
Sub ChangeDirRelative1()
   Dim strPath As String
   Dim str As String

   strPath = ThisWorkbook.Path

   ' Der Pfad dieser Arbeitsmappe
   str = strPath & Chr(10)

   ' Ein Verzeichnis nach oben (relativ)
   ChDir ".."
   str = str & CurDir & Chr(10)

   MsgBox str, vbInformation, "Pfadwechsel"
End Sub
```

Nach dem ersten Ausführen des Codes mögen Sie sich im richtigen Verzeichnis befinden, nicht jedoch, nachdem Sie den Code wiederholt ausgeführt haben.

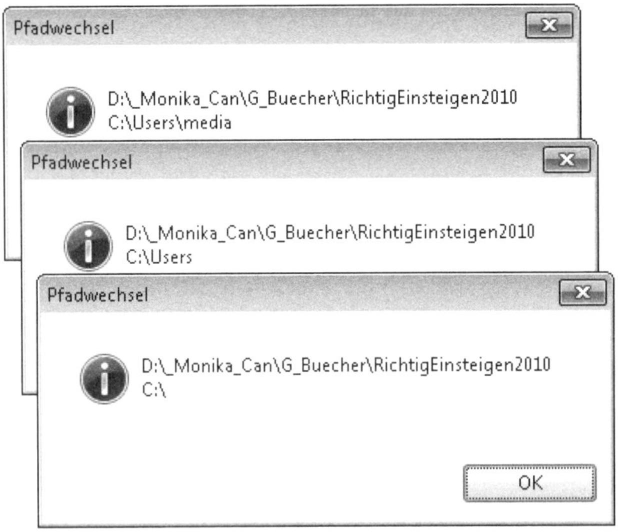

Abbildung 17.6: Bei jedem Aufruf des Codes wird ein Verzeichnis nach oben gewechselt

Um das zu vermeiden, sollten Sie vor dem Wechsel zum relativen Pfad wieder zurück zum Originalpfad wechseln.

```
Sub ChangeDirRelative2()
   Dim strPath As String
   Dim str As String

   strPath = ThisWorkbook.Path

   ' Der Pfad dieser Arbeitsmappe
   str = strPath & Chr(10)

   ' Zum Originalpfad wechseln und dann ein Verzeichnis nach oben (relativ)
   ChDrive strPath
   ChDir strPath
   ChDir ".."
   str = str & CurDir & Chr(10)

   MsgBox str, vbInformation, "Pfadwechsel"
End Sub
```

Ein Verzeichnis anlegen

Um ein neues Verzeichnis anzulegen, verwenden Sie die Anweisung `MkDir`, gefolgt vom gewünschten Pfad. Es empfiehlt sich, in einer `If`-Anweisung zu prüfen, ob das Verzeichnis bereits vorhanden ist, um eine mögliche Fehlermeldung zu vermeiden.

```
Sub MakeDir()
   Const strPath As String = "C:\Temp"

   If Dir(strPath, vbDirectory) <> "" Then
      MsgBox "Der Pfad " & strPath & " existiert bereits.", vbCritical
```

```
   Else
      MkDir strPath
      MsgBox "Der Pfad " & strPath & " wurde erstellt."
   End If
End Sub
```

Ein Verzeichnis löschen

Bevor Sie ein Verzeichnis entfernen können, müssen Sie sicherstellen, dass darin weder Dateien noch Unterverzeichnisse vorhanden sind. Sollten sich nur Verknüpfungen im Verzeichnis befinden, werden diese kommentarlos mit dem Verzeichnis gelöscht.

Um das Verzeichnis zu löschen, verwenden Sie die Anweisung `RmDir`.

```
Sub RemoveDirectory()
   Const strPath As String = "C:\Temp"

   If Dir(strPath, vbDirectory) = "" Then
      MsgBox "Der Pfad " & strPath & " existiert nicht.", vbCritical
   Else
      On Error GoTo Errorhandler
      RmDir (strPath)
      MsgBox "Das Verzeichnis " & strPath & " wurde gelöscht.", _
            vbInformation
   End If
   Exit Sub

Errorhandler:
   MsgBox "Es sind noch Unterverzeichnisse oder Dateien vorhanden. " _
         & Chr(10) & _
         "Das Verzeichnis kann nicht gelöscht werden.", vbCritical
End Sub
```

Ein Verzeichnis verschieben

Um einen Ordner mitsamt seinem Inhalt zu verschieben, verwenden Sie die Methode `MoveFolder` des `FileSystemObject`.

Um eine Fehlermeldung zu vermeiden, wenn die Pfadangabe nicht korrekt ist oder der Ordner bereits verschoben wurde, sollten Sie eine entsprechende Prüfung vornehmen.

```
Sub MoveFolder()
   Dim objFSO As Object
   Const strPathOld As String = "C:\Quellordner"
   Const strPathNew As String = "C:\Zielordner"

   Set objFSO = CreateObject("Scripting.FileSystemObject")

   If objFSO.FolderExists(strPathOld) = True And _
      objFSO.FolderExists(strPathNew) = False Then

      CreateObject("Scripting.FileSystemObject"). _
         MoveFolder strPathOld, strPathNew
   Else
```

```
      MsgBox "Eine der Pfadangaben ist inkorrekt."
   End If
End Sub
```

Ein Verzeichnis kopieren

Das Verfahren zum Kopieren eines Ordners ist dem des Verschiebens sehr ähnlich. Lediglich die Methode ändert sich. Zum Kopieren eines Verzeichnisses verwenden Sie `CopyFolder`.

```
Sub CopyFolder()
   Dim objFSO As Object
   Const strPathOld As String = "C:\Quellordner"
   Const strPathNew As String = "C:\Zielordner"

   Set objFSO = CreateObject("Scripting.FileSystemObject")

   If objFSO.FolderExists(strPathOld) = True And _
      objFSO.FolderExists(strPathNew) = False Then

      CreateObject("Scripting.FileSystemObject"). _
         CopyFolder strPathOld, strPathNew
   Else
      MsgBox "Eine der Pfadangaben ist inkorrekt."
   End If
End Sub
```

Systeminformationen zu einer Datei auslesen

Mittels VBA haben Sie die Möglichkeit, verschiedene Dateiinformationen zu ermitteln. In der folgenden Prozedur wird ermittelt, wann die Datei erstellt wurde, wann der letzte Zugriff erfolgte und wann die Datei zuletzt geändert wurde.

```
Sub SystemInfo()
  Dim twb As Workbook
  Dim objFSO As Object
  Dim objFile As Object
  Dim str As String

  Set twb = ThisWorkbook
  Set objFSO = CreateObject("Scripting.FileSystemObject")
  Set objFile = objFSO.GetFile(twb.Path & "\" & twb.Name)

  str = UCase(objFile.Path) & Chr(10) & Chr(10)
  str = str & "Erstellt am: " & objFile.DateCreated & Chr(10)
  str = str & "Letzter Zugriff: " & objFile.DateLastAccessed & Chr(10)
  str = str & "Zuletzt geändert: " & objFile.DateLastModified

  MsgBox str, vbInformation, "Systeminformationen"
End Sub
```

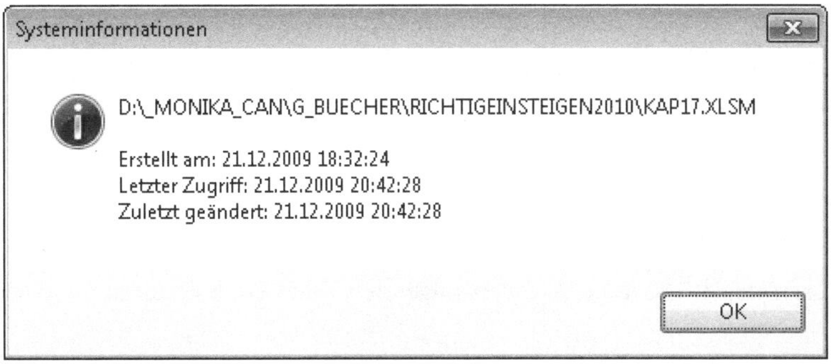

Abbildung 17.7: Einige der Dateiinformationen werden ausgelesen

In Tabelle 17.3 finden Sie die Eigenschaften, die zum Ermitteln von Systeminformationen dienen.

Tabelle 17.3: Systeminformationen auslesen

Eigenschaft	Beschreibung
Attributes	Legt die Attribute von Dateien oder Ordnern fest bzw. gibt diese zurück.
DateLastAccessed	Gibt das Datum und die Uhrzeit des letzten Zugriffs auf die angegebene Datei bzw. den angegebenen Ordner zurück. Schreibgeschützt.
DateLastModified	Gibt das Datum und die Uhrzeit der letzten Änderung der angegebenen Datei oder des angegebenen Ordners zurück. Schreibgeschützt.
Drive	Gibt den Laufwerkbuchstaben des Laufwerks zurück, auf dem sich die angegebene Datei bzw. der angegebene Ordner befindet. Schreibgeschützt.
Files	Gibt eine `Files`-Auflistung zurück, die aus allen in dem angegebenen Ordner enthaltenen `File`-Objekten besteht, einschließlich derer, für die verborgene Attribute und Systemdateiattribute festgelegt wurden.
IsRootFolder	Gibt `True` zurück, wenn es sich beim angegebenen Ordner um den Stammordner handelt; andernfalls wird `False` zurückgegeben
Name	Legt den Namen der angegebenen Datei oder des angegebenen Ordners fest bzw. gibt diesen zurück. Lese-/Schreibzugriff.
ParentFolder	Gibt das Ordnerobjekt des übergeordneten Ordners der angegebenen Datei bzw. des angegebenen Ordners zurück. Schreibgeschützt.
Path	Gibt den Pfad einer angegebenen Datei, eines angegebenen Ordners oder Laufwerks zurück.
ShortName	Gibt den von Programmen, für die die frühere Benennungskonvention aus acht Zeichen für den Namen und einer Erweiterung von drei Zeichen notwendig ist, verwendeten Kurznamen zurück.
ShortPath	Gibt den von Programmen, für die die frühere Benennungskonvention aus acht Zeichen für den Namen und einer Erweiterung von drei Zeichen notwendig ist, verwendeten Kurzpfad zurück.
Size	Bei Dateien gibt diese Eigenschaft die Größe der angegebenen Datei in Byte zurück. Bei Ordnern gibt sie die Größe aller im Ordner enthaltenen Dateien und Unterordner in Byte zurück.
SubFolders	Gibt eine `Folders`-Auflistung zurück, die aus allen in einem bestimmten Ordner enthaltenen Ordnern, einschließlich derer mit dem Attribut »Verborgen« und »Systemdatei«, besteht. ▸

Eigenschaft	Beschreibung
Type	Gibt Informationen über den Datei- oder Ordnertyp zurück. Bei Dateien mit der Erweiterung *.txt* wird z.B. »Textdokument« zurückgegeben.

17.3 Dateien verwalten

Wir kehren nun den Verzeichnissen den Rücken zu. Auf den folgenden Buchseiten erfahren Sie alles über das Arbeiten mit Dateien.

Ermitteln, ob eine Datei existiert

Wenn Sie eine Datei ansprechen wollen, sollten Sie in jedem Fall immer prüfen, ob diese tatsächlich im angegebenen Pfad existiert. Verwenden Sie dazu die Methode `Dir`.

```
Sub CheckIfFileExists()
   Const strPath As String = "C:\test\temp.xlsx"

   If Dir(strPath) <> "" Then
      MsgBox "Datei """ & strPath & """ vorhanden."
   Else
      MsgBox "Datei """ & strPath & """ nicht vorhanden."
   End If
End Sub
```

Dateien löschen

Um eine Datei aus einem Verzeichnis zu löschen, verwenden Sie die Anweisung `Kill`.

Wichtig: Löschen erfolgt ohne Rückfrage

Vor dem Löschen der Datei erfolgt vom System keine Rückfrage, ob dies wirklich geschehen soll. Wenn Sie eine solche Rückfrage wünschen, müssen Sie sie selbst in Ihren Code integrieren, wie es das folgende Beispiel zeigt.

```
Sub DeleteOneFile()
   Const strPath As String = "C:\test\MeinExcel.xlsx"
   Dim intMsg As Integer

   ' Rückfrage, ob die Datei wirklich gelöscht werden soll
   intMsg = MsgBox("Wollen Sie die Datei " & strPath & _
                   " wirklich löschen?", vbYesNo)

   If Dir(strPath) <> "" And intMsg = vbYes Then
      Kill (strPath)
      MsgBox "Die Datei " & strPath & " wurde gelöscht."
   ElseIf intMsg = vbNo Then
      MsgBox "Der Löschvorgang wurde abgebrochen."
   Else
```

```
      MsgBox "Datei " & strPath & " ist nicht vorhanden."
   End If
End Sub
```

Sämtliche Dateien eines Verzeichnisses löschen

Sie können auch alle Dateien aus einem Verzeichnis entfernen. Verwenden Sie hierzu, anstelle eines Dateinamens, die Zeichenfolge `"*.*"`. Auch diese Prozedur kann bei Bedarf um eine Sicherheitsrückfrage ergänzt werden.

```
Sub DeleteAllFiles()
   Const strPath As String = "C:\test\"

   If Dir(strPath) <> "" Then
      Kill (strPath & "*.*")
      MsgBox "Alle Dateien in " & strPath & " wurden gelöscht."
   Else
      MsgBox "Keine Dateien in " & strPath & " vorhanden."
   End If
End Sub
```

Dateien umbenennen

Wenn Sie Dateien umbenennen möchten, arbeiten Sie mit der Anweisung `Name As`. Nach `Name` wird der alte Name eingetragen und nach `As` der neue Name: `Name "AlterName.xlsx" As "NeuerName.xlsx"`. Die Angabe des Pfades ist unerlässlich.

```
Sub RenameOneFile()
   Const strPathOld As String = "C:\test\AlterName.xlsx"
   Const strPathNew As String = "C:\test\NeuerName.xlsx"

   If Dir(strPathOld) <> "" Then
      Name strPathOld As strPathNew
      MsgBox "Die Datei """ & strPathOld & _
             """ wurde umbenannt in """ & strPathNew & """"
   Else
      MsgBox "Die Datei " & strPathOld & " ist nicht vorhanden."
   End If
End Sub
```

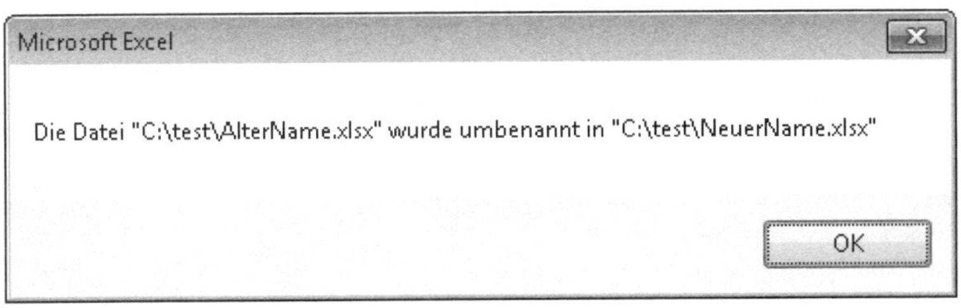

Abbildung 17.8: Nach erfolgreichem Umbenennen wird eine Meldung ausgegeben

Dateien verschieben

Mit der Anweisung `Name As`, die wir bereits benutzt haben, um Dateien umzubenennen, können auch Dateien verschoben werden. Es ist dabei noch nicht einmal erforderlich, das Verzeichnis mittels `ChDir` und das Laufwerk mittels `ChDrive` zu wechseln. Übergeben Sie die beiden Pfad- und Dateiangaben lediglich an zwei Variablen und verwenden Sie diese wie folgt: `Name strPathOld As strPathNew`.

Um Fehler zu vermeiden, sollten Sie in einer `If`-Abfrage prüfen, ob die Datei im Quellpfad wirklich vorhanden ist. Zudem sollten Sie abfragen, ob die Datei im neuen Pfad nicht bereits existiert. Möglich wäre auch, dass im Zielordner bereits eine Datei mit diesem Namen vorhanden ist.

```
Sub MoveFile()
   Const strPathOld As String = "C:\Quellordner\MeineDatei.xlsx"
   Const strPathNew As String = "J:\Zielordner\MeineDatei.xlsx"

   If Dir(strPathOld) <> "" And Dir(strPathNew) = "" Then
      Name strPathOld As strPathNew
   ElseIf Dir(strPathOld) = "" Then
      MsgBox "Die Datei existiert nicht in: " & strPathOld
   ElseIf Dir(strPathNew) <> "" Then
      MsgBox "Die Datei existiert bereits in: " & strPathNew
   End If
End Sub
```

Alternativ zu `Name As` können Sie auch mit dem `FileSystemObject` arbeiten. Die Methode zum Verschieben einer Datei lautet `MoveFile`.

```
Sub MoveFileFSO()
   Const strPathOld As String = "C:\Quellordner\MeineDatei.xlsx"
   Const strPathNew As String = "J:\Zielordner\MeineDatei.xlsx"

   If Dir(strPathOld) <> "" And Dir(strPathNew) = "" Then
      CreateObject("Scripting.FileSystemObject"). _
         MoveFile strPathOld, strPathNew
      MsgBox "Die Datei wurde verschoben."
   Else
      MsgBox "Die Datei konnte nicht verschoben werden."
   End If
End Sub
```

Eine Datei kopieren

Um eine Datei zu kopieren, verwenden Sie die Anweisung `FileCopy`. Ihr übergeben Sie zuerst die Quellangaben und, getrennt durch ein Komma, die Zielangaben.

```
Sub CopyFile()
   Const strPathOld As String = "C:\Quellordner\"
   Const strPathNew As String = "J:\Zielordner\"
   Const strFile As String = "MeineDatei.xlsx"

   If Dir(strPathOld & strFile) <> "" And _
      Dir(strPathNew, vbDirectory) <> "" Then

      FileCopy strPathOld & strFile, strPathNew & strFile
```

```
    MsgBox "Die Datei wurde kopiert."
  Else
    MsgBox "Falsche Pfad- oder Dateiangabe."
  End If
End Sub
```

Alternativ zu `FileCopy` können Sie auch mit dem `FileSystemObject` arbeiten. Die Methode zum Kopieren einer Datei lautet `CopyFile`.

```
Sub CopyFileFSO()
  Const strPathOld As String = "C:\Quellordner\"
  Const strPathNew As String = "J:\Zielordner\"
  Const strFile As String = "MeineDatei.xlsx"

  If Dir(strPathOld & strFile) <> "" And _
    Dir(strPathNew, vbDirectory) <> "" Then

    CreateObject("Scripting.FileSystemObject"). _
      CopyFile strPathOld & strFile, strPathNew & strFile
    MsgBox "Die Datei wurde kopiert."
  Else
    MsgBox "Falsche Pfad- oder Dateiangabe."
  End If
End Sub
```

17.4 Übungen zu diesem Kapitel

In diesem Abschnitt finden Sie einige Übungen zu diesem Kapitel. Die Antworten und Lösungen finden Sie wie immer auf der Website *www.richtig-einsteigen.de.*

Übung 17.1

Erstellen Sie in einem Ihrer Verzeichnisse (z.B. C:\) einen Ordner, der den Namen *RichtigEinsteigen* trägt.

Übung 17.2

Fügen Sie in dem in der vorigen Übung erstellten Verzeichnis (manuell) eine Excel-Datei ein. Weisen Sie ihr per VBA den Namen *Jahresbericht.xlsx* zu.

Übung 17.3

Erstellen Sie einen VBA-Code, der zuerst die Datei *Jahresbericht.xlsx* und anschließend das Verzeichnis *RichtigEinsteigen* löscht.

17.5 Zusammenfassung

In diesem Kapitel haben Sie sich noch weiter vorgewagt als im vorherigen und mit einer externen Applikation, in diesem Falle Windows, kommuniziert.

- Sie wissen, wie man die erforderlichen Windows-Befehle in VBA mittels der Aktivierung des entsprechenden Objektkatalogs verfügbar machen kann.
- Es gibt kaum ein Thema im Zusammenhang mit Verzeichnissen, das wir hier nicht angesprochen haben. Sie können Verzeichnisse abfragen und auf deren Existenz prüfen. Sie wissen, wie man Verzeichnisse wechselt, erstellt, löscht, verschiebt und kopiert.
- Darüber hinaus haben wir uns der Dateiverwaltung zugewendet. Sie können ermitteln, ob eine bestimmte Datei existiert, diese umbenennen, verschieben und kopieren. Außerdem sind Sie in der Lage, sämtliche Dateien eines Verzeichnisses auszulesen.

Kapitel 18

Die Trickkiste

In diesem Kapitel lernen Sie

- wie Sie Verknüpfungsprobleme in Arbeitsmappen lösen
- wie eine tabellenübergreifende Suche gestaltet wird
- wie nach einem Datum gesucht werden kann

18.1 Verknüpfungen durch Werte ersetzen

Auf diesen letzten Buchseiten wollen wir das Gelernte nochmals aufgreifen und in verschiedenen Anwendungsbeispielen erproben.

Manchmal erscheint beim Öffnen einer Arbeitsmappe die Meldung *Diese Arbeitsmappe enthält mindestens eine Verknüpfung, die nicht aktualisiert werden kann*. Dies kann vorkommen, wenn in der Mappe Verknüpfungen zu einer anderen Mappe bestehen, deren Speicherort oder Name geändert wurde.

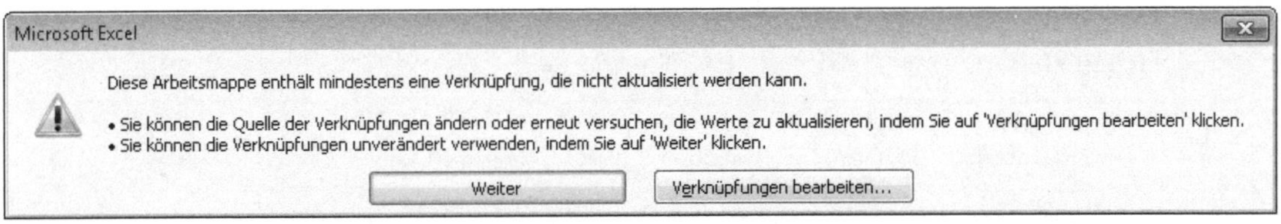

Abbildung 18.1: Fehlende Verknüpfung

Das folgende Beispiel zeigt, wie Sie solche Verknüpfungen aufspüren und bei Bedarf in einen Wert umwandeln können. Es werden dabei sämtliche Tabellenblätter der Mappe in die Überprüfung mit einbezogen.

In der `If`-Abfrage wird geprüft, ob in der Zelle ein externer Bezug zu einem anderen Tabellenblatt oder einer anderen Mappe besteht. Dies ist in der Formel an einer eckigen Klammer `[` oder am Ausrufezeichen `!` zu erkennen.

Wurde eine Verknüpfung gefunden, wird ein Meldungsfeld mit Informationen zur Zelle und zum Tabellenblatt, in dem sich die Verknüpfung befindet, angezeigt. Außerdem wird auch die Formel selbst ausgegeben. Wenn die Verknüpfung gelöscht werden soll, klicken Sie im Meldungsfeld auf die Schaltfläche *Ja*, ansonsten auf *Nein*.

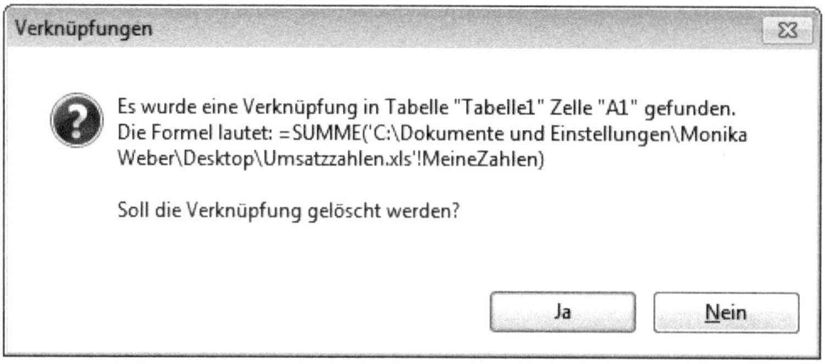

Abbildung 18.2: Das selbst erzeugte Meldungsfeld

Wenn die Meldung mit *Ja* bestätigt wird, wird die Verknüpfung aufgehoben, indem die in der Zelle enthaltene Formel in einen Wert umgewandelt wird. Falls die Zelle eine Fehlermeldung, wie zum Beispiel *#BEZUG!* enthalten sollte, wird die Zelle rot hinterlegt, ansonsten grün. So können Sie nach dem Ende der Prozedur erkennen, welche Zellen umgewandelt wurden.

```
Sub DeleteLinks()
   Dim i As Integer
   Dim c As Range
   Dim intQuestion As Integer

   ' Alle Tabellenblätter der Mappe überprüfen
   For i = 1 To ActiveWorkbook.Worksheets.Count
      For Each c In Worksheets(i).UsedRange
         With c

            ' Prüfen, ob ein externer Bezug vorliegt
            If Left(.Formula, 1) = "=" And _
               InStr(.Formula, "[") Or _
               Left(.Formula, 1) = "=" And _
               InStr(.Formula, "!") Then

               ' Rückfragen, ob die Verknüpfung gelöscht werden soll
               intQuestion = MsgBox _
                    ("Es wurde eine Verknüpfung in Tabelle """ & _
                     Worksheets(i).Name & """ Zelle """ & _
                     c.Address(False, False) & """ gefunden. " & _
                     Chr(10) & _
                     "Die Formel lautet: " & c.FormulaLocal & _
                     Chr(10) & Chr(10) & _
                     "Soll die Verknüpfung gelöscht werden?", _
                     vbYesNo + vbQuestion, "Verknüpfungen")

               ' Wenn die Verknüpfung gelöscht werden soll,
               ' wird sie in deren Wert umgewandelt
               If intQuestion = vbYes Then
                  .Copy
                  .PasteSpecial Paste:=xlPasteValues
                  Application.CutCopyMode = False

                  ' Fehler, wie z.B. #BEZUG! werden rot hinterlegt
                  ' Umgewandelte Verknüpfungen grün
```

```
                    If Left(.Formula, 1) = "#" Then
                       .Interior.Color = vbRed
                    Else
                       .Interior.Color = vbGreen
                    End If
                 End If
              End If
           End With
        Next c
     Next i
End Sub
```

Hinweis: Verknüpfungen manuell löschen

Es kann sein, dass die Mappe nach dem erneuten Öffnen immer noch fehlende Verknüpfungen meldet. Sollte dies der Fall sein, sind möglicherweise benannte Bereiche die Ursache. Um diese zu entfernen, klicken Sie im Menüband von Excel auf der Registerkarte *Formeln* in der Gruppe *Definierte Namen* auf die Schaltfläche *Namens-Manager* und löschen dort jede einzelne Verknüpfung.

18.2 Tabellenübergreifende Suche

Nehmen wir an, Sie verfügen über eine umfangreiche Arbeitsmappe mit zahlreichen Tabellenblättern und suchen darin eine bestimmte Zahl oder einen Text. Der Suchbegriff kann in der gesamten Arbeitsmappe ein oder mehrmals vorkommen. Die folgende VBA-Prozedur ist ein Beispiel dafür, wie Sie eine solche tabellenblattübergreifende Suche gestalten können. Die Prozedur ist so aufgebaut, dass die Zelle, die den Suchbegriff enthält, selektiert wird.

Nach der Variablendeklaration wird ein Eingabedialogfeld (`InputBox`) erstellt. In der Variablen `strFind` wird der Suchbegriff gespeichert, den Sie in die `InputBox` eingeben.

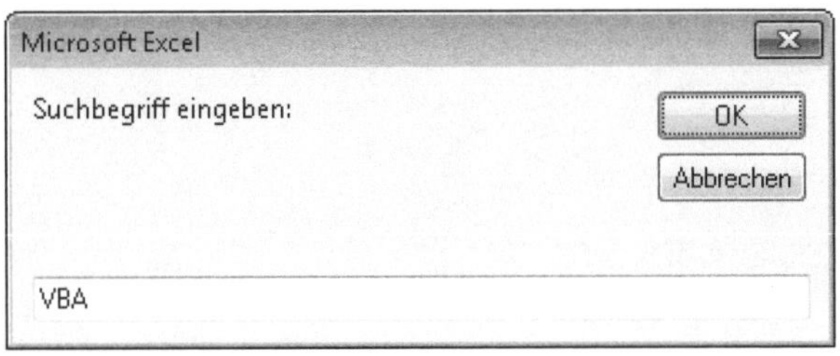

Abbildung 18.3: Eine *InputBox* für den Suchbegriff

In der `If`-Abfrage wird geprüft, ob eine Eingabe in die `InputBox` erfolgte. Falls nicht oder wenn auf die *Abbrechen*-Schaltfläche geklickt wurde, wird die Prozedur mittels `Exit Sub` verlassen.

Wurde ein Suchbegriff eingegeben, erfolgt der Eintritt in die `For Each`-Schleife. Diese veranlasst, dass nach und nach jedes Tabellenblatt durchsucht wird.

Direkt nach dem Schleifenkopf wird der Code für die eigentliche Suche eingefügt. Hierzu wird die Methode `Find` verwendet. Der Suchbegriff wird in der Variablen `rng` zwischengespeichert. In der nachfolgenden `If`-Abfrage wird geprüft, ob die Suche erfolgreich war. Wenn der Suchbegriff (`rng`) nicht leer ist, wird die Zelladresse von `rng` an die Variable `strAddress` übergeben. Diese müssen wir uns merken, um nicht endlos in ein und demselben Tabellenblatt weiterzusuchen (siehe `Do`-Schleife).

In der `Do`-Schleife wird die Zelle, die den Suchbegriff enthält, angesteuert. Um ein Aktivieren des Tabellenblatts und ein Selektieren der Zelle zu vermeiden, verwenden wir `Application.Goto`. Die Schleife wird nur so lange durchlaufen, bis der erste Suchbegriff in dem Tabellenblatt wieder erreicht ist. Diesen haben wir ja zuvor in `strAddress` zwischengespeichert. Danach wird das Tabellenblatt gewechselt, sprich erneut in die `For Each`-Schleife eingetreten.

Die `If`-Abfrage innerhalb der `Do`-Schleife beinhaltet die Rückfrage, ob die Suche weitergeführt werden soll. Falls Sie dies wünschen, wird mittels der Methode `FindNext` fortgefahren.

Abbildung 18.4: Rückfrage, ob weitergesucht werden soll

Wenn Sie bis zum Ende weitersuchen und der Suchbegriff nicht mehr gefunden wird, wird eine entsprechende Meldung ausgegeben. Dieselbe Meldung erscheint auch, wenn zu Beginn ein Suchbegriff eingegeben wurde, der in der Arbeitsmappe nicht vorhanden ist.

Abbildung 18.5: Meldung, wenn der Suchbegriff nicht oder nicht mehr gefunden wird

In diesem Falle wird die Zelle *A1* des ersten Tabellenblatts selektiert.

```
Sub MySearch()
   Dim strFind As String
   Dim ws As Worksheet
   Dim rng As Range
   Dim strAddress As String


   strFind = InputBox("Suchbegriff eingeben:")

   If strFind = "" Then
      Exit Sub
   Else
      For Each ws In Worksheets
         Set rng = ws.Cells.Find(strFind)
```

```
        If Not rng Is Nothing Then
           strAddress = rng.Address

           Do
              Application.Goto rng

              If MsgBox("Weitersuchen?", 36) = vbNo Then
                 Exit Sub
              Else
                 Set rng = ws.Cells.FindNext(After:=ActiveCell)
              End If

           Loop While rng.Address <> strAddress
        End If
     Next ws
  End If

  MsgBox "Suchbegriff nicht (mehr) gefunden"
  Application.Goto Worksheets(1).Range("A1")

  Set rng = Nothing
End Sub
```

Hinweis: Suchoptionen festlegen

Die Suche ist so aufgebaut, dass nur der gesamte Zellinhalt verglichen wird. Wenn Sie beispielsweise nach »VBA« suchen und in einer Zelle »Excel VBA« steht, wird diese Fundstelle ignoriert. Wenn Sie auch eine Teilsuche zulassen möchten, ergänzen Sie die Codezeile

```
Set rng = ws.Cells.Find(strFind)
```

um die Konstante `xlPart`:

```
Set rng = ws.Cells.Find(strFind, LookAt:=xlPart)
```

Welche weiteren Argumente der Methode `Find` übergeben werden können, können Sie Tabelle 18.1 entnehmen.

Tabelle 18.1: Die *Find*-Methode und deren Argumente

Argument	Beschreibung
What	Variant erforderlich. Der Inhalt, nach dem gesucht werden soll. Dabei kann es sich um eine Zeichenfolge oder einen beliebigen Microsoft Excel-Datentyp handeln.
After	Optionaler Variant-Wert. Gibt die Zelle an, nach der die Suche beginnen soll. Dies entspricht der Position der aktiven Zelle, wenn eine Suche von der Benutzeroberfläche aus durchgeführt wird. Beachten Sie, dass `After` eine einzelne Zelle im Bereich sein muss. Beachten Sie auch, dass die Suche nach dieser Zelle beginnt, die angegebene Zelle wird also erst durchsucht, wenn der Suchlauf zur Ausgangszelle zurückkehrt. Wird das Argument nicht angegeben, ist die obere linke Zelle des Bereichs der Startpunkt für die Suche.
LookIn	Optionaler Variant-Wert. Der Typ der Informationen.
LookAt	Optional Variant. Kann eine der folgenden `XlLookAt`-Konstanten sein: `xlWhole` oder `xlPart` (siehe Hinweis oben). ▸

Argument	Beschreibung
SearchOrder	Optional Variant. Kann eine der folgenden `XlSearchOrder`-Konstanten sein: `xlByRows` oder `xlByColumns`.
SearchDirection	Optionaler `XlSearchDirection`-Wert. Die Suchrichtung. `XlSearchDirection` kann eine der folgenden `XlSearchDirection`-Konstanten sein: `xlNext` (Standard) oder `xlPrevious`.
MatchCase	Optionaler Variant-Wert. Wenn `True`, wird bei der Suche zwischen Groß- und Kleinschreibung unterschieden. Der Standardwert ist `False`.
MatchByte	Optionaler Variant-Wert. Wird nur verwendet, wenn eine Double-Byte-Sprachunterstützung ausgewählt oder installiert wurde. Wenn `True`, werden Double-Byte-Zeichen nur mit Double-Byte-Zeichen verglichen. Wenn `False`, können Double-Byte-Zeichen mit den entsprechenden Single-Byte-Zeichen übereinstimmen.
SearchFormat	Optionaler Variant-Wert. Das Format für die Suche.

Tipp: Verwenden Sie den Makrorekorder

Es mag etwas beschwerlich sein, die oben genannten Konstanten anzuwenden. Die beste Unterstützung erhalten Sie, wenn Sie den Makrorekorder benutzen. Zeichnen Sie die Suche auf und nehmen Sie im Dialogfeld *Suchen und Ersetzen* die gewünschten Einstellungen vor. Sie erreichen das Dialogfeld über das Menüband auf der Registerkarte *Start* in der Gruppe *Bearbeiten*. Öffnen Sie dort das Dropdownmenü zur Schaltfläche *Suchen und Auswählen* und klicken Sie auf den Befehl *Ersetzen*. Wesentlich schneller geht's mit der Tastenkombination Strg+F.

18.3 Datumssuche

Etwas komplizierter gestaltet sich die Suche, wenn ein Datum ins Spiel kommt. Die vorherige Prozedur findet keine Datumsangaben. Dies begründet sich darin, dass ein Datum im Grunde genommen ein numerischer Wert ist. Der 05.09.1968 beispielsweise verbirgt sich hinter der Zahl 25086. Leider schlägt auch die Suche danach fehl, wenn das Datum nicht entsprechend umformatiert wird. So oder so ist nicht anzunehmen, dass Sie die Zahl anstelle des Datums suchen möchten.

Der Code aus dem vorigen Beispiel muss entsprechend erweitert werden. Damit sowohl nach einem Datum als auch nach Text und Zahlen gesucht werden kann, bauen wir vor dem Eintritt in die `For Each`-Schleife die folgende Rückfrage ein.

```
strDate = MsgBox("Suchen Sie ein Datum?", 36)
```

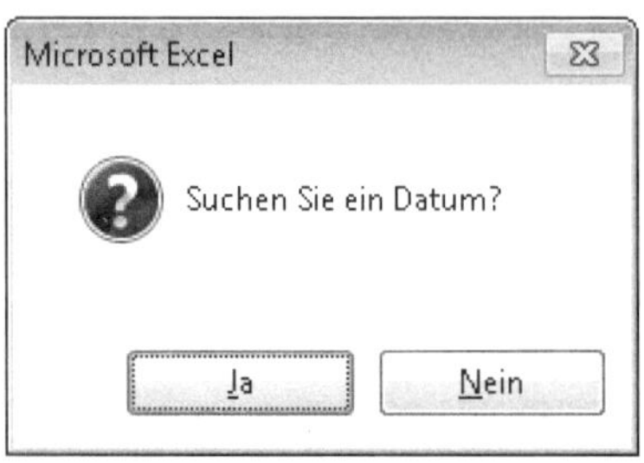

Abbildung 18.6: Rückfrage, ob nach einem Datum gesucht werden soll

Wählen Sie die Schaltfläche *Ja*, wenn tatsächlich nach einem Datum gesucht werden soll.

Innerhalb der `For Each`-Schleife ergänzen wir eine `If`-Abfrage. Diese prüft, ob auf die Schaltfläche *Ja* geklickt wurde. Wenn dies zutrifft, müssen wir zuerst kontrollieren, ob ein Datum in die `InputBox` eingegeben wurde. Wenn nicht, geben wir eine Fehlermeldung aus.

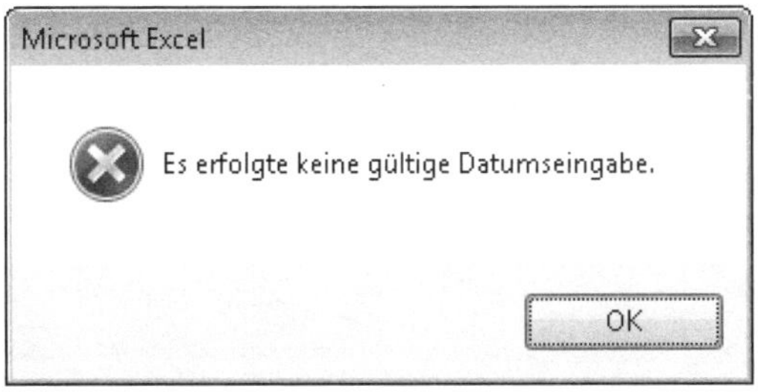

Abbildung 18.7: Fehlermeldung bei Eingabe eines nicht numerischen Wertes

Die Prüfung ist notwendig, um einen Fehler zu vermeiden, wenn eine Buchstabenfolge in die `InputBox` eingegeben und dennoch eine Datumssuche gestartet wird.

Wenn eine korrekte Datumseingabe erfolgt ist, müssen wir ein gültiges Format für die Suche angeben. Dies geschieht mittels der Eigenschaften `FindFormat` und `NumberFormat`:

```
Application.FindFormat.NumberFormat = "m/d/yyyy"
```

Das allein reicht noch nicht aus. Wir müssen bei der Suche zudem angeben, dass das Format berücksichtigt werden muss. Dies tun wir, indem wir der Methode `Find` als Argument `SearchFormat:=True` übergeben. Auch das ist noch nicht alles. Unsere Eingabe in die `InputBox` muss zusätzlich noch in ein Datumsformat (`CDate`) gebracht werden. Die vollständige Suchzeile sieht dann wie folgt aus:

```
Set rng = ws.Cells.Find(CDate(strFind), SearchFormat:=True)
```

Der vollständige Code zur Suche von Datumsangaben, Zahlen und Texten sieht nun so aus:

```
Sub MyGeneralSearch()
   Dim strFind As String
   Dim ws As Worksheet
   Dim rng As Range
   Dim strAddress As String
   Dim intDate As Integer
   strFind = InputBox("Suchbegriff eingeben:")
   If strFind = "" Then
      Exit Sub
   Else
      ' Rückfrage, ob nach einem Datum gesucht wird
      intDate = MsgBox("Suchen Sie ein Datum?", 36)

      For Each ws In Worksheets
         ' Entscheidung, ob Datum oder nicht
         If intDate = vbYes Then
            If Not IsDate(strFind) Then
               MsgBox "Es erfolgte keine gültige Datumseingabe.", _
                       vbCritical
               Exit Sub
            End If
```

V – Wissenswertes

```
            Application.FindFormat.NumberFormat = "m/d/yyyy"
            Set rng = ws.Cells.Find(CDate(strFind), SearchFormat:=True)
         Else
            Set rng = ws.Cells.Find(strFind)
         End If

         If Not rng Is Nothing Then
            strAddress = rng.Address

            Do
               Application.Goto rng
               If MsgBox("Weitersuchen?", 36) = vbNo Then
                  Exit Sub
               Else
                  Set rng = ws.Cells.FindNext(After:=ActiveCell)
               End If
            Loop While rng.Address <> strAddress
         End If
      Next ws
   End If

   MsgBox "Suchbegriff nicht (mehr) gefunden"
   Application.Goto Worksheets(1).Range("A1")

   Set rng = Nothing
End Sub
```

18.4 Zusammenfassung

Gratulation! Sie können nun ausspannen, denn Sie haben das gesamte Buch mit Erfolg durchgearbeitet. An dieser Stelle verzichten wir auf Übungen, denn Sie haben in den letzten Tagen, Wochen und Monaten bestimmt viele Ideen gehabt, was Sie selbst programmieren möchten. Gehen Sie es an und erstellen Sie Ihre eigenen VBA-Codes. Das Buch soll für Sie von nun an als Nachschlagewerk dienen. Die einzelnen Kapitel werden Sie bestimmt noch ein Weilchen begleiten, da Sie hier die eine oder andere Passage und Codezeile nachlesen können.

In diesem Sinne wünsche ich Ihnen viel Spaß und Erfolg als VBA-Programmierer!

Monika Can-Weber

Wenn Sie mehr über die fortgeschrittenen Möglichkeiten erfahren wollen, die Ihnen mit Excel-VBA zur Verfügung stehen, steht Ihnen Kapitel 25, »Klassenprogrammierung«, aus dem Microsoft Press-Buch »Microsoft Excel 2010 Programmierung – Das Handbuch« von Monika Can-Weber und Tom Wendel zum Download zur Verfügung.

Um die Datei herunterzuladen, surfen Sie zur Website www.richtig-einsteigen.de, *klicken auf der Hauptseite das Cover des Buches »Richtig einsteigen: Excel 2010 VBA-Programmierung« an und klicken anschließend im Menü auf der linken Seite auf* Weitere Downloads.

Stichwortverzeichnis

D

E

F

G

H

I

K

L

M

N

O

P

Q

R

S

T

U

V

W

X